Premessa alla seconda edizione

Rispetto alla prima edizione sono stati aggiunti tre nuovi capitoli: 2. "La sintassi", 5. "La pragmatica" e 7. "Analisi linguistica di quattro testi antichi". Correzioni, modifiche e aggiunte sono state apportate in quasi ogni parte del volume. In particolare sono stati ampliati: il settore riguardante la grammatica storica; il glossario e la bibliografia finale. Ancora una volta mi ha guidato l'intento di fornire uno strumento utile per gli studenti universitari nel duplice versante dei metodi e dell'analisi linguistica dei testi.

Per la raccolta e per il controllo di alcuni materiali sono stato aiutato da Claudio Di Meola e da Maurizio Trifone; alla lettura delle bozze e alla preparazione dei grafici ha collaborato Gianluca Frenguelli; i disegni inseriti nel capitolo quarto sono stati forniti da Francesco Guido. Varie parti del volume sono state lette da Antonia G. Mocciaro, Luca Serianni e Claudio Giovanardi, che hanno corretto sviste e fornito preziose indicazioni. Desidero anche ricordare gli amici del Romanisches Seminar di Heidelberg, che è stato per me occasione di confronti e riscontri assai fruttuosi. A tutti esprimo la mia più viva gratitudine. Resta inteso che la responsabilità di ogni eventuale errore o difetto riguarda soltanto il sottoscritto. Al quale comunque rimane la speranza di aver fatto qualcosa a favore di una migliore conoscenza della nostra lingua.

Roma, ottobre 1996

L'autore

MAURIZIO DARDANO

MANUALETTO DI LINGUISTICA ITALIANA

seconda edizione

Realizzazione editoriale:
– Progetto grafico: Editta Gelsomini
– Disegni: Daniele Gianni

Copertina:
– Progetto grafico: Duilio Leonardi
– Immagine di copertina: Francesco Cangiullo, *Pisa (Tavola parolibera)*, 1914.
  Milano, Collezione Calmarini (© Siae 1996)

Prima edizione: ottobre 1996

Ristampa:

5   4   2000

Realizzare un libro è un'operazione complessa, che richiede numerosi controlli:
sul testo, sulle immagini e sulle relazioni che si stabiliscono tra essi.
L'esperienza suggerisce che è praticamente impossibile pubblicare un libro
privo di errori. Saremo quindi grati ai lettori che vorranno segnalarceli.
Per segnalazioni o suggerimenti relativi a questo libro l'indirizzo a cui scrivere è:

Zanichelli Editore S.p.A.
Piazza Castello 4
20121 Milano
tel. (02) 86461207 - fax (02) 801514

Fotocomposizione: Belle Arti, Bologna

Stampa: Grafica Ragno
via Piemonte 26-28, Tolara di Sotto - Ozzano Emilia
per conto di Zanichelli Editore S.p.A.
via Irnerio 34, 40126 Bologna

MAURIZIO DARDANO

MANUALETTO DI LINGUISTICA ITALIANA

seconda edizione

ZANICHELLI

Premessa alla seconda edizione IX

1 PRINCÌPI GENERALI E INDIRIZZI DI STUDIO

1.1 La linguistica: che cosa studia, quando è nata 1

1.2 Quello che il parlante comune pensa della lingua 5

1.3 Linguaggio e lingua 7

1.4 I segni e il codice 8

1.5 La «potenza» del linguaggio umano 10

1.6 La comunicazione 10

1.7 La lingua non è una nomenclatura 11

1.8 Il significante e il significato 13

1.9 La lingua è un sistema 15

1.10 Varianti e invarianti. *Langue* e *parole* 17

1.11 Presente e passato nella lingua 18

1.12 Rapporti sintagmatici e rapporti paradigmatici 18

1.13 I vari significati della parola "grammatica" 19

1.14 Recenti sviluppi della linguistica 21

1.15 Tre punti di vista 22

2 LA SINTASSI

2.1 Premessa 23

2.2 Il sintagma 24

2.3 Collegamenti ed espansioni 25

2.4 La frase e le proposizioni 26

2.5 La grammatica generativo-trasformazionale 29

2.6 La grammatica delle valenze 34

2.7 La grammatica funzionale 36

3 LA LINGUISTICA DEL TESTO

3.1 Al di sopra della frase 39

3.2 Che cosa è un testo 40

3.3 L'analisi di un racconto 44

3.4 I sette requisiti del testo 47

3.5 Come si produce un testo 51

3.5.1 Parole non vere 52

3.5.2 Suddivisioni e titoli 53

3.6 La tipologia testuale 55

3.7 «Tema» e «rèma» 61

4 LA SEMANTICA

4.1 Fondamenti e principali indirizzi della semantica 64

4.2 Una rete di associazioni 66

4.3 Un triangolo e un campo 68

4.4 Metafora e metonimia 71

4.5 Il cambiamento di significato 74

4.6 Lo studio dell'etimologia e le leggi fonetiche 79

4.7 La polisemia 82

4.8 Gli omonimi 84

4.9 I contrari 85

4.10 I sinonimi 86

4.11 La frase e il significato 88

5 LA PRAGMATICA

5.1 Oltre la sintassi e la semantica 91

5.2 Parlare è agire: gli atti linguistici 93

5.3 Gli atti linguistici indiretti e le implicature conversazionali 94

5.4 La deissi 96

INDICE

5.5 La morfopragmatica 97

5.6 La linguistica pragmatica indica nuovi orizzonti 99

6 DAL LATINO ALL'ITALIANO

6.1 Il latino è una lingua indoeuropea 101

6.2 Il latino classico e il latino volgare 102

6.3 Le lingue romanze 103

   6.3.1 Il sostrato 106

6.4 La fonologia del latino volgare 107

   6.4.1 Altri sviluppi del vocalismo tonico 108

   6.4.2 Il dittongamento 110

   6.4.3 Il monottongamento 110

   6.4.4 L'anafonesi 111

   6.4.5 La metafonesi 112

6.5 Il vocalismo atono del latino volgare 113

   6.5.1 Passaggio di *e* pretonica a *i* 113

   6.5.2 Labializzazione della vocale pretonica 114

   6.5.3 Caduta di vocali atone 114

   6.5.4 Altri sviluppi del vocalismo atono 114

6.6 Il consonantismo del latino volgare 115

   6.6.1 La palatalizzazione di /k/ e /g/ 115

   6.6.2 La sonorizzazione 116

   6.6.3 Assimilazione e dissimilazione 117

   6.6.4 Consonante + *j* 118

   6.6.5 Consonante + *l* > consonante + *j* 119

   6.6.6 La labiovelare 120

   6.6.7 Caduta delle consonanti finali 120

   6.6.8 Altri aspetti del consonantismo 121

6.7 La morfologia del latino volgare 122

   6.7.1 Il genere 124

   6.7.2 L'articolo 125

   6.7.3 Il comparativo 126

   6.7.4 Il verbo 127

   6.7.5 I pronomi 128

   6.7.6 Formazione del plurale 129

6.8 La sintassi del latino volgare 130

6.9 Il lessico del latino volgare 132

6.10 Le testimonianze del latino volgare 136

7 ANALISI LINGUISTICA DI QUATTRO TESTI ANTICHI

7.1 Premessa 138

7.2 Dante, *Inferno*, canto V (versi 94-111) 138

7.3 Arezzo, XIV secolo 147

7.4 Verona, XIII secolo 153

7.5 Napoli, XIV secolo 157

7.6 Italiano antico e italiano moderno a confronto: dieci caratteri divergenti 162

8 LA SITUAZIONE LINGUISTICA ITALIANA

8.1. Premessa 170

8.2. Le differenze tra dialetto e lingua 170

8.3. Bilinguismo e varietà regionali in Italia 171

8.4. La classificazione dei dialetti italiani 174

8.5. Alcuni caratteri dei dialetti italiani 178

   8.5.1 Confronto tra i dialetti settentrionali e il fiorentino (= italiano) 178

   8.5.2 Dialetti settentrionali 180

   8.5.3 Confronto tra i dialetti centro-meridionali e il fiorentino (= italiano) 181

   8.5.4 Dialetti centro-meridionali 182

   8.5.5 Caratteri del fiorentino 183

   8.5.6 Due varietà molto particolari: il sardo e il ladino 184

8.6 I dialetti si avvicinano all'italiano 185

8.7 Ultimi sviluppi della dialettologia italiana 187

9 NOTE DI SOCIOLINGUISTICA

9.1 La lingua e la società 189

9.2 Tra due viaggiatori 190

9.3 Il progetto 192

9.4 Le funzioni del linguaggio 193

9.5 Si parla in molti modi 196

9.6 Il repertorio linguistico 197

9.7 I sottocodici 197

9.8 I registri e gli stili del discorso 198

9.9 Le relazioni di ruolo 199

10 LINGUA SCRITTA E LINGUA PARLATA

10.1 Il concetto di "standard" 201

10.2 Un confronto tra parlato e scritto 202

10.3 Vari tipi di parlato 203

10.4 Fenomeni del parlato 205

11 LA FORMAZIONE DELLE PAROLE

11.1 Premessa 208

11.2 La suffissazione 209

11.2.1 Dal nome al verbo 211

11.2.2 Dall'aggettivo al verbo 213

11.2.3 Dal verbo al nome 214

11.2.4 Dal verbo all'aggettivo 216

11.2.5 Dall'aggettivo al nome 217

11.2.6 Dal nome all'aggettivo 218

11.2.7 Dal nome al nome 221

11.2.8 L'alterazione 224
Tipi di alterati; Alterati diminutivi; Alterati accrescitivi; Alterati verbali

11.2.9 Paradigmi di derivazione 228

11.3 La prefissazione 229

11.3.1 Prefissati nominali e aggettivali 230
Prefissi provenienti da preposizioni e avverbi; Prefissi intensivi; Prefissi negativi

11.3.2 Prefissati verbali 233
Prefissi verbali intensivi; Prefissi verbali con valore di aspetto e di modo

11.4 La composizione 235

11.4.1 I composti con base verbale 236

11.4.2 I composti con base nominale 237

11.4.3 I conglomerati 238

11.4.4 Tamponamenti di parole 238

11.4.5 Le unità lessicali superiori 239

11.4.6 Un sostituto dell'aggettivo 240

11.4.7 Formati vivi e formati fossili 241

12 IL LESSICO

12.1 Premessa 242

12.2 Il lessico e la grammatica 243

12.3 Lessicalizzazione e grammaticalizzazione 244

12.4 Livelli e varietà del lessico 245

12.5 I linguaggi settoriali 247

12.6 I regionalismi 249

12.7 Le varietà sociali 251

12.8 I neologismi 253

12.9 Come è composto il lessico dell'italiano 256

12.10 Il prestito linguistico 256

12.10.1 Tipi e caratteri del prestito linguistico 257

12.10.2 Germanismi 259

12.10.3 Grecismi e arabismi 261

12.10.4 L'influsso della Francia, della Provenza e della Spagna 262

12.10.5 Latinismi 263

12.10.6 La lingua francese nel Settecento 264

12.10.7 Le parole inglesi 265

12.10.8 Il prestito interno 267

12.10.9 Le parole del computer 268

13 FONOLOGIA

13.1 Fonetica e fonologia 270

13.2 Fonemi e foni 271

13.3 Varianti combinatorie e varianti libere 271

13.4 I fonemi dell'italiano 272

13.5 Le vocali 274

13.6 Le consonanti 276

13.7 Le semiconsonanti e i dittonghi 279

13.7.1 I dittonghi mobili 280

13.8 Vocoidi e contoidi 281

13.9 La fonologia binarista e altre teorie 281

13.10 I grafemi e l'alfabeto 282

13.11 Grafemi e fonemi 283

13.12 La sillaba 284

13.13 L'accento 285

13.14 La fonetica sintattica 286

13.15 Enclitiche e proclitiche 288

13.16 La fonematica contrastiva 289

GLOSSARIO 291

BIBLIOGRAFIA 320

INDICE ANALITICO 331

CAPITOLO 1

PRINCÌPI GENERALI E INDIRIZZI DI STUDIO

1·1 LA LINGUISTICA: CHE COSA STUDIA, QUANDO È NATA

■ La linguistica si può definire la scienza del linguaggio e delle lingue.

Come in ogni scienza moderna, nella linguistica si distinguono più campi di ricerca, i quali corrispondono a modi di suddividere l'analisi linguistica.

Lo studio delle unità distintive minime della lingua, i fonemi, è compiuto dalla **fonologia**. Secondo la grammatica tradizionale, la **morfologia** studia la forma della parole (cioè la flessione e la derivazione); nel quadro della linguistica moderna, studia la struttura della parola e descrive le varie forme che le parole assumono in rapporto alle categorie di numero, di genere, di modo, di tempo, di persona. La **sintassi** studia le regole in base alle quali le parole si combinano fra loro e formano delle frasi. La **semantica** è lo studio dei significati sia delle parole sia delle frasi.

Secondo il punto di vista adottato e i fini che si propone, la linguistica si distingue in varie specializzazioni: la **linguistica interna** studia il funzionamento e l'evolversi della lingua considerata come un sistema, cioè indipendentemente dalla società e dalla storia. Invece la **linguistica esterna** studia l'influsso del mondo esterno (cioè della società e della storia) sulla lingua. Nelle ricerche più avanzate queste due prospettive tendono a integrarsi.

Per quanto riguarda la distinzione tra "sincronia" e "diacronia" (v. 1.11) diremo che la **linguistica sincronica** considera un certo momento, un certo stato della lingua (per esempio, l'italiano di oggi, il fiorentino del tempo di Dante), prescindendo dall'evoluzione nel tempo; quest'ultima invece è presa in considerazione dalla **linguistica diacronica**, la quale si occupa, per esempio, dello studio dell'evoluzione dell'italiano dalla fine dell'Ottocento ai giorni nostri o dell'italiano antico dalle origini fino al Cinquecento.

La **linguistica generale** (o teorica) analizza il linguaggio per accertare i modi generali della sua organizzazione, le sue funzioni, la sua posizione rispetto ad altre facoltà dell'uomo.

La **linguistica applicata** considera l'applicazione dei princìpi della linguistica a varie discipline e tecniche particolari: l'insegnamento delle lingue vive (o **glottodidattica**), la traduzione, l'uso degli elaboratori nell'analisi linguistica ecc.

La **linguistica storica** si propone di ricostruire le fasi antiche di una o più lingue. Quando si vogliono mettere in luce i rapporti fra lingue che appartengono alla stessa famiglia (per esempio, la famiglia indoeuropea: v. 6.1) si fa uno studio di **linguistica comparata**. Prima di Saussure la linguistica comparata ha costituito quasi l'intero arco delle ricerche linguistiche svolte nel corso dell'Ottocento.

La **sociolinguistica** studia i rapporti fra lingua e strutture sociali (v. 9.1), mentre la **psicolinguistica** considera i rapporti fra la lingua e il pensiero, analizzando, tra l'altro, i problemi della comprensione del linguaggio, della memoria e dell'apprendimento linguistico da parte del bambino.

La linguistica ha stretti rapporti con lo studio dei testi letterari; a tale proposito ricordiamo la **stilistica**, che analizza lo stile di un autore, di un'epoca, di una scuola.

Negli ultimi decenni si è affermata anche la **linguistica cognitiva** (v. GLOSSARIO), la quale studia i rapporti tra il linguaggio e il mondo dell'informatica e dell'intelligenza artificiale.

Per diventare una scienza, cioè per affermare la propria autonomia rispetto ad altre discipline (come la filologia, la grammatica normativa, la filosofia), la linguistica moderna ha dovuto seguire due direttive:

1) si è procurata propri strumenti di indagine; pensiamo innanzi tutto all'individuazione nel flusso continuo del parlato di vari livelli di articolazioni: lessemi - morfemi - fonemi (v. 1.9); con ciò la lingua parlata non è stata più considerata come un insieme confuso di parti, ma come una struttura articolata, nella quale gli elementi minori si organizzano in livelli superiori e questi, combinandosi fra loro, formano insiemi più ampi e più complessi;

2) ha imboccato nuove vie di ricerca; per lo **strutturalismo** il punto di partenza è l'analisi di un insieme determinato di frasi, di parole raccolte nel corso di un'indagine preliminare. Il **trasformazionalismo** invece procede secondo una diversa prospettiva: infatti tiene conto della competenza del parlante e dei giudizi che questi dà sulle varie realizzazioni linguistiche. Nuovi orizzonti appaiono con la sociolinguistica, che considera i rapporti fra gli individui che comunicano e i condizionamenti imposti dalle strutture sociali. Con la **linguistica del testo** (v. 3) si è superato il livello della frase e si è tenuto conto del testo, inteso come unità dell'analisi linguistica; un'unità dotata di una funzione comunicativa e caratterizzata da princìpi come la coesione, la coerenza, l'intento di comunicare qualcosa, l'intertestualità. La situazione in cui avviene la comunicazione linguistica è stata studiata particolarmente dalla **linguistica pragmatica** (v. 5.2).

Si può ben dire che la stessa riflessione sulla lingua risalga alle origini della nostra civiltà. Inizia con l'invenzione dell'**alfabeto**, che corrispose a una prima importante analisi dei suoni del linguaggio umano.

I primi studi linguistici furono motivati dalla necessità di conservare nelle sue forme originarie il testo sacro (i *Veda*, nell'antica India) o il testo depositario di miti (i poemi omerici, in Grecia). L'opera di Pāṇini (grammatico indiano vissuto probabilmente nel IV secolo a.C.) è molto articolata e complessa; talvolta anticipa alcuni percorsi della linguistica moderna.

Oltre che di problemi stilistici e retorici, i Greci si occuparono dei rapporti tra la **lingua** e la **logica**. Aristotele (384/383 - 322 a.C.), convinto che la lingua sia nata da una convenzione stabilitasi fra gli uomini, fondò la logica sulle forme linguistiche. Le categorie si basano su osservazioni riguardanti la lingua piuttosto che su operazioni mentali. Per esempio, il nome denota la sostanza e al tempo stesso la qualità: così il nome *uomo* indica in tal individuo particolare la sostanza e, al tempo stesso, la specie e il genere (la qualità); invece *bianco* denota soltanto la qualità. Avvicinando la logica alla grammatica, il grande filosofo inaugurò una tradizione che si è mantenuta negli studi linguistici e nell'insegnamento della lingua fino ai nostri giorni. Aristotele concepì il nome (greco *ónoma*) come soggetto e il verbo (greco *rhêma*) come predicato; inoltre elaborò il concetto di caso (greco *ptôsis*), che si applica non soltanto alle declinazioni dei nomi, ma riguarda anche i tempi e i modi del verbo.

Autore di una grammatica molto fortunata, il greco Dionisio Trace (170-90 a.C.) distinse otto parti del discorso e fondò lo studio della morfologia. Apollonio Discolo (II sec. d.C.) compose un trattato di sintassi.

I grammatici romani si ispirarono ai modelli greci e ne ripresero sostanzialmente la terminologia. Tra le figure più notevoli si ricorderanno M. Terenzio Varrone (116-27 a.C.), autore del trattato *De lingua Latina,* e M. Fabio Quintiliano (35 ca.-96 d.C.), autore di un trattato di eloquenza ricco di notizie sulla lingua: l'*Institutio oratoria.* I due più famosi grammatici del periodo tardo-antico furono Elio Donato (vissuto nel IV secolo d.C.), e Prisciano di Cesarea (V-VI secolo d.C.); il loro insegnamento sopravviverà a lungo nel Medioevo.

In generale è da dire che, essendo il greco e il latino due lingue con caratteri in parte diversi, quando si vollero applicare gli schemi interpretativi del greco al latino, si incappò in alcune forzature e in fraintendimenti. Ciò accadde talvolta ai grammatici latini e accadrà più tardi quando si vorrà studiare la grammatica italiana secondo i princìpi di quella latina.

Nel Medioevo e nelle epoche successive la grammatica latina diventò il punto di riferimento di ogni considerazione sulla lingua. Non è un caso che il vocabolo GRAMMĂTICA assunse allora anche il significato di 'lingua latina'. In questo periodo si riprende la tesi aristotelica secondo la quale il linguaggio rispecchia il pensiero e il pensiero è uguale in tutti gli uomini. Al di sotto dei particolarismi delle varie lingue esiste una grammatica universale, una sorta di lingua comune della quale si devono ricercare i caratteri.

L'interesse per la grammatica filosofica ebbe un momento di grande sviluppo nel secolo XVII. La *Grammaire générale et raisonnée* dei francesi Antoine Arnauld e Claude Lancelot, pubblicata nel 1660 e conosciuta anche come *Grammaire de Port-Royal,* descrive i caratteri universali della facoltà linguistica dell'uomo in contrapposizione alle grammatiche particolari che riguardano le singole lingue. Quest'opera riprende e sviluppa l'idea di Aristotele secondo la quale il linguaggio umano è del tutto sottomesso al pensiero. La stessa idea è alla base dell'analisi logica usata nell'insegnamento delle lingue.

La linguistica moderna si affermò definitivamente come scienza autonoma, vale a dire dotata di propri metodi specifici, all'inizio dell'Ottocento. I due fattori che favorirono lo sviluppo della linguistica furono la conoscenza del sanscrito (un'antica lingua indiana che è stata un indispensabile punto di riferimento per lo studio delle lingue indoeuropee: v. 6.1) e la scuola romantica tedesca. Nel 1816 il linguista Franz Bopp pubblicò il primo studio di grammatica comparata: un confronto, cioè, condotto su basi scientifiche, fra i sistemi verbali di alcune lingue indoeuropee. Queste ultime furono considerate come organismi naturali che si sviluppano, indipendentemente dalla volontà umana, seguendo determinate leggi.

Secondo August Schleicher (1821-1867), che subì l'influsso della teoria evoluzionistica di Darwin (*L'origine delle specie* uscì nel 1859), la lingua originaria, l'indoeuropeo, si suddivise e risuddivise in vari rami come un albero genealogico.

In seguito, con il progresso degli studi, comparando le lingue fra loro si ottennero classificazioni precise, si formularono leggi fonetiche (v. 4.6), si tentò di ricostruire la fase primitiva delle lingue stesse.

La crisi della linguistica comparata fu segnata dallo sviluppo della **dialettologia**, lo studio scientifico dei dialetti. Tra i più grandi dialettologi del secolo scorso si ricorderà almeno l'italiano G.I. Ascoli (1829-1907). Lo sviluppo della nuova disciplina modificò il modello dell'evoluzione linguistica, la quale fu vista in una nuova prospettiva: alla base della comparazione ricostruttiva furono posti soprattutto i dialetti; le lingue letterarie passarono in secondo piano.

Lo studio dei dialetti fu integrato nei metodi e nei risultati dalla cosiddetta **geografia linguistica** (denominata anche *geolinguistica*), un nuovo campo di ricerca aperto dallo svizzero Jules Gilliéron (1854-1926). La diffusione dei fenomeni lessicali, fonetici e morfologici dei dialetti di una determinata area geografica è studiata appunto su speciali carte geografiche che segnano i confini dei suddetti fenomeni. È detta **isoglossa** quella linea ideale, disegnata in un **atlante linguistico**, la quale circoscrive il territorio in cui è presente un determinato fenomeno linguistico. In tal modo all'immagine dell'evoluzione di una parola nel tempo si accompagna l'immagine della sua diffusione in uno spazio geografico. La geografia linguistica permette di vedere il progresso di forme nuove che respingono ai margini le vecchie forme; permette di confrontare l'estensione dei vari fenomeni linguistici con le condizioni fisiche del territorio (presenza di montagne, di fiumi ecc.), con i confini politici e amministrativi, attuali e antichi (per esempio, confini delle antiche province dell'Impero romano, delle diocesi, delle entità statali affermatesi nel Medioevo), con gli spostamenti di popolazioni verificatisi nei primi secoli della nostra era (le invasioni barbariche: v. 12.10.2). In una carta geolinguistica si vede con chiarezza l'influsso che le città e, più generalmente, i centri amministrativi, religiosi e culturali esercitano sulla diffusione dei vari fenomeni linguistici. Dal 1902 al 1912 il Gilliéron pubblicò l'*Atlante linguistico della Francia*, dove sono registrate le risposte dialettali date a un questionario linguistico di 639 punti del territorio gallo-romanzo. Due linguisti svizzeri, Karl Jaberg e Jakob Jud, pubblicarono negli anni 1928-40 l'*Atlante linguistico dell'Italia e della Svizzera meridionale* (otto volumi in folio). In quest'opera (indicata con la sigla *AIS*) si notano alcuni miglioramenti rispetto all'*Atlante* del Gilliéron: per esempio, tra i punti indagati sono comprese anche alcune città; le carte sono ordinate non in ordine alfabetico, ma secondo gruppi di materie. Ideato dal linguista Matteo Bartoli (1873-1946) con la collaborazione di Giuseppe Vidossi (1878-1969) è il grande *Atlante linguistico italiano* (= *ALI*), poi diretto da Benvenuto Terracini (1886-1968). Di tale opera si conservano i materiali forniti da inchieste molto estese. Nel dicembre 1995 è uscito un volume di saggio; nel 1964 era stato pubblicato un *Saggio di un Atlante linguistico della Sardegna*. Importanti sono due opere che riguardano singole regioni: l'*Atlante linguistico-etnografico della Corsica* (1933-1942, 10 voll.) di G. Bottiglioni e L'*Atlante storico-linguistico-etnografico italiano friulano* (1972-1986, 6 voll.) di G.B. Pellegrini. Ispirate a criteri sociolinguistici sono due opere in corso di esecuzione: l'*Atlante linguistico della Sicilia* di G. Ruffino e il *Nuovo atlante del dialetto e dell'italiano per regioni* di A.A. Sobrero.

Della **linguistica strutturale** si parlerà nei paragrafi 1.7 - 1.12.

1·2   QUELLO CHE IL PARLANTE COMUNE PENSA DELLA LINGUA

■   Il parlante ha spesso opinioni intuitive riguardanti la propria lingua, le quali, a una riflessione più approfondita, si dimostrano infondate o perlomeno non rendono adeguatamente conto della complessità del fenomeno linguistico.

Così si ritiene, comunemente, che l'unica funzione della lingua consista nel veicolare contenuti: la lingua è considerata un semplice strumento di comunicazione. In realtà, la lingua svolge almeno due altre funzioni importanti.

In primo luogo, la lingua ha una **funzione sociale**. A livello interpersonale, possiamo notare come la lingua quotidianamente aiuti a stabilire e mantenere i contatti umani; spesso si usano parole ed espressioni il cui contenuto è totalmente irrilevante nella specifica situazione: capita così di pronunciare una frase al solo scopo di evitare un silenzio imbarazzante (per esempio, tra persone che non si conoscono, in ascensore) oppure si rivolge la parola a un'altra persona soltanto per poterla conoscere meglio o per evitare che se ne vada; ogni dialogo, poi, è costellato di **segnali discorsivi**, elementi della lingua come *ecco, insomma, dunque, allora, senti, guarda, vero, sai, esatto, bene, mah, beh, eh* ecc., che non veicolano un contenuto proposizionale ma hanno soltanto la funzione di stabilire un rapporto con l'interlocutore (richiamare la sua attenzione, controllare l'avvenuta ricezione, sottolineare conoscenze condivise ecc.). Non bisogna dimenticare che l'uso primario della lingua avviene proprio nel parlato di tutti i giorni.

Al livello della comunità dei parlanti, la lingua ha una funzione fondamentale di coesione sociale: serve infatti a rafforzare l'identità di gruppo. L'idea di nazione, spesso, più che su una cultura condivisa è basata sull'uso di una stessa lingua. Se la lingua non fosse un importante punto di riferimento ideale (una sorta di "bandiera"), non si potrebbe, per esempio, comprendere perché minoranze linguistiche lottino così accanitamente per il riconoscimento ufficiale della loro parlata. Anche a livello di singoli gruppi all'interno di una stessa società, l'uso di forme comuni è un forte fattore di integrazione: l'identità di un gruppo sociale può essere sottolineata dall'uso comune di una lingua speciale (per esempio, per una determinata categoria professionale) oppure di un gergo (come quello dei militari di leva o dei praticanti di una determinata disciplina sportiva; v. 12.7).

In secondo luogo, la lingua ha una **funzione cognitiva**: infatti mette a nostra disposizione un sistema di categorie per orientarsi nel mondo, per renderci il mondo accessibile e comprensibile. Non bisogna infatti pensare che la lingua sia un semplice specchio della realtà esterna, un sistema di etichette che va applicato a entità già esistenti (v. 1.7). Come ben dimostrano i confronti tra le varie lingue, vi sono innumerevoli modi di categorizzare linguisticamente una realtà identica o almeno comparabile.

Si possono elencare vari giudizi, che sono propri anche delle persone colte, ma che a una più attenta analisi non trovano una piena conferma.

1) «*La lingua del passato è migliore di quella presente; assistiamo a un declino della lingua*». Qui ritroviamo l'idea della lingua considerata come un organismo vivente: dopo un periodo di crescita e di splendore, si avrebbe un inarrestabile decadimento. In realtà, l'evoluzione della lingua non è necessariamente un processo negativo: l'adattamento alle mutate esigenze comunicative è anzi un fenomeno normalissimo e utile, oltre che inevitabile (per i neologismi, v. 12.8).

2) «*Esistono lingue primitive che hanno una struttura molto più semplice delle nostre evolute lingue di culture europee*». In realtà, anche le lingue delle cosiddette culture primitive possono essere, ai vari livelli morfologico, sintattico e semantico, di un'estrema complessità (vi sono, per esempio, lingue caucasiche che presentano più di 40 casi diversi o lingue eschimesi che concentrano un'intera frase in una sola parola lunghissima). In generale, la semplicità in un settore della lingua (per esempio, la quasi totale mancanza della flessione verbale in inglese) comporta una maggiore complessità in altri settori (nel caso particolare, una sintassi più rigida).

3) «*Il dialetto non è una vera lingua*». In realtà, le cose non stanno esattamente in questi termini. È pur vero che un dialetto si differenzia da una lingua (standard) in quanto ha in genere una diffusione geografica più limitata ed è circoscritto a contesti d'uso informali e non ufficiali. Lingua e dialetto si differenziano soprattutto per il loro diverso prestigio, ma da un punto di vista strettamente linguistico-strutturale sono entrambi sistemi di comunicazione completi, di pari complessità interna ai vari livelli di lingua (v. 8.2), anche se hanno un diverso sviluppo nei vari settori del lessico.

4) «*Alcune forme linguistiche sono migliori di altre: esistono forme corrette e scorrette*». In realtà, va precisato che la correttezza e l'appropriatezza non sono caratteristiche intrinseche di una determinata forma, ma riflettono sempre un giudizio dei parlanti. È quindi nuovamente una questione di prestigio. Nel corso dell'evoluzione di una lingua, poi, si nota che forme un tempo considerate "scorrette" sono diventate oggi totalmente accettabili, e viceversa.

5) «*La lingua scritta segue regole ben precise, la lingua orale è invece un'imperfetta, a volte caotica, imitazione della prima*». Va detto innanzitutto che la maggioranza delle culture è esclusivamente orale; la scrittura rappresenta un'eccezione: la variante scritta di una lingua non può quindi diventare il parametro di riferimento per giudicare le forme orali. La comunicazione orale non è assolutamente priva di regole, ma risponde a esigenze diverse rispetto a quelle che sono proprie della comunicazione scritta. Lingua orale e lingua scritta presentano pertanto una diversa organizzazione testuale.

6) «*La scrittura alfabetica è lo specchio fedele dei suoni di una lingua*». Il rapporto tra i suoni (fonemi) di una lingua e le lettere (grafemi) che li rappresentano non è affatto biunivoco. Evidente è il caso dell'inglese e del francese, lingue in cui scrittura e pronuncia divergono ampiamente; l'italiano è nel complesso assai più "regolare".

7) «*Per comprendere il significato di una parola bisogna conoscerne l'etimologia*». In realtà, il significato di una parola della lingua di oggi è dato dal rapporto con il significato di altre parole (parole dal significato simile costituiscono per esempio, i cosiddetti campi semantici; v. 4.3).

8) «*Il parlante di una lingua conosce le regole della lingua*». Tale affermazione è esatta solo se per "conoscenza" si intende una conoscenza intuitiva, un sapere meramente applicativo. Se ai parlanti si richiede invece di formulare esplicitamente delle regole, spesso verranno menzionate generalizzazioni "sbagliate", anche da parte di persone che non commettono errori nella loro stessa produzione linguistica.

In conclusione, è da notare come la linguistica ignori ampiamente domande che invece spesso appassionano i profani, come, per esempio, quante lingue esistono al mondo? quante parole ha una lingua? Queste due domande non possono ottenere una risposta precisa; la prima perché risulta tra l'altro difficile distinguere tra lingua e dialetto, la seconda perché il lessico è un'entità aperta e in continua trasformazione.

Compito della linguistica è una descrizione completa e accurata dei vari fenomeni presenti a tutti i livelli di lingua (fonologia, morfologia, lessico, sintassi, semantica, pragmatica); il linguista non è tenuto a dare giudizi sulla presunta "bontà" di certe forme rispetto ad altre. La linguistica è meramente descrittiva, non prescrittiva. Non è inoltre compito del linguista combattere un supposto "degrado" della lingua.

1·3 LINGUAGGIO E LINGUA

Il **linguaggio** è l'insieme dei fenomeni di comunicazione e di espressione che si manifestano sia nel mondo umano sia al di fuori di esso. Oltre al linguaggio verbale dell'uomo esistono infatti linguaggi artificiali creati dall'uomo stesso (v. 1.4) e linguaggi degli animali.

> Per quanto riguarda questi ultimi ne ricordiamo soltanto alcuni, tra i più notevoli e i più curiosi. Gli uccelli comunicano tra loro per mezzo di vocalizzazioni, che in alcune specie appaiono variamente modulate. Le api "parlano" tra loro mediante una sorta di danza. Le scimmie si servono di gesti e di articolazioni vocali. Molte specie animali comunicano fra loro atteggiando in vari modi i loro corpi. Si comunica perfino emettendo particolari sostanze chimiche (come è provato per alcune specie di pesci).
>
> Gli studiosi riconoscono la superiorità del linguaggio articolato con suoni: questo infatti si trasmette a distanza, supera ostacoli fisici; può essere usato anche al buio; in genere, rispetto agli altri linguaggi, presenta una maggiore varietà di realizzazioni; è insegnato forse con maggiori difficoltà, ma senza dubbio con più grande profitto (i giochi della ripetizione imitativa eseguiti dai piccoli hanno una grande importanza educativa fin dai primi mesi di vita).

I linguaggi animali hanno finalità piuttosto elementari: comprendono i cosiddetti segnali di territorio (avvertimenti ad altri animali di non varcare certi confini), di allarme, di richiamo, di corteggiamento, di gioco. Fino a qualche anno fa i linguisti erano convinti che ci fosse un confine molto netto fra il **linguaggio dell'uomo** e i linguaggi degli animali. Ora invece si tende a vedere una serie di rapporti e una continuità fra i due domìni: varie caratteristiche ritenute in passato esclusive del linguaggio umano si ritrovano in realtà, sia pure con forme e modalità diverse, anche nei linguaggi animali e in quelli artificiali (v. 1.4).

Al tempo stesso bisogna ricordare che l'uomo, accanto a un linguaggio verbale complesso, ricco e "potente" (spiegheremo tra poco il significato di questo aggettivo: v. 1.5), possiede anche **linguaggi non verbali**:

● i gesti, i movimenti del corpo, le espressioni della faccia, l'atteggiamento generale delle persone rappresentano i cosiddetti comportamenti cinetici (dal greco *kinētikós* 'che si muove');

● la tonalità della voce, le interruzioni, i sospiri, il pianto, gli sbadigli sono aspetti del **paralinguaggio**: si tratta di un insieme di atteggiamenti che da soli o assieme al linguaggio vero e proprio servono a esprimere ciò che si sente;

• l'uso dello spazio e il rapporto spaziale tra gli individui (per esempio: a una persona autorevole si dà una stanza di lavoro, una scrivania, uno spazio "pubblico" più grandi; il rispetto tiene a distanza, invece si sta vicini a una persona con cui si è in confidenza);

• l'uso di artefatti, come abiti e cosmetici (il colore di un vestito, un certo tipo di cravatta, un profumo particolare "parlano", in certe occasioni, molto più delle parole).

■   In senso proprio il linguaggio si distingue dalla lingua. La **lingua** è il modo concreto e storicamente determinato in cui si manifesta la facoltà del linguaggio.

L'italiano, il francese, l'inglese, tutte le lingue del mondo, si chiamano **lingue storico-naturali**. Si dicono storiche perché hanno una storia, nella quale intervengono i parlanti di tali lingue. Si dicono naturali in contrapposizione ai linguaggi artificiali: la segnaletica stradale, l'alfabeto Morse, il linguaggio della logica, quello della matematica, quello degli elaboratori ecc. Rispetto ai linguaggi artificiali le lingue storico-naturali dimostrano maggiore complessità, ricchezza e "potenza".

1·4   I SEGNI E IL CODICE

■   Il **segno** è un "qualcosa" che sta al posto di un "altro qualcosa".

Una colonna di fumo è il segno di un incendio; un buon odorino che viene dalla cucina è il segno di un arrosto o di un sugo; la luce rossa del semaforo è un segno che impone di fermarsi; una formula composta di numeri e lettere è il segno di un teorema; la parola *bue* è il segno di un significato 'bue'. La scienza che studia i segni è la **semiologia** (dal greco *sēmeîon* 'segno').

Una prima distinzione da fare è quella tra **segni naturali** (detti anche *indici*) e **segni artificiali**[1]. I segni naturali sono strettamente legati ai loro rispettivi significati: una colonna di fumo indica un incendio, così come vergogna e imbarazzo sono indicati dal rossore del volto. Invece i segni artificiali sono **arbitrari**: per indicare l'alt mediante il semaforo si sarebbe potuto scegliere un colore diverso dal rosso; per indicare le lettere dell'alfabeto si sarebbero potuti scegliere segni diversi. I segni arbitrari sono dunque convenzionali e pertanto, a differenza dei segni naturali, devono essere imparati. Non dobbiamo imparare ad arrossire o a starnutire per indicare che proviamo vergogna o che siamo raffreddati, ma certo dobbiamo imparare la segnaletica stradale, l'alfabeto Morse; a suo tempo abbiamo dovuto imparare sia l'uso parlato sia l'uso scritto della nostra lingua. Precisiamo dunque: il linguaggio umano (che si manifesta nelle lingue storico-naturali) è un mezzo di comunicazione non istintivo; è un **prodotto della cultura**, non della natura. Un bambino nato a Milano e un bambino nato a Tokyo cammineran-

---

[1] Il filosofo statunitense Ch. S. Peirce (1839-1914) ha introdotto la tripartizione fra indice, icona e simbolo. L'**indice**, come abbiamo visto, è un segno naturale. L'**icona** è un segno in cui certi aspetti del significante riproducono in modo immediato aspetti del significato (per esempio, un'onomatopea). Il **simbolo** è un segno che rappresenta un oggetto in virtù di una convenzione (per esempio, la parola *cane* rappresenta l'animale stesso).

no e masticheranno allo stesso modo, ma il primo parlerà italiano, il secondo giapponese.

■ I segni arbitrari combinati con altri segni dello stesso tipo costituiscono un sistema di segni o **codice**.

Vi sonó codici elementari e codici complessi. Uno dei più semplici è quello costituito dalla luce rossa che segnala la mancanza della benzina; tale spia, posta nel cruscotto di un autoveicolo, funziona così:

/ luce rossa accesa / = 'la benzina manca'
/ luce rossa spenta / = 'c'è la benzina'

Un altro codice elementare è il semaforo che normalmente comprende tre segni:

/ luce verde / = 'avanti!'
/ luce gialla / = 'attenzione!'
/ luce rossa / = 'alt!'

Talvolta il semaforo comprende uno o due segni in più: /luce rossa + freccia verde a destra/ = 'alt per chi va dritto e per chi volta a sinistra; avanti per chi volta a destra'; /luce rossa + freccia verde dritta + freccia verde a destra/ = 'alt per chi volta a sinistra; avanti per chi va dritto e per chi volta a destra'.

Riflettiamo per un momento su questi linguaggi artificiali molto semplici: la spia rossa accesa nel cruscotto, la luce rossa del semaforo sono **segni globali,** cioè non possono essere analizzati in costituenti, a differenza di quanto accade nell'alfabeto Morse, dove troviamo, per esempio:

/ · — / = 'A'
/ — ··· / = 'B'

Qui abbiamo a che fare con segni analizzabili; possiamo dire che 'A' è rappresentato da un punto seguìto da una linea e che 'B' è rappresentato da una linea seguìta da tre punti. Nell'alfabeto Morse la linea e il punto sono i due costituenti di base i quali, combinandosi tra loro in vario numero e con varia disposizione, riescono a rappresentare tutte le lettere del nostro alfabeto.

Profondamente diverso è il caso della luce rossa (della spia e del semaforo); la luce rossa non si può scomporre in costituenti, vale a dire non c'è un secondo livello di analisi (vedremo tra poco che l'esistenza di più livelli di analisi permette il funzionamento di codici molto complessi come le lingue storico-naturali). Nella combinazione /luce rossa/ + /freccia verde a destra/ del semaforo, abbiamo due segni globali accostati, non due componenti (il punto e la linea) di un unico segno.

Ecco ora una regola fondamentale, inderogabile, per il funzionamento di un codice: i segni (ciascuno dei quali è portatore di un significato), una volta che sono attribuiti a un codice, non possono più essere mutati, a meno che non muti la convenzione che regola il funzionamento di quel codice.

Nel sistema di segni del semaforo l'opposizione fra i tre colori è fondamentale: diciamo che i tre colori sono caratteri distintivi (o, con espressione tecnica, **tratti pertinenti**) del codice semaforo. Invece altri eventuali caratteri non sono distintivi (sono **tratti non pertinenti**); per esempio: le tre luci possono avere varia grandezza e diversa forma (quadrata invece che tonda), il semaforo può essere composto di quattro elementi (uno per ciascun angolo di un incrocio stradale) oppure può essere costituito da un unico elemento posto proprio al centro dell'incrocio (montato su un palo o appeso a un cavo). Queste varianti non sono pertinenti: il semaforo a tre luci non muta il suo codice, funziona sempre secondo la stessa regola.

1·5 LA «POTENZA» DEL LINGUAGGIO UMANO

Quanto si è detto finora sulla spia rossa del cruscotto, sul semaforo, sull'alfabeto Morse e su altro ancora rappresenta un'utile introduzione per comprendere meglio come funziona il linguaggio verbale. I codici elementari aiutano a capire come funziona un codice complesso, ricco e "potente" come è appunto il linguaggio verbale.

Ma che cosa vuol dire **potente** in questo contesto? Vuol dire che con il linguaggio umano, articolato in suoni, si può parlare di tutto, mentre con il linguaggio degli animali e con i linguaggi artificiali (dalla spia rossa del cruscotto alla segnalazione con bandierine a mano, dal semaforo alla segnaletica stradale, dal linguaggio della matematica a quello della logica) si può parlare soltanto di alcune cose. La spia rossa dice soltanto due cose. Il semaforo a tre luci ne dice tre. Il linguaggio della matematica ne dice molte, ma tutte appartenenti allo stesso settore, cioè alla matematica; con il linguaggio della matematica non posso dire: *Ho fame; vorrei una bistecca*, non posso dare ordini, manifestare i miei sentimenti, descrivere un paesaggio. Invece con il linguaggio umano posso esprimere tutto quello che è espresso dai linguaggi artificiali (forse in maniera meno rigorosa ma pur sempre efficace) e tante, tantissime cose in più. Con il linguaggio umano posso esprimere praticamente tutto.

È venuto il momento di esporre alcuni concetti fondamentali elaborati dalla linguistica moderna. Si tratta di concetti che ci serviranno a capire meglio come funzionano i linguaggi e, in particolare, come funziona il linguaggio umano.

1·6 LA COMUNICAZIONE

Che cosa avviene quando parliamo a qualcuno? Quando comunichiamo qualcosa a qualcuno (d'ora innanzi ricorreremo frequentemente al verbo *comunicare* perché esso comprende più modi di manifestare il nostro pensiero: con la voce, con la scrittura, con i gesti ecc.) facciamo, senza accorgercene, tre operazioni:

1) troviamo un contenuto cercando di chiarirlo almeno a noi stessi;

2) troviamo l'espressione che è capace di comunicare tale contenuto;

3) dopo aver trovato l'espressione con la quale manifestare tale contenuto, eseguiamo un controllo per verificare se l'espressione scelta è capace di comunicare in modo adeguato il contenuto.

Questo processo, qui distinto in tre operazioni, avviene per lo più in modo automatico, rapidissimo; potremmo quasi dire «rapido come il parlare» se non ascoltassimo talvolta discorsi lunghi e noiosi... In alcuni casi però tale processo occupa un tempo più lungo perché siamo incerti su quello che si deve dire, perché non abbiamo ben capito la domanda che ci è stata rivolta ecc. Il processo che abbiamo descritto va dall'interno (della nostra mente) all'esterno (mediante i suoni prodotti dal nostro apparato di fonazione: v. 13.4).

Chi ci ascolta segue l'itinerario inverso, dall'esterno all'interno: mediante il proprio apparato uditivo "prende" l'espressione che noi abbiamo prodotto e assegna a tale espressione un contenuto. Nella maggior parte dei casi il contenuto prodotto e trasmesso dal **locutore** (dal latino LOCŪTOR, -ŌRIS 'colui che parla') e il contenuto ricevuto e interpretato dall'ascoltatore coincidono: altrimenti, poveri noi, sarebbe una vera babele! Ma accade anche che il nostro ascoltatore interpreti quanto abbiamo detto in modo diverso dalle nostre intenzioni (perché egli non è stato attento, perché ha malamente collegato quanto abbiamo detto con la situazione, perché noi abbiamo parlato in modo oscuro). È inutile dire che anche le operazioni compiute dall'ascoltatore (ricevere con l'orecchio l'espressione, analizzarla e attribuirle un contenuto) avvengono, normalmente, in tempi brevissimi.

E ora due termini tecnici. Abbiamo già visto (1.4) che cosa è, in linguistica, il codice. Ora diciamo che, quando il parlante attribuisce a un contenuto di pensiero un'espressione, egli compie una **codificazione**, cioè attribuisce il codice "lingua italiana" (o, se si tratta di un francese, di un inglese, il codice "lingua francese", il codice "lingua inglese") al proprio contenuto di pensiero. Invece l'ascoltatore, colui che compie l'itinerario inverso, compie una **decodificazione**, cioè passa dalla espressione data in codice al contenuto di pensiero. Ovviamente si può codificare in una lingua e decodificare da una lingua che si conosce; altrimenti detto: non parlo né comprendo il turco se non lo conosco (se non possiedo il codice "lingua turca").

1·7 LA LINGUA NON È UNA NOMENCLATURA

Questo principio è sostenuto con vigore nel *Corso di linguistica generale* di Ferdinand de Saussure (1857-1913)[1], un testo fondamentale apparso nel 1916 e che possiamo considerare l'atto di nascita della linguistica moderna, più precisamente di quella corrente della linguistica moderna che va sotto il nome di **strutturalismo**. Nei paragrafi 1.7-1.12 illustriamo alcuni princìpi fondamentali dello strutturalismo.

Secondo una concezione del tutto erronea una lingua sarebbe una lunga lista di parole, una sorta di nomenclatura, nella quale ciascuna parola corrisponderebbe a una cosa, a un'azione, a un'idea. Se il lessico dell'italiano si potesse ridurre a una serie di etichette *uomo, cane, bue, tavolo, scala, legno, lingua, andare, cantare*, ciascuna apposta alla cosa, all'azione, all'idea corrispondenti, imparare una

---

[1] Nato a Ginevra, compì i suoi studi in questa città e nelle università di Lipsia e di Berlino. Insegnò per vent'anni (1881-1901) all'università di Parigi; dal 1901 passò all'università di Ginevra. È considerato il fondatore della linguistica strutturalistica. La sua fama è legata al *Cours de linguistique générale*, pubblicato nel 1916 a cura di due allievi divenuti in seguito famosi, Ch. Bally e A. Sechehaye, i quali cercarono di ordinare gli appunti dei corsi universitari tenuti dal maestro a Ginevra tra il 1906 e il 1911. I concetti fondamentali della linguistica contemporanea (diacronia/sincronia, *langue/parole*, sistema, segno, arbitrarietà del segno) sono stati definiti nell'opera di Saussure.

lingua straniera equivarrebbe a sostituire queste etichette con altre: *homme, chien, bœuf, table, escalier, bois, langue, aller, chanter* per il francese; *man, dog, ox, table, stairs, wood, tongue, to go, to sing* per l'inglese.

Ma le cose non vanno affatto così. Soltanto in settori limitati del lessico (per esempio, le denominazioni scientifiche di animali e di piante) vi è una corrispondenza esatta da etichetta a etichetta. Già nel nostro breve elenco tale corrispondenza manca in più di un caso: all'unico vocabolo italiano *scala* ne corrispondono in francese due: *échelle* 'attrezzo di legno, di metallo o di altro materiale formato da due montanti laterali connessi tra loro da pioli' (*échelle* è anche 'la scala di una carta geografica'); *escalier* 'insieme di gradini pieni e tra loro collegati che portano da un piano all'altro'. In inglese la situazione è più complessa; all'unico vocabolo italiano *scala* ne corrispondono ben quattro: *ladder,* che ha il significato del francese *échelle*; *stairs* (plurale di *stair* 'gradino'), che ha il significato del francese *escalier*; *staircase* 'l'insieme, il blocco di scale di un edificio'; *scale* 'scala di una carta geografica'.

Si osservi poi il francese *bois*: un solo vocabolo corrisponde ad almeno quattro diversi vocaboli italiani: *legno, legna, legname, bosco*; a *lingua* corrisponde in inglese *tongue* 'organo del gusto' e *language* 'idioma, parlata'; a *tempo* corrispondono *time* 'il succedersi dei momenti' e *weather* 'il tempo atmosferico'. All'unico vocabolo *uccello* dell'italiano corrispondono in spagnolo due vocaboli: *pájaro* (pronuncia /'paxaro/, la /x/ rappresenta la consonante fricativa sorda velare), denominazione generica degli uccelli piccoli (come la rondine, il pettirosso, il merlo ecc.) e *ave*, denominazione generica degli uccelli grandi (aquila, gallina, struzzo ecc.). All'italiano *sangue* corrispondono in latino SĀNGUIS, SĀNGUINIS (che circola nelle vene) e CRŬOR, -ŌRIS (che esce dalle ferite e si raggruma).

Un esempio in certo modo inverso è dato dal verbo spagnolo *esperar,* cui corrispondono in italiano due verbi ben distinti: *sperare* e *attendere*. Naturalmente in questi casi è il contesto a rendere chiaro il significato complessivo della frase: *espero que mañana no llueva* 'spero che domani non piova' / *estoy esperando el ómnibus* 'sto aspettando l'autobus'. Mediante un grafico visualizziamo tre esempi di queste non corrispondenze, rispettivamente tra italiano e francese, italiano e inglese, italiano e spagnolo:

ITALIANO	legno	legna	legname	bosco
FRANCESE		bois		

ITALIANO		scala		
INGLESE	ladder	stairs	staircase	scale

ITALIANO		uccello	
SPAGNOLO	pájaro		ave

Non bisogna pensare che questi confronti tra parole di lingue diverse si possano fare in modo meccanico e senza aggiungere alcune spiegazioni particolari. Infatti dobbiamo ricordare che in tutte le lingue esiste in genere più di una parola per indicare la stessa entità (o, con termine tecnico, lo stesso **referente**: v. 4.3).

Sempre a proposito della non corrispondenza tra parole di lingue diverse, accenniamo a un esempio curioso. In russo lo stesso vocabolo *rukà* corrisponde a due vocaboli ben distinti dell'italiano: *mano* e *braccio*. Si potrebbe concludere che i Russi non distinguono la mano dal braccio? Andiamoci piano. A parte i chiarimenti forniti dal contesto, dobbiamo ricordare l'esistenza di altre parole che significano 'mano' e che quindi, in caso di necessità, possono essere usate per eliminare possibili equivoci: *kist'* 'mano' (dal punto di vista anatomico), *rùčka* 'manina', diminutivo di *rukà*, usato per indicare espressamente la mano. In ogni modo il caso di *rukà*, che vale al tempo stesso 'mano' e 'braccio', ci sembrerà meno curioso se pensiamo che anche nella nostra lingua la parola *braccio* è in un certo senso ambigua: propriamente indica 'la parte dell'arto superiore compresa tra la spalla e il gomito' (escluso quindi l'avambraccio), ma comunemente indica 'tutto l'arto superiore, dalla spalla alla mano' (quindi braccio e avambraccio).

Come appare, questi confronti tra lingue diverse dimostrano che gli stessi referenti sono spesso analizzati in diversi modi dalle varie lingue. Ciascuna lingua ha parole ed espressioni che rappresentano significati convenzionali e propri di quella lingua. Attenzione quindi nel tradurre! Dobbiamo ricordare questo principio: ciascuna lingua ha un suo modo di rappresentare, descrivere e interpretare il mondo che ci circonda. Ciascuna lingua riflette un modo particolare di vedere la realtà che è intorno a noi; ciascuna lingua, dunque, segmenta tale realtà in rapporto all'uso che si è stabilito in una determinata comunità di parlanti.

1·8 IL SIGNIFICANTE E IL SIGNIFICATO

Consideriamo un segno linguistico. Questo può essere una frase come

Carlo cantava una bella canzone

oppure una parte di essa: *Carlo cantava* o *una bella canzone* o *canzone*.

■ Ciascun segno linguistico possiede due facce: l'immagine acustica, cioè la successione di suoni linguistici che lo compongono, e il concetto che esso esprime; a queste due facce del segno linguistico si dà il nome di **significante** e di **significato**.

Nella frase ora citata il significato può essere descritto in questi termini: c'è una persona, di nome Carlo; questa persona compie ora una determinata attività; tale attività consiste nel cantare una bella canzone; mentre il significante è la successione dei suoni linguistici con cui è prodotta la frase o, dal punto di vista dell'ascoltatore, l'insieme degli effetti acustici che rappresentano la frase; il significante si può rappresentare mediante una trascrizione fonetica (v. 13.5 e 13.6), e precisamente così:

/'Karlo kan'tava 'una 'bɛlla kan'tsone/.

Possiamo dire che il segno linguistico risulta da una somma:

segno linguistico = significante + significato

Il legame che unisce il significato al significante è **arbitrario**. Infatti non c'è alcun motivo logico per il quale il significato 'canzone' debba unirsi al significante

/kan'tsone/, tant'è vero che in altre lingue tale significato si unisce ad altri significanti: /ʃã'sɔ̃/ francese *chanson*, /sɔŋ/ inglese *song*. Il legame tra il significato e il significante ha una motivazione storica (cioè si ritrova nella storia della lingua); per il parlante comune, che nulla sa della storia della propria lingua, tale legame è una convenzione accolta da tutta la comunità linguistica alla quale egli appartiene.

> Un segno linguistico si può paragonare a una banconota. Il significante è quel rettangolo di carta di una certa dimensione, con certi disegni e con certi colori ecc.; il significato è il valore (socialmente contrattato) che è attribuito a tale rettangolo di carta. Il legame tra il rettangolo di carta e un determinato valore è arbitrario: cioè non ha una motivazione logica, ma dipende da una convenzione.
> Per far intendere il concetto di **arbitrarietà del segno linguistico** ci serviremo di un altro argomento. Il fatto che espressioni idiomatiche come, per esempio, *prendere cappello* e *mi fai un baffo* valgano 'offendersi' e 'non mi fai niente' mostra che il significato complessivo, invece di essere, per così dire, la "somma" dei significati dei rispettivi componenti, è tutt'altra cosa, è arbitrario dal punto di vista della logica; dipende da una convenzione che esiste nella comunità linguistica italiana. Ovviamente tali espressioni non si possono tradurre, parola per parola, in un'altra lingua.
> Riassumendo e integrando quanto si è finora detto, osserviamo quanto segue. Arbitraria non è soltanto la relazione tra il significato e il significante, ma anche la relazione tra il segno linguistico e l'ambito della sua referenza. Proprio perché è arbitraria, questa relazione si pone in modo diverso nelle singole lingue. Abbiamo visto che il francese *bois* copre tutto l'ambito di referenza che in italiano è occupato dalle parole *legno*, *legna*, *legname*, *bosco* (v. 1.7); mentre all'italiano *uccello* corrisponde in spagnolo un ambito di referenza suddiviso tra *pájaro* e *ave*. Orbene quest'ultimo tipo di arbitrarietà è definito, più precisamente, come **arbitrario radicale** (tale nozione si riferisce a quella di "forma del contenuto", di cui parleremo tra poco: v. 4.3). L'arbitrario radicale si contrappone all'**arbitrario banale**, che riguarda la relazione tra il significato e il significante.

In alcuni casi il significato di un segno non è totalmente arbitrario, ma risulta **motivato** almeno parzialmente. Nella formazione delle parole, i singoli componenti sono arbitrari, ma la loro combinazione è motivata: nei composti *altopiano* e *aeroporto* dalla somma dei singoli significati si può ricostruire il significato complessivo. Lo stesso vale pure per i derivati. *Insegnante* si ricollega alla base *insegnare* non solo per il significante, ma anche per il significato: *insegnante* è colui che insegna per professione.

Sono da menzionare anche varie forme di **iconismo**, per cui si stabiliscono dei collegamenti tra la forma e il contenuto di un segno:

a) a livello fonologico, possiamo ricordare le parole **onomatopeiche** che imitano i suoni reali, come *sussurrare*, *mormorare*, *strisciare*, *zanzara* o *chicchirichì*; si badi però che la resa di uno stesso suono può variare da lingua a lingua: il canto del gallo, per esempio, in francese è *cocorico*, in inglese *cock-a-doodle-doo*, in russo *kukareku* e in tedesco-svizzero *güggerügü*. Va menzionato inoltre il fenomeno del **fonosimbolismo**: alcuni studiosi hanno avanzato l'ipotesi che certi suoni linguistici o certe combinazioni di suoni siano di preferenza impiegati per codificare determinati contenuti (per esempio, la *i* sarebbe spesso utilizzata in parole aventi come referente un oggetto piccolo);

b) a livello morfologico, una nozione semanticamente più complessa viene a volte espressa con una parola più lunga: il comparativo e il superlativo sono in genere più lunghi rispetto al positivo (*bello*, *più bello*, *bellissimo*); in numerose lingue il plurale è formato, rispetto al singolare, con l'aggiunta di una desinenza (in inglese *film – films*; in tedesco *Tisch – Tische*) o addirittura con la **reduplicazione** (in malese: *orang* 'uomo', *orang-orang* 'uomini'); anche differenze aspettuali come la ripetizione di un'azione possono essere espresse mediante reduplicazione: in polinesiano *tufa* significa 'dividere', *tufa-tufa* vale 'dividere molte volte';

c) a livello sintattico-testuale, la vicinanza sintagmatica di certi elementi viene interpretata come vicinanza anche dal punto di vista semantico: nella costruzione inglese *He sent Susan a letter* il collegamento tra mittente e destinatario della lettera risulta più stretto e più diretto che non nel caso di *He sent a letter to Susan*; in generale, si ha un ordine iconico del testo quando la sequenza delle frasi rispecchia la sequenza cronologica degli eventi:

Rossi raccoglie un pallone a centrocampo, dribbla due avversari, lo passa a Bianchi sulla fascia, che scatta, crossa al centro, colpo di testa vincente di Verdi.

Una sequenza anti-iconica si ha invece nel seguente esempio:

Il colpo di testa vincente di Verdi è stato possibile grazie allo scatto e al cross al centro di Bianchi. In precedenza, Rossi ha passato la palla a Bianchi sulla fascia, dopo aver raccolto un pallone a centrocampo e dribblato due avversari.

1·9 LA LINGUA È UN SISTEMA

La lingua è composta da un insieme di elementi tra loro interdipendenti; ciascun elemento ha un valore e un funzionamento in rapporto al valore e al funzionamento degli elementi che gli sono vicini.

Per esempio, *legno* ha un valore diverso rispetto a *bois* perché accanto a *legno* ci sono *legna*, *legname* e *bosco*, parole che in un certo senso pongono dei limiti al valore di *legno*; mentre, la situazione di *bois* è ben diversa: *bois* porta, per così dire, il carico di più significati. Nella frase *Carlo cantava una bella canzone*, il valore della forma verbale *cantava* si definisce in rapporto alle forme che indicano un'azione passata: *ha cantato*, *cantò*. Infatti in italiano vi sono tre tempi del passato: imperfetto, passato prossimo e passato remoto; il valore di ciascuno di questi tempi è definito anche dalla presenza degli altri due. Diversa è la situazione di altre lingue (per esempio, l'inglese e il tedesco) che hanno soltanto un passato 'analitico' (ingl. *I have seen* 'ho visto'), confrontabile con il nostro passato prossimo, e un altro passato (ingl. *I saw* 'vidi', 'vedevo') che ha in sé i due valori di imperfetto e passato remoto.

Secondo la linguistica strutturale la lingua è un sistema costituito da più sistemi tra loro correlati; nelle linee essenziali abbiamo:

sistema della lingua		
SISTEMA FONOLOGICO	SISTEMA MORFOLOGICO-SINTATTICO	SISTEMA LESSICALE
costituito dai **fonemi**	costituito dai **morfemi** (o monemi grammaticali) e dalle strutture sintattiche	costituito dai **lessemi** (o monemi lessicali)

Questi sistemi tra loro correlati rappresentano altrettanti livelli di analisi. Le unità presenti in un livello si possono scomporre in unità definite e minime (cioè tali che non si possono analizzare ulteriormente senza passare a un livello successivo). Per esempio, la frase:

Carlo cantava una bella canzone

è un segno complesso nel quale si individuano cinque segni che possono essere usati in altre combinazioni: per esempio, *canzone* può apparire nella frase:

quella canzone non mi è piaciuta affatto.

Nell'opinione comune i segni semplici sono detti **parole** e sono considerati come unità, ma a un'attenta analisi si scopre che alcune parole comprendono in sé più di un segno; per esempio *cantava* si può analizzare così:

$$
\textit{cantava} \quad \left\{ \begin{array}{ll} \textit{cant-:} & \text{indica un certo tipo di azione} \\ \text{-AVA}: & \text{indica una certa prospettiva nel tempo} \\ & \text{(cioè continuità nel passato)} \end{array} \right.
$$

Per indicare il segno più piccolo, l'unità-segno, si è preferito di conseguenza usare il termine **monema** (dal greco *mónos* 'unico' + il suffisso *-ema* di *fonema*) in luogo di *parola*. Si dirà dunque che la parola

*cant*AVA

contiene due monemi. Si distinguerà in particolare fra

monema lessicale (o lessema): *cant-* e **monema grammaticale** (o morfema): -AVA.

I monemi lessicali sono autonomi e indicano un significato di base, mentre i monemi grammaticali dipendono dai primi e sono funzionali, cioè servono a indicare la funzione dei monemi lessicali; monemi grammaticali sono le desinenze, gli affissi (v. 11.1), gli articoli, le preposizioni, le congiunzioni ecc.
   Ciascun monema comprende beninteso un significante (che mettiamo tra sbarrette oblique e che diamo in trascrizione fonologica) e un significato (che mettiamo tra virgolette).
   Due esempi:

MONEMA	SIGNIFICANTE	SIGNIFICATO
caccia	/'kattʃa/	'caccia'
gennaio	/dʒen'najo/	'gennaio'

Passiamo ora al livello di analisi successivo. Ciascun monema della frase *Carlo cantava una bella canzone* si può scomporre in **fonemi** (v. 13.2).
   Per esempio, *canzone* si scompone in sette fonemi:

canzone /kan'tsone/ = /k/ + /a/ + /n/ + /ts/ + /o/ + /n/ + /e/.

A sua volta ciascun fonema si analizza in **tratti distintivi** (v. 13.3); per esempio:

/n/ = [consonante] + [nasale] + [dentale].

In una lingua sia i fonemi sia i tratti distintivi sono di numero finito. In italiano vi sono 30 fonemi composti da tratti distintivi. Mediante determinati procedimenti combinatori (per lo più diversi da lingua a lingua) le unità minime di un livello si combinano fra loro per formare le unità del livello superiore. I tratti distintivi, combinandosi fra loro, danno i fonemi; i fonemi, combinandosi fra loro, danno i monemi; i monemi, combinandosi fra loro, danno la frase; le frasi, combinandosi fra loro, costruiscono il testo.

1·10   VARIANTI E INVARIANTI. *LANGUE* E *PAROLE*

Una qualsiasi parola, per esempio *guerra*, può essere pronunciata in tanti modi diversi quante sono le persone che la pronunciano. Si riconosce una persona dalla sua voce particolare (cioè dal timbro e dall'intonazione), senza dire che la stessa persona può pronunciare la stessa parola in modi diversi secondo lo stato d'animo e la situazione. Al tempo stesso la parola *guerra* può assumere diverse sfumature di significato e addirittura può essere considerata da alcuni negativamente (da coloro che hanno sofferto a causa della guerra), da altri positivamente (dai militaristi e dai profittatori). Queste varie differenze di pronuncia e di significato non impediranno tuttavia alla comunità linguistica italiana di identificare sempre la parola *guerra* come un significante determinato e un significato determinato. Infatti dietro le differenze rimane un'identità funzionale sia del significante /'gwɛrra/ sia del significato 'guerra'. Bisogna dunque distinguere tra ciò che varia e ciò che non varia in una lingua: tra **varianti** e **invarianti**.

Un'altra distinzione importante è quella tra i termini **langue** e **parole** (francese /lãg/ e /pa'ʀɔl/; è necessario conservare i vocaboli francesi perché traducendoli con gli italiani **lingua** e **parola** si potrebbe incorrere in qualche equivoco).

● La **langue** è il sistema di segni di una qualsiasi lingua, sistema considerato astrattamente; è un sapere collettivo; è – come dice Saussure – «la somma di impronte depositate in ciascun cervello»; è un prodotto sociale che ciascun individuo registra passivamente. La *langue* appare «esterna all'individuo», il quale non può né crearla né modificarla.

● La **parole** invece è, in un certo senso, il contrario della *langue*: la *parole* è l'aspetto individuale e creativo del linguaggio; è ciò che dipende dalle variazioni attuate da ciascun parlante (per esempio, le pronunce e le diverse sfumature di significato che varie persone attribuiscono alla parola *guerra*); la *parole* è esecuzione personale, è «un atto di volontà e di intelligenza».

Questa opposizione fra *langue* e *parole* serve a spiegare il funzionamento complesso della lingua.

1·11 PRESENTE E PASSATO NELLA LINGUA

Papà è passato dal meccanico per far controllare il livello dell'olio.

Questa frase (come le altre innumerevoli frasi che usiamo ogni giorno) può essere esaminata in due modi diversi: secondo la prospettiva del presente e secondo quella del passato. Da una parte possiamo analizzare le parole e gli insiemi di parole, i loro significati e usi attuali, le possibili sostituzioni con altre parole di significato simile o diverso, i rapporti che intercorrono fra le parole contenute nella frase in questione.

> Si possono fare, tra l'altro, le seguenti osservazioni: invece di *papà* si potrebbe usare *mio padre* oppure *il babbo*; invece di *per* si potrebbe usare *al fine di*; conseguentemente ci si potrebbe interrogare sul valore di questi mutamenti.
> Altre considerazioni: *meccanico* qui vuol dire 'operaio specializzato nella riparazione di autoveicoli', pertanto ha un significato e una funzione diversi rispetto al significato e alla funzione che appaiono in *congegno meccanico, impianto meccanico*. L'*olio* di cui si parla è ovviamente 'l'olio del motore', non l'olio di oliva o di semi.

D'altra parte possiamo analizzare l'origine e la storia di ciascuna parola; possiamo confrontare gli aspetti morfologici e sintattici di questa frase con gli aspetti morfologici e sintattici di una frase simile pronunciata da un italiano qualche secolo fa.

> Per esempio: *meccanico* è una parola di origine greca giunta a noi attraverso il latino; *meccanico* possedeva nel Seicento il significato oggi scomparso di 'persona rozza e volgare' (cfr. *I Promessi Sposi*, capitolo IV); *papà* e *controllare* sono due parole che vengono dal francese; *dello* proviene dalla fusione di una preposizione e di un pronome dimostrativo latini: DE + ILLU > *dello*. Se Boccaccio avesse scritto questa frase avrebbe forse usato un diverso ordine delle parole. Però Boccaccio non avrebbe potuto scrivere questa frase perché ai suoi tempi non esisteva l'automobile. E, a dire il vero, ancora all'inizio del nostro secolo (quando circolavano le prime automobili) si sarebbe usata l'espressione "completa": *il livello dell'olio del motore dell'automobile*.

L'analisi del primo tipo è detta **sincronica**, l'analisi del secondo tipo è detta **diacronica** (rispettivamente dal greco *sýn* 'insieme' e *diá* 'attraverso' + *khrónos* 'tempo').

> ■ Si chiama **sincronia** lo stato di una lingua considerata nel suo funzionamento in un certo perdiodo storico (per esempio, l'italiano di oggi, il fiorentino del tempo di Dante). Si chiama **diacronia** l'insieme dei fenomeni di evoluzione nel tempo riguardanti una data lingua (per esempio, il passaggio dal latino volgare all'italiano: v. 6.2).

Il parlante comune ha una competenza soltanto sincronica della lingua, mentre la prospettiva diacronica è conosciuta dallo studioso della lingua.

1·12 RAPPORTI SINTAGMATICI E RAPPORTI PARADIGMATICI

Nella concezione dello strutturalismo i segni linguistici si definiscono non tanto per le loro qualità positive, quanto per le loro qualità negative, cioè per le **differenze** e i **rapporti** che intercorrono tra i vari segni. Gli uni e le altre si possono meglio analizzare secondo due dimensioni:

● la dimensione lineare o **sintagmatica** (dal greco *sýntagma* 'composizione', v. 2.1), per la quale ogni segno linguistico di una frase è in rapporto con i segni che gli sono vicini; per esempio, nella frase:

mangio una mela matura

tra questi quattro elementi intercorrono dei rapporti per i quali appare opportuno dividere la frase in *mangio – una mela matura*, piuttosto che in *mangio una – mela matura* oppure *mangio una mela – matura*;

● la dimensione associativa o **paradigmatica** (dal gr. *parádeigma* 'esempio, modello'), la quale riguarda i rapporti tra ciascun segno linguistico della frase e i segni che potrebbero essere al suo posto, ferma restando la grammaticalità, cioè la regolarità grammaticale, dell'insieme; nell'esempio già citato potremmo immaginare tra l'altro le seguenti sostituzioni:

$$mangio \begin{Bmatrix} una \\ la \\ questa \end{Bmatrix} mela\ matura$$

$$mangio\ una\ mela \begin{Bmatrix} matura \\ acerba \\ rossa \\ gialla \\ ecc. \end{Bmatrix}$$

Ovviamente si possono immaginare altre sostituzioni: *divoro, assaporo, mordo, inghiotto* in luogo di *mangio*; *ciliegia, pera, arancia* ecc. in luogo di *mela*; queste sostituzioni fanno capire meglio il significato dei singoli segni linguistici: *divoro* vuol dire *mangio*, ma in un modo particolare; *matura* è il contrario di *acerba* (sui contrari: v. 4.9) ecc.

Saussure e la scuola strutturalistica, che si rifà al suo insegnamento, si preoccupano soprattutto di descrivere i componenti della lingua e di mostrare come tali componenti funzionino all'interno del sistema della stessa lingua.

> Per quanto riguarda *struttura* e *strutturalismo,* si ricorderà che Saussure non ha usato questi termini; egli ha parlato di *sistema*: «la lingua è un sistema che conosce soltanto l'ordine che gli è proprio»; «la lingua, sistema di segni arbitrari»; «la lingua è un sistema di cui tutte le parti debbono essere considerate nella loro solidarietà sincronica».

Vedremo fra poco (2.5) un'altra corrente della linguistica moderna che ha proposto un nuovo ed importante punto di vista: la **grammatica generativo-trasformazionale.** Ma prima è bene precisare i vari significati della parola "grammatica" ed esporre alcuni elementi di sintassi.

1·13 I VARI SIGNIFICATI DELLA PAROLA "GRAMMATICA"

■ La **grammatica** è una disciplina che ha per oggetto la conoscenza sistematica delle regole che governano il funzionamento di una lingua.

Secondo il punto di vista e le finalità che si assumono, la grammatica può avere un carattere didattico oppure può sviluppare un intento scientifico.

Nel primo caso la grammatica, finalizzata all'insegnamento, è vista come l'insieme delle norme che regolano l'uso di una lingua; il suo scopo consiste nel fornire elenchi di forme, nel disegnare paradigmi, nel dettare regole ed emendare errori. In un senso più vulgato e popolare, la grammatica è l'arte di parlare e di scrivere senza errori.

> Dati gli scopi pratici ed elementari della disciplina, non meraviglia che il vocabolo abbia assunto sia il significato concreto di manuale, libro, trattato che racchiude le norme di una lingua (o di un dialetto), sia il significato più generale di insieme di nozioni elementari che sono alla base di un'arte, di una scienza: *grammatica del disegno, grammatica filmica*; si è parlato perfino di una *grammatica della fantasia*.

Questa che abbiamo descritto è propriamente la **grammatica normativa**, la quale espone una serie di norme, fondate essenzialmente sul modello di lingua proposto dalle persone colte e dalla scuola.

Oltre alla grammatica normativa, per il linguista esistono altre "grammatiche".

La **grammatica descrittiva** descrive uno stato della lingua (o di un dialetto) in un determinato momento storico: per esempio, *la grammatica dell'italiano di oggi, la grammatica del fiorentino del Trecento, la grammatica del dialetto napoletano*. Attenendosi soltanto alla descrizione dei fatti linguistici, la grammatica descrittiva si astiene da ogni giudizio sulla norma: pertanto si oppone alla grammatica normativa; al tempo stesso non considera gli aspetti evolutivi della lingua, in tal modo si distingue dalla **grammatica storica**. Quest'ultima studia l'origine e la storia dei fatti di una lingua (v. i capitoli 6 e 7).

La **grammatica comparata** è un ramo della linguistica che, sulla base di una serie di corrispondenze rigorose fra più lingue, stabilisce fra queste dei rapporti genealogici: per esempio, *la grammatica comparata delle lingue indoeuropee* (v. 6.1).

La **grammatica generale** cerca di stabilire delle leggi generali che siano comuni a tutte le lingue (cfr. soprattutto la scuola logico-grammaticale di Port Royal e i suoi sviluppi successivi: v. 1.1).

Negli ultimi decenni la linguistica moderna ha fondato nuove "grammatiche". Basata sui princìpi dello strutturalismo è la **grammatica strutturale**. Per il linguista americano Chomsky la grammatica di una lingua è la descrizione idealizzata (una descrizione che non tiene conto dei fatti contingenti) della competenza linguistica dei parlanti nativi di quella lingua: si parla di **grammatica generativa** perché si spiega come le frasi usate dai parlanti siano "generate", mediante trasformazioni, da frasi minime. Parleremo tra poco di una **grammatica del testo**, che dipende dalla **competenza testuale** (v. 3.1).

Nella linguistica moderna il termine **grammatica** è usato per indicare la descrizione di una lingua. Secondo le varie scuole di linguisti la grammatica comprende la fonologia, la sintassi, la lessicologia, la semantica; oppure esclude da questa serie la fonologia; oppure esclude sia la fonologia sia la lessicologia.

La stessa etimologia del vocabolo sembrerebbe confermare che la grammatica, come disciplina che descrive la lingua, si è affermata soprattutto dopo la nascita della scrittura: il latino GRAMMĂTICA riproduce il greco *grammatikḗ* (*téchnē*), dall'aggettivo *grammatikós*, 'che concerne l'arte del leggere e dello scrivere', da *grámma, grámmatos* 'lettera della scrittura', vocabolo che a sua volta si riferisce al verbo *gráphein* 'scrivere'.

1·14 RECENTI SVILUPPI DELLA LINGUISTICA

Negli ultimi anni tre indirizzi di studi hanno registrato notevoli sviluppi: la grammatica funzionale, la linguistica cognitiva e la tipologia linguistica.

La **grammatica funzionale** si propone di spiegare fenomeni sintattici facendo ricorso a fattori semantici e pragmatici (v. 2.7).

Sotto la denominazione di **linguistica cognitiva** si comprende un insieme di approcci che hanno una finalità in comune: analizzare il rapporto tra il linguaggio e le altre facoltà cognitive dell'uomo. L'orientamento è interdisciplinare. Si hanno infatti stretti rapporti soprattutto con la psicologia, la filosofia, l'informatica e la neurobiologia. Si esamina, per esempio, come le strutture linguistiche sono immagazzinate nella nostra memoria e poi attivate nell'uso. Numerose ricerche di **psicolinguistica** si collocano quindi in questo ambito, dal momento che esse si interessano alle problematiche dell'apprendimento, della produzione e della ricezione delle strutture linguistiche, con particolare attenzione alle varie forme di disturbo del linguaggio. All'interno della linguistica cognitiva si distinguono due correnti principali: a) la corrente **modularistica**, che sottolinea l'autonomia del linguaggio nei confronti delle altre facoltà dell'uomo, concentrandosi sulle proprietà inerenti ed esclusive che caratterizzano il sistema linguistico; b) la corrente **olistica** (dal greco *ólos* 'tutto, intero'), che sottolinea invece l'interazione con le altre facoltà mentali, partendo dal presupposto che vi sono princìpi di concettualizzazione e di categorizzazione universali. Tra gli studi riguardanti l'**intelligenza artificiale**, è diffuso il modello **simbolico-funzionalistico**, in base al quale si considera l'uomo come un sistema (seriale) di elaborazione dati. Si stabilisce allora una precisa corrispondenza tra la struttura della mente e la struttura dei sistemi informatici: il rapporto tra il livello neuronale (le cellule del sistema nervoso) e il livello mentale nell'uomo è visto come il rapporto tra *hardware* e *software* nel computer. Il **connessionismo**, invece, ha elaborato un modello alternativo della mente umana: quest'ultima non è più considerata come una macchina che trasforma semplicemente informazioni in entrata (*input*) in informazioni in uscita (*output*), ma come una rete in cui simultaneamente (parallelamente) avvengono più processi di elaborazione. Il sapere non è più visto come trasformazione di informazioni, ma come modificazione del rapporto tra unità esistenti che pertanto costituiscono una "rete" di conoscenze in perpetua riorganizzazione.

La **tipologia linguistica** elabora una classificazione delle lingue non sulla base della loro parentela genetica o collocazione geografica, ma delle loro caratteristiche strutturali ai vari livelli d'analisi (fonologia, morfologia, sintassi). Se la classificazione morfologica è relativamente antica (la suddivisione delle lingue in isolanti, agglutinanti, flessive e polisintetiche risale ad A.W. Schlegel, 1767-1845, e W. von Humboldt, 1767-1835), è soprattutto nel campo della sintassi che si sono aperte prospettive interessanti da quando la classificazione tipologica è stata collegata sistematicamente alla ricerca degli **universali linguistici**.

In particolare la tipologia dell'ordine delle parole ha avuto notevoli sviluppi in anni recenti. Si parte dall'ordine di base che caratterizza globalmente la frase dichiarativa in una determinata lingua, per esempio, Soggetto-Verbo-Oggetto (SVO) o Soggetto-Oggetto-Verbo (SOV). Vengono distinti due grandi tipi di lingue: VO (in cui il verbo precede l'oggetto) e OV (l'oggetto precede il verbo). Questo schema viene trasferito alla struttura interna dei singoli costituenti della frase: in un sintagma come *bel paesaggio*, per esempio, *paesaggio* è la testa o il determinato (e quindi l'elemento "V", quello di maggiore importanza) e *bel* il determinante (l'elemento "O"). In una "lingua VO" come l'italiano (*Gianni mangia la mela*) la testa dovrebbe quindi precedere il determinante; è questo un esempio del cosiddetto **universale implicato**: la presenza del tratto "A" comporta quella del tratto "B". All'interno del sintagma nominale il nome è effettivamente anteposto all'aggettivo (*una strada larga*), al sintagma preposizionale (*la borsa di Luisa*) e alla frase relativa (*l'uomo che ho visto ieri*); nel sintagma preposizionale la preposizione (considerata la testa) precede il nome (*davanti alla chiesa, prima della cerimonia*); nel sintagma verbale l'ausiliare precede la forma verbale non flessa (*può affermarlo, ho fatto*).

Notiamo poi un interessante collegamento tra sintassi e morfologia. La tipologia dell'ordine delle parole si lascia, in parte, trasferire all'ambito della formazione delle parole: in una lingua VO ci si aspetta composti dalla forma determinato-determinante (*capo|stazione, venti|due*), mentre in una lingua OV – come è essenzialmente il tedesco – abbiamo l'ordine inverso (*Bahnhofs|vorsteher, zwei|[und]zwanzig*).

Va però considerato che l'italiano presenta anche tratti tipici delle lingue OV: all'interno del sintagma nominale l'articolo precede il nome (*il ragazzo*); a volte anche l'aggettivo si trova in posizione anteposta (*una grande fatica, una bella donna*).

Bisogna pertanto tenere distinti tipi astratti e lingue reali; la corrispondenza tra i primi e le seconde può essere più o meno stretta. Si pensi, tra l'altro, che nel corso della loro storia numerose lingue tendono a oscillare tra un tipo e l'altro: può accadere che una determinata sincronia possa presentare il "confuso" quadro tipico di una fase di passaggio strutturale.

1·15   TRE PUNTI DI VISTA

Prima di proseguire conviene riflettere su un fatto molto importante: è il punto di vista che contribuisce a creare l'oggetto di una scienza. Ciò accade anche nell'analisi linguistica: per esempio, una frase può essere interpretata diversamente secondo il punto di vista, la prospettiva da cui è osservata. Qui di seguito ricordiamo tre prospettive riguardanti la frase. Si tratta di tre diversi percorsi dell'analisi che ci aiutano a capire alcuni concetti che esporremo in seguito. La frase, che si può definire come un insieme di parole completo e in sé autosufficiente, come un segmento del discorso racchiuso in un determinato contorno intonazionale, può essere considerata secondo tre punti di vista: 1) morfosintattico; 2) semantico referenziale; 3) enunciativo-gerarchico.

Nella prima prospettiva si studia la costruzione della frase, vale a dire i rapporti tra i singoli componenti e l'espressione di tali rapporti. Tale impostazione è di pertinenza degli studi sintattici in senso stretto.

Nella seconda prospettiva, la frase viene collegata con il mondo esterno; si studia il significato che la frase trasmette e le modalità della distribuzione informazionale al suo interno. Questi studi sono di pertinenza della semantica e della linguistica testuale.

Nella terza prospettiva, la frase è considerata in collegamento con chi la pronuncia, con chi l'ascolta e con la situazione in cui viene pronunciata. Qui siamo sicuramente nell'ambito della pragmatica.

CAPITOLO 2

LA SINTASSI

2·1 PREMESSA

In 1.12 abbiamo esaminato in breve alcuni rapporti che legano tra loro i componenti della frase *mangio una mela matura*. In una frase le parole si combinano secondo determinate regole: infatti si susseguono in un certo ordine e secondo certe modalità di combinazione; inoltre rispettano determinati accordi e reggenze. La **sintassi** è lo studio delle regole che determinano il modo in cui le parole si combinano in una frase. La sintassi si distingue pertanto dalla morfologia, che è invece lo studio della struttura delle parole.

Le parole *mangio, una mela, matura*, entrando nella frase (1) *mangio una mela matura*, passano in un'unità di livello superiore. A ben vedere questa frase realizza un messaggio più rapido e più sintetico rispetto alla successione di singoli segmenti: *c'è una mela / la mela* [la stessa] *è matura / io mangio la mela* [la stessa]. Avendo la competenza della nostra lingua sappiamo che (1) equivale alle frasi: (2) *una mela matura, me la mangio*; (3) *una mela matura è mangiata da me*. Anche se (2) è una frase realizzata soltanto in determinate situazioni e se (3) appare artificiosa, si possono entrambe considerare come trasformazioni della frase di base (1). Diciamo allora che la sintassi studia: a) i modi in cui le parole si combinano nella frase; b) le sequenze formate dalle parole nella frase; c) le trasformazioni che tali sequenze possono subire.

In una frase ci possono essere dei rapporti sottostanti, che "circolano", per così dire, al di sotto delle parole. Nella seconda parte di (4) *mangio una mela matura, Giovanna una pesca acerba*, si vede chiaramente che dobbiamo supporre l'esistenza della forma verbale *mangia*, che pure non è presente. La sintassi si occupa dunque anche di parole e di rapporti che non appaiono alla superficie della frase.

Riprendiamo ora l'analisi di (1); se la confrontiamo con la frase più semplice *mangio*, ci rendiamo conto che (1) si può scomporre così: *mangio + una mela matura*. A sua volta quest'ultimo segmento si può scomporre in *una + mela + matura*. Diciamo che *mangio* e *una mela matura* sono i **costituenti immediati** di (1); d'altra parte *una, mela* e *matura* sono i costituenti immediati di *una mela matura*.

Tali costituenti si dicono immediati perché, saldandosi tra loro, costituiscono (senza alcun altro passaggio) il segmento gerarchicamente superiore. Questo rapporto può essere rappresentato nel seguente grafico, nel quale, per completare l'analisi, aggiungiamo il soggetto espresso:

	Io	mangio	una	mela	matura

	Io	mangio	una	mela	matura
①	Io	mangio	una	mela	matura
②	Io	mangio	una	mela	matura
③	Io	mangio	una	mela	matura

Nella scatola ogni fase dell'analisi è indicata con un numero; in ogni fase si ha una scomposizione in costituenti immediati del segmento superiore. Un'altra rappresentazione di tale analisi può essere compiuta mediante un grafico a forma di albero:

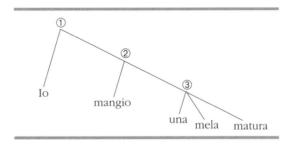

Ognuno dei numeri indica un nodo dell'albero, vale a dire un punto in cui viene compiuto un taglio dal quale risultano i costituenti immediati del livello immediatamente inferiore. Così risalta meglio quell'organizzazione gerarchica della frase che è "nascosta" dalla linearità della frase: il nodo 1 domina 2 e 3; il nodo 2 domina 3.

2·2 IL SINTAGMA

Parlando dei rapporti sintagmatici (v. 1.12) abbiamo accennato al **sintagma**: con questo termine si indica ogni insieme di elementi che in una frase costituisce un'unità. Riferendoci all'ultimo grafico diremo che ogni nodo costituisce un sintagma: pertanto sia *una mela matura* sia *mangio una mela matura* sono dei sintagmi. Un sintagma non è sempre costituito da elementi posti l'uno accanto all'altro: per esempio, nella frase *va subito giù!* è evidente che *va giù* è un sintagma la cui unità è interrotta da *subito*; così accade anche nei verbi frasali inglesi: *John called him up* 'Giovanni l'ha chiamato'; nelle due frasi ora citate *va* [...] *giù* e *called* [...] *up* sono dei **sintagmi discontinui**; al contrario *una mela matura* è un **sintagma continuo**.

> I sintagmi discontinui appaiono con particolare frequenza nelle lingue che hanno un ordine libero delle parole. Consideriamo, per esempio, i primi due versi del canto quinto dell'*Eneide* di Virgilio, individuando con appositi caratteri due sintagmi discontinui:
>
> > Interea **medium** ᴀᴇɴᴇᴀѕ iam classe tenebat
> > ᴄᴇʀᴛᴜѕ **iter** fluctusque atros aquilone secabat
>
> letteralmente: 'Intanto **il mezzo** ᴇɴᴇᴀ con la flotta teneva / ᴅᴇᴄɪѕᴏ, **cammino** e le onde nere a causa di Aquilone tagliava'; vale a dire: 'Intanto Enea, deciso, teneva il cammi-

no di mezzo (= la rotta) con la flotta e tagliava le onde rese nere dal vento Aquilone'. Il riferimento dell'aggettivo **mědium** al sostantivo **ǐter** è reso possibile dal fatto che questi due elementi hanno gli stessi tratti morfologici [neutro] [accusativo] [singolare], così anche l'aggettivo CERTUS va insieme con AENEAS: infatti entrambi hanno in comune i tratti [maschile] [nominativo] [singolare].

I sintagmi possono essere di due tipi: endocentrici ed esocentrici. Si dice **endocentrico** un sintagma la cui distribuzione è identica a quella di uno o più dei suoi componenti; si dice **esocentrico** ogni sintagma che non ha tale caratteristica. Per esempio, *bravo ragazzo* è un sintagma endocentrico perché ha la stessa distribuzione del suo costituente *ragazzo*; per ogni frase italiana in cui è presente *ragazzo* è possibile trovare un'altra frase in cui *bravo ragazzo* è presente nella stessa posizione; dal momento che *ragazzo* è un nome, *bravo ragazzo* sarà un **sintagma nominale**. Invece *a Milano* è un sintagma esocentrico: infatti la sua distribuzione è diversa da quella dei suoi componenti: *a* e *Milano*. Poiché *a Milano* ha la stessa distribuzione di *qui*, *là* e di altri avverbi di luogo, diremo che *a Milano* è un **sintagma avverbiale**.

Le costruzioni endocentriche si distinguono in due tipi principali: **coordinanti** e **subordinanti**. Le prime hanno la stessa distribuzione di ciascuno dei loro costituenti presi separatamente: *ragazzi e ragazze, vino o acqua* sono sintagmi nominali coordinati. Le costruzioni subordinanti hanno la stessa distribuzione di uno dei loro costituenti: *bravo ragazzo* (aggettivo + nome), *molto alto* (avverbio + aggettivo), *l'uomo con la cravatta* (nome o sintagma nominale + complemento o avverbio).

Dopo i sintagmi nominali e avverbiali, vediamo quelli **verbali**: in *Luisa sta cantando*, la costruzione *sta cantando* ha la stessa distribuzione del verbo *canta*: si tratta di un sintagma verbale. Consideriamo ancora due frasi: *quella giovane donna, DAI CAPELLI CASTANI* (**sintagma aggettivale**), *canta una canzone A MEZZA VOCE* (**sintagma avverbiale**); *Gennaro ha donato una somma A FAVORE DI* (**sintagma preposizionale**, equivalente alla preposizione *a*) *un'associazione benefica*.

2·3 COLLEGAMENTI ED ESPANSIONI

L'accordo e la reggenza sono due relazioni costitutive della sintassi. L'**accordo** è una relazione formale per la quale la forma di una parola richiede una corrispondente forma in un'altra parola: per esempio, nella frase *i bravi ragazzi studiano* si nota che *ragazzi* [maschile] [plurale] richiede l'articolo e l'aggettivo [maschile] [plurale], nonché il verbo [plurale]. In altre lingue l'accordo funziona in modo diverso: per esempio, in *the good boys* l'articolo e l'aggettivo rimangono invariati.

> È proprio mediante l'accordo che io posso riferire **medium** a **iter** e CERTUS a AENEAS nel passo di Virgilio che abbiamo appena letto. Si noti che in alcune lingue l'accordo è ripetuto più volte di seguito dando luogo al fenomeno della **ridondanza**. In *gli amici fedeli e generosi saranno sempre ricordati con affetto*, i tratti morfologici [maschile] [plurale] sono ripetuti ben sei volte.

La **reggenza** è un tipo di legamento sintattico per il quale una parola (o una classe di parole) richiede una particolare forma morfologica di un'altra parola (o classe di parole).

La preposizione latina IN (stato in luogo) regge il caso ablativo: IN ŪRBE SUM 'sono nella città', ma *in* (moto a luogo) regge l'accusativo: ĒO IN ŪRBEM 'vado nella città'. Alcuni verbi italiani hanno una reggenza diversa rispetto ai verbi corrispondenti di altre lingue: *mi fido di qualcuno* / lat. FĪDO ALĪCUI (dativo); *mi congratulo con qualcuno* / lat. CONGRĀTULOR ALĪCUI (dativo); *domandare a qualcuno* / ingl. *to ask someone*; *ubbidire a qualcuno* / ingl. *to obey someone.*

Per collegare tra loro i componenti di una frase esistono vari strumenti: le preposizioni (cfr. *il libro **di** mio fratello*), l'accordo, la reggenza, l'ordine delle parole. Tali strumenti garantiscono la **coesione** del testo (v. 3.4). A proposito dell'ordine delle parole ricordiamo che in inglese il determinante precede il determinato, diversamente da quanto accade in italiano: *the library books* 'i libri della biblioteca'; mentre in *John's book* il determinante è indicato con due mezzi: la posizione e il "genitivo sassone". Abbiamo vari tipi di collegamento. Ci si può collegare a un **antecedente** mediante pronomi e sostituenti (che sono dei **coesivi**): *Filippo e Maria uscirono insieme. Li vidi dalla finestra. I DUE GIOVANI camminavano sotto gli alberi.* Abbiamo: *Filippo e Maria = LI* (pronome) *= i due giovani* (sostituente). Ci si può collegare a una parte qualsiasi del testo mediante dei **connettori** (congiunzioni coordinanti e subordinanti, avverbi, sintagmi del tipo *come si è detto, come vedremo tra poco*). Su queste modalità più complesse di collegamento, v. 3.3 e 3.4.

Una frase lineare come *Una ragazza legge il libro* può essere "arricchita" mediante l'aggiunta di nuovi elementi: *Una ragazza studiosa e diligente legge attentamente il libro di storia.* Si ha un'**espansione** quando nuovi elementi sono aggiunti a una costruzione sintattica senza modificarne la struttura di base. Vediamo due modi in cui si realizza l'espansione.

La **ricorsività** è il fenomeno per il quale una regola può essere applicata più volte di seguito. In un sintagma nominale l'applicazione di un aggettivo al nome può essere ripetuta più volte: *una ragazza studiosa, diligente, assidua, laboriosa, simpatica, attiva.* La ricorsività è un fenomeno che riguarda la sintassi e non ha alcuna corrispondenza nella morfologia.

L'**incassamento** (ingl. *embedding*) consiste nell'inserire una sequenza sintattica all'interno di un'altra sequenza. Ciò accade, per esempio, con la proposizione relativa che eventualmente può essere ripetuta più volte: *l'auto costa cara > l'auto, che ho comperato dal rivenditore, costa cara > l'auto, che ho comperato dal rivenditore che mi è stato consigliato, costa cara.* L'incassamento può essere realizzato anche mediante apposizioni e incisi: *l'auto, una cosa di cui non posso fare a meno, costa cara.*

2·4 LA FRASE E LE PROPOSIZIONI

La **frase** (dal greco *phrásis* 'discorso') è un'unità del discorso che è stata definita in molti modi e secondo criteri diversi: enunciato che ha un senso compiuto; insieme sintattico compreso tra due pause e indipendente dal punto di vista della sintassi; sequenza di parole caratterizzata da una certa intonazione ecc. Una frase comprende di solito un verbo; ma esiste anche la **frase nominale** che ne è priva.

Composta di un soggetto e, in genere, di un predicato nominale, la frase nominale è frequente in alcune lingue (latino, greco, russo): lat. ŏMNIS HŏMO MORTĀLIS 'ogni uomo è mortale'; l'italiano usa per lo più in modo marcato la frase nominale, la quale infatti appare soprattutto nei proverbi (*gran giustizia, grande offesa*, che vuol dire 'una gran giustizia è una grande offesa'), nei titoli della stampa (*Nuove rivelazioni; Giornata tranquilla in Borsa*), nella pubblicità, nei bollettini meteorologici, nella cronaca sportiva ecc. la frase nominale è fondamentalmente una proposizione assertiva, alla quale manca il predicato verbale o la cosiddetta copula (una forma di modo finito del verbo *essere*). Non sarebbe tuttavia corretto concludere che il verbo è sottinteso: che non si tratti di un'ellissi del verbo è provato dal fatto che la frase nominale è presente in molte lingue del mondo. In senso più ampio s'intende per frase nominale qualunque proposizione, anche non assertiva, priva di ogni forma verbale; cfr., per esempio, *a quando il tuo ritorno?* (interrogativa), *tutti in piedi!* (imperativa), *un film veramente eccezionale!* (enfatica). Con l'uso della frase nominale cadono tutte le determinazioni imposte dal verbo (tempo, modo, aspetto dell'azione); pertanto tale scelta favorisce non solo la brevità, ma anche una maggiore reticenza del messaggio. Un titolo giornalistico come *Il ritorno del ministro in sede* risulta in effetti più vago della frase verbale *Il ministro è ritornato* (*ritorna / ritornerà*) *in sede*.

Si distingue di solito la frase dall'**enunciato**, che è un'entità della comunicazione, un prodotto individuale, colto nella sua immediatezza; la frase è invece un'entità del sistema linguistico. Diremo allora che la frase rientra nel dominio della *langue*, mentre l'enunciato in quello della *parole* (v. 1.10).

Vediamo più da vicino alcune definizioni che sono state date della frase. Si tratta della più piccola unità della lingua mediante la quale possiamo esprimere dei pensieri in modo esplicito. Secondo la grammatica tradizionale è un'unità del discorso, la quale, per quanto riguarda il contenuto, la struttura grammaticale e l'intonazione, è relativamente completa e indipendente. Poiché la determinazione sintattica e semantica della frase appare per molti aspetti incerta, si sono proposte altre definizioni. Gli strutturalisti (v. 1.9), prendendo in considerazione soltanto gli aspetti formali della frase, la definiscono come la forma sintattica indipendente più estesa, la quale può essere inglobata in un'altra forma sintattica senza l'intervento di alcuna costruzione grammaticale. Nella descrizione sintattica la frase è il risultato dell'analisi che dalle unità più piccole (i fonemi), attraverso i lessemi, morfemi, le parole e i sintagmi, giunge al livello della "frase". Nella grammatica generativo-trasformazionale (v. 2.5) la frase, considerata come l'elemento di partenza dell'analisi, è definita mediante l'esplicitazione delle regole che la riguardano; l'impiego di tali regole appunto "genera" la frase. Nelle due ultime definizioni (dello strutturalismo americano e della grammatica generativo-trasformazionale) appare evidente che la frase è considerata come un'unità della *langue*, mentre l'enunciato è considerato come un'unità della *parole*. Più propriamente per il generativista N. Chomsky la frase rientra nell'ambito della **competenza** (ingl. *competence*), l'enunciato nell'ambito della **esecuzione** (ingl. *performance*).

Una frase può essere composta da più di una **proposizione**; quest'ultima è una struttura sintattica provvista di un soggetto e di un predicato; la si può quindi considerare come un'unità intermedia tra la frase e il sintagma[1]. Le proposizioni possono essere distinte in base a diversi criteri.

Innanzi tutto possiamo distinguere tra proposizioni indipendenti e dipendenti. Nella frase *passeggiando nella strada ho incontrato Maria*, la proposizione *ho*

---

[1] Si tengano presenti gli equivalenti di *frase* (ingl. *sentence*, ted. *Satz*, franc. *phrase*), di *sintagma* (ingl. *phrase*, ted. *Phrase*, franc. *syntagme*), di *enunciato* (ingl. *utterance*, ted. *Äußerung*, franc. *énoncé*) e di *proposizione* (ingl. *clause*, ted. *Satz*).

incontrato Maria è del primo tipo, mentre *passeggiando nella strada* è del secondo.

In un altro senso si possono definire dipendenti quelle proposizioni (o frasi) che integrano una proposizione (o frase) immediatamente precedente; ciò accade, per esempio, nello scambio conversazionale tra due interlocutori. Primo: *Ti è piaciuta la partita?* Secondo: *No, per niente* Primo: *Hai comprato i giornali?* Secondo: *Il quotidiano sì, la rivista no.*

Un altro criterio di classificazione ci è fornito dalla linguistica pragmatica (v. 5.2). Nell'interazione linguistica ogni segno che gli interlocutori si scambiano può essere considerato un'**istruzione** che il parlante dà all'interlocutore per ottenere da quest'ultimo un determinato comportamento. Chi avvia la conversazione può asserire, comandare, offrire o chiedere qualcosa. A ciascuno di questi atti linguistici l'interlocutore può far seguire un altro atto di accettazione o di rifiuto. Si stabilisce così una tipologia di enunciati basata sulle funzioni che essi svolgono nell'interazione linguistica.

Questo tipo di analisi cerca di recuperare alcune prospettive e caratteri che ricorrono nei testi orali. Invece l'analisi sintattica riguardante i testi scritti classifica spesso le proposizioni in base a un criterio misto, tenendo conto cioè di categorie logico-grammaticali e dei caratteri formali presenti nelle proposizioni stesse. Tale classificazione, di carattere pratico, è adottata per lo più dalle grammatiche normative e descrittive. Facendo prevalere il criterio "logico" si distingue, per esempio, tra **proposizioni finali** (*sono uscito per comperare il giornale*), **causali** (*venite da me perché vorrei parlarvi*), **consecutive** (*parlava così forte che mi svegliò*), **temporali** (*passeggiando* [*mentre passeggiavo*] *nella strada ho incontrato Maria*), **ipotetiche** (*se avessi il denaro, vorrei fare un viaggio*). Una distinzione successiva considera poi i caratteri formali. Per esempio, nell'ambito delle proposizioni finali si distinguono le **implicite**, costruite con le preposizioni *per, di* (o con le locuzioni *allo scopo di, al fine di*) e l'infinito, dalle **esplicite**, costruite con le congiunzioni subordinanti *affinché, perché, acciocché* e il congiuntivo.

In base a un criterio prevalentemente "grammaticale" e tenendo conto della funzione svolta nell'ambito della frase, si distinguono le **proposizioni soggettive** e **oggettive**. Le prime hanno la funzione di soggetto: *che tu vada a trovarlo* (SOGGETTO) *è* [*mi sembra*] *opportuno* (PREDICATO); questa frase è parallela a *una visita è* [*mi sembra*] *opportuna*. Le seconde hanno la funzione di complemento oggetto: *dico che Antonio è andato a Roma*; frase parallela a *dico questa notizia*. In latino le proposizioni oggettive sono rese mediante la costruzione "accusativo con l'infinito" (v. 6.8).

Costituenti fondamentali della frase sono le **proposizioni relative**, che comportano la seguente struttura: a un nome (detto *antecedente* o *punto di attacco*) viene aggiunta una proposizione munita di verbo; tale collegamento è assicurato in genere da un pronome relativo: *l'uomo che è entrato è mio fratello*; *la ragazza con cui parlavo viene da Milano*. Quando il pronome manca (come accade in inglese e talvolta in italiano antico) basta la prossimità tra il punto di attacco e la proposizione relativa a stabilire il collegamento: ingl. *the boy we met* o, più raramente, *the boy whom we met* 'il ragazzo che incontrammo'.

Nell'analisi di alcune proposizioni intervengono necessariamente più fattori. Per le **interrogative**, che si distinguono in due categorie (domande sì/no: *è venuta Maria?*; domande aperte: *quando verrà Maria?*), oltre che della struttura della frase, bisogna tener conto dell'intonazione, dell'ordine delle parole e di eventuali elementi di appoggio.

> Per quanto riguarda questi ultimi ricordiamo il francese *est-ce que*: per esempio, in *est-ce que tu as mon livre?* 'hai il mio libro?'; l'enclitica latina -NE: ESTNE FRĀTER TUUS ĬNTUS? 'è in casa tuo fratello?'; la coppia latina UTRUM... AN, che regge un'interrogativa disgiuntiva: ŬTRUM SĔRVUS ES AN LĪBER? 'sei un servo o un uomo libero?'; le cosiddette "domande coda": *tu sei italiano, non è vero?*; *tu es français, n'est-ce-pas?* 'tu sei francese, non è vero?'; *you are British, aren't you?* 'tu sei inglese, non è vero?'.

2·5 LA GRAMMATICA GENERATIVO-TRASFORMAZIONALE

Negli anni Cinquanta il linguista americano Noam Chomsky (nato a Filadelfia nel 1928)[1] ha fondato una nuova teoria linguistica, la cosiddetta **grammatica generativo-trasformazionale** (chiamata anche **generativismo** o **trasformazionalismo**), la quale ha avuto e continua ad avere una notevole influenza sulla linguistica moderna.

Il punto di partenza della teoria di Chomsky è la critica alla corrente linguistica del **distribuzionalismo**, sorta negli Stati Uniti verso il 1930 per opera di Leonard Bloomfield. Il distribuzionalismo, noto anche col nome di "strutturalismo americano", si proponeva di identificare e classificare gli elementi della lingua in base alla loro **distribuzione**, cioè in base all'insieme dei contesti in cui un elemento può comparire. I distribuzionalisti analizzavano un corpus di frasi effettivamente prodotte per giungere a scoprire il sistema linguistico che è dietro queste frasi. Il metodo distribuzionalistico è dunque induttivo: si parte dai dati concreti per arrivare all'individuazione delle unità teoriche, astratte.

Chomsky opera un ribaltamento di questa impostazione. A un procedimento di tipo induttivo egli contrappone un procedimento di tipo deduttivo, in cui si parte da ipotesi teoriche sulla natura e sul funzionamento del linguaggio e le si verifica con i dati. Questo capovolgimento di prospettiva fa sì che i dati siano costituiti non più da un insieme finito di enunciati, ma da tutte le infinite, possibili frasi di una lingua.

Secondo Chomsky, limitare il campo di indagine a un corpus determinato di prodotti linguistici – come fanno i distribuzionalisti – non permette di rendere conto di una delle caratteristiche più importanti del linguaggio umano: la **creatività**, intesa come la capacità del parlante di produrre e capire un numero potenzialmente infinito di frasi, che egli non ha mai pronunciato o udito prima e che addirittura possono non essere mai state formulate in precedenza da qualcuno. Questa capacità fa parte del sapere linguistico dei parlanti, definito da Chomsky con il termine di *competence*: la **competenza** è appunto il sistema interiorizzato di regole grazie al quale l'individuo è in grado di costruire e comprendere frasi nuove, di giudicare se una frase è grammaticale o agrammaticale, di interpretare

---

[1] Allievo del linguista Z.S. Harris, Chomsky studiò anche filosofia e matematica, acquistando cognizioni che avrebbe messo a frutto nelle sue opere. Dal 1955 insegna linguistica nel Massachusetts Institute of Technology. I suoi scritti principali sono *Le strutture della sintassi* (1957), *Aspetti della teoria della sintassi* (1965) e *Lectures on Government and Binding* (1981).

una frase ambigua, di rendere passiva una frase attiva, o negativa una frase affermativa, di operare altre trasformazioni.

Tale sistema di regole è così complesso che non è ammissibile che la mente del bambino, all'atto della nascita, non possieda alcuna conoscenza e impari tutto basandosi soltanto sull'esperienza fornitagli dagli adulti.

Per spiegare la rapidità con cui il bambino apprende la lingua e riesce a produrre e capire frasi che non ha mai sentito prima, occorre necessariamente supporre che egli possieda già una conoscenza innata dei princìpi universali che determinano la struttura del linguaggio; questi princìpi, comuni a tutte le lingue, costituiscono i cosiddetti **universali linguistici**. L'esperienza che il bambino compie dopo la nascita gli serve a individuare la specificità della lingua materna nei confronti di tali princìpi universali, che sono sottesi alle grammatiche particolari delle diverse lingue e fanno parte della competenza del bambino fin dalla nascita.

Il linguista deve cercare di scoprire in che cosa consista il sistema di regole che risiede nella mente del parlante e che si manifesta concretamente nei molteplici atti linguistici, i quali nel loro insieme sono indicati da Chomsky con il termine di *performance* 'esecuzione'.

Mentre c'è piena corrispondenza fra il concetto saussuriano di *parole* e quello chomskiano di **esecuzione**, i concetti di *langue* e di competenza non coincidono esattamente: la *langue* è un istituto collettivo di natura sociale, la competenza è un sistema di regole di natura mentale, interno al parlante. Inoltre per Saussure la creatività riguarda soltanto l'ambito della *parole*, in quanto è originata esclusivamente dalla libera fantasia individuale e non dall'applicazione di regole; Chomsky, invece, distingue tra una "creatività governata da regole" e una "creatività che cambia le regole": la prima dipende dalla competenza e consiste nel produrre frasi nuove per mezzo di regole; la seconda dipende dall'esecuzione e consiste nelle innumerevoli deviazioni individuali dalla norma grammaticale, le quali accumulandosi finiscono per modificare il sistema delle regole.

La teoria di Chomsky si occupa dei procedimenti mentali del parlante, non dei suoi comportamenti linguistici effettivi. L'interesse dello studioso statunitense è pertanto rivolto alla competenza, non all'esecuzione. In questa ottica la grammatica deve essere un modello della competenza del parlante, cioè deve riprodurre le procedure mentali che consentono al parlante di generare un numero illimitato di frasi partendo da un insieme finito di regole.

> Qui il verbo *generare* è preso in prestito dalla matematica; in questa disciplina si dice, per esempio, che una formula come $x = 2a - b$, a partire dai valori che si possono attribuire ad a e b, genera un numero illimitato di valori di x.

Una **grammatica generativa** deve essere in grado di predire tutte le possibili frasi di una lingua, assegnando a ciascuna di esse una descrizione strutturale che mostri gli elementi di cui si compone la frase e le loro relazioni. Questo tipo di grammatica, definita anche **grammatica sintagmatica**, è costituito da un insieme di simboli di categorie linguistiche (F = frase, SN = sintagma nominale, SV = sintagma verbale, Art = articolo, N = nome, V = verbo), messi in rapporto tra loro da un numero finito di regole. Ogni regola è della forma X → Y, la quale va interpretata "si riscriva X come Y". Applicando tali **regole di riscrittura** ai simboli precedenti avremo:

1) F → SN + SV

2) SN → Art + N
3) SV → V + SN
4) Art → *il*
5) N → *padre, giornale*
6) V → *legge*

Le regole di riscrittura 1-6 generano la frase *il padre legge il giornale* e ne danno una descrizione strutturale esplicita e formalizzata; la stessa descrizione può essere rappresentata graficamente mediante un **diagramma ad albero**:

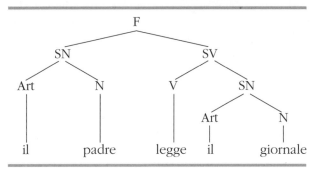

L'istituzione di un livello sintagmatico permette di risolvere casi di ambiguità, dovuti al fatto che due frasi possono avere la stessa struttura lineare ma diversa struttura sintagmatica. Per esempio, la frase *una vecchia porta la sbarra* è interpretabile in due modi: 'un'anziana signora porta la sbarra' o 'una porta vecchia sbarra qualcosa'. Secondo il modo in cui si interpreta la frase si ha una differente rappresentazione sintagmatica:

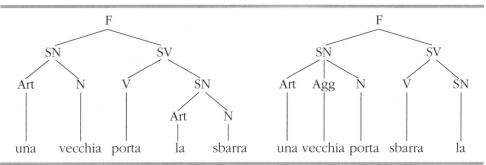

Ma una grammatica sintagmatica non riesce a spiegare molti fatti linguistici; per esempio, non dà conto delle relazioni che intercorrono tra i diversi tipi di frase: tra le attive e le passive, tra le affermative e le negative, tra le dichiarative e le interrogative. Per questo è necessario fornire la grammatica di **regole trasformazionali**, che permettano di derivare da una frase come *Giorgio fuma le sigarette* tutte le frasi a essa sintatticamente imparentate: *le sigarette sono fumate da Giorgio* (trasformazione passiva), *Giorgio non fuma le sigarette* (trasformazione negativa), *fuma le sigarette Giorgio?* (trasformazione interrogativa). Le regole trasformazionali consentono anche di riunire due frasi in una sola: *il treno è velocissimo, il treno va a Milano* possono diventare *il treno che va a Milano è velocissimo*, cancellando il sintagma nominale soggetto della seconda frase (*il treno*), mettendo al suo posto il pronome relativo *che* e incassando la seconda frase nella prima (trasformazione relativa). Per il fenomeno dell'incassamento, v. 2.3.

Chomsky introduce poi una distinzione fondamentale: ogni frase ha una **struttura superficiale** e una **struttura profonda**. Per cogliere il vero significato delle frasi non bisogna fermarsi alla struttura superficiale, alla facciata esteriore, spesso ambigua e ingannevole, ma occorre esaminare la struttura profonda, cioè che cosa si nasconde dietro la superficie. Per esempio, una frase come *l'amore dei genitori è grande* può voler dire sia che i genitori amano grandemente i figli sia che i figli amano grandemente i genitori. L'ambiguità di tale frase è dovuta al fatto che la sua struttura superficiale deriva da due diverse strutture profonde, ognuna portatrice di un determinato significato. Può anche accadere che due diverse frasi vengano interpretate allo stesso modo in quanto risalgono a un'identica struttura profonda: per esempio, *la donna sente piangere il bambino* e *la donna sente che il bambino piange*, nonostante le diversità superficiali, fanno capo entrambe a "la donna sente qualcosa" + "il bambino piange".

La struttura profonda è l'organizzazione sintattica astratta che sta alla base di un enunciato e ne determina il significato; la struttura superficiale è l'organizzazione sintattica di un enunciato così quale appare. Pertanto la struttura profonda è responsabile dell'interpretazione semantica della frase, mentre la struttura superficiale è in rapporto con la sua rappresentazione fonetica; il passaggio dalla struttura profonda alla struttura superficiale è operato dalle regole trasformazionali.

La **grammatica generativo-trasformazionale** (nella forma elaborata da Chomsky nel 1965 in *Aspetti della teoria della sintassi* e nota come **teoria standard**) si articola in tre parti o componenti:

1) **componente sintattico**
2) **componente semantico**
3) **componente fonologico**

Il componente sintattico è il più importante dei tre e l'unico creativo; esso si suddivide a sua volta in due sottocomponenti:

a) il **sottocomponente di base**, che genera le strutture profonde;
b) il **sottocomponente trasformazionale**, che converte le strutture profon-

GRAMMATICA GENERATIVO-TRASFORMAZIONALE
(TEORIA STANDARD)

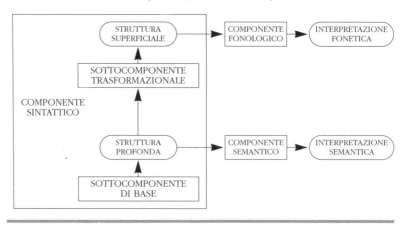

de in strutture superficiali. Le regole trasformazionali operano cancellazioni, sostituzioni, permutazioni, aggiunte, ma non possono apportare alcuna modificazione al significato, che è già tutto presente nella struttura profonda.

Il componente semantico e il componente fonologico hanno una semplice funzione interpretativa: il primo attribuisce un'interpretazione semantica alle strutture profonde; il secondo attribuisce un'interpretazione fonetica alle strutture superficiali.

Il fine ultimo della grammatica generativo-trasformazionale consiste dunque nel mettere in relazione tra loro significati e suoni attraverso l'opera mediatrice della sintassi.

La teoria di Chomsky ha incontrato numerose obiezioni, anche da parte di alcuni generativisti, che hanno sviluppato un filone autonomo, la **semantica generativa**, in cui alla nozione di struttura profonda sintattica viene sostituita quella di **struttura profonda semantica**, capace di generare direttamente la struttura superficiale. Lo stesso Chomsky ha in seguito ritoccato il proprio modello di grammatica, formulando una **teoria standard estesa**, in cui l'informazione necessaria per l'interpretazione semantica non è più fornita soltanto dalla struttura profonda, ma anche dalla struttura superficiale.

Nell'aprile del 1979 Chomsky tenne una serie di lezioni presso la Scuola Normale di Pisa, pubblicate poi nell'81 in un volume dal titolo *Lectures on Government and Binding*. La **teoria della reggenza e del legamento** ha dato un nuovo impulso allo sviluppo del trasformazionalismo. Essa contiene sostanziali modifiche rispetto alla teoria standard estesa, e pur essendo di difficile divulgabilità – anche perché ha subìto ulteriori elaborazioni – merita qui un breve cenno.

Nelle nuove formulazioni del pensiero di Chomsky la grammatica non aspira più a dar conto mediante un numero finito di regole di tutti i fenomeni di una lingua, ma opera una distinzione tra un certo numero di fenomeni spiegabili in base a regole generali, i quali costituiscono per così dire il nucleo, il "cuore" della grammatica (ingl. *core grammar*), e altri fenomeni, non spiegabili in base a tali regole generali, i quali costituiscono i margini della lingua e potranno essere spiegati da regole periferiche (ingl. *peripheral rules*).

La *core grammar* di una lingua, inoltre, è determinata dalla presenza di alcuni **parametri di variazione**: è necessario infatti introdurre delle variabili che diano conto delle caratteristiche specifiche di una lingua. Per fare un esempio, in inglese e in francese l'espressione del soggetto è obbligatoria, mentre in italiano è facoltativa. In alcune lingue (inglese, tedesco, latino) l'aggettivo e il complemento di specificazione precedono l'elemento che modificano, mentre in altre (italiano, spagnolo) lo seguono. In termini generativi possiamo dire che, integrando le regole della grammatica universale con i parametri di variazione, otteniamo la *core grammar* di una lingua specifica, quella grammatica cioè che ne spiega l'insieme dei fatti rilevanti.

Il sistema di regole della grammatica consta di una serie di sottosistemi di componenti (il lessico, la sintassi, la fonologia, la semantica) e di una serie di sottosistemi di princìpi (la teoria del legamento, la teoria della reggenza, la teoria dei ruoli tematici, la teoria del caso ecc.), dalla cui interazione dipende la nostra competenza linguistica. La grammatica dunque non è più un insieme monolitico che spiega tutto ciò che accade in una lingua, ma è il risultato dell'interazione di più "moduli" indipendenti e intercomunicanti.

Negli sviluppi più recenti del generativismo un ruolo di sempre maggiore importanza all'interno del modello grammaticale è svolto dal **sottocomponente lessicale**. Esso non è soltanto una lista "bruta" di tutte le parole di una lingua, ma contiene una serie di informazioni indispensabili per produrre e comprendere enunciati.

Ogni elemento del lessico contiene sin dall'origine le seguenti informazioni e le porta con sé attraverso tutta la "storia trasformazionale" dell'enunciato di cui fa parte:

1) *i tratti categoriali* (nome, aggettivo, verbo ecc.);

2) *la struttura di sottocategorizzazione*, che ci dice, per esempio, quali verbi sono intransitivi (come *correre*), quali transitivi (come *mangiare*), quali richiedono sia un oggetto diretto sia un oggetto indiretto (come *donare*), con quali sintagmi preposizionali vanno costruiti (per esempio, si dice *parlare di qualcosa, arrabbiarsi per qualcosa*);

3) *le restrizioni di selezione*: sono delle restrizioni di natura semantica e limitano la possibilità di un certo verbo di combinarsi con determinati complementi. Per esempio, *uccidere* o *convincere* richiedono un oggetto animato;

4) *la griglia tematica*, che ci permette di capire quale ruolo tematico è assegnato a ciascun costituente della frase. Per esempio, la griglia tematica di *chiudere* ci mette in grado di predire che in *Mario chiude la porta* il soggetto possiede il ruolo tematico di agente mentre in *la chiave chiude la porta* il soggetto possiede il ruolo tematico di strumento.

Le sostanziali revisioni che ha subìto durante la sua più che trentennale storia dimostrano come il generativismo si trovi ancora in una fase di elaborazione e si presti sia a ricevere contributi da altri settori della linguistica, sia a gettare le basi per nuovi e diversi sviluppi teorici.

2·6 LA GRAMMATICA DELLE VALENZE

La cosiddetta grammatica delle valenze analizza i costituenti che in una frase sono retti direttamente dal verbo. Per indicare il numero di tali costituenti si usa il termine **valenza**, preso in prestito dalla chimica dove si riferisce alla capacità degli atomi di formare legami tra loro. Facciamo qualche esempio: il verbo meteorologico *nevicare* è privo di costituenti; *tossire* è monovalente (*Gianni tossisce*), *mangiare* è bivalente (*Gianni mangia una mela*), *regalare* è trivalente (*Gianni regala un anello a Cinzia*).

Sono chiamati **attanti** quei costituenti che, partecipando all'azione verbale, risultano direttamente subordinati al verbo. Gli attanti sono classificati in base al loro ruolo sintattico-semantico: primo attante = agente, secondo attante = paziente, terzo attante = beneficiario ecc.

In relazione alla sue proprietà lessicali, ogni verbo richiede un determinato numero di attanti, creando in tal modo una sua cornice funzionale di "caselle vuote" da riempire; così, per esempio, i verbi *vendere* e *comprare* sono trivalenti in quanto prevedono tre "partecipanti" all'azione verbale: due persone, un venditore e un compratore, più l'oggetto che cambia possessore; il verbo *colpire*, invece, comporta due partecipanti: il colpitore e il colpito; *camminare* ha soltanto un attante, colui che è in movimento.

1) *Gianni vende un libro a Franco. / Franco compra un libro da Gianni.*

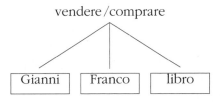

2) *Mario colpisce Carlo.*

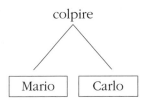

3) *Paola cammina.*

Il concetto di valenza richiede però almeno tre ulteriori precisazioni:

1) Non tutte le valenze debbono essere **saturate** sintatticamente. Un attante può essere tralasciato nella costruzione della frase qualora sia noto al destinatario, desumibile dal contesto o considerato irrilevante nella specifica situazione comunicativa: si confronti la frase *Paolo scrive una lettera a Mario* con *Paolo scrive una lettera*; o la frase *Marco ha vinto la partita di tennis* con *Marco ha vinto*. L'attante è quindi un'integrazione necessaria della frase soltanto a livello logico-concettuale, non strettamente sintattico.

2) Se presenta più varianti di significato, uno stesso verbo può avere valenze diverse. Il verbo *andare* è generalmente bivalente (soggetto in movimento + destinazione): *Gianni va a casa / al cinema / da amici*. In alcuni usi astratti, quando assume il significato di 'funzionare' (in senso lato), *andare* è invece monovalente: *l'orologio non va più; è un'iniziativa che va*. Facciamo un altro esempio: accanto alla variante bivalente di *prendere* (*ho preso due valige*) esiste anche quella monovalente: *il rampicante trapiantato non ha preso* (cioè, 'non ha attecchito'); *è una colla che prende bene* ('si solidifica').

3) Dagli attanti vanno distinte le **indicazioni circostanziali**, che forniscono informazioni supplementari sulla situazione in cui si svolge l'azione verbale (tempo, luogo, modalità ecc.); esse non incidono sull'ossatura concettuale della frase e possono pertanto essere omesse senza che risulti lacunoso o cambi il significato della frase.

L'analisi delle valenze, pur ricollegandosi alle nozioni tradizionali di reggenza e transitività, risulta più ampia: non è un approccio esclusivamente sintattico (si pensi all'analisi tradizionale in costituenti: Soggetto-Predicato-Complementi), ma ingloba anche informazioni logico-semantiche. Il modello, inoltre, può essere esteso alla descrizione di aggettivi e sostantivi. Anche queste categorie a volte richiedono una cornice funzionale: per esempio, l'aggettivo *inadeguato* (*alle esigenze moderne*) o il sostantivo *amico* (*dei gatti*).

È interessante notare come verbi equivalenti semanticamente e appartenenti a lingue diverse possano avere una struttura valenziale dissimile.

italiano	*ubbidire a qualcuno*	
inglese	*to obey somebody*	'ubbidire qualcuno' [accusativo]
tedesco	*jemandem gehorchen*	'ubbidire a qualcuno' [dativo]

italiano	*seguo qualcuno*	
tedesco	*ich folge jemandem*	'(io) seguo a qualcuno' [dativo]
greco antico	*hépomai tíni*	'seguo a qualcuno'

italiano	*combatto qualcuno*	
inglese	*I fight against somebody*	'(io) combatto contro qualcuno'
greco antico	*máchomai tíni*	'combatto a qualcuno' [dativo]

italiano	*aspettare un amico*	
spagnolo	*esperar a un amigo*	'aspettare a un amico'
inglese	*to wait for a friend*	'aspettare per un amico'
tedesco	*auf einen Freund warten*	'su un amico aspettare' [accusativo]

italiano	*avvicinarsi a qualcosa*	
francese	*s'approcher de quelque chose*	'avvicinarsi di qualcosa'
tedesco	*sich etwas nähern*	'avvicinarsi qualcosa' [dativo]
inglese	*to approach something*	'avvicinare qualcosa' [accusativo]

Come vediamo da quest'ultimo esempio, non è raro il caso in cui verbi corrispondenti in più lingue si differenzino per il loro carattere riflessivo o meno. Consideriamo alcuni verbi italiani opposti ai loro corrispettivi inglesi e tedeschi:

arrendersi	*to surrender*
ribellarsi	*to rebel*

svegliarsi	*aufwachen*
addormentarsi	*einschlafen*

2·7 LA GRAMMATICA FUNZIONALE

Il generativismo, come abbiamo accennato (v. 2.5), parte da una visione modulare della lingua: i vari componenti, detti anche **moduli**, sono visti come entità indipendenti. Soprattutto la sintassi è considerata **autonoma**. Infatti segue regole proprie e ha una struttura interna che non si lascia ricondurre a proprietà strutturali di altri moduli come la fonologia, la morfologia o la semantica.

La visione della sintassi come un sistema formale autonomo è invece criticata da quegli studiosi che coltivano una visione funzionale della grammatica. Si parte dal presupposto teorico che la lingua è uno strumento di interazione verbale tra uomini inseriti in un determinato contesto socio-culturale. Ogni enunciato è portatore di un determinato contenuto in una specifica situazione comunicativa. In un'analisi della struttura formale non si può quindi prescindere dalla struttura semantica veicolata. I vari fenomeni sintattici vanno spiegati partendo dalla loro funzione nel testo e nel contesto: si deve investigare la funzione semantico-pragmatica ricoperta dai singoli elementi.

Così, per esempio, l'ordine dei costituenti in una frase dipende in larga misura anche dal loro valore informazionale: la frase si divide in **tema** e **rèma** (v. 3.7), detti anche **topic** e **comment**, cioè informazione data o ricavabile dal contesto e informazione nuova. In generale, la sezione tematica della frase precede quella rematica. Si parla anche di **focus**, che indica quella parte dell'informazione che è messa in risalto. In genere, il focus coincide con il rèma, ma si possono anche immaginare costruzioni in cui i due parametri risultano disgiunti. Nel discorso, si ha una gerarchizzazione delle informazioni; alcune sono messe in primo piano (**foreground**), altre fungono da sfondo (**background**). Consideriamo i due periodi seguenti:

> *poiché era malato è rimasto a casa;*
> *era malato e perciò è rimasto a casa.*

Nel primo caso la reggente ha una funzione di primo piano rispetto alla dipendente; nel secondo caso, invece, la struttura coordinata colloca i due aspetti (la causa e l'effetto) sullo stesso piano, cioè con lo stesso risalto.

In una prospettiva funzionalistica, inoltre, l'ordine delle frasi in un periodo complesso non è affatto indifferente:

> *poiché era malato è rimasto a casa;*
> *è rimasto a casa poiché era malato.*

I due esempi differiscono infatti dal punto di vista del flusso informazionale. Il "ragionamento" nei due casi potrebbe essere così parafrasato: a) «si ha una situazione di partenza, la malattia, che ha come conseguenza un fatto, e questo fatto è il rimanere a casa» (si segue quindi l'ordine iconico degli eventi; v. 1.8); b) «si è verificato un fatto, il rimanere a casa; questo fatto ha una causa, vale a dire la malattia». Di solito nel primo tipo di esempio la causa è nota, mentre nel secondo rappresenta l'informazione nuova.

Sempre in rapporto al carattere informazionale dei singoli elementi sintattici, i funzionalisti si chiedono quale sia la differenza tra riprese testuali "piene" e riprese con una pro-forma oppure tra frase attiva e passiva. Più in generale, vengono indagate le connessioni tra ruoli sintattici (soggetto, oggetto, oggetto indiretto ecc.) e ruoli semantici (agente, paziente, beneficiario ecc.). Così, per esempio, il soggetto sintattico coincide di regola con il ruolo semantico dell'agente:

> *Gianni ha colpito l'aggressore con un bastone.*   Soggetto = agente

Altre costruzioni costituiscono invece casi **marcati**, vale a dire, rappresentazioni particolari della "scena":

> *l'aggressore è stato colpito da Gianni (con un bastone);* Soggetto = paziente
> *un bastone ha colpito l'aggressore.*   Soggetto = strumento

La grammatica funzionale vuole quindi essere un'alternativa sia allo strutturalismo sia al generativismo. Rivolgendo la propria attenzione alla funzione semantico-comunicativa dei singoli elementi, funge in un certo modo da ponte tra la sintassi tradizionale e la linguistica testuale e pragmatica.

CAPITOLO 3

LA LINGUISTICA DEL TESTO

3·1 AL DI SOPRA DELLA FRASE

Tradizionalmente la frase è considerata come il livello di analisi più alto. Questa impostazione è comune alla linguistica storica, alla linguistica strutturale e alla grammatica generativo-trasformazionale. Della frase si esaminano i componenti; di questi si studiano i reciproci rapporti. Ci siamo già occupati della frase semplice e della frase complessa. In questo capitolo cercheremo di determinare che cosa fa di una successione di frasi un **testo**, cioè un insieme unitario dotato di un senso compiuto (v. 3.2), prenderemo in esame i differenti tipi di testo (v. 3.6), cercheremo di mettere a frutto le nozioni apprese per capire come si produce un testo (v. 3.5).

La linguistica moderna (più precisamente quella corrente della linguistica moderna che si chiama grammatica generativo-trasformazionale: v. 2.5) ha definito la **competenza** del parlante nativo (cioè di un individuo che ha per lingua madre, per esempio, l'italiano) come capacità:

- di riconoscere se una determinata frase appartiene o no alla sua lingua (cioè se una frase è italiana oppure no);

- di riconoscere se una frase è grammaticale oppure no (per esempio, *Mario mangia la mela* è una frase grammaticale, a differenza di **Mario mangiano gli mele* e **mela la Mario mangia*, che sono frasi non grammaticali);

- di produrre e interpretare un numero infinito di frasi;

- di parafrasare o riassumere una frase, di cambiarla con una frase equivalente, per esempio: *la mela è mangiata da Mario*.

Tuttavia ci sono dei fatti che non si possono spiegare se rimaniamo al livello della frase. La nostra attività linguistica consiste non di frasi isolate, ma di insiemi di frasi, le quali sono connesse tra loro: 1) per il significato (cioè per il fatto che, nel loro insieme, rappresentano qualcosa); 2) per determinati aspetti formali; 3) per le intenzioni comunicative manifestate dal produttore del testo; 4) per la cooperazione che si instaura tra chi emette e chi riceve il testo. In ogni caso in un discorso anche breve ci sono dei presupposti che non si possono studiare se rimaniamo al livello della frase.

Per descrivere i fenomeni che sono al di là (o per meglio dire al di sopra) della frase è necessario prendere in considerazione un'unità superiore alla frase: il testo.

■ Il **testo** è l'unità fondamentale della nostra attività linguistica: un'unità che corrisponde a una determinata intenzione comunicativa e che si distingue dalla frase non tanto quantitativamente quanto piuttosto qualitativamente. Il testo nasce da un equilibrio delicato tra un'esigenza di continuità e un'esigenza di progressione (di sviluppo). Il testo è un insieme di frasi, ma può consistere anche di una sola frase, purché essa abbia senso compiuto e rappresenti un messaggio che l'emittente considera completo.

Il testo presenta i seguenti caratteri:

● ha un tema coerente;

● ha una funzione comunicativa che si riconosce chiaramente;

● si pone non in uno spazio vuoto, ma all'interno di un'azione comunicativa, vale a dire in rapporto a una determinata situazione e a determinati presupposti.

Rispetto alla competenza grammaticale la **competenza testuale** possiede alcuni elementi in più: riguarda la capacità di ricostruire l'unità di un testo, di parafrasarlo, di riassumerlo, di assegnargli un titolo, di riconoscere se è completo oppure se gli manca qualcosa, di classificarlo. Si tratta di un discorsetto sul tempo? della lezione di un professore? di una poesia? di una ricetta medica? di una lettera d'amore? di una nota di spese? o di altro ancora? La competenza testuale permette di distinguere, fin dalle prime parole ascoltate o fin dalle prime righe lette, di quale tipo di testo si tratti. Come vedremo meglio in seguito, dobbiamo tener conto sia di una **grammatica del testo** sia di una **tipologia del testo**.

3·2   CHE COSA È UN TESTO

■ Un **testo** è, in senso proprio e specifico, un messaggio che, svolgendosi intorno a un unico tema, presenta i caratteri dell'unità e della completezza. Ciò avviene in rapporto a chi produce (*emittente*) e a chi riceve (*ricevente*) il testo.

Vale a dire che un testo non è tale in base a determinate regole fisse e a princìpi validi una volta per tutte, ma piuttosto in base:

● alle intenzioni comunicative dell'emittente;

● alle necessità del ricevente di avere una certa informazione;

● alla necessaria cooperazione tra emittente e ricevente;

● ai requisiti del testo stesso.

L'emittente intende comunicare un certo messaggio, di cui egli ha progettato lo sviluppo, i fini, l'estensione. Tutto ciò rappresenta un principio costitutivo del testo. Se il ricevente vuole avere una qualsivoglia informazione, egli considererà un articolo di giornale, la lettera di un amico, un annuncio pubblicitario, un intero volume come altrettanti testi, ciascuno dei quali è in grado di fornirgli l'informazione che egli desidera avere. Il testo possiede in proprio dei tratti che ne indicano i confini (per esempio, l'inizio di un articolo di giornale è indicato da un titolo, la sua fine è indicata, tra l'altro, dal nome del giornalista); più in generale, il testo possiede una serie di requisiti di forma e di contenuto (v. 3.4) che assicurano la sua esistenza.

Il testo può essere orale o scritto. Una conversazione, una lezione, una conferenza, una telefonata possono essere dei testi, se ciascuna di tali forme di comunicazione svolge un determinato tema e presenta (sia pure in vari gradi) i caratteri dell'unità e della completezza. Un cartello stradale, un manifesto pubblicitario, un telegramma, una prescrizione del medico, un articolo di giornale, un racconto, una favola, una poesia, un romanzo, un'opera teatrale sono testi (di varia natura e complessità) rispondenti a diversi fini e composti con diversa intenzione dall'emittente. I testi possono avere dunque una diversa estensione: una sola parola, poche parole, una sola frase, un insieme di frasi, fino a giungere, per esempio, a un romanzo o trattato scientifico, opere che comprendono di solito delle parti, dei capitoli ed, eventualmente, dei paragrafi, dei sottoparagrafi ecc.

I vari **tipi di testi** (orali e scritti), che abbiamo ora ricordato, si propongono fini diversi: alcuni forniscono in modo rapido una notizia, altri informano in modo più circostanziato, altri ancora danno degli ordini, prescrivono qualcosa. I testi letterari hanno funzioni molto complesse che non si possono riassumere in breve spazio: diremo soltanto che, oltre a rappresentare o a riferire qualcosa, educano la mente e i sentimenti, mostrano la realtà in nuove prospettive, ci fanno riflettere sulle grandi capacità espressive delle lingue storico-naturali.

In rapporto alla diversità delle loro funzioni, i vari tipi di testi presentano caratteri diversi nella disposizione e organizzazione delle parti (**gerarchia del testo**), nelle scelte lessicali e sintattiche.

Il testo (dal lat. TEXTŬS 'tessuto', participio passato del verbo TĒXĔRE 'tessere') è un insieme di parti tra loro collegate e strette da una rete di rapporti. Per esempio, in un articolo di giornale si distinguono di solito le seguenti parti:

TITOLAZIONE	*soprattitolo*:	fornisce un riferimento, una spiegazione;
	titolo:	enuncia il tema fondamentale; serve di richiamo;
	sottotitolo:	espone sinteticamente le notizie contenute nell'articolo.
ARTICOLO	*presentazione della notizia*: dati essenziali; *circostanze secondarie, descrizione dei protagonisti* ecc.; *commenti del giornalista*; *altre notizie di contorno.*	

I rapporti che collegano tra loro i vari capitoli di un romanzo e, all'interno di ciascun capitolo, le parti che lo compongono, sono di solito di natura più complessa. Importa comunque sottolineare l'esistenza di questo collegamento tra le parti. Anche in una conversazione esiste il cosiddetto "filo del discorso": quando, parlando, perdiamo il filo, il testo orale che stavamo producendo lascia il posto a un seguito incoerente di frasi.

Esiste una grammatica della frase e una **grammatica del testo**. Cerchiamo di chiarire questi concetti.

Come abbiamo appena notato, ci sono dei fatti che non si possono spiegare se rimaniamo al livello della frase. Infatti, quando usiamo la nostra lingua nel parlato e nello scritto, ci serviamo per lo più, non di frasi isolate, ma di insiemi di frasi, le quali sono connesse tra loro per il significato e per determinati aspetti formali. Inoltre tali insiemi di frasi sono collegati a una determinata situazione e a determinati presupposti che ne chiariscono il significato complessivo. Per descrivere e interpretare i fenomeni (di collegamento, di rapporto, di organizzazione gerarchica) che sono al di sopra delle singole frasi, il linguista deve salire a un livello superiore: al testo.

Oltre alla competenza grammaticale il linguista deve tener conto della **competenza testuale**. Quest'ultima, come si è detto in 3.1, riguarda la capacità di ricostruire l'unità di un testo, di parafrasarlo, di riassumerlo, di assegnargli un titolo, di riconoscere se è completo o se gli manca qualcosa, di classificarlo.

Ricostruire l'unità del testo è facile quando la sua coerenza (v. 3.4) è manifestata dalla ripetizione della stessa parola in un seguito coerente di frasi; come per esempio:

> 1) *Luca ha preso in prestito un* libro *dalla biblioteca scolastica. È un* libro *di storia romana sul quale egli deve preparare una ricerca. Mario possiede lo stesso* libro*, ma non ha voluto prestarlo all'amico.*

Tuttavia la ripresa della stessa parola non è una condizione sufficiente per poter concludere che il testo in esame possiede una sua coerenza testuale:

> 2) *Il* libro *di Giovanna è nella libreria. Mio cugino ha perduto il suo* libro*. Non credo che abbiano ancora stampato il nuovo* libro *di Eco. Perché le hai regalato il* libro *più economico?*

Nonostante che la parola *libro* sia ripetuta in ogni frase, qui ci troviamo di fronte un testo incoerente. La ripresa della stessa parola in frasi che si susseguono può anche mancare e tuttavia non si può negare la coerenza del breve testo che segue:

> 3) *Ho comperato i libri scolastici di mia figlia. La bolletta del telefono è arrivata questa mattina. Domani ritirerò la macchina dal carrozziere. Mio figlio ha rotto un vetro del vicino. Le spese non finiscono mai!*

Qui le relazioni tra le frasi sono ottenute mediante la breve esclamazione finale che riferisce tutte le frasi al comune denominatore *spese*.

È evidente che la comprensione di un testo dipende, oltre che dal suo significato linguistico, anche dalla conoscenza che noi abbiamo del mondo (cioè delle abitudini, degli usi, delle convenzioni presenti in una determinata società): dire *i negozi hanno i saldi* oppure *al centro ci sono i saldi* può essere un invito ad approfittare degli sconti, cioè un invito a spendere; la frase *ritirare la macchina dal carrozziere* presuppone quasi sempre il fatto che tale artigiano l'abbia riparata; quindi c'è una nuova spesa.

Ricostruire l'unità di un testo vuol dire rendersi conto di tutti i rapporti che intercorrono tra le frasi, di tutti i presupposti che sono dietro ciascuna frase. Per esempio, in 1) *Luca* = *egli* = *amico*, il pronome personale e il sostantivo *amico* sono dei sostituenti del nome proprio. I pronomi svolgono una funzione di primo piano nella "tessitura" del testo.

In 3) la parola finale *spese* coglie un aspetto comune di tutte le frasi che precedono e che enunciano eventi per così dire "dispendiosi": *spese* è una specie di comune denominatore, come abbiamo detto. Tale funzione è svolta per lo più dai cosiddetti **nomi generali** che riassumono nomi particolari usati precedentemente; consideriamo, per esempio:

4) *Le acque del fiume hanno preso un colore rossastro; il pesce è del tutto scomparso; la vegetazione sulle sponde si è molto ridotta. Questi fenomeni preoccupano vivamente le autorità.*

5) *I commercianti protestano; i clienti non sono soddisfatti della merce acquistata; gli impiegati del Comune sono in sciopero. Insomma tutta la gente della cittadina padana si agita.*

Fenomeni in 4), *gente* in 5) sono nomi generali; più precisamente *fenomeni* riassume in sé i tre fatti che sono stati narrati prima in altrettante frasi; *gente* compendia i tre nomi particolari che precedono: *commercianti*, *clienti* e *impiegati*. Diremo allora che: a) *fenomeni* è un nome generale sovraordinato alle frasi che precedono; b) *gente* è un nome generale sovraordinato ai tre nomi particolari che precedono; anche la frase *Insomma tutta la gente della cittadina padana si agita* riassume le tre frasi precedenti.

Altri nomi generali sono: *cosa, oggetto; materia, roba; affare, faccenda, argomento; fatto, evento, circostanza*; nomi generali che si riferiscono a esseri umani sono: *persone, individui, uomini, gente, cittadini*.

Come appare, alcuni di questi nomi sono più o meno "generali": insomma si dispongono secondo una certa gerarchia. Un nome che, per il suo significato più generale, si trova a un livello più alto di un altro nome si chiama **iperonimo** (dal greco *ypér* 'sopra' e *ónoma* 'nome'); invece il nome che si trova al livello sottostante si chiama **iponimo** (dal greco *ypó* 'sotto').

La frase *Le acque del fiume hanno preso un colore rossastro* può essere condensata nell'espressione *l'arrossamento delle acque del fiume*: è un esempio di nominalizzazione. Questo fenomeno, come il precedente, può essere considerato un caso di **riformulazione** (il dire in modo diverso, con diversi mezzi linguistici la stessa cosa).

Ai testi 1) e 3) posso dare eventualmente i titoli *Il prestito di un libro* e *Le spese della famiglia* (oppure *Le spese crescono*). Il **dare un titolo** a un testo rientra nella competenza testuale: lo può fare solo colui che ha capito bene il senso di quello che ha letto. I titoli da attribuire allo stesso testo possono essere vari: la scelta dipende dal punto di vista di chi propone il titolo, dall'effetto che egli vuol ottenere sul lettore. Come vedremo, anche il dare un titolo comporta il fatto che si situa in una determinata prospettiva il testo.

La competenza testuale permette di distinguere, fin dalle prime parole ascoltate o fin dalle prime righe lette, il tipo di testo che ci sta davanti. Capiamo subito da tanti particolari se si tratta di una lezione, di una radiocronaca, di una preghiera, di una conversazione sul tempo, di un annuncio pubblicitario; leggendo capiamo subito se si tratta di una favola, di un articolo di giornale, di una poesia, di un trattato scientifico.

3·3   L'ANALISI DI UN RACCONTO

La descrizione dell'incontro di due amici al centro della città e alcune considerazioni sul loro aspetto fisico, sulle loro abitudini, sui loro propositi costituiscono gli elementi portanti di questo breve racconto che leggeremo con attenzione, badando soprattutto alla successione delle frasi e ai rapporti che intercorrono tra di esse.

Carlo e Luigi hanno deciso da alcuni giorni di fare una passeggiata nelle vie del centro cittadino: vogliono distrarsi e riposarsi dopo le fatiche della scuola.
A tal fine i due giovani si sono dati appuntamento per il sabato pomeriggio di fronte a un negozio di abbigliamento che entrambi conoscono: di lì cominceranno il loro giro. Il programma non è ancora stato definito; ma si può scommettere che, dopo una sosta nel negozio di dischi e dopo essersi soffermati davanti a parecchie vetrine, i due amici finiranno come al solito in pizzeria. Lo faranno sicuramente.
Il primo ad arrivare è Carlo: è un ragazzo molto alto e magro e indossa un paio di jeans e una camicia. Lui sì, che è sempre puntuale. L'altro invece, con una scusa o con l'altra, arriva sempre un po' tardi. Ma eccolo finalmente: è sceso dall'autobus e ha cominciato a fare grandi gesti all'amico, come per scusarsi. Lo spilungone risponde ai gesti con un sorriso; poi aggiunge: «L'ho sempre detto che non sei puntuale».
Luigi è un ragazzo di media statura, ben piazzato e robusto. Indossa giacca e cravatta, come sempre. Il ritardatario ama l'eleganza e lo sport. Carlo ama la musica jazz. A entrambi piace parlare di cinema.
Ora passeggiano parlando in fretta. I prossimi esami sono il tema della loro conversazione. I due studenti frequentano la stessa scuola, la stessa classe. E, naturalmente, sono compagni di banco.

Il breve testo presenta due personaggi e racconta un breve seguito di azioni mediante un insieme di frasi. La coerenza del testo è assicurata da una serie di procedimenti che conviene subito evidenziare:

1) la ripetizione degli stessi nomi propri (*Carlo* nel I, nel III e nel IV capoverso; *Luigi* nel I e nel IV);

2) la sostituzione dei nomi propri mediante pronomi (*Carlo = lui, Luigi = l'altro, Carlo e Luigi = entrambi*); cfr. anche l'espressione avverbiale *di lì = di fronte al negozio*;

3) la sostituzione dei nomi propri mediante nomi comuni che qualificano (e classificano) i primi: *Carlo e Luigi = i due giovani = i due amici = i due studenti*;

4) la sostituzione mediante nomi che indicano un tratto o una caratteristica del protagonista, i quali sono stati già esposti prima in modo analitico: *un ragazzo molto alto e magro = lo spilungone; L'altro... arriva sempre un po' tardi = il ritardatario*.

La sostituzione del tipo 2) serve soltanto a evitare la ripetizione fastidiosa e un po' pesante dei nomi propri *Carlo* e *Luigi*; ma ci sono dei casi in cui tali nomi propri devono essere ripetuti, altrimenti il testo non sarebbe chiaro. A differenza del tipo 2), le sostituzioni dei tipi 3) e 4) danno elementi nuovi, sono cioè funzione della progressione: che *Carlo* e *Luigi* siano *giovani* lo si può dedurre dal fatto che vanno a scuola; ma che siano *amici* è detto soltanto alla fine del II capoverso. Vediamo ora le sostituzioni del tipo 4): *ritardatario* condensa in un nome il contenuto di una frase; oltre a svolgere tale funzione, *spilungone*, vocabolo espressivo, aggiunge una nota simpatica e scherzosa alla descrizione di Carlo; *passeggiata* e *giro* (rispettivamente nel I e nel II capoverso) sono dei quasi sinonimi (v. 4.10).

Fermiamoci a considerare due frasi del testo. La prima è «LO *faranno sicuramente*» (II capoverso), in cui il pronome LO sostituisce la frase *finiranno... in pizzeria*. Nello svolgimento del testo si tratta di un riferimento all'indietro (a quanto precede). Invece nella frase pronunciata da Carlo «L'*ho sempre detto che non sei puntuale*» il pronome LO si riferisce a quanto viene dopo: è un riferimento in avanti. Nella terminologia linguistica tali riferimenti o collegamenti si chiamano: **anàfora** (collegamento con quanto precede); **catàfora** (collegamento con quanto segue).

Come appare da quanto abbiamo visto finora, il collegamento tra le varie frasi che compongono il breve testo avviene innanzi tutto per l'unità del tema trattato, che si sviluppa senza fratture o "salti logici", cioè in modo conseguente e razionale. Il collegamento tra le varie frasi avviene secondo una prospettiva e un'organizzazione gerarchica determinata. Esporre una circostanza prima o dopo non è indifferente; è una scelta che corrisponde a un progetto ben definito nella mente di chi scrive.

> Una ripetizione omessa o una sostituzione mal fatta possono rendere difficile o addirittura impossibile la comprensione del testo. Immaginiamo di cambiare qualcosa al III capoverso: *Il primo ad arrivare è un ragazzo molto alto e magro. Lui sì, che è sempre puntuale. Egli invece, con una scusa o con l'altra, arriva sempre un po' tardi*. Eliminando il nome *Carlo* e sostituendo *l'altro* con *egli* abbiamo combinato un pasticcio. I due protagonisti ora si confondono tra loro: un bel grattacapo per il lettore!

Anche la sostituzione o l'eliminazione di un articolo possono alterare la coerenza di un testo (v. 3.4). Supponiamo di cambiare, al II capoverso, *i due amici* con *due amici*. Chi legge si chiederà: chi sono? di quali «amici» si sta parlando? Infatti l'opposizione "presenza / assenza" dell'articolo rende l'opposizione "noto / nuovo": *i due amici* sono il "noto", cioè un referente di cui si è già parlato nel testo; invece *due amici* sono il "nuovo", un referente di cui non si è ancora parlato e che non ha alcun rapporto con quanto è stato detto prima. Si può accettare invece la sostituzione del sintagma *i due amici* con *questi* (*quei*) *due amici*, *i nostri due amici*. Le stesse considerazioni si possono ripetere a proposito di due sostituti che appaiono al III capoverso: *lo spilungone* e *il ritardatario*; entrambi non possono essere sostituiti, per i motivi che si sono ora detti, con *uno spilungone* e *un ritardatario*.

La **pronominalizzazione** è il procedimento più importante per connettere tra loro le frasi di un testo. Quest'ultimo si potrebbe definire come una successione di elementi linguistici, costituita da una concatenazione pronominale ininterrotta. Nel testo che abbiamo letto sono usati i pronomi personali, il possessivo (*il tema della LORO conversazione*) e ancora il pronome *entrambi*. Non sono usati invece i pronomi relativi, che fungono spesso da connettori; potremmo immaginare una variante: *Carlo e Luigi*, CHE *frequentano la stessa scuola*. L'anafora può essere resa mediante vari tipi di pronomi:

1) *I fatti di cui abbiamo parlato sono di grande importanza.* ESSI *hanno impressionato favorevolmente l'opinione pubblica.*

2) *Gianni e Maria hanno conseguito la laurea e hanno frequentato un corso di specializzazione.* TUTTI E DUE (L'UNO E L'ALTRA, ENTRAMBI, AMBEDUE) *cercano ora un lavoro.*

3) *L'oratore ha parlato della disoccupazione, del nuovo contratto e del diritto di sciopero.* QUEST'ULTIMO PUNTO *ha suscitato vivaci polemiche.*

4) *«Andrai a parlare con Carla?» «*LO *farò al più presto».*

5) *L'avvocato non ha risposto alla mia lettera.* IL CHE *non mi è sembrato corretto.*

6) *Frequentava l'Accademia di belle arti; visitava musei e mostre; sedeva al cavalletto per gran parte della giornata; spendeva tutto il suo denaro in tele, pennelli e colori.* QUESTA DELLA PITTURA *era la grande passione di Giovanna.*

7) *Franco cominciò ad arrossire:* IL SUO (IL QUALE) ROSSORE *fu notato subito da Paola.*

Come appare, l'anafora può riferirsi a un singolo elemento della frase (1, 2, 3) oppure alla frase nel suo complesso (4, 5, 6). Finora si è parlato genericamente di pronomi; in effetti in 3, 6, 7 si ha un'espressione pronominale (pronome + nome). In 7 poi abbiamo un caso di **ricorrenza parziale**: nell'anafora appare un sostantivo che ha la stessa base del verbo. Anche la **catafora** (o riferimento a destra), procedimento senza dubbio meno frequente dell'anafora, può riguardare un singolo elemento (8, 9) oppure l'intera frase (10, 11).

8) *L'ho letto il libro che mi hai prestato.*

9) LI *conoscono bene quei ragazzi che hanno rotto il vetro della finestra.*

10) *L'avevo detto che Marco non sarebbe venuto e (che) avrebbe telefonato all'ultimo momento.*

11) QUESTO *glielo dovevi dire, che non ammetto soprusi di alcun genere.*

Studiando un testo dobbiamo avere ben chiari i concetti di referenza e coreferenza. Il **referente** è l'oggetto extralinguistico cui il segno si riferisce (v. 4.3). La **referenza** sarà allora il riferimento a un contesto extralinguistico mediante un segno linguistico. Per esempio, il parlante collega le parole *tavolo, bambino, virtù, intelligenza* con i referenti "tavolo", "bambino", "virtù", "intelligenza". Veramente ci si può riferire anche a un contesto intralinguistico: ciò accade nel **metalinguaggio**, il linguaggio usato per parlare del linguaggio; per esempio: *che cosa intendi dire con la parola "costanza"?*; *la parola "topo" è più breve della parola "topolino"* (v. 9.4).

Dal breve racconto che abbiamo riportato si ricava la seguente equivalenza: *Carlo e Luigi = i due giovani = i due amici = i due studenti*. Le quattro espressioni, pur avendo significati diversi, si riferiscono allo stesso referente. Quest'ultimo carattere è suggerito dal contesto. Si chiama **coreferenza** il riferimento (che si può attuare con vari mezzi linguistici) allo stesso referente. Qui la coreferenza è suggerita dal contesto; in altri casi è fornita dalle conoscenze che i parlanti possiedono. Vediamo un esempio. Ci troviamo in una città che si chiama Roma. Ci riferiamo ad essa con il nome proprio: *Roma* appunto, oppure con altre espressioni: *la capitale d'Italia, la città dei sette colli*. Poiché siamo parlanti italiani e siamo in possesso di certe conoscenze, possiamo stabilire che: *Roma = la capitale d'Italia = la città dei sette colli*. Il parlante stabilisce queste equivalenze fondandosi su una conoscenza di cose (quindi "extralinguistica"), non di parole e di regole della lingua (v. anche 4.1).

> Osserviamo infatti che *Roma, la capitale d'Italia* e *la città dei sette colli* hanno lo stesso referente, ma significati diversi. Infatti se non avessimo la conoscenza della "cosa", non potremmo stabilire che le tre denominazioni si riferiscono allo stesso referente. Nel caso di parole come *bello* e *avvenente*, l'identità (o quasi identità) del significato è evidente: si tratta di sinonimi (v. 4.10); anche in una serie come *lavorare, lavoratore, lavoro, lavorazione* la base comune di significato è evidente. Un esempio analogo a quello di "Roma" si ritrova nelle denominazioni che gli antichi davano di un pianeta, che splende luminoso nel cielo: *Venere = stella del mattino = stella della sera*. Ma, senza andare troppo lontano, se sfogliamo le pagine economiche di un quotidiano, ritroviamo denominazioni diverse riguardanti lo stesso referente: *dollaro = moneta statunitense = divisa americana*; e ancora: *neve = bianca coltre = soffice manto*.

Il rapporto tra **referenza** e **coreferenza** (per semplicità, comprendiamo in quest'ultima soltanto pronomi e sostituti) può essere rappresentato nel seguente schema:

referenza	coreferenza	
parola	pronome	sostituto
referente	referente	

3.4   I SETTE REQUISITI DEL TESTO

Cerchiamo ora di vedere con maggiore ricchezza di particolari come un testo funziona e come riesce a comunicare in modo chiaro ed efficace un determinato messaggio. Per ottenere tale fine si dice che un testo deve possedere sette princìpi costitutivi: 1) *coesione*, 2) *coerenza*, 3) *intenzionalità*, 4) *accettabilità*, 5) *informatività*, 6) *situazionalità*, 7) *intertestualità*. Esaminiamo ora ciascuno di questi requisiti.

> **1)** La **coesione** riguarda i rapporti grammaticali e i modi in cui sono collegati tra loro i componenti di un testo. Hanno questo carattere brevi testi come: *accendere i fari nella galleria; non sporgersi dal finestrino*. Non l'hanno invece successioni di parole come: *accendere il fari nelle gallerie* (i rapporti grammaticali non sono rispettati); *i accendere fari galleria nella* (è incongruo l'ordine dei componenti, che risultano pertanto mal collegati). La coesione tra le diverse frasi di un testo è garantita dalle **forme sostituenti** (pronomi e perifrasi sostitutive), che segnalano la **continuità tematica** di un testo e dai **connettivi**, elementi di collegamento di vario

genere: congiunzioni (*e, ma, che, quando, perché* ecc.), alcuni avverbi (*allora, appunto, insomma* ecc.), espressioni tipiche come *figùrati, guarda, ti dirò* ecc.

2) La **coerenza** riguarda la connessione tra i contenuti presenti nel testo. In *Giovanni ha acceso il fuoco e ha incendiato il cespuglio*, l'avvenimento "accendere" è la causa dell'avvenimento "incendiare"; il testo così come è concepito stabilisce un rapporto di causalità tra i due avvenimenti. Invece in *Il cacciatore sguinzaglia il cane che deve stanare la preda*, l'avvenimento "stanare" rappresenta lo scopo dell'avvenimento "sguinzagliare". La coerenza si esprime mediante rapporti di causalità, scopo, successione temporale, contemporaneità ecc.

Se la coesione è basata principalmente sulla continuità tematica, la coerenza può essere misurata sulla base della capacità del destinatario di attribuire al testo una **continuità semantica** (o di senso). Un testo privo di continuità semantica (per esempio, *Giovanni ha incendiato il cespuglio e ha acceso il fuoco* o *il cacciatore sguinzaglia la preda che deve stanare il cane*), pur rispettando il criterio dell'unità tematica, appare ai nostri occhi privo di senso o assurdo. Poiché la continuità del senso è stabilita sulla base delle nostre aspettative (di solito è il cane che stana la preda e non viceversa), un testo apparentemente assurdo può recuperare la sua coerenza su un piano semantico differente: l'enunciato *dopo essere tornato a casa, Aurelio si tolse i piedi e li ripose ordinatamente nel comodino*, apparentemente assurdo, può acquistare senso se inserito in un racconto di fantascienza che abbia come protagonista una creatura cibernetica. L'efficacia di alcuni testi letterari si basa proprio sulla deliberata violazione delle attese del lettore. Questo aspetto è strettamente legato a un altro requisito testuale: l'informatività (v. oltre).

Spesso, nei testi concretamente prodotti, la coerenza semantica può intervenire a colmare eventuali lacune nella coesione sintattica. Nelle seguenti frasi

1) *si vestì e fece colazione*

2) *fece la doccia e cantò una canzone*

le azioni, collegate dalla congiunzione coordinativa *e*, possono essere interpretate come contemporanee o come successive. Le seguenti formulazioni più esplicite

3) *dopo essersi vestito fece colazione*

4) *mentre faceva la doccia cantò una canzone*

evidenziano il fatto che in 1) le due azioni sono da interpretarsi come immediatamente successive e in 2) come simultanee; ma ciascuno di noi è in ogni caso in grado di attribuire a 1) e 2) la corretta interpretazione grazie alla coerenza complessiva del senso. La scelta tra un tipo di coesione a maglie fitte o a maglie più ampie dipende dal contesto e dalle finalità del testo che ci apprestiamo a produrre.

Si tenga presente inoltre che un testo dice sempre qualcosa di più di ciò che contiene:

Carlo gioca a pallone con i suoi compagni nella strada. La signora Rosa è disturbata dalle voci e dai rumori. Il pensionato del secondo piano invece ama sentirsi in un ambiente vivo.

Non è detto espressamente che Carlo e compagni, la signora Rosa, il pensionato del secondo piano sono in luoghi contigui, ma ciò lo si può ricavare facilmente dal senso e dalla successione delle frasi che compongono il breve testo. Quest'ultimo non ha bisogno di una frase finale che evidenzi la coerenza dei vari componenti, come accadeva nel testo *Ho comperato i libri scolastici di mia figlia...* citato in 3.2.

3) L'intenzionalità (cioè l'intento di comunicare qualcosa) non riguarda un carattere del testo, come avviene con la coesione e con la coerenza, ma piuttosto l'atteggiamento dell'emittente, la sua volontà di farsi capire. L'intenzionalità, soprattutto nei testi orali, può intervenire talvolta a sostegno della coesione. Per esempio, un brano di conversazione come *Insomma, quando... a che ora parte il tuo aereo?* dimostra una scarsa coesione grammaticale, ma il fine specifico di ottenere una certa informazione è espresso chiaramente ed efficacemente. Vero è che la mancanza di coesione e di coerenza in un testo possono bloccarne la comprensione.

4) L'accettabilità riguarda l'atteggiamento del ricevente, il quale si aspetta sempre un messaggio che dimostri coesione e coerenza, che sia utile e rilevante per conoscere cose nuove e per attuare un certo progetto di comunicazione; insomma, che possieda i requisiti fondamentali di un testo. Questa aspettativa del ricevente è in rapporto con il contesto sociale e culturale e con la desiderabilità dei fini; insomma capiamo meglio ciò che c'interessa e ci piace.

5) L'informatività, cioè il grado d'informazione, esprime la misura in cui il testo giunge atteso o inatteso, rappresenta un fatto noto o ignoto.

La nozione di informatività è stata elaborata dagli studiosi di teoria dell'informazione: un segno linguistico, di qualsiasi livello, è tanto più informativo quanto meno è prevedibile sulla base del contesto. Per esempio, la *-e* finale dell'avverbio *velocemente* ha un'informatività nulla (o, come si usa dire, è ridondante), poiché è assolutamente prevedibile sulla base del contesto fonologico precedente, mentre la *-e* finale dell'aggettivo *veloce* possiede un certo grado di informatività poiché si può alternare con una *-i* finale: tale alternanza è sfruttata dal sistema linguistico per esprimere l'opposizione singolare/plurale. Per le stesse ragioni l'aggettivo *bianco* nel sintagma *la bianca luna* è assai meno informativo dello stesso aggettivo nel sintagma *un cavallo bianco*.

Negli enunciati con funzione fàtica (per esempio, le frasi di circostanza, sul tempo, che si scambiano in ascensore e il cui scopo è semplicemente quello di attivare la comunicazione) è presente un livello molto basso di informatività. Al polo opposto si situano gli enunciati che fanno appello alla funzione poetica e referenziale (sulle funzioni del linguaggio, v. 9.4).

È possibile variare, attraverso aggiunte o riformulazioni, il grado di informatività di un messaggio: si chiama **rivalutazione** il procedimento mediante il quale una frase viene arricchita di informazione da ciò che precede o segue nel testo, **svalutazione** il procedimento inverso. Osserviamo il seguente enunciato:

1) *la terra non gira intorno al sole;*

l'informatività è assai elevata, poiché si tratta di una affermazione che contrasta con le nostre conoscenze e aspettative; completando il testo possiamo attuare una rivalutazione (in 2) o una svalutazione (in 3) dello stesso:

2) *la terra non gira intorno al sole, lo sostiene un'équipe di astrofisici statunitensi*;

3) *la terra non gira intorno al sole, così si credeva prima delle importanti scoperte di Copernico e Galileo*.

6) La **situazionalità**, cioè il trovarsi del testo in una determinata situazione, fa sì che il testo stesso risulti chiaro. Il cartello *Accendere i fari nella galleria* ha un significato inequivocabile, se è posto all'imbocco di una galleria. Inoltre si noti che la brevità del testo è adatta alla situazione (chi guida un autoveicolo non ha molto tempo per leggere); un testo più lungo fallirebbe il suo scopo.

7) L'**intertestualità**, cioè il rapporto tra un testo presente e un testo o altri testi assenti (ma vivi nella memoria del ricevente), è un fattore molto importante per la comprensione. Il cartello *Spegnere i fari*, posto alla fine di una galleria, si comprende soltanto in rapporto al precedente cartello *Accendere i fari nella galleria*.

L'intertestualità è un requisito legato all'esistenza di **tipi di testi**, cioè classi di testi per le quali ci si attendono caratteristiche determinate in vista di determinati scopi: le indicazioni stradali, gli articoli dei giornali, le favole, le poesie, i messaggi pubblicitari, le previsioni del tempo lette alla televisione o alla radio, i resoconti di avvenimenti sportivi rappresentano altrettanti tipi testuali, dotati di certi tratti che rendono possibile il loro riconoscimento da parte del ricevente. Questi, grazie alla propria competenza testuale, riconosce subito fin dalle prime parole o frasi che sta ascoltando una cronaca sportiva e non un messaggio pubblicitario. In una determinata cultura e in un determinato periodo storico esistono delle convenzioni (delle frasi tipiche, dei modi di esporre i fatti, di commentarli ecc.), le quali distinguono i vari tipi di testi. Il ricevente ama riconoscere tali diversi tipi di testi e pretende che tali convenzioni siano rispettate.

L'intertestualità assume un grande rilievo nell'ambito della letteratura, dove determinati generi (la lirica, il poema epico, la tragedia) creano ciascuno per proprio conto tradizioni di forme e di situazioni. Soprattutto nelle epoche passate le opere appartenenti allo stesso genere appaiono collegate tra loro da rapporti intertestuali.

I sette requisiti ora esaminati, veri e propri **princìpi costitutivi** del testo, si pongono su piani diversi: la coesione e la coerenza sono caratteri incentrati sul testo; l'intenzionalità è un carattere incentrato su chi produce il testo; l'accettabilità riguarda l'atteggiamento del ricevente; l'informatività evidenzia il rapporto testo-realtà; la situazionalità evidenzia il rapporto testo-situazione; l'intertestualità definisce il rapporto testo-altri testi.

Vi sono anche dei **princìpi regolativi**, che regolano cioè la comunicazione testuale; un testo deve essere facilmente prodotto e usato: **efficienza**; deve produrre un certo fine e/o effetto: **effettività**; deve dimostrare una composizione armonica tra contenuti e aspetti testuali: **appropriatezza**. Tali princìpi regolativi rappresentano delle condizioni ottimali, che ovviamente non sono sempre rispettate.

Anche i sette requisiti fondamentali (o princìpi costitutivi) del testo sono variamente presenti nei diversi tipi testuali. La coesione e la coerenza possono essere in parte trascurate nella lingua parlata, soprattutto nella conversazione ordinaria, ma devono essere osservate con notevole rigore nei testi scientifici. Infatti mentre parlo posso, con i gesti, con l'intonazione della voce, con riprese e autocorrezioni verbali, rimediare a eventuali difetti formali e imprecisioni del mio discorso oppure dare alle mie parole un significato addirittura opposto a quello che esse formalmente esprimono. D'altra parte ricordiamo che i testi letterari possiedono spesso un'organizzazione testuale molto complessa, diversa da quella presente nella lingua comune.

3.5 COME SI PRODUCE UN TESTO

Ogni atto comunicativo (sia orale sia scritto) è legato al suo **contesto**, vale a dire alla collocazione in una società e in una cultura (intendendo quest'ultimo vocabolo in un senso ampio, come insieme di istituzioni, di usi e di convenzioni che regolano l'agire umano); è legato a un **luogo** e a un **tempo**, agli altri testi cui si richiama in modo esplicito o implicito, alle azioni non linguistiche (gesti, atteggiamenti, che accompagnano i testi orali: v. 1.3). Il testo scritto è determinato in parte anche dalla disposizione esteriore degli argomenti (impaginazione, imposizione di titoli e sottotitoli: v. 3.2), oltre che dalle aspettative di chi legge.

Vedere come si produce un testo equivale a definirlo con maggiore precisione. Considerando, per esempio, la **conversazione** tra più persone, possiamo dire che questo tipo di testo: 1) ha luogo in uno spazio di percezione circoscritto (fin dove giungono le voci dei partecipanti); 2) si fonda sul presupposto che tutti i partecipanti percepiscano allo stesso modo i discorsi prodotti (chi è sordo o chi non conosce la lingua nella quale si svolge la conversazione non partecipa ovviamente a essa); 3) è limitato nel tempo; 4) si svolge in genere intorno a un tema (o perlomeno segue un certo orientamento); 5) dipende dalle convenzioni sociali che contraddistinguono una certa epoca e un certo ambiente.

> Soffermiamoci per un momento su quest'ultimo punto. Prendiamo in considerazione le conversazioni che sono presenti in un romanzo come *I Promessi Sposi*; si tratta ovviamente di conversazioni costruite dal Manzoni, ben diverse da quelle che avvengono nella vita di ogni giorno. Eppure un grande scrittore riesce a riprodurre efficacemente sia i diversi ruoli dei partecipanti (determinati dalle convenzioni sociali vigenti nella Lombardia del XVII secolo) sia i tratti caratteristici del discorso orale (ricerca dell'espressività, interruzioni, cambiamento della struttura sintattica a mezzo della frase ecc.). Siamo tra gli ospiti che siedono alla mensa di don Rodrigo (ultima parte del capitolo v); si discute della guerra per la successione al Ducato di Mantova: il successore del defunto Vincenzo Gonzaga è il duca di Nevers, sostenuto dalla Francia, ma osteggiato dalla Spagna. Si notino le frasi lasciate a mezzo da un interlocutore e riprese da un altro partecipante alla discussione:
>
> «*Non son lontano dal credere*» disse il conte Attilio, «*che le cose si possano accomodare. Ho certi indizi...*»
> «*Non creda, signor conte, non creda,*» interruppe il podestà. «*Io, in questo cantuccio, posso saperle le cose; perché il signor castellano spagnolo, che, per sua bontà, mi vuole un po' di bene, e per esser figliuolo d'un creato* [= servo] *del conte duca, è informato d'ogni cosa...*»
> «*Le dico che a me accade ogni giorno di parlare in Milano con ben altri personaggi; e so di buon luogo che il papa, interessatissimo, com'è, per la pace, ha fatto proposizioni...*»

«Così dev'essere; la cosa è in regola; sua santità fa il suo dovere; un papa deve sempre metter bene tra i principi cristiani; ma il conte duca ha la sua politica, e...»

«E, e, e; sa lei, signor mio, come la pensi l'imperatore, in questo momento? Crede lei che non ci sia altro che Mantova a questo mondo? le cose a cui si deve pensare son molte, signor mio. Sa lei, per esempio, fino a che segno l'imperatore possa ora fidarsi di quel suo principe di Valdistano o di Vallistai, o come lo chiamano, e se...»

«Il nome legittimo in lingua alemanna,» interruppe ancora il podestà, «è Vagliensteino, come l'ho sentito proferir più volte dal nostro signor castellano spagnolo. Ma stia pur di buon animo, che...»

«Mi vuole insegnare...?» riprendeva il conte; ma don Rodrigo gli diè d'occhio [= gli fece cenno con gli occhi], per fargli intendere che, per amor suo, cessasse di contraddire.

Come appare, l'andamento della conversazione è in parte determinato dalla volontà di ciascuno dei due interlocutori di dominare l'altro: si contraddicono a vicenda, s'interrompono di continuo. Ciascuno tenta d'imporre le regole del gioco, di esaltare il proprio ruolo (v. 9.9). Il conte Attilio, superiore nella gerarchia sociale al podestà, non perde occasione per sottolineare la sua condizione. Si considerino poi le espressioni artificiose e di falsa modestia che corrispondono agli usi di una certa classe sociale in una particolare situazione. Tutto ciò sta a dimostrare come la produzione di un discorso è in gran parte condizionata da fattori situazionali.

In 3.2 si è parlato della capacità d'imporre un titolo come di un aspetto della competenza testuale. Quale titolo potremmo proporre per il passo manzoniano ora citato? Prima di decidere dobbiamo situare il passo in questione nell'ambito del capitolo v dei Promessi Sposi. Abbiamo dunque in successione i seguenti episodi: 1) colloquio di fra Cristoforo con Lucia, Agnese e Renzo; quest'ultimo medita di vendicarsi di don Rodrigo; è rimproverato dal frate, che decide di andare a parlare con il signorotto; 2) descrizione del palazzotto di don Rodrigo; 3) il convito di don Rodrigo; descrizione degli ospiti; 4) la conversazione riguarda due temi: una questione di etichetta; la guerra per la successione del Ducato di Mantova. Da quest'ultimo episodio abbiamo tratto il passo citato, al quale potremo assegnare un titolo, adatto alla sua posizione nell'ambito del capitolo e al tempo stesso consono al giudizio negativo che il Manzoni dà di tutta la conversazione, paragonata allo stridere degli strumenti accordati da «una compagnia di cantambanchi» durante una fiera. Proponiamo i seguenti titoli: Una conversazione futile; Due prepotenti a confronto (sono due titoli negativi); Il conte Attilio, il podestà e la guerra di Mantova (titolo analitico e tendenzialmente neutro, ma che il lettore potrà caricare di sottintesi ironici); La politica al banchetto di don Rodrigo (titolo ironico).

3.5.1 PAROLE NON VERE

Rimaniamo ancora un momento con il Manzoni per illustrare con un altro passo del suo romanzo un aspetto fondamentale della comunicazione orale. L'atteggiamento di chi parla smentisce talvolta il senso delle parole effettivamente pronunciate. È una circostanza che abbiamo notato tante volte nel corso di questo capitolo; è un aspetto della conversazione messo bene in luce dalla **linguistica pragmatica**. Ritorneremo su questo fenomeno, analizzando alcuni brani di lingua parlata (v. 5.2); intanto leggiamo l'inizio del capitolo vi dei *Promessi Sposi*:

> «*In che posso ubbidirla?*» disse don Rodrigo, piantandosi in piedi nel mezzo della sala. Il suono delle parole era tale; ma il modo in cui eran proferite, voleva dir chiaramente, bada a chi sei davanti, pesa le parole, e sbrigati.

La domanda che il signorotto rivolge a fra Cristoforo si può confrontare con quelle frasi che hanno, per così dire, un significato reale diverso da quello apparente. Dico a un amico: «*Fa freddo in questa stanza...*» e voglio intendere: «*Per favore, chiudi la finestra*». Domando a un seccatore: «*Ma non dovevi dunque uscire?*»; il tono fa capire che non si tratta di una domanda, ma di un incitamento a uscire, ad andarsene; è come se dicessi: «*Lasciami in pace, una buona volta!*»

> Nel passo manzoniano ora citato, oltre al contrasto tra le parole e l'atteggiamento, si noti il significativo passaggio dal *lei* al *tu*, da una domanda affettatamente cortese a una successione di imperativi che esprimono in modo brusco degli ordini. La prima frase è pronunciata, la seconda è soltanto pensata: si tratta di un discorso interiore. C'è dunque un'opposizione tra "suono delle parole" e intento, tra discorso esteriore e discorso interiore.

3.5.2 SUDDIVISIONI E TITOLI

Suddividere un testo scritto in parti è una necessità per chi scrive, soprattutto se il testo è lungo o molto lungo. Un trattato scientifico può essere diviso in tomi per almeno due motivi: sarebbe difficile pubblicare un librone di tremila pagine (meglio dunque tre tomi di mille pagine ciascuno), inoltre l'autore del trattato organizza meglio la materia suddividendola in tomi, in sezioni, in capitoli, in paragrafi, in sottoparagrafi, in capoversi. Si tratta di una suddivisione progressiva che tiene conto della scansione naturale o voluta degli argomenti trattati. Per attuare meglio questo progetto, tomi, sezioni, capitoli, paragrafi sono provvisti di titoli distinti e consoni al fatto che ciascun livello è una suddivisione del livello superiore: sarebbe strano che un capitolo avesse lo stesso titolo di una sezione o che un paragrafo avesse lo stesso titolo di un capitolo. Tali suddivisioni sono in genere contrassegnate con una numerazione progressiva, la quale talvolta sostituisce i titoli: per esempio, *I Promessi Sposi* sono suddivisi in 38 capitoli numerati, ma non titolati. Invece il romanzo *La tregua* di Primo Levi è diviso in 17 capitoli titolati, ma non numerati. Molte opere (soprattutto i trattati scientifici) hanno un'introduzione (o premessa o prefazione o presentazione) in cui l'autore o chi per lui dice qualcosa dell'opera: perché e quando è stata scritta, come è suddivisa, quali sono stati gli intenti dell'autore ecc.; seguono eventualmente consigli sulle modalità di lettura, ringraziamenti a coloro che hanno dato qualche aiuto all'autore, notizie varie riguardanti l'opera ecc.

L'opera può essere terminata con una **conclusione**, la quale in un romanzo serve a riannodare i diversi fili della narrazione (per esempio, si spiega al lettore quale è stata la sorte dei vari personaggi); in un trattato invece la conclusione serve a fare una sintesi, a evidenziare alcune tesi e conseguenze importanti. Il trattato è talvolta seguito da una o più **appendici**, dove si sviluppano argomenti particolari, che per vari motivi non si sono potuti sviluppare nel trattato stesso. Talvolta c'è la necessità, alla fine del trattato, di riportare alcuni documenti, delle tabelle, delle statistiche ecc.: a tal scopo provvedono i cosiddetti **allegati**. Proprio alla fine, spesso, ci sono gli **indici**: in un trattato possiamo avere un indice delle persone (cioè degli studiosi ricordati nel trattato stesso), un indice analitico (nel quale in ordine alfabetico sono disposti gli argomenti più importanti), un indice generale che ci dà la struttura dell'intera opera: titoli dei settori, dei capitoli (eventualmente dei paragrafi) con l'indicazione delle relative pagine.

Soprattutto i trattati sono accompagnati da una serie di **note**, disposte in genere a piè di pagina o in fondo a ciascun capitolo. Le note servono a discutere punti particolari che, se inseriti nel corpo del trattato, ne renderebbero più difficile la lettura; servono anche per dare indicazioni relative ad altre opere che affrontano lo stesso argomento. Talvolta le note servono anche per tradurre vocaboli stranieri presenti nel testo o per spiegare un vocabolo o un'espressione italiana particolarmente difficile, antiquata o caduta dall'uso. Bisogna distinguere tra le note scritte dallo stesso autore del libro e le note al testo aggiunte da un'altra persona per vari motivi.

> Per esempio, in un'edizione del romanzo di Primo Levi *La tregua*, destinata alla scuola, il curatore ha aggiunto in fondo a ciascuna pagina delle note che servono a: 1) tradurre quei vocaboli tedeschi e russi che non sono tradotti nel testo dall'autore del romanzo; 2) spiegare circostanze storiche, la posizione geografica di paesi e città; 3) presentare personaggi storici, spiegare circostanze ecc.

L'attribuire un titolo a un'opera o a una parte di essa, il suddividere l'opera in capitoli e in paragrafi, l'aggiungere a essa delle note, una premessa, una conclusione, delle appendici non sono operazioni indifferenti. Rappresentano in effetti una ristrutturazione testuale dell'opera stessa. Dividere un romanzo in dieci o in quindici capitoli, presentare un trattato in sezioni lunghe o in paragrafi brevi sono operazioni che comportano l'esistenza di diversi progetti nella mente dell'autore. Il diverso modo di presentare un argomento sottintende un'interpretazione e una prospettiva diverse offerte al lettore. Quest'ultimo, mentre legge un'opera letteraria o scientifica, un quotidiano o un settimanale, è in parte condizionato dalla struttura testuale di ciò che sta leggendo: quindi dalla presenza o assenza di titoli, dalle suddivisioni, dall'eventuale presenza di illustrazioni (con relative didascalie) e di grafici.

> Tutto ciò è ben noto ai giornalisti i quali, nel preparare l'impaginazione e la "titolazione" degli articoli che devono entrare in un quotidiano o in una rivista, sono particolarmente attenti a suscitare l'interesse del lettore mediante titoli sensazionali (o "gridati", come si dice oggi), mediante immagini che fanno colpo, mediante una disposizione delle parti dell'articolo tale che faciliti diversi tipi di lettura (rapida, centrata sui dati fondamentali, collegata con altri articoli di contorno). La struttura del testo influisce anche sulle scelte sintattiche attuate nell'articolo. La presentazione rapida dei dati fondamentali all'inizio dell'articolo comporta la presenza di frasi brevi, talvolta prive di verbo. Ecco alcune formule tipiche:
>
> *Rabbia, sdegno, commozione. Sono i sentimenti suscitati dall'ennesimo delitto commesso ieri dalla mafia nella piazza centrale di...*
>
> *Avremo un inverno mite? Le previsioni dicono sì. I dati forniti dal satellite ed elaborati dal computer ci danno un quadro rassicurante sulla prossima stagione.*

Esce di casa. Lo derubano. Ma lui li insegue, li stende a terra e li porta al commissa-
riato. È accaduto ieri ad un ricco possidente di X, N.N., il quale ha raccontato così la
sua avventura...

Come appare chiaramente, il mettere in prima posizione un forte elemento di richiamo (si tratta di una scelta che riguarda la struttura testuale dell'articolo) va insieme
con determinate scelte sintattiche (frasi brevi, interrogative) e lessicali (per esempio,
un'espressione tipica della lingua parlata: come *stendere a terra* 'abbattere dopo una
lotta'). Tale congruenza tra i diversi piani della lingua appare in modi più articolati e
complessi nella lingua letteraria.

Si può affermare che la relazione tra il testo e il **paratesto** (vale a dire l'insieme
dei titoli, la presentazione, gli avvertimenti, le note a piè di pagina, le illustrazioni
con le loro didascalie ecc.) rappresenta uno dei fattori principali attraverso cui l'o-
pera "agisce" sul lettore. Tale azione o influsso sul lettore è studiata dalla pragmatica linguistica (v. 5.2).

3·6   LA TIPOLOGIA TESTUALE

Come già accennato (v. 3.2), esistono numerosi tipi di testo. Una prima suddivisione è quella tra testi **orali** (per esempio, una conversazione faccia a faccia, una
conversazione telefonica, un'intervista, un'omelia, un'arringa) e testi **scritti** (per
esempio, un articolo di giornale, un libretto di istruzioni per l'uso, un romanzo,
un'indicazione stradale). Esistono testi orali tipici (spontanei) e testi scritti tipici
(pianificati), che seguono rispettivamente costruzioni testuali diverse, ma non
sempre si può operare una distinzione netta tra oralità e scrittura (v. 10.3). Numerosi sono inoltre i testi "multimediali" che combinano scritto e parlato (per esempio, in televisione, uno spot pubblicitario in cui una voce fuori campo legge o
riformula le parole di una scritta che appare sullo schermo; lo stesso meccanismo
si ha con la lettura dei titoli d'apertura del telegiornale).

Una seconda suddivisione è quella tra testi **letterari** e testi **pragmatici** (che
hanno per lo più uno scopo pratico). Nei secoli passati la lingua letteraria si distingueva per precise scelte lessicali e stilistiche. Oggi, invece, le differenze tra
prosa letteraria e non letteraria risiedono prevalentemente nelle intenzioni artisti-
che o meno dell'autore. Mentre una classificazione dei testi letterari per generi è
molto antica (si pensi ai generi letterari che risalgono al mondo classico), più recenti sono i tentativi di classificare i testi di carattere pratico.

Più che la lunghezza e il contenuto del testo, risulta rilevante per una tipologia testuale lo scopo che l'emittente si propone. Tale scopo può variare in relazione al destinatario del testo e alle circostanze in cui avviene la comunicazione. Si
possono individuare principalmente cinque tipi di testo (per ciascun tipo diamo
soltanto qualche esempio indicativo):

1) testi **narrativi**: romanzi, racconti, novelle, fiabe, articoli di cronaca, cronache
   storiche, biografie, relazioni di viaggio;
2) testi **descrittivi**: parti descrittive di opere letterarie, di resoconti di viaggio, di
   manuali tecnici;
3) testi **argomentativi**: arringhe di avvocati, discorsi di uomini politici, articoli di
   fondo del giornale, alcuni temi scolastici, alcuni testi pubblicitari;

4) testi **informativi**: manuali scolastici, enciclopedie, articoli scientifici, numerosi articoli giornalistici, guide turistiche;

5) testi **regolativi**: testi giuridici, regolamenti, statuti, istruzioni per l'uso, ricette di cucina.

Va precisato che, in realtà, un testo può spesso svolgere più funzioni comunicative allo stesso tempo. Un saggio scientifico, per esempio, può essere sia informativo sia argomentativo (quando l'autore espone una sua personale ipotesi interpretativa). I tipi testuali "puri" sono pertanto un'astrazione; quasi tutti i testi sono "misti" in quanto integrano sequenze di carattere diverso. Un articolo di cronaca che tratta di un tamponamento sull'Autostrada del Sole può contenere, oltre a passi narrativi, anche sequenze informative (per esempio, su come funzionano i sistemi di frenata sui vari tipi di autoveicoli) e argomentative (per esempio, proposte per evitare che in futuro si verifichino incidenti simili). Nella cronaca dello sport entrano spesso nozioni di medicina sportiva (allenamento, dieta) o di tecnologia (per esempio, riguardo alla fabbricazione di attrezzi sportivi come racchette da tennis o sci). Riporteremo ora un esempio per ognuno dei cinque tipi di testo principali. Va sottolineato inoltre che non si tratta di testi interi, ma sempre di sezioni di testo (parti di un insieme concepito come unità più grande).

Il testo **narrativo** si propone di raccontare una storia o un fatto che si svolge nel tempo. Non bisogna dimenticare che le nostre conversazioni quotidiane sono caratterizzate da numerosissime narrazioni orali: per esempio, quando si racconta agli amici come è andato un esame universitario, come è nata una nuova amicizia o si è riusciti a segnare il gol decisivo in una partita di calcetto.

Ritorniamo ancora una volta ai *Promessi Sposi*. La fine del capitolo XXVIII narra l'arrivo dei Lanzichenecchi:

Quando la prima squadra arrivava al paese della fermata, si spandeva subito per quello e per i circonvicini, e li metteva a sacco addirittura: ciò che c'era da godere o da portar via, spariva; il rimanente, lo distruggevano o lo rovinavano; i mobili diventavan legna, le case, stalle: senza parlar delle busse, delle ferite, degli stupri. Tutti i ritrovati, tutte l'astuzie per salvar la roba, riuscivano per lo più inutili, qualche volta portavano danni maggiori. I soldati, gente ben più pratica degli stratagemmi anche di questa guerra, frugavano per tutti i buchi delle case, smuravano, diroccavano; conoscevan facilmente negli orti la terra smossa di fresco; andarono fin su per i monti a rubare il bestiame; andarono nelle grotte, guidati da qualche birbante del paese, in cerca di qualche ricco che vi si fosse rimpiattato; lo strascinavano alla sua casa, e con tortura di minacce e di percosse, lo costringevano a indicare il tesoro nascosto.

Finalmente se n'andavano; erano andati; si sentiva da lontano morire il suono de' tamburi o delle trombe; succedevano alcune ore d'una quiete spaventata; e poi un nuovo maledetto batter di cassa, un nuovo maledetto suon di trombe, annunziava un'altra squadra. Questi, non trovando più da far preda, con tanto più furore facevan sperpero del resto, bruciavan le botti votate da quelli, gli usci delle stanze dove non c'era più nulla, davan fuoco anche alle case; e con tanta più rabbia, s'intende, maltrattavan le persone; e così di peggio in peggio, per venti giorni: ché in tante squadre era diviso l'esercito.

Colico fu la prima terra del ducato, che invasero que' demòni; si gettarono poi so-
pra Bellano; di là entrarono e si sparsero nella Valsassina, da dove sboccarono nel
territorio di Lecco.

In un testo narrativo risulta fondamentale la sequenza degli eventi e la strutturazione temporale del testo. Frequenti sono pertanto gli **indicatori temporali**
(*quando, subito, finalmente, alcune ore, venti giorni*) che precisano la successione dei fatti e la loro durata. I tempi verbali usati più frequentemente nella narrazione sono quelli del passato. I vari tempi svolgono diverse funzioni aspettuali:
l'imperfetto, per esempio, è usato per esprimere una certa durata, il passato remoto invece per indicare un'azione conclusa. In questo episodio narrativo predomina l'imperfetto che sottolinea l'abitudine dei Lanzichenecchi al saccheggio e la ri-
petitività dei loro gesti violenti. Solo due passati remoti interrompono la catena
degli imperfetti (*andarono fin su per i monti; andarono nelle grotte*), forse per
sottolineare l'eccezionalità dell'evento. L'ultimo paragrafo, che descrive le tappe di
marcia, ha un ritmo serrato proprio grazie alle forme di passato remoto. Interessante anche la frase *Finalmente se n'andavano; erano andati*, in cui la dinamica
degli eventi è affidata al solo contrasto tra l'imperfetto e il trapassato prossimo.

Strettamente connessi ai segnalatori temporali sono gli **indicatori di luogo**:
il Manzoni dapprima dà soltanto un'indicazione generica (*al paese della fermata*)
che ben si accorda con la narrazione all'imperfetto; i nomi di luogo precisi (Colico, Bellano ecc.) compaiono solo alla fine, in un elenco al passato remoto. Da
notare poi come la catena di sostituzioni (con sinonimi o pronomi), riferiti ai
protagonisti dell'episodio, costituisca l'ossatura referenziale del testo: *la prima*
squadra, i soldati, un'altra squadra, questi, que' demòni (quest'ultima espressione contiene una valutazione forte). Come ci mostrano queste sostituzioni e la sequenza degli indicatori temporali, la narrazione segue l'**ordine naturale** (o **di-**
retto) degli eventi senza che vi siano salti temporali o una retrospettiva (**flash-**
back). Si noti infine come lo sviluppo narrativo sia aiutato dal ripetersi di strutture binarie (*ciò che c'era da godere o da portar via; lo distruggevano o lo rovina-*
vano) e ternarie (*frugavano, smuravano, diroccavano; facevan sperpero, brucia-*
van le botti, davan fuoco alle case), che talvolta si combinano tra loro oppure
formano un **climax** (v. GLOSSARIO) o **gradatio** (*senza parlar delle busse, delle fe-*
rite, degli stupri).

Per i testi narrativi è importante un'ulteriore distinzione: gli eventi possono essere raccontati da un **narratore interno** (uno dei protagonisti stessi della vicenda) o – come in questo caso – da un **narratore esterno** (un osservatore estraneo
che ha una supervisione completa degli eventi).

Il testo **descrittivo** ha lo scopo di rappresentare le caratteristiche di un oggetto,
di una persona o di un ambiente. È difficile trovare testi esclusivamente descrittivi; si hanno perlopiù singoli brani descrittivi che sono inseriti in un altro tipo di
testo. Nel passo seguente, per esempio, la descrizione di un paesaggio è parte di
un'opera prevalentemente narrativa, il romanzo di Italo Calvino *Il barone ram-*
pante (1957); si cita da I.C., *I nostri antenati*, Milano, Garzanti, 1985, p. 9:

Cosimo era sull'elce. I rami si sbracciavano, alti ponti sopra la terra. Tirava un lie-
ve vento; c'era il sole. Il sole era tra le foglie, e noi per vedere Cosimo dovevamo

farci schermo con la mano. Cosimo guardava il mondo dall'albero: ogni cosa, vista di lassù, era diversa, e questo era già un divertimento. Il viale aveva tutt'un'altra prospettiva, e le aiole, le ortensie, le camelie, il tavolino di ferro per prendere il caffè in giardino. Più in là le chiome degli alberi si sfittivano e l'ortaglia digradava in piccoli campi a scala, sostenuti da muri di pietre; il dosso era scuro di oliveti, e, dietro, l'abitato d'Ombrosa sporgeva i suoi tetti di mattone sbiadito e ardesia, e ne spuntavano i pennoni di bastimenti, là dove sotto c'era il porto. In fondo si stendeva il mare, alto d'orizzonte, ed un lento veliero vi passava.

Mentre i testi narrativi sono organizzati prevalentemente intorno all'asse temporale, i testi descrittivi si basano sulla dimensione spaziale. Numerosi sono pertanto gli **indicatori spaziali**: aggettivi (*alti*), avverbi (*lassù, dietro*), sintagmi preposizionali (*più in là, in fondo*) e, in questo testo, soprattutto verbi dinamici, usati come verbi locativi statici (*sfracciare, digradare, sporgere, spuntare, stendersi*). A volte abbiamo addirittura un cumulo di espressioni spaziali (*là dove sotto*).

Ogni descrizione ha bisogno di un punto di vista (qui Cosimo guarda il paesaggio dall'alto dell'albero) che fissa una determinata **prospettiva** (significativamente il vocabolo compare nel testo). L'organizzazione dello spazio segue un ben preciso ordinamento: si parte dagli elementi più vicini rispetto al punto di osservazione, passando via via a quelli più lontani. Si nota infatti un progressivo spostamento dal primo piano sempre più verso lo sfondo: le espressioni *il viale aveva, più in là*, e *dietro, in fondo* costituiscono le tappe di tale spostamento. C'è un secondo criterio di organizzazione testuale, più di carattere logico che strettamente spaziale: si procede dal generale al particolare quando si menziona prima un insieme (*aiole*) e poi i particolari in esso contenuti (*ortensie, camelie*). Il testo segue il tipico andamento enumerativo dei testi descrittivi.

Per quanto riguarda i tempi verbali, non a caso notiamo un uso esclusivo dell'imperfetto. Con il suo valore durativo, l'imperfetto si presta infatti molto bene a descrivere scene statiche.

Il testo **argomentativo** si propone in genere di convincere il destinatario. Si difende la tesi sostenuta con argomenti a favore, confutando nel contempo possibili obiezioni o contro-argomenti. Ecco un passo di un articolo di Piero Ostellino, *L'incertezza del diritto*, apparso nel "Corriere della Sera" (2-12-1994, pp. 1 e 4):

In un sistema liberale, tutte le opinioni sono lecite, purché non siano lesive della dignità del prossimo. Né, tanto meno, si vuole negare ai magistrati il diritto di esprimere anche pubblicamente le proprie opinioni. Ma a una condizione: che tutti, politici, magistrati e giornalisti, sappiano chiaramente che: a) se l'operato della magistratura finisce con l'essere percepito dai cittadini come metafora giudiziaria della lottizzazione, cioè se l'esercizio della Giustizia perde il connotato di "certezza del diritto" e si trasforma nell' "opinione" (di una parte politica); b) se il magistrato diventa, per quanto involontariamente, protagonista della lotta politica, si minano le basi stesse della convivenza civile.
In particolare, uomini politici, magistrati e giornalisti devono sapere che la libertà, anche quella di pensiero, ha i suoi costi e che nell'esercizio di quella sacra libertà che è il diritto di parola è insita la responsabilità sociale, politica e morale per le conseguenze che ne possono derivare. Libertà e responsabilità sono i due elementi inscindibili in ogni sistema liberale.

Si noti in questo testo una struttura argomentativa particolarmente complessa. L'autore presenta la sua tesi principale (*si minano le basi stesse della convivenza civile*), articolata in due parti esplicitamente dichiarate (punti a- e b-): due frasi condizionali premesse alla principale, la quale in tal modo viene a trovarsi in una posizione di forte rilievo, proprio a fine paragrafo. Prima di enunciare la tesi, però, al fine di evitare ogni possibilità di fraintendimento, l'autore fa ancora due premesse, menzionando due princìpi generali che non intende mettere in discussione: 1) tutte le opinioni sono lecite (la portata di tale principio viene però subito ridimensionata da una frase introdotta da *purché*); 2) non si vuole negare ai magistrati il diritto d'opinione.

La concatenazione argomentativa procede tra riformulazioni con un carattere di spiegazione (*cioè se l'esercizio...*) e tra incisi con una funzione di limitazione (*per quanto involontariamente*) o di specificazione (*la libertà, anche quella di pensiero, ...*). Complessivamente, l'argomentazione procede dal generale al particolare; tale struttura viene esplicitata mediante il connettivo testuale *più in particolare*. La finalità persuasiva del testo emerge nettamente dalla frase *che tutti* [...] *sappiano chiaramente che*: è un avvertimento forte, emesso quasi con tono di minaccia.

Invece altri testi argomentativi, come, per esempio, leggi scientifiche o teoremi, non hanno lo scopo di convincere il destinatario; la struttura testuale si basa quindi esclusivamente sul ragionamento logico. Vediamo il seguente teorema tratto da un manuale di geometria per le scuole superiori (L. Cateni – R. Fortini, *La Geometria*, vol. I, Le Monnier, Firenze 1983, p. 50):

Criterio di parallelismo di due rette.

  Se due rette tagliate da una trasversale formano con essa o due angoli alterni (interni o esterni) uguali, o due angoli corrispondenti uguali, o due angoli coniugati (interni o esterni) supplementari, allora le due rette sono parallele.

Notiamo innanzitutto la struttura argomentativa *se/...allora*; la frase ipotetica è suddivisa in tre condizioni: 1) due rette formano con una trasversale due angoli alterni; 2) esse formano due angoli corrispondenti uguali; 3) esse formano due angoli coniugati. Per la prima e terza condizione la casistica viene ulteriormente precisata (specificando il tipo di angolo, interno o esterno).

Va sottolineato che l'enunciazione di un teorema, in un libro scolastico, è strettamente dipendente dal co-testo: i termini tecnici infatti – come *angoli alterni* o *angoli coniugati* – sono già stati tutti spiegati in precedenza.

Il testo **informativo** si propone di arricchire le conoscenze del destinatario, fornendo notizie utili su personaggi, su fatti o su un determinato problema. I dati vengono messi a disposizione in maniera chiara e ordinata. Anche il criterio della consultabilità riveste la sua importanza, in particolar modo per quei testi (come, per esempio, le enciclopedie) che sono destinati per loro natura a essere consultati più volte nel tempo. Il testo seguente è di carattere economico e ha come argomento i titoli di Stato (Giacomo Ferrari, *Come operare in Borsa*, Bompiani, Milano 1986, p. 25):

I certificati che lo Stato emette come prova e giustificativo del proprio debito si chiamano Buoni del tesoro *e sono naturalmente quotati in Borsa. Ma la defini-*

zione, detta così, è generica. Occorre infatti distinguere fra diversi tipi di Buoni del tesoro. A seconda della durata, abbiamo infatti i cosiddetti quadriennali *(che scadono cioè dopo quattro anni) e quelli* novennali *(che durano nove anni). Ultimamente hanno avuto un buon successo alcune emissioni* biennali*, con le stesse caratteristiche. Una categoria a sé è invece rappresentata dai* Bot *(Buoni ordinari del tesoro) balzati alla ribalta nel 1976 e accolti assai favorevolmente dal pubblico, tanto da provocare la preoccupazione delle banche, per le quali rappresentano un temibile concorrente. Altra categoria di titoli di Stato quotati in Borsa è infine quella dei* Cct *(Certificati di credito del tesoro) con cedola semestrale e da qualche tempo anche annuale. Vediamo nel dettaglio caratteristiche e particolarità dei vari tipi di titoli di Stato.*

Qui il criterio di ordinamento delle informazioni è di tipo argomentativo. Si nota una certa progressione didattica, collegata al carattere divulgativo del testo (sono informazioni destinate al grande pubblico). L'autore inizia con una definizione della nozione di "certificati di Stato" e ne elenca cinque tipi suddivisi in tre categorie. Tale strutturazione è evidenziata con mezzi espliciti: prima abbiamo l'uso metalinguistico del vocabolo *definizione* (si corregge una precedente affermazione) e la menzione di *diversi tipi*. Le partizioni del testo vengono poi messe in risalto dalle espressioni *a seconda della durata / una categoria a sé / altra categoria*. Anche l'uso del tondo serve a evidenziare l'architettura del testo: i cinque tipi di certificato, quando sono introdotti per la prima volta, compaiono in tondo (si noti, per esempio, che la seconda occorrenza di *Buoni del tesoro* è in corsivo). Le parentesi svolgono un'importante funzione esplicativa: servono a spiegare non soltanto abbreviazioni tecniche (come *Bot* e *Cct*), ma anche parole ritenute difficili come *quadriennale* e *novennale* (si rinuncia a un chiarimento del vocabolo *biennale*). Si noti che l'autore ha incluso nella sommaria descrizione dei vari tipi di titoli anche brevi cenni alla storia e all'andamento del mercato, forse con l'obiettivo di rendere più interessante l'esposizione.

Il testo **regolativo** indica norme da rispettate (obblighi e divieti) o, più in generale, istruzioni da seguire. Vediamo come esempio un testo di legge, l'articolo 1123 del Codice Civile che regola la suddivisione delle spese condominiali tra i proprietari dei singoli appartamenti:

Art. 1123 – Ripartizione delle spese.
  Le spese necessarie per la conservazione e per il godimento delle parti comuni dell'edificio, per la prestazione dei servizi nell'interesse comune e per le innovazioni deliberate dalla maggioranza sono sostenute dai condomini in misura proporzionale al valore della proprietà di ciascuno, salvo diversa convenzione.
  Se si tratta di cose destinate a servire i condomini in misura diversa, le spese sono ripartite in proporzione dell'uso che ciascuno può farne.
  Qualora un edificio abbia più scale, cortili, lastrici solari, opere o impianti destinati a servire una parte dell'intero fabbricato, le spese relative alla loro manutenzione sono a carico del gruppo di condomini che ne trae utilità.

Per la piena comprensione del testo è necessario considerare la sua collocazione all'interno del Codice Civile. Le parole chiave sono definite o spiegate negli articoli di legge precedenti: a parte gli articoli 1100-1116 che trattano della comunione in generale e rappresentano quindi una sorta di introduzione all'argomento, sono direttamente rilevanti gli articoli 1117 (parti comuni dell'edificio), 1118 (diritto sulle cose comuni) e 1120-1121 (innovazioni).

La struttura stessa del testo è molto chiara; l'articolo ha un numero (che inserisce il testo nel **macrotesto** rappresentato dall'intero Codice Civile), un titolo con funzione di sommario (anche ai fini di una più agevole consultabilità) e una successione in blocchi ben individuabili: il comma 1 enuncia il principio generale che governa la ripartizione delle spese, il comma 2 considera un caso a parte, il comma 3 porta esempi concreti per tale caso.

Si noti pertanto che l'enumerazione (*scale, cortili, lastrici solari, opere o impianti destinati a servire una parte dell'intero fabbricato*) ha una funzione diversa da quella presente in un testo descrittivo. Mentre un passo come, per esempio, quello di Calvino (*Il viale aveva tutt'un'altra prospettiva, e le aiole, le ortensie, le camelie, il tavolino di ferro per prendere il caffè in giardino*) cerca di ricostruire nei dettagli un paesaggio, il testo legislativo fornisce indicazioni che aiutano ad applicare, nella concreta amministrazione di un condominio, il principio generale enunciato al precedente comma.

Tipiche del linguaggio giuridico-burocratico sono, infine, espressioni come *in misura proporzionale a, in maniera diversa* e *salvo*. Si noti che il semplice passivo *le spese sono sostenute* è usato nel senso di 'vanno sostenute, devono essere sostenute'.

3·7   «TEMA» E «RÈMA»

Una frase è costituita dall'unione di qualcosa di "noto" con qualcosa di "nuovo": in *Gianluca arriverà a Milano domani*, per esempio, abbiamo un elemento noto (*Gianluca*) e un elemento nuovo (*arriverà a Milano domani*). Tecnicamente si parla di **tema**, l'argomento già conosciuto su cui si fonda la frase; e di **rèma**, con un termine derivato dal greco *rhêma*, che propriamente significa 'verbo': e infatti l'informazione nuova è rappresentata spesso dal predicato verbale; ma non sempre.

In realtà il limite tra ciò che è noto fin dall'inizio (*tema*) e ciò che non è ancora noto ma lo diventa nell'atto di produrre la frase (*rèma*) varia secondo l'intenzione di chi parla e la conoscenza di chi ascolta. Riferendoci alla frase citata *Gianluca arriverà a Milano domani*, possiamo immaginare queste possibilità:

1) { tema: *Gianluca*
      rèma: *arriverà a Milano domani*

2) { tema: *Gianluca arriverà*
      rèma: *a Milano domani*

3) { tema: *Gianluca arriverà a Milano*
      rèma: *domani*

Il confine tra tema e rèma, cioè tra il noto e il nuovo, muta in rapporto al contesto e alla situazione comunicativa. Il caso 1 si ha, per esempio, in risposta alla domanda: «Hai notizie di Gianluca?»; il richiedente conosce Gianluca e vuole informazioni su di lui, in generale. Il caso 2 si ha in risposta alla domanda: «Dove e quando arriverà Gianluca?»; il richiedente sa che Gianluca deve arrivare, ma vuole sapere il luogo e il momento dell'arrivo. Il caso 3 si ha in risposta alla domanda: «Quando arriverà a Milano Gianluca?»; il richiedente sa che Gianluca arriverà a Milano e s'informa soltanto sul momento dell'arrivo.

Così come il rèma non s'identifica sempre con il predicato verbale, la nozione di tema non deve essere confusa con quella di soggetto, anche se spesso il tema e il soggetto coincidono. Ma ciò non avviene in tutti i casi: il tema può essere una porzione della frase più estesa del semplice soggetto (cfr. 2 e 3), può essere anche un complemento. Prendiamo, per esempio, due battute di un dialogo:

«Mario l'hanno elogiato i suoi superiori.»
«Veramente? Alla moglie, quando pensi di dirlo?»

In queste frasi è attuato un processo di **trasferimento a tema** del complemento oggetto *Mario* e del complemento di termine *Alla moglie*. Tale processo riguarda la struttura sintattica della frase, e precisamente la collocazione delle parole: il complemento oggetto e il complemento di termine occupano infatti il primo posto, di solito riservato al soggetto. Abbiamo qui il fenomeno della **topicalizzazione**, o evidenziazione dell'argomento principale della frase (appunto il "tema").

Insomma, soggetto e tema non coincidono sempre perché sono due concetti di carattere diverso. Il soggetto si riferisce alla struttura logica della frase; il tema si riferisce al significato della frase e alla particolare importanza che il parlante attribuisce a un suo costituente.

Analizzando un testo costituito da una sequenza di frasi, si può notare che la struttura della singola frase in tema e rèma è collegata alla struttura delle altre frasi. Si parla di una **progressione tematica**, che costituisce pertanto uno dei meccanismi fondamentali della coerenza testuale. Possono essere individuati almeno cinque tipi di progressione tematica:

1) tematizzazione lineare (il rèma di una frase diventa il tema della frase seguente):

   Gianni abita in una grande casa. La casa appartiene a suo padre. Suo padre preferisce vivere in un villino al mare;

2) progressione a tema costante:

   Mia sorella Luisa ha intenzione di farmi visita la settimana prossima. Luisa prenderà il treno da Milano. Arriverà alla stazione alle quattro del pomeriggio;

3) progressione a temi derivati da un ipertema (tema più ampio):

   Il mio gatto è bellissimo. Il manto è tutto nero. La coda è lunga e voluminosa;

4) progressione a temi derivati da un iperrèma (rèma più ampio):

   Vedo di rado le mie sorelle. Luisa abita a Milano. Carla si è trasferita in Francia. Maria è da tanti anni in Inghilterra;

5) progressione tematica a salti (cioè un tema diverso per ciascuna frase):

   Il mare era calmo. Molte barche erano uscite dal porto. Il sole era fortissimo.

Vi sono quindi varie forme di concatenazione tra strutture tematiche e strutture rematiche. Ogni testo ha un suo **dinamismo comunicativo**, vale a dire una tensione tra il dato (tema) e il nuovo (rèma). È ovviamente il rèma ad avere il più alto valore informativo e a portare avanti la comunicazione.

Va detto che un testo presenta, in realtà, una combinazione più o meno complessa di questi cinque tipi di progressione tematica. Prendiamo, per esempio, un passo dal romanzo di Antonio Tabucchi *Sostiene Pereira* (Feltrinelli, Milano 1994, p. 71; si sono numerate le singole frasi). Il protagonista ha appena conosciuto una signora sul treno per Lisbona:

(1) *L'inserviente passò agitando la campanella per chiamare per il pranzo.* (2) *Pereira si alzò e cedette il passo alla signora Delgado.* (3) *Non ebbe il coraggio di offrirle il braccio, sostiene, perché pensò che quel gesto poteva ferire una signora che aveva una gamba di legno.* (4) *Ma la signora Delgado si muoveva con grande agilità nonostante il suo arto artificiale e lo precedette nel corridoio.* (5) *La vettura ristorante era vicina al loro scompartimento, così che non dovettero camminare troppo.* (6) *Si accomodarono a un tavolino alla parte sinistra del convoglio.* (7) *Pereira si infilò il tovagliolo nel colletto della camicia e sentì che doveva chiedere scusa per il suo comportamento.*

Le frasi (2), (3) e (7) hanno come tema Pereira, (4) la signora Delgado, (6) entrambi i personaggi. Con varie modalità, i due protagonisti dell'episodio narrativo si "passano" il ruolo di tema della frase; questa alternanza di temi potrebbe essere ricondotta al tipo della progressione di temi derivati da un'ipertema. In questa strutturazione si inserisce poi un altro tipo di progressione. Interessanti sono a tal proposito i due passaggi (1)-(2) e (4)-(5); in apparenza abbiamo una progressione tematica a salti. In (1) si parla prima dell'inserviente, poi di Pereira che si alza (2). La frase (4) ha come tema la signora Delgado, poi in (5) la sequenza dei vagoni del treno. In realtà, la concatenazione "logica" tra le frasi appare strettissima, poiché tutte fanno riferimento a un contesto situazionale unitario, vale a dire il pranzo in un vagone ristorante. Va segnalato, infine, che tutte le frasi del brano cominciano col soggetto espresso o sottinteso.

Si può notare, più in generale, che spesso i testi si presentano estremamente lacunosi dal punto di vista della struttura informativa, ma nondimeno risultano perfettamente comprensibili in quanto si riferiscono a episodi ricorrenti nella nostra vita, a esperienze quotidiane che tutti i parlanti hanno ben presenti (per esempio, fare la spesa, mangiare in un ristorante, andare al cinema, viaggiare in aereo). Queste situazioni-tipo, che costituiscono modelli di riferimento per la nostra conoscenza enciclopedica, sono chiamate in inglese **scripts** o **frames**. Con il loro aiuto, il ricevente del testo riesce a ricostruire le informazioni mancanti. Per riprendere l'esempio del ristorante, sarà percepito come testo coerente anche una sequenza "disordinata" e incompleta come la seguente:

Il proprietario lo salutò calorosamente. Decise di ordinare il pesce. Il cameriere era però lento e scortese; così non ricevette alcuna mancia.

CAPITOLO 4

LA SEMANTICA

4·1 FONDAMENTI E PRINCIPALI INDIRIZZI DELLA SEMANTICA

■ La **semantica** (dal verbo greco *sēmáinō* 'significo', derivato a sua volta da *sêma* 'segno') è la parte della linguistica che studia il significato delle parole, degli insiemi di parole, delle frasi e dei testi.

Il linguista francese Michel Bréal (1832-1915), autore di un famoso *Essai de sémantique* (1897), ha avviato lo studio sistematico di questo settore della linguistica moderna. Allo sviluppo del quale daranno poi il loro contributo non soltanto linguisti come Antoine Meillet (1866-1936), Jost Trier (1894-1970), Georges Matoré (1908), Kurt Baldinger (1909), Stephen Ullmann (1914), ma anche alcuni filosofi studiosi di logica come Ludwig Wittgenstein (1889-1951), Alfred Tarski (1902-1983), Gottlob Frege (1848-1925), Rudolf Carnap (1891-1970), nonché semiologi come Charles Peirce (1839-1913), Charles Morris (1901), Umberto Eco (1932).

Rivediamo insieme i principali indirizzi di studio della semantica moderna. Cominciamo dalla cosiddetta **analisi componenziale** (v. 4.3), che consiste nello scomporre il significato dei lessemi in unità minime di significato, dette **sèmi**, le quali non si possono suddividere ulteriormente. Sulla base delle unità di significato che li compongono, i lessemi si ordinano poi in insiemi e sottoinsiemi.

Il lessico di una lingua può essere ordinato anche secondo un altro criterio: tenendo conto cioè dei rapporti che intercorrono tra i lessemi (per esempio, i rapporti di sinonimia e antonimia: v. 4.9 e 4.10).

La **semantica della referenza** studia il rapporto tra i segni linguistici e la realtà extralinguistica. Questo indirizzo di studio concepisce il rapporto tra segni linguistici e i referenti in un modo piuttosto statico: fra segno e referente infatti si determina una relazione di uno a uno.

Ma ciò accade soltanto in casi particolari: con i nomi propri (tra *Verona* e *la città scaligera* esiste certamente una relazione univoca); con la **deissi** (v. GLOSSARIO), la quale permette il riferimento di un segno a un punto dello spazio e del tempo. Nella comunicazione reale il significato di un segno non è determinato in modo univoco e una volta per tutte. Un enunciato come *Oggi c'è un sole splendido* significa spesso qualcosa di diverso dalla semplice constatazione delle condizioni del tempo: *Desidero uscire* o *Preparati!* o *È meglio indossare abiti più leggeri*. La linguistica moderna parla a tale proposito di significato testuale e pragmatico (di una parola o di un enunciato), il quale tuttavia non si aggiunge in modo meccanico al significato referenziale. Al contrario tale significato globale nasce,

per così dire, "tutto insieme" in una situazione concreta, pragmaticamente determinata. L'ascoltatore non è raggiunto soltanto da una comunicazione, ma da una
istruzione, la quale sollecita un certo comportamento. Pertanto si è affermata una
semantica che poggia su una concezione dinamica del significato dei segni, i quali si possono definire soltanto in un contesto concreto, dove persone, cose e situazioni interagiscono tra loro. Tale indirizzo di ricerca pone lo studio del significato in rapporto con la linguistica testuale e con la pragmatica.

Esiste poi una **semantica logica** che indaga, mediante gli strumenti della logica formale, i rapporti esistenti tra diversi significati: il fine è quello di individuare le condizioni formali delle procedure logiche. Proprio gli studiosi di logica distinguono tra **intensione** ed **estensione**; tale distinzione è stata applicata all'analisi del significato (v. *estensione* nel GLOSSARIO).

Lo studio dell'**evoluzione dei significati** nella dimensione diacronica è uno
degli obiettivi della ricerca etimologica, modernamente intesa come storia delle
parole (v. 4.6).

La semantica è una tipica scienza di frontiera, perché si trova in rapporto (talvolta assai stretto) con altre discipline, come la semiologia (v. 1.4), la logica, la
psicologia, la teoria delle comunicazioni, la stilistica e la critica letteraria.

> Nell'ambito di una teoria generale dei segni la posizione della semantica si chiarisce
> nel confronto con la pragmatica e la sintassi;
>
> • la **pragmatica**, come chiariremo meglio in seguito (v. 5.1), studia la lingua dal pun-
>   to di vista di chi la usa e quindi in rapporto all'agire del parlante;
> • la **semantica** considera il rapporto tra l'espressione e la realtà extralinguistica;
> • la **sintassi** (v. 2.1) studia le relazioni che intercorrono tra gli elementi dell'espressio-
>   ne.

Lo studio dei significati pone molte difficoltà ai linguisti. Tanto per cominciare
questi ultimi non sono affatto d'accordo su che cosa si debba intendere per significato. Qualcuno ha contato ben ventitré definizioni del significato!

Un primo gruppo di definizioni fa riferimento a fenomeni extralinguistici. Vi
sono definizioni concettuali e psicologiche che si basano su modelli mentali: il significato è visto come un concetto, un'immagine mentale, un'idea, un'entità spiri-
tuale. Altre definizioni fanno riferimento a modelli comportamentali. Bloomfield,
per esempio, ricostruisce il significato dalle circostanze situazionali oggettivamente osservabili e dalla reazione dell'ascoltatore (il significato di *Ho fame* si potrebbe dedurre dalla reazione dell'interlocutore che porge una mela, o un bicchiere
d'acqua nel caso di *Ho sete!*). Le definizioni contestuali e situazionali fanno invece
capo al concetto di uso: il significato di una parola coincide con la somma delle
sue attestazioni, vale a dire, con l'uso che se ne fa in una lingua. È quanto afferma il filosofo austriaco Ludwig Wittgenstein (1889-1951).

Diverse sono invece le definizioni strutturalistiche che riguardano le strutture
interne della lingua. Come vedremo meglio in seguito, si parte dal presupposto
che il valore di un determinato elemento della lingua non sia una sua proprietà
intrinseca, ma risulti dai suoi molteplici rapporti con gli altri elementi del sistema.
Pertanto il significato di una parola non si può stabilire in assoluto, ma sempre in
rapporto con il significato delle parole di significato uguale o simile (*macchina,
automobile*), di significato opposto (*caldo-freddo, piccolo-grande*) e così via. Fa
parte di questo indirizzo di studi anche la cosiddetta **analisi componenziale**

(v. 4.3), con la quale si scompone, per esempio, il significato di *bambino* in [+umano], [+infantile] e [+maschio].

Si distinguono comunemente vari tipi di significato:

1) lessicale: il significato di parole intere (*ragazzo*);
2) grammaticale: il significato di morfemi o categorie grammaticali (così, per esempio, il suffisso *-ino* ha un valore diminutivo e affettivo: *ragazzo-ragazzino*);
3) denotativo: il significato descrittivo di base (per esempio, la *notte* è il lasso di tempo dal tramonto all'alba successiva); la grande maggioranza dei parlanti si trova d'accordo nell'individuare tale componente di significato;
4) connotativo: sono i valori emotivi e le associazioni evocate da un termine (*notte*: paura, solitudine, disagio; ma anche pensieri romantici); è un aspetto molto variabile soggettivamente.

Non solo le definizioni della nozione di significato divergono ampiamente, ma anche le denominazioni di tale concetto. Ha scritto Umberto Eco:

> «Senso, contenuto, significato, *significatio, signifié, signified, meaning, Bedeutung*, denotazione, connotazione, intensione, referenza, *sense, Sinn, denotatum, significatum*, sono tutti termini che nel corso della tradizione filosofica, linguistica, semiotica, sono stati giudicati in qualche modo equivalenti a /significato/, a seconda del quadro teorico esplicito o implicito a cui il parlante si rifaceva» (*Semiotica e filosofia del linguaggio*, Einaudi, Torino 1984, p. 55).

Un'importante distinzione è infine quella tra semantica **diacronica** e semantica **sincronica**. In un primo periodo, che va dalla fine dell'Ottocento agli anni Quaranta del nostro secolo, gli studiosi di semantica dimostrano un interesse quasi esclusivo per il cambiamento di significato visto in una prospettiva storica. Si cerca di classificare con precisione i vari tipi di cambiamento (v. 4.5). In un secondo tempo, a partire dagli anni Cinquanta, soprattutto su impulso della linguistica strutturale, si sviluppa lo studio sincronico dei significati. In anni più recenti, la **linguistica cognitiva** (v. 1.14) tenta di collegare sistematicamente aspetti sincronici e diacronici dell'analisi; si afferma tra l'altro che gli stessi princìpi che diacronicamente condizionano il cambiamento semantico, a livello sincronico indicano i collegamenti tra le varianti di significato di un lessema polisemico.

4·2   UNA RETE DI ASSOCIAZIONI

Bisogna riconoscere che alcune delle idee fondamentali della semantica moderna risalgono al famoso autore del *Corso di linguistica generale* (v. 1.7). Secondo Saussure il significato non è qualcosa di oggettivo e di esterno alla lingua (e quindi da studiare mediante le varie discipline e scienze: la filosofia, la fisica, la chimica, la medicina ecc.), non è neppure un qualcosa che sta dentro la mente dell'uomo: il significato si trova nella lingua e si può definire all'interno di essa. Questa affermazione si basa su due princìpi:

1) il carattere arbitrario del significato (v. 1.8);

2) il fatto che ciascun significato si definisce in rapporto ad altri significati e perciò nell'ambito di un sistema.

In una lingua ogni parola non può essere considerata isolatamente, perché si trova al centro di una rete di associazioni. Per esempio, la parola *insegnamento* è associata a:

insegnare, insegno, insegniamo, insegneranno ecc. per la base comune: INSEGN-;

avvenimento, avviamento, cambiamento ecc. per il suffisso comune: -MENTO; *studio, istruzione, ammaestramento, scuola, allievo, scolaro* ecc. per l'analogia dei significati;

mento, momento, rammento per il fatto di avere in comune un insieme di fonemi.

Charles Bally (1865-1947), un discepolo di Saussure, ha sviluppato gli insegnamenti del maestro giungendo al concetto di **campo associativo** di parole. In una lingua si costituiscono degli insiemi di parole e di espressioni i cui significati sono fra loro solidali e si integrano a vicenda. Soprattutto in alcune sfere concettuali è possibile osservare i rapporti associativi che collegano vari segni linguistici. Così, per esempio, i vocaboli e le espressioni che indicano le parti del corpo umano costituiscono un campo associativo. Altrettanto si deve dire per i vocaboli che, in una determinata lingua, indicano i colori e i rapporti di parentela. Si parla allora di sistemi dei colori e dei nomi di parentela, ma sempre con riferimento a una determinata lingua. Infatti tali sistemi mutano da una comunità linguistica all'altra.

> Per quanto riguarda i colori, noi italiani siamo convinti che esistano il rosso, l'arancione, il giallo, il verde, l'azzurro, l'indaco, il violetto. Ma questa suddivisione dei colori dell'arcobaleno è piuttosto una questione di nomi. Tutti gli uomini del mondo (se non sono daltonici) vedono i colori allo stesso modo, ma li distinguono secondo il sistema dei nomi di colori presenti nella propria lingua. Per esempio, è stato provato, mediante esperimenti, che i giapponesi distinguono con due nomi diversi quello che per noi occidentali è il rosso. La lingua giapponese dunque evidenzia un confine dove per noi occidentali c'è un trapasso fra diverse gradazioni dello stesso colore. Al contrario la lingua giapponese "vede" un unico colore dove le lingue occidentali ne "vedono" due: l'indaco e il violetto. Ricordiamo ancora, a proposito dei nomi di parentela, che mentre noi abbiamo l'unico *zio* e l'unica *zia*, i Latini distinguevano tra lo zio paterno PATRŬUS e quello materno AVUNCŬLUS, tra la zia paterna AMĬTA e quella materna MATERTĔRA. Anche questi fatti confermano che una lingua storico-naturale non è una semplice nomenclatura (v. 1.7).

In una determinata comunità linguistica esistono sfere concettuali stabili con le loro denominazioni fisse (per esempio, i colori, i rapporti di parentela); ma esistono anche sfere concettuali che si modificano – più o meno rapidamente – a causa del progresso e dell'evolversi delle idee: la moda, i mezzi di trasporto, le tecniche, le ideologie, le istituzioni politiche e sociali; conseguentemente mutano anche le rispettive denominazioni.

Vero è che esiste anche il fenomeno inverso: l'oggetto, la tecnica muta, ma il nome rimane immutato. La penna d'oca è stata da tempo sostituita dal pennino di acciaio, dalla penna stilografica e poi dalla penna a sfera e dal pennarello, tuttavia il nome *penna* continua a sopravvivere. Adattando il vecchio nome a nuovi oggetti e usi, la lingua attua un principio di economia che appare essenziale per il suo funzionamento: ciò risulta chiaro anche nella formazione di nuovi linguaggi settoriali (v. 12.5).

4·3 UN TRIANGOLO E UN CAMPO

Il tentativo di dare un fondamento certo allo studio del significato è stato compiuto da più parti e in più direzioni. Alcuni studiosi si sono serviti di concetti filosofici per definire il significato. Nel cosiddetto "triangolo di Ogden e Richards" (dal nome dei due studiosi che lo hanno ideato)[1]

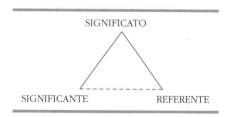

la linea tratteggiata in basso vuol dire che il rapporto fra il **significante** (la parola *tavolo*, per esempio) e il **referente**, cioè l'elemento non linguistico (l'oggetto "tavolo"), non è diretto ma è mediato dal significato (la nozione di tavolo). Il **significato** è l'immagine che a noi perviene del referente (sia esso reale o immaginario) attraverso la cultura e l'ideologia del nostro tempo.

> Un referente può restare inalterato nella realtà, ma il significato del suo nome può cambiare per noi in seguito alle nuove scoperte della scienza: la nostra *elettricità* non è più quella di Volta e di Franklin; l'*atomo* è sempre lo stesso dai tempi di Pitagora ai nostri giorni, ma noi sappiamo che non è il più piccolo elemento della materia e che non è indivisibile, contrariamente a quanto risulterebbe dall'etimologia (dal greco *átomos* 'indivisibile'). E, infine, dopo la rivoluzione copernicana, continuiamo a dire che il sole *sorge* e *tramonta*.

Altri linguisti si sono preoccupati di studiare i significati nei loro rapporti reciproci. La concezione del **campo semantico** è stata sviluppata dal tedesco Jost Trier, autore del saggio *Il lessico tedesco dell'ambito dell'intelletto* (apparso nel 1931).

> Secondo lo studioso, i vocaboli che nell'antico tedesco si riferiscono al mondo del pensiero (in primo luogo *intelligenza, intelletto, spirito*) costituiscono un insieme unitario, un campo, all'interno del quale il significato di ciascun vocabolo dipende dai significati dei vocaboli presenti nel campo. Un mutamento in un punto del campo (la perdita, l'acquisto di un vocabolo, l'evolversi del suo significato) si ripercuote in tutto il campo, perché quest'ultimo riflette una gerarchia di valori. Nel corso della storia il significato e l'uso dei vocaboli concernenti le qualità intellettive dell'uomo mutano in rapporto all'evolversi dell'ideologia e della cultura.

Abbiamo già visto che all'unico vocabolo francese *bois* ne corrispondono in italiano quattro: *legno, legna, legname, bosco* (v. 1.7). Abbiamo visto anche che le lingue del mondo pongono confini diversi tra i colori dell'arcobaleno. Le lingue insomma analizzano in modo diverso il reale, imponendo a quest'ultimo diverse griglie interpretative. Opportunamente il linguista danese Louis Hjelmslev (1899-1965) ha parlato di **forma del contenuto**, una forma individuale e arbitraria che ciascuna lingua impone al reale. Le concezioni di Hjelmslev hanno trovato importanti applicazioni presso studiosi francesi quali P. Guiraud e A.J. Greimas.

---

[1] C.K. Ogden e I.A. Richards, *Il significato del significato*, trad. ital., Garzanti, Milano 1975; [edizione inglese, Londra 1923].

Il **campo semantico** è quindi una specie di mosaico: ogni parola corrisponde a una tessera, e l'insieme delle parole ricopre tutta una zona di significato. Più precisamente, il campo può essere definito come un sottosistema lessicale, vale a dire un insieme strutturato di parole che si condizionano a vicenda e rimandano a uno stesso concetto. Sono imparentate, per esempio, le parole che fanno riferimento alla timidezza:

> *schivo, ritroso, timido, timoroso, modesto, discreto, riservato, taciturno, solitario, introverso, chiuso, impacciato, ombroso, restio, riluttante.*

Il campo semantico della bellezza è composto, tra gli altri, dai seguenti aggettivi:

> *bello, grazioso, ameno, carino, piacevole, gradevole, meraviglioso, attraente, affascinante, incantevole, armonico, aggraziato, elegante.*

Vi sono vari metodi per analizzare il significato delle parole che costituiscono un campo semantico. Consideriamone due.

a) Prove di sostituzione: si vede, in un determinato contesto d'uso, quali altre parole del campo possono sostituire un determinato lessema: *È un vestito molto elegante / grazioso / ? armonico / *ameno.* In questo esempio, *elegante* e *grazioso* sono sostituibili. Più numerosi sono i contesti in cui due parole risultano sostituibili, tanto più il loro significato è simile.

b) Prove di distribuzione: si vede in quali contesti può apparire una parola: *abito elegante, donna elegante, gesto elegante* ecc.

Consideriamo ora un altro campo semantico: i verbi di movimento. In italiano, vi sono moltissimi verbi di movimento, forse più di 200, che si differenziano per vari fattori: la direzione del movimento (avanti – indietro, in alto – in basso ecc.), l'ambiente esterno in cui si svolge il movimento (*camminare* sulla terra ferma, *nuotare* in acqua), la modalità (veloce – piano, con forza – con delicatezza ecc.), l'uso di un eventuale mezzo di trasporto, il registro stilistico e così via. Ne citiamo soltanto alcuni:

– movimento in allontanamento: *allontanarsi, fuggire, scappare, svignarsela, uscire, emigrare, sloggiare, evadere, erompere, sbucare; disperdersi, diradarsi;*
– movimento in avvicinamento: *entrare, immigrare, rifugiarsi, irrompere, introdursi, penetrare, insinuarsi, addentrarsi, inoltrarsi, avventurarsi, riversarsi, affluire, avvicinarsi, approssimarsi, approdare;*
– movimento indietro: *ritirarsi, indietreggiare, arretrare, retrocedere, regredire;*
– movimento di lato: *curvare, girarsi, voltare, deviare, svicolare, scantonare;*
– movimento in avanti: *avanzare, procedere, proseguire;*
– movimento in alto: *salire, decollare, montare, imbarcarsi;*
– movimento in basso: *scendere, discendere, ruzzolare, rotolare, tombolare, atterrare, smontare, sbarcare; affondare, sprofondare, sommergersi, inabissarsi, tuffarsi, immergersi, calarsi; cascare, piombare, precipitare, cadere;*
– movimento senza meta precisa: *passeggiare, gironzolare, girellare, girovagare, peregrinare, sviarsi, errare;*
– movimento con un mezzo: *pattinare, slittare, sciare, volare, cavalcare, navigare;*
– movimento sul posto: *ondeggiare, pendolare, ciondolare, dondolarsi, dondolare, rotolarsi; sdraiarsi, stendersi, sprofondarsi, adagiarsi, distendersi, stravaccarsi; saltare, saltellare, molleggiarsi, sollevarsi, alzarsi, ergersi, sussultare, ballare,*

sobbalzare; piegarsi, ranicchiarsi, acquattarsi, accoccolarsi, inginocchiarsi, ge-nuflettersi, prostrarsi.

Vediamo ora qualche altro procedimento d'analisi per individuare il significato delle varie parole.

a) All'interno del campo si possono individuare ulteriori sottogruppi; vi sono verbi generici, come *uscire*, e verbi più specifici, come *evadere*. Si possono stabilire i vari livelli gerarchici mediante relazioni d'implicazione:

Se un detenuto è evaso dalla prigione, vuol dire che è uscito dalla prigione.
* Se un detenuto è uscito dalla prigione, vuol dire che è evaso dalla prigione.

Questa seconda implicazione è sbagliata (il detenuto potrebbe anche essere stato rilasciato): *uscire* è quindi più astratto (generico) di *evadere*.

b) Si possono cercare coppie oppositive in questo modo: si prendono due lessemi e si vede in che cosa consiste la differenza; per esempio, nella coppia *tuffarsi – cadere*, il primo indica un movimento volontario, il secondo involontario; nella coppia *precipitare – cadere*, il primo indica un cadere da grande altezza, per lo più rapido e violento.

c) Si possono aggiungere indicazioni modali per verificare eventuali compatibilità e incompatibilità. Vediamo l'esempio dei verbi *passare* e *sfrecciare*:

L'automobile è passata lentamente / velocemente.
* L'automobile è sfrecciata lentamente.

Il verbo *passare* è quindi neutro rispetto al parametro della velocità, mentre *sfrecciare* è compatibile solo con un movimento veloce.

Questi ultimi due metodi servono anche per individuare i tratti semantici di un lessema (v. oltre). Va detto, infine, che l'analisi per campi semantici deve affrontare due problemi di fondo: 1) le singole parole spesso hanno più di un significato e non è sempre facile stabilire quale delle varianti debba rientrare nell'analisi del campo; 2) è difficile delimitare il campo stesso, vale a dire distinguere nettamente tra le parole che ne fanno parte e quelle da escludere.

Un indirizzo di studi collegato strettamente all'analisi in campi semantici è, come abbiamo già accennato, l'analisi **semica** (o **componenziale**, cioè dei componenti del significato).

Usando un metodo analogo a quello adottato nella fonologia (v. 13.9), tale analisi scompone il significato di una parola in elementi minimi. Come i fonemi sono analizzabili in tratti distintivi:

[consonante]	[occlusiva]	[orale]	[bilabiale]	[sorda]	/p/
[consonante]	[occlusiva]	[orale]	[bilabiale]	[sonora]	/b/
[consonante]	[occlusiva]	[nasale]	[bilabiale]	[sonora]	/m/
[consonante]	[occlusiva]	[orale]	[dentale]	[sorda]	/t/
[consonante]	[occlusiva]	[orale]	[dentale]	[sonora]	/d/

così una parola può essere analizzata nei suoi tratti semantici o **sèmi**:

[animale]	[ovino]	[maschio]	/ montone /
[animale]	[ovino]	[femmina]	/ pecora /
[animale]	[equino]	[maschio]	/ stallone /

[animale]	[equino]	[femmina]	/ giumenta /[1]
[umano]	[adulto]	[maschio]	/ uomo /
[umano]	[adulto]	[femmina]	/ donna /
[umano]	[infantile]	[maschio]	/ bambino /
[umano]	[infantile]	[femmina]	/ bambina /

Parlando di tratti semantici, bisogna sempre tenere distinti la "lingua" (il fenomeno che stiamo descrivendo) e il "metalinguaggio" (i mezzi che usiamo per la descrizione): il metalinguaggio a volte è fatto di simboli grafici, ma più spesso consiste di elementi della lingua stessa che è oggetto di analisi. Non potrebbe essere altrimenti.

Un tratto come [+umano], per esempio, non si deve confondere con la parola *umano*: il tratto è una caratteristica ben precisa a livello sub-lessematico (un'entità astratta di analisi), mentre *umano* è un lessema, una parola della nostra lingua che ha tutta una gamma di significati e che pertanto è vaga come tutte le parole di una lingua naturale; si vedano, per esempio, le espressioni *il corpo umano, le scienze umane, un padrone umano, una parola umana e consolatrice*.

L'analisi componenziale deve essere "economica" e "universale", vale a dire: a) descrivere il lessico (o parte di esso) con pochi tratti; b) individuare tratti che si ritrovano in un ampio numero di lingue (se non addirittura in tutte).

L'analisi componenziale deve tuttavia affrontare alcuni problemi di fondo. Perché è difficile elaborare una lista completa dei tratti semantici di una lingua? La principale difficoltà consiste nel fatto che il lessico è un insieme aperto (v. 12.2), mentre nella fonologia abbiamo – per ogni lingua – un inventario chiuso di fonemi. In effetti, a tutt'oggi, sono stati analizzati soltanto singoli campi semantici ("parentela", "colori", "oggetti per sedersi", "animali domestici" e pochi altri). Manca pertanto un'analisi esauriente del lessico completo di una lingua o almeno di un settore rilevante di esso.

Un secondo problema consiste nello stabilire quali tratti vanno inclusi nella descrizione del significato di un determinato lessema. Sono da considerare soltanto i cosiddetti **tratti distintivi** (che differenziano il significato del lessema in questione da quello dei restanti lessemi del campo) oppure altre caratteristiche, magari appartenenti alla sfera del significato connotativo?

4·4   METAFORA E METONIMIA

Come vedremo più avanti (4.5), metafora e metonimia hanno un ruolo importante nei mutamenti diacronici del significato. Consideriamo dapprima la loro rilevanza a livello sincronico. Tradizionalmente, la **metafora** è stata vista come un procedimento in cui avviene la modifica di un **tratto semantico di selezione** (per esempio, il passaggio da [+concreto] a [–concreto] nel caso dell'espressione *riscaldare gli animi*). La modifica dei tratti di selezione può portare a esiti divergenti: specificazione (*area di protesta*), impoverimento (*riciclare* nel senso generico di 'aggiornare') o riadattamento (*pulce* con il significato di 'microspia').

---

[1] La *giumenta* è la 'cavalla da sella'; ma, più genericamente, il vocabolo indica 'la femmina dell'asino, del mulo o di altra bestia da soma'.

Oltre a considerare ciò che divide il senso primario da quello metaforico, si può rivolgere l'attenzione anche a ciò che li accomuna. È questo il punto di partenza della teoria cognitiva della metafora. Vediamone brevemente i punti principali:

1) La metafora fa parte della lingua quotidiana e non è affatto limitata a opere poetiche o legata a particolari intenzioni retoriche; la metaforicità va considerata un aspetto centrale del linguaggio umano in genere, non un fenomeno di carattere eccezionale.

2) Più che essere un fenomeno prettamente linguistico, la metafora riguarda il nostro modo di ragionare: è il nostro pensiero stesso che è metaforico.

3) La metafora non è un procedimento isolato riguardante una singola espressione della lingua; infatti mette in relazione due ambiti della nostra esperienza, stabilendo corrispondenze sistematiche tra i due domini cognitivi: il dominio più complesso o astratto viene "compreso" in termini di quello più semplice o immediato. In tal modo la struttura del dominio di partenza viene trasferita (e conservata) nel dominio di arrivo.

4) Le metafore convenzionalizzate, che fanno ormai stabilmente parte del sistema della lingua, forniscono la base per comprendere espressioni metaforiche nuove e originali, anche di carattere occasionale.

Un noto esempio di "metafora concettuale" è rappresentato dalla frase L'AMORE È UN VIAGGIO, in cui il dominio astratto dell'amore è ricondotto al dominio più concreto del viaggio. In italiano (come in altre lingue) numerose espressioni si lasciano riportare a questo principio metaforico:

Siamo arrivati a una svolta.
Qui le nostre strade si dividono.
Siamo in un vicolo cieco.
Bisogna tornare al punto di partenza.
La relazione si è arenata.

La metafora L'AMORE È UN VIAGGIO non riguarda quindi una singola espressione della lingua, ma deve essere posta a un livello di maggiore astrattezza, tanto da motivare tutta una serie di locuzioni. Analizziamo le corrispondenze sistematiche che la metafora concettuale stabilisce tra i due domini dell'esperienza umana:

AMORE	VIAGGIO
i due amanti	= i viaggiatori
la relazione amorosa	= il mezzo di locomozione
avere una relazione	= viaggiare nello stesso mezzo
le aspirazioni dei due amanti	= la destinazione del viaggio
le difficoltà	= ostacoli alla continuazione del viaggio

Nella linguistica cognitiva, anche la **metonimia** è considerata un procedimento che va ben al di là di una semplice figura retorica. Come la metafora, essa è largamente presente nel parlare quotidiano.

Vi è metonimia quando un aspetto facile da percepire, comprendere o ricordare viene a rappresentare l'intero oggetto (*pars pro toto* 'parte per il tutto') oppure quando una prima entità sta a indicare una seconda a cui è legata tramite una relazione di "contiguità". Tale collegamento può essere di tipo spaziale, temporale, funzionale o causale. Vediamo alcune forme di metonimia tra le più frequenti:

– il contenente per il contenuto:

ho bevuto un bicchiere di troppo
(dove *bicchiere* indica la quantità di vino contenuta in un bicchiere)

– l'autore per l'opera:

ho letto Boccaccio
(ossia 'ciò che B. ha scritto')

– il produttore per il prodotto:

la Lamborghini è una bella macchina
(cioè 'l'automobile prodotta dalla ditta Lamborghini')

– il luogo per un evento che vi
è accaduto:

Caporetto è stata la svolta della guerra
(vale a dire 'la battaglia di Caporetto')

– il luogo per l'istituzione che vi risiede:

Palazzo Chigi ha smentito seccamente
(cioè 'il governo italiano', che si riunisce nel suddetto palazzo)

– l'oggetto per chi lo manovra:

oggi c'è lo sciopero degli autobus
('lo sciopero dei conducenti di autobus')

– il responsabile per i suoi sottoposti:

nel 1982 Bearzot ha vinto i Mondiali di calcio
('la squadra allenata da Bearzot', cioè la Nazionale)

– l'istituzione per i responsabili:

la Esso ha aumentato i prezzi
('la direzione della Esso')

– la premessa per l'azione principale:

ieri sera sono andato al cinema
('ho visto un film al cinema')

– il tutto per la parte:

il pesce spada mi è andato di traverso
('un boccone di pesce spada')

– l'astratto per il concreto:

la storia dell'umanità
('degli uomini')

– il concreto per l'astratto:

essere pieno di bile
('pieno di rabbia')

– una sensazione fisica per un'emozione:

quando vedo quel film mi vengono i brividi
('paura e disagio')

– l'effetto per la causa:

le sudate carte (espressione, usata dal Leopardi, per indicare 'uno studio che fa sudare sui libri')

– la causa per l'effetto:

ma ne l'orecchie mi percosse un duolo
(Dante, *Inferno*, VIII, 65: *duolo* vale 'lamenti provocati dal dolore').

La differenza fondamentale tra metafora e metonimia, secondo i cognitivisti, risiede nel fatto che la metafora comporta un "trasferimento" da un dominio cognitivo all'altro (per esempio, dal concreto all'astratto, dal semplice al complesso), basato sulla similarità dei due ambiti dell'esperienza; con la metonimia, invece, si rimane fondamentalmente nello stesso dominio cognitivo.

4·5   IL CAMBIAMENTO DI SIGNIFICATO

Mentre una forma nuova sostituisce quella vecchia (per esempio, *pélo* ha sostituito il latino PĬLUS), accade spesso che l'apparizione di un nuovo significato non comporti la scomparsa del vecchio. Così, per esempio, il nuovo significato di *memoria*, affermatosi nell'informatica, 'ogni dispositivo o supporto capace di registrare informazioni e di conservarle per un certo periodo di tempo' (Vocabolario *Zingarelli*) non ha fatto scomparire il significato originario 'funzione della mente'. In effetti molte parole hanno più di un significato; *tavola* significa: 'un legno segato lungo il fusto dell'albero, un mobile, la mensa, una pittura su tavola, un'illustrazione (o cartina) che occupi un'intera pagina di un volume, un prospetto (*tavola sinottica, statistica, pitagorica*)'. Esamineremo tra poco tale fenomeno che si chiama **polisemia** (v. 4.7).

Fin dall'antichità i mutamenti di significato sono stati descritti sulla base di **figure retoriche**, quali, per esempio, la metafora, la metonimia, la sineddoche (v. GLOSSARIO). Questa interpretazione è stata ripresa e approfondita dalla linguistica moderna:

1) la **metafora** è alla base del mutamento semantico che avviene per la similarità dei significati: la *gamba* del tavolo, il *braccio* del lampadario vengono dalla *gamba* e dal *braccio* dell'uomo; la parola *gru*, che in origine indica un uccello con zampe e collo lunghi, assume – per similarità della forma – il significato secondario di 'macchina per sollevare pesi, provvista di un lungo braccio girevole'. Oppure l'aggettivo geometrico *retto* 'diritto' sviluppa il significato metaforico di 'giusto, onesto' (dall'ambito spaziale si passa quindi in ambito morale);

2) la **metonimia** è alla base del mutamento che avviene per contiguità dei significati: la variazione di significato del latino COXA 'anca' all'italiano *coscia* si spiega con il fatto che l'anca e la coscia sono due parti del corpo vicine tra loro; l'allocutivo *signore* ha origine nel latino SENIŌRE(M), comparativo di SĔNEX 'vecchio': per metonimia, l'età indica il rispetto. Un altro caso di spostamento semantico per contiguità si ha con *dabbenaggine* 'rettitudine, onestà', che passa al significato odierno di 'stupidaggine';

3) la **sineddoche** ('la parte per il tutto') è alla base dell'uso di *focolare* in luogo di *casa*; il focolare era infatti una parte, molto importante, della casa. La si può considerare un caso particolare della metonimia, perché anche qui lo spostamento di significato avviene per contiguità. Un altro esempio è dato da *gamba*, che in origine indicava soltanto la parte dell'arto inferiore che va dal ginocchio al piede; oggi invece, correntemente, ha il significato di 'arto inferiore nel suo complesso'.

Si parla ancora di **restringimento** e di **allargamento** di significato nel corso dell'evoluzione storica. Il primo di questi due fenomeni si può esemplificare con il latino CUBĀRE 'giacere' divenuto l'italiano *covare*: da un verbo "generico" si è passati a un verbo "tecnico". Un altro esempio di restringimento è dato dall'aggettivo *fatale* 'stabilito dal destino', che assume il significato corrente di 'portatore di morte, distruzione, disgrazia'.

Il secondo fenomeno è presente nel passaggio dal latino CAUSA 'processo' all'italiano *cosa*: da un termine "tecnico" si è passati a una parola "generica". Altri esempi di allargamento del significato sono il latino PANĀRIUM 'cesta per il pane', italiano *paniere* 'cesto di vimini' (tant'è che si parla di un paniere di frutta, di uova ecc.); latino PLANTA 'viticcio, germoglio', nei confronti dell'italiano *pianta*; oppure latino RIVĀLES 'vicini sullo stesso corso d'acqua', italiano *rivali* 'concorrenti, avversari' (per questo fenomeno v. ancora l'evoluzione semantica di CABĀLLUS e ADRIPĀRE: 6.9). Si potrebbe anche dire che il restringimento di significato comporta il passaggio da un iperonimo a un iponimo, mentre l'allargamento il passaggio da un iponimo a un iperonimo (v. 4.10).

Mentre i cambiamenti semantici finora considerati (metafora, metonimia, sineddoche, restringimento e allargamento di significato) si basano su rapporti tra significati, altri mutamenti sono dovuti a fattori formali, riguardanti il significante.

Abbiamo casi di **ellissi** quando una combinazione sintagmatica abituale si riduce; così, per esempio, dal latino VIA(M) STRĀTA(M) 'via lastricata' si passa all'italiano *strada*: il significato di tutto il sintagma viene trasferito al solo aggettivo. Qualcosa di simile è accaduto in altre epoche della nostra lingua e ancora oggi: *città capitale > capitale, la legge finanziaria > la finanziaria*.

Un altro procedimento è l'**etimologia popolare**; si tratta di una pseudo-etimologia, vale a dire della sostituzione, operata dai parlanti, di una parola poco conosciuta o poco chiara con un'altra parola più comune che presenta delle somiglianze dal punto di vista fonologico; così, per esempio, il latino VILLANUS 'abitante della campagna, contadino' viene messo erroneamente in rapporto con *vile* (dal latino VĪLEM 'di poco valore'), finendo con l'assumere il significato di 'persona rozza e incivile'. Oppure l'espressione araba *al wazīr* 'ministro, luogotenente', diventa in italiano *aguzzino* 'carceriere, persona crudele', per influenza di *aguzzare* 'appuntire, affilare'.

Riguardando questi esempi, si nota che il significato di una parola può essere soggetto a **miglioramento** o **peggioramento**. Vediamo qualche altra parola che presenta un mutamento semantico in senso positivo:
– il latino tardo INODIĀRE 'avere in odio' diventa in italiano *annoiare* (con cambiamento di prefisso);
– il latino medievale CANCELLĀRIUS 'guardiano' diventa *cancelliere*, assumendo dapprima il significato di 'funzionario incaricato di redigere le lettere dei sovrani', poi addirittura di 'primo ministro';
– dal latino MINĪSTER 'servitore' si ha in italiano *ministro* 'membro del governo';
– *fortuna* significa dapprima 'caso, sorte, destino', poi 'buona sorte';
– *progresso*, dal significato neutrale di 'avanzamento', passa a indicare 'perfezionamento, miglioramento';
– la parola *artista*, ancora in Dante, ha il significato di 'artigiano', accanto a quello di 'creatore di opere d'arte', oggi il solo rimasto;

ministro		**artista**	
1	**2**	**1**	**2**
Uno schiavo dell'antica Roma nell'atto di portare pesi, bagagli e simili.	Un ministro di oggi scende dall'auto; l'autista apre lo sportello	Un fabbro batte col martello sull'incudine	Un pittore dipinge un quadro

Un'evoluzione semantica in senso negativo si riscontra invece nelle seguenti parole:
- dal latino CAPTĪVUS 'prigioniero' si ha in italiano *cattivo*;
- *pedante*, con il significato originario di 'pedagogo', indica successivamente una persona che agisce con eccessiva minuziosità;
- il latino DŎMINA 'padrona' è passato al significato neutro di 'femmina dell'uomo'; pertanto è oggi possibile l'espressione *donna di servizio*, che è un vero e proprio controsenso, se si pensa all'antico significato;
- la parola *bagordo* 'giostra' ora significa invece 'stravizi, gozzoviglie';
- *delicato* 'gradevole, fine, nobile' assume in seguito anche il significato di 'gracile, debole, suscettibile, schizzinoso';
- *compiacente* 'che fa volentieri piaceri agli altri' viene a significare 'che accorda facilmente favori e servizi di carattere equivoco';

cattivo

Abbiamo visto quindi che il mutamento semantico può comportare lo sviluppo di connotazioni positive ma anche negative. Resta però discutibile se sia veramente utile indicare il "miglioramento" e il "peggioramento" del significato come categorie dell'analisi diacronica a sé stanti. In primo luogo, va detto che si tratta di categorie di giudizio morale propriamente soggettive (ciò che è "bene" e "male" spesso dipende dal punto di vista). In secondo luogo, va sottolineato che tutti i casi citati possono essere ricondotti a categorie linguistiche basilari (metafora, metonimia, restringimento, allargamento, ellissi, etimologia popolare). Facciamo solo qualche esempio:
- l'evoluzione semantica di *fortuna* e *progresso*, per esempio, è riconducibile alla categoria del restringimento di significato;
- il mutamento di *delicato* è di tipo metonimico;
- nel caso di CAPTĪVUS si nota l'influsso della locuzione *captivus diaboli* 'prigioniero del demonio'; si tratta quindi di una forma di ellissi, motivata dal fatto che, per un cristiano, una persona prigioniera del demonio è certamente "cattiva".

In terzo luogo, in numerosi casi si ha semplicemente uno spostamento di significato da un ambito all'altro, senza alcuna possibilità di dare un giudizio di valore:
- la parola *imbecille* passa dal significato 'debole, fiacco' a 'poco intelligente' (dalla sfera fisica a quella intellettiva);
- *segretario* 'custode di un segreto' ora significa invece 'addetto a un ufficio, capo di un'associazione o di un partito';
- dal latino volgare MANDUCĀRE 'masticare' si ha in italiano *mangiare*.

Vediamo piuttosto alcuni ambiti in cui avviene il mutamento semantico.

1) Sono attestati numerosi casi in cui una parola, che dapprima è usata solamente in riferimento a un animale, viene a indicare parti del corpo umano. Tale processo di **umanizzazione** rappresenta pertanto un allargamento del significato:

il latino PELLIS 'manto' diventa in italiano *pelle* 'cute'; UNGŬLA 'artiglio' diventa *unghia*; il vocabolo *FĪCATUM 'fegato di animali, ingrassato con i fichi' (in luogo del classico FICĀTUM) assume poi il significato generico di 'fegato' (anche umano); il latino SPATŬLA passa a indicare la *spalla* del corpo umano; GAMBA(M) 'zampa di quadrupede' ora indica l'arto inferiore dell'uomo.

Il fenomeno inverso, vale a dire una **deumanizzazione**, si ha invece con espressioni come *braccio* del lampadario e *gamba* del tavolo.

2) Le indicazioni di professioni, strati e gruppi sociali sono soggette a mutamento di *status*, in quanto la società stessa è in continuo sviluppo. È, per esempio, da collegare all'aumento di prestigio della cavalleria nell'alto Medioevo lo sviluppo semantico del latino tardo CABALLĀRIUS 'scudiero' in 'cavaliere'.

Alla base di numerosi mutamenti semantici vi sono degli stereotipi sociali in virtù dei quali alla popolazione rurale sono attribuiti valori negativi, mentre agli abitanti della città e in particolare a coloro che risiedono nella corte si riferiscono valori positivi. Vediamo dapprima alcuni esempi in cui si ha una ulteriore discriminazione di ceti sociali bassi: oltre al già citato caso di VILLANUS 'contadino' > 'persona rozza e incivile', possiamo menzionare il latino volgare *MANSIONATA 'servitù', che diventa in italiano *masnada*, assumendo il significato di 'accozzaglia di gente disonesta o violenta'; *brigante* significava in origine 'soldato a piedi'; *libertino* '(figlio di uno) schiavo liberato' assume il significato spregiativo di 'persona dissoluta'; così anche la stessa parola *volgare* voleva semplicemente dire 'appartenente al volgo, al popolo'.

Viceversa, gli strati sociali alti sono collegati con associazioni positive: così, per esempio, *nobile* assume il doppio significato di 'appartenente alla nobiltà' e di 'elevato moralmente, dotato di fine intelletto'.

3) Si nota spesso che, con il prestito linguistico, si hanno mutamenti di significato che comportano il sorgere di connotazioni negative. Vediamo, per esempio, alcuni nomi di popoli: il termine *vandalo* viene a indicare, genericamente, una 'persona incolta e distruttrice', il nome BULGARUS, nella variante latino tardo BUGERUM, ha dato origine a *buggerare* (originariamente 'sodomizzare', poi 'imbrogliare'). La cause storiche sono da ricercare in un caso nelle invasioni barbariche, nell'altro nell'eresia patarina dei Bulgari.

Più in generale, si ha il caso di parole che hanno un significato neutro nella lingua di origine e che assumono poi un significato spregiativo nella lingua di arrivo: abbiamo già considerato l'esempio dell'arabo *al wazīr* 'ministro, luogotenente' che in italiano diventa *aguzzino*; vediamo ora due voci germaniche: *stainberga* 'casa murata' diventa *stamberga* 'casa squallida e sporca', *mundivald* 'tutore' diventa *manigoldo*; ma non sempre il mutamento semantico è dovuto all'ostilità fra due popolazioni: è segno, per esempio, di una generica diffidenza verso ciò che non si conosce l'evoluzione semantica del latino EXTRĀNEUS 'estraneo' che in italiano diventa *strano* 'diverso dal consueto o dal normale'.

4) Titoli e appellativi tendono a perdere il loro valore originario. Alla base di questo scadimento semantico vi è il principio di **cortesia** che ci porta a usare titoli più alti rispetto al rango reale dell'interlocutore. Così, per esempio, *signore* indicava anticamente la 'persona che ha il dominio', il principe; poi, per allargamento semantico, venne usato come allocutivo generico.

5) L'**eufemismo** gioca un ruolo importante nei mutamenti semantici. Per esprimere dei tabù linguistici, si ricorre non al vocabolo proprio, ma a un'altra parola che alle origini possiede connotazioni positive o neutre; in seguito si svilupperanno connotazioni negative. Così *famigerato* 'noto' diventerà una persona 'che gode di cattiva fama', il latino VĬTIUM 'difetto' diventerà *vizio*, 'difetto morale' e *casino* 'piccola casa' indicherà la 'casa di prostituzione'. In tutti e tre questi casi si è avuto un restringimento di significato. Ma, dal momento che l'evoluzione della lingua continua, anche nei suoi aspetti semantici, non ci meraviglierà il fatto che nella lingua parlata l'ultima delle tre parole considerate abbia sviluppato anche il significato generico di 'confusione, disordine'.

In altri casi, per eufemismo, si usa una parola che presenta una contiguità di significato con il termine che si vuole evitare. Esempi di tali sviluppi metonimici sono il già citato *dabbenaggine* ('rettitudine' > 'stupidaggine'), il latino HOSPITĀLIS 'albergo, stanza degli ospiti' che diventa *ospedale*, INFIRMUS 'debole' che diventa *infermo* 'malato'; *sensuale* 'che si riferisce al senso' assume il significato di 'che si riferisce al piacere del senso'; *tresca* 'antico ballo contadinesco' è usato per 'intrigo, imbroglio'. In questo ultimo esempio vediamo come a volte più fattori concorrono a motivare il cambiamento semantico: la preoccupazione di usare un'espressione eufemistica qui si unisce allo sprezzo per gli abitanti delle campagne. A volte, l'eufemismo è anche frutto dell'**ironia**: sono i casi in cui al posto di una parola si usa il suo esatto contrario (per esempio, *brava donna* o *buona donna* per 'prostituta').

6) Mentre un uso eufemistico fa sì che alcune parole col tempo assumano connotazioni negative, si ha al contrario anche un uso **disfemistico**: a fini espressivi, parole dal significato "negativo" vengono usate per indicare un referente neutro; l'uso è spesso scherzoso, senza che si voglia recare offesa ad alcuno. Abbiamo già visto due esempi del fenomeno: *buggerare* e *casino*; vediamone ora altri tre: *chiasso* ha perduto il significato di 'postribolo' per indicare esclusivamente 'rumore, frastuono'; in *bordello* convivono ancora il significato originario e quello derivato di 'confusione'; *peste* 'malattia infettiva epidemica' è usato poi anche nel significato di 'persona vivace e turbolenta'.

7) Mentre il disfemismo è in un certo senso frutto dell'esagerazione, in altri casi il cambiamento semantico è probabilmente dovuto al fenomeno opposto del cosiddetto **understatement**, una sorta di "sottotono": si tende a minimizzare e attenuare ciò che si afferma, vuoi per reale prudenza, vuoi per finta modestia; oltre ai già citati casi di *fortuna* ('sorte' > 'buona sorte') e *progresso* ('avanzamento' > 'perfezionamento'), si potrebbe menzionare anche *gusto*, usato nel senso di 'buon gusto'.

Notiamo quindi opposte tendenze presenti nella lingua: all'eufemismo si oppone il disfemismo (abbiamo visto addirittura un esempio in cui entrambi i fenomeni si sono manifestati: *casino* 'piccola casa' > 'casa di prostituzione' > 'confusione'). Sono in opposizione anche la volontà di esagerazione e l'*understatement*. È da rilevare, in generale, che nei casi in cui il significato originario si perde, siamo di fronte a un semplice mutamento semantico (come per *chiasso*); se invece permane, si hanno istanze di polisemia (*casino, bordello*).

Tra le **cause del cambiamento di significato**, ricordiamo innanzi tutto quel-

le **storiche** e **sociali**: una parola muta di significato per il verificarsi di un particolare evento, per l'affermarsi di una corrente di pensiero, di un'ideologia, di una
moda. Si ricordi poi che quando una parola passa dalla lingua comune a un linguaggio tecnico si specializza; quando segue il percorso inverso assume un significato più ampio e generico. L'**influsso straniero** può modificare il significato di
una parola soprattutto mediante il fenomeno del calco (v. 12.10.1). I significati
possono anche mutare per **cause psicologiche**: si pensi, per esempio, ai fattori
emotivi che forniscono a una parola nuove e imprevedibili accezioni. Nel mutamento del significato intervengono spesso delle **cause linguistiche**. Per esempio,
il significato di una parola può essere trasferito a un'altra parola se entrambe ricorrono insieme in molti contesti: è il caso della negazione francese *pas*, che è
l'esito del latino PĀSSUM 'passo'; il nuovo significato negativo si è prodotto per il
fatto che, nelle frasi negative, tale parola si è accompagnata e si accompagna tuttora alla negazione *ne*, della quale costituisce un rafforzamento: *je ne parle pas*
'non parlo'; si noti che nel francese parlato *pas* ha finito per soppiantare del tutto
ne: cfr. *j' parle pas* 'non parlo'.

4·6 LO STUDIO DELL'ETIMOLOGIA E LE LEGGI FONETICHE

L'**etimologia** è la scienza che studia l'origine e la storia delle parole consideran-
done l'evoluzione fonetica, morfologica e semantica. Tale scienza ricerca l'*etimo*
(dal greco *étymon*, neutro sostantivato dell'aggettivo *étymos* 'vero, reale') di una
parola, cioè il suo significato vero, reale, secondo la concezione dei filosofi e dei
grammatici greci e latini[1].

Nel suo dialogo *Cratilo*, Platone parla della ricerca dell'etimo delle parole. Secondo gli Stoici tale ricerca deve essere guidata da alcuni criteri: tra la parola e il
suo etimo devono esserci rapporti di somiglianza, analogia, opposizione ecc. Tuttavia gli etimi proposti dai filosofi e grammatici greci e latini non si fondano su
precise conoscenze linguistiche, ma riflettono spesso princìpi arbitrari e credenze
personali.

Un sensibile progresso della ricerca si ebbe nell'epoca moderna, grazie allo
sviluppo degli studi e a una conoscenza approfondita di più lingue. Per il Seicento e il Settecento si può ricordare l'opera dei francesi Charles Du Cange (1610-
1688), Gilles Ménage (1613-1692) e del nostro Ludovico Antonio Muratori (1672-
1750). Nel XIX secolo lo sviluppo della linguistica storico-comparativa fornisce alla ricerca etimologica sicure basi scientifiche.

Per un linguista moderno scoprire l'etimologia di una parola vuol dire individuare quel punto della sua storia in cui essa appare imparentata con altre parole.

Si cercano le sue attestazioni più antiche; se ne indagano le vicende e le trasformazioni (formali, semantiche, di uso) avvenute nel tempo. Consideriamo in
breve due esempi di ricerca etimologica: il primo è tratto dalla linguistica indoeuropea, il secondo dalla linguistica romanza.

Il vocabolo *nido* è la continuazione del latino NĪDUS. L'origine di quest'ultimo

---

[1] In italiano il termine *etimologia* si usa anche con il significato di *etimo*; per esempio, quando si dice
«l'etimologia di *uomo* è il latino HŎMO».

vocabolo si può scoprire soltanto se si conoscono le leggi che regolano l'evoluzione fonetica del latino (**leggi fonetiche**) e la formazione delle parole indoeuropee. In base a tali princìpi gli studiosi sono risaliti a una forma supposta *ni-sd-o-s*, nella quale si distinguono due componenti principali: il preverbio *ni-* 'in', che indica movimento dall'alto verso il basso, il monema *sd-*, che è una forma con vocalismo zero della radice che compare con *-e-* nel verbo *sedeo* (l'alternanza è dunque tra un *sed-* e un *sd-* originario). La *-s-* preconsonantica di *nisdos* è caduta in latino, ma si è conservata nella parola corrispondente del germanico (cfr. il tedesco moderno *Nest* 'nido'). Qui appare evidente l'importanza della comparazione tra le lingue ai fini della ricostruzione di un etimo.

Confrontando tra loro i seguenti vocaboli: it. *faina*, fr. *fouine* (fr. ant. *faine*), prov. *faina*, port. *fuinha*, si è potuta ricostruire una forma latina *FAGĪNA, derivata da FĀGUS 'faggio'. L'aggettivo FAGĪNUS è attestato, ma non è attestata *FAGĪNA con il significato di 'faina', da intendersi in origine come 'la martora del faggio'. L'attestazione concorde delle quattro lingue romanze ci rende certi che nel latino parlato è esistito il vocabolo *FAGĪNA.

Nella ricerca etimologica si deve tener conto non soltanto della forma della parola ma anche del suo significato, il quale può mutare nel tempo in modo del tutto imprevedibile. Il sostantivo *pneumatico*, che oggi grazie alla diffusione dell'automobile è un vocabolo comune, corrisponde all'aggettivo greco *pneumatikós*, usato dai filosofi e dai teologi con il significato di 'appartenente allo spirito'; cfr. il greco *pnêuma*, *pnéumatos* 'spirito', inteso dapprima come 'soffio vitale', poi come 'aria'; il vocabolo pertanto è passato dal significato filosofico a quello della fisica 'che si riferisce all'aria, che utilizza l'aria come fluido operativo': *pompa pneumatica*, *freno pneumatico*. All'inizio del Novecento l'aggettivo fu usato anche come sostantivo con il significato di 'parte della ruota dell'autoveicolo costituita dal copertone che contiene la camera d'aria con aria in pressione' (*Dizionario moderno* di A. Panzini, 1905). Tale uso doveva diventare in seguito assolutamente prevalente.

L'etimologia è il frutto non soltanto dell'analisi linguistica, ma anche della ricostruzione dell'ambiente che ha visto nascere un vocabolo o una famiglia di vocaboli. Il gioco degli scacchi si affermò dapprima nell'antica India, passò poi in Persia; tramite gli arabi e i bizantini giunse in Occidente. Lo studio etimologico ha chiarito l'apparente incongruenza di alcune denominazioni relative a tale gioco. Perché un pezzo molto mobile è chiamato oggi *torre* e nell'italiano antico era chiamato *rocco*? Il piccolo mistero si è dissolto quando si è accertato che *rocco* deriva da un vocabolo arabo *ruḫḫ* (a sua volta derivato dal persiano *ruḫ*), un carro costituito di una torre mobile difesa da arcieri e trainata da un elefante. *Alfiere* è la modificazione di *alfino*, vocabolo dell'italiano antico che riproduce l'arabo *al-fīl* 'elefante'; come è noto, quest'ultimo era presente negli eserciti orientali.

Ai giorni nostri l'etimologia non può contentarsi di ritrovare un punto di origine, lontano e fuori del tempo; deve mirare alla ricostruzione storica concreta: deve fornirci, per così dire, la "biografia" di un vocabolo. La ricerca etimologica deve illustrare le varie fasi di sviluppo di un vocabolo, considerato nei suoi aspetti formali e semantici, mettendo in rapporto l'analisi linguistica con l'osservazione dell'ambiente storico in cui si è svolta la vita di quel vocabolo. L'etimologia è diventata insomma una vera e propria storia di parole.

Trattando dell'etimologia abbiamo accennato alle cosiddette leggi fonetiche. Vediamo di che cosa si tratta. Nella terminologia della linguistica storica si chiama **legge fonetica** la formulazione di un mutamento avvenuto nei suoni di una lingua durante un certo periodo storico. I Neogrammatici[1] ripresero tale concetto dal mondo delle scienze naturali e lo formularono in questi termini: «ogni mutamento fonetico, in quanto procede meccanicamente, si compie secondo leggi che non ammettono eccezioni, vale a dire la direzione del mutamento fonetico, eccettuato il caso di una frammentazione dialettale, è sempre la stessa presso tutti gli appartenenti a una comunità linguistica, e tutte le parole in cui compare, a pari condizioni, il suono sottoposto al mutamento, sono affette senza eccezione dal mutamento».

Comparando scientificamente più lingue aventi un'origine comune ci accorgiamo che, date certe condizioni, le differenze che intercorrono tra l'una e l'altra lingua si possono ridurre a **formule di corrispondenza** regolari e costanti. Si considerino gli esiti del lat. ŏCTO in cinque lingue romanze:

Port.	Spagn.	Franc.	Ital.	Rum.
oito	*ocho*	*huit*	*otto*	*opt*

Si confrontino questi esiti con gli esiti di altri tre vocaboli latini LĀCTE(M), FĂCTU(M), NŎCTE(M), nei quali, come in ŏCTO, ricorre il nesso consonantico -CT-:

Port.	Spagn.	Franc.	Ital.	Rum.
leite	*leche*	*lait*	*latte*	*lapte*
feito	*hecho*	*fait*	*fatto*	*fapt*
noite	*noche*	*nuit*	*notte*	*noapte*

Da tale confronto si ricava la seguente formula di corrispondenza; al nesso latino -CT- corrispondono nelle cinque lingue romanze i seguenti esiti:

Port.	Spagn.	Franc.	Ital.	Rum.
-it-	*-ch-*	*-it-*	*-tt-*	*-pt-*

Nella lettura della formula possiamo seguire anche diversi percorsi. Per esempio, si può dire che, dati i cinque esiti romanzi presenti in altrettante parole, si ricostruisce il nesso -CT- in una parola latina non attestata. La regolarità delle leggi fonetiche (regolarità relativa s'intende, perché possono sempre intervenire fattori di perturbamento, con l'effetto dell'analogia e del prestito da altre lingue) permette la **ricostruzione linguistica** di forme non attestate[2].

L'indianista H. Grassmann (1809-1877) formulò la legge che porta il suo nome e che riguarda la fonetica del greco antico e dell'indiano antico: «se due consonanti aspirate originarie si trovano all'inizio di due sillabe consecutive, la prima perde l'aspirazione», per esempio: *trikhós*, genitivo del nome *thríx* 'capello' proviene da **thrikhós* (si ha la deaspirazione della dentale aspirata in posizione iniziale).

---

[1] Un gruppo di linguisti tedeschi che operarono a Lipsia intorno al 1880. Essi erano convinti che le leggi fonetiche fossero ineccepibili, cioè prive di eccezioni, e che la linguistica si dovesse occupare quasi esclusivamente di fenomeni diacronici.

[2] Come esempio di "perturbamento" dovuto all'influsso di una lingua straniera possiamo ricordare il diverso esito del nesso lat. -Tj- in italiano: PRĔTIUM > *prezzo* (esito normale: -Tj- > -tts-); PRĔTIUM > *pregio* (esito condizionato dall'influsso del francese -Tj- > -ʒ-); v. 6.6.4.

Non una legge, ma più propriamente una "norma" è quella formulata dal linguista e filologo Gröber[1], la quale dà indicazioni di massima circa l'alternanza delle due forme di articolo *il / lo* nell'italiano antico. La forma *lo* (anche nella variante con elisione *l*) appare dopo una parola che esce in consonante («a rimirar lo passo», Dante, *Inferno*, I, 26) e in posizione iniziale («Lo duca mio allor mi diè di piglio», *Purgatorio*, I, 49); la forma *il* (anche nella variante *'l*) ricorre dopo parola che termina in vocale («m'avea di paura 'l cor compunto», *Inferno*, I, 15). Ma questa alternanza, che dipende dal contesto fonetico, fu soggetta già in epoca antica a mutamenti, dipendenti sia dall'azione dell'analogia sia dal fissarsi di tradizioni diverse nella prosa e nella poesia (nonché nei diversi tipi di testo).

4·7 LA POLISEMIA

Un segno linguistico può avere più significati. Tale fenomeno si chiama **polisemia** (dal greco *polýs* 'molto' e *sémeîon* 'segno'). Tutte le parti del discorso (il nome, l'aggettivo, il verbo ecc.) e gli insiemi di parole (la proposizione, la frase) possono assumere più significati. Consideriamo tre esempi:

- il nome *parte* in:
  l'opera è divisa in tre parti 'sezione';
  è di queste parti? 'luogo';
  la crisi di governo terminò grazie a un accordo tra le parti 'partito';
  è molto bravo nella parte di Amleto 'rappresentazione scenica';
  mi sono assunto la parte più ingrata 'compito';
  parte lesa (nel linguaggio giuridico) 'persona offesa dal reato';

- l'aggettivo *bello* in:
  una bella ragazza 'avvenente';
  un bel libro 'di valore';
  che bell'affare! (con intenzione ironica) 'brutto';
  questa è bella! 'strano, singolare';
  una bella confusione 'grande';

- il verbo *passare* in:
  passare per la finestra 'penetrare';
  passare a casa di un amico 'andare';
  passare di cottura 'eccedere il giusto limite';
  passare (*a un esame*) 'essere promosso';
  gli anni passano 'trascorrere';
  il raffreddore è passato 'finire';
  passare in curva 'sorpassare';
  passare da parte a parte 'trafiggere'.

Altri esempi di polisemia sono: *gabinetto* ('stanza riservata a colloqui privati', 'locale in cui un professionista esplica il suo lavoro', 'impianto igienico', 'ministero'),

---

[1] Gustav Gröber (1844-1911), ideatore e redattore del famoso *Compendio di filologia romanza* (I ed. 1888...; II ed. 1904-1906).

giorno ('spazio di tempo di ventiquattro ore', 'arco di tempo dall'alba al tramonto'), *sospensione* ('interruzione', 'ammortizzatore') e *sofferenza* ('pena, dolore', 'ritardo nella riscossione di un credito').

Vediamo quali sono le cause principali della polisemia:

1) secondo i contesti in cui si trova, una parola può assumere diversi significati o sfumature di significato; il fenomeno, che può definirsi come una "variazione del campo di applicazione", può avere carattere momentaneo, individuale oppure permanente e stabile: in questo secondo caso i vari significati entrano nella norma di una lingua;

2) una parola (o un'espressione) può acquistare un significato particolare in un determinato ambiente, presso un gruppo socio-culturale, in una disciplina scientifica, in una tecnica; la parola "si specializza": per esempio *la campagna* sarà per un soldato 'l'insieme delle operazioni militari', per un addetto alla pubblicità 'il complesso di iniziative atte a favorire la vendita di una merce'.

Per definire la qualità di un oggetto si possono usare degli aggettivi comuni dotandoli di valori convenzionali e inserendoli eventualmente in una scala di gradualità. Per esempio, in un catalogo di incisioni, inviato ai clienti per la vendita, è scritto: «Gli aggettivi per definire la qualità sono, in ordine decrescente: superba, splendida, magnifica, bellissima, bella, discreta, mediocre, stanca e povera»;

3) il linguaggio figurato (la metafora, la metonimia e altre figure retoriche) conferisce a una parola nuovi significati; si pensi, per esempio, a: *un braccio di fiume, una gamba del tavolo, ho bevuto un buon bicchiere* (v. 4.4);

4) l'influsso straniero può conferire a una parola già esistente in italiano un nuovo significato: per esempio, *realizzare* 'rendere reale' ha acquistato anche il significato di 'comprendere' per influsso dell'inglese *to realize*; questo fenomeno si chiama "calco semantico" (v. 12.10.1).

La polisemia è un meccanismo fondamentale per il buon funzionamento della lingua. Se ogni parola avesse un solo significato, dovremmo caricare la nostra memoria di tante parole quanti sono i significati di cui abbiamo bisogno. Poiché le cose e i concetti da designare diventano sempre più numerosi con lo sviluppo sociale e culturale, dovremmo far ricorso a un numero immenso di parole per esprimere ciascun significato con un vocabolo diverso. Grazie alla polisemia possiamo invece esprimere vari significati con una sola parola, realizzando un'economia indispensabile per l'efficienza della lingua. Mediante la polisemia si accresce il potere simbolico del linguaggio.

Il fatto che una parola abbia più significati può talvolta essere fonte di **ambiguità**. Ciò può accadere quando il contesto non sia sufficientemente chiaro oppure quando si usano parole molto generiche come, per esempio, *affare* o *cosa*.

Oltre al contesto, ha una grande importanza la "qualità" dei diversi significati di una parola, e particolarmente il rapporto in cui stanno gli uni con gli altri. Contro le incertezze interpretative derivanti dalla polisemia vi sono anche difese "grammaticali": la variazione di genere ci permette di distinguere *le braccia* (di un uomo) da *i bracci* (di un penitenziario); l'ordine delle parole ci fa distinguere *galantuomo* da *uomo galante*.

Esiste anche una polisemia dei suffissi e dei prefissi: il suffisso -*tore* / -*trice* può riferirsi sia a una persona (*contestatore, contestatrice*) sia a una macchina (*registratore, lavatrice*); *auto-* vale 'da se stesso' (*autocontrollo*) e 'automobile' (*autorimessa*).

C'è una polisemia grammaticale: la stessa parola funziona come aggettivo (*sei più* giovane *di me*) o come nome (*un* giovane *si avvicinò*). C'è una polisemia sintattica: un sintagma può avere più di un significato. Per esempio, *un buon lavoratore* può significare sia 'un lavoratore che è buono' sia (più probabilmente) 'un lavoratore che lavora molto'; nel primo caso l'aggettivo si riferisce al nome, nel secondo caso si riferisce al verbo *lavorare* che è alla base del nome.

4·8   GLI OMONIMI

Ecco ora un altro fenomeno collegato alla polisemia. Due o più parole di diverso significato possono avere lo stesso significante, ossia possono essere costituite dalla stessa sequenza di fonemi; per esempio: *era* (verbo) e *era* 'periodo'; *appunto* (avverbio) e *appunto* (nome).

Come appare, nella nostra lingua gli **omonimi** (cioè parole che hanno lo stesso significante ma diverso significato: dal greco *homónymos* 'che ha lo stesso nome') sono al tempo stesso **omografi**, cioè si scrivono con gli stessi grafemi (dal greco *homós* 'uguale' e *graphé* 'scrittura').

Non sempre gli **omofoni** (parole che hanno lo stesso suono, dal greco *homós* 'uguale' e *phōné* 'suono') sono anche omografi: per esempio, in inglese le parole *site* 'sito', *sight* 'vista' e (*to*) *cite* 'citare' si pronunciano tutte e tre allo stesso modo / sait /; in francese le parole *tant* 'tanto', *tan* 'tanno', *taon* 'mosca cavallina', *temps* 'tempo', (*je*) *tends* '(io) tendo' si pronunciano tutte e cinque allo stesso modo / tã /[1].

La causa principale della omonimia è la **convergenza fonetica**. In seguito ai mutamenti fonetici che intervengono nella evoluzione di una lingua, due o più parole che in origine avevano forme diverse, si ritrovano ad avere la stessa forma. Vediamo alcuni esempi:

TABELLA A			
INSĬGNAT >	*insegna* (verbo)	INSĬGNIA >	*insegna* 'stemma, cartello'
LIGĀTU(M) >	*legato* 'avvolto, attaccato'	LEGĀTU(M) >	*legato* 'donazione testamentaria'

Non soltanto parole provenienti dal latino e prestiti da lingue straniere contribuiscono a creare degli omonimi; vi sono anche parole derivate da parole italiane,

---

[1] I principali omografi dell'italiano sono quei vocaboli che nella pronuncia differiscono soltanto per la presenza di *e* chiusa o aperta: per esempio, *accètta-accétta, bòtte-bótte*.

come, per esempio, *appunto* 'annotazione' ricavato da *appuntare*: tale derivato è omonimo dell'avverbio *appunto*, dal latino AD PŬNCTU(M).

Diversi dagli omonimi finora citati sono gli omonimi che si producono per il differenziarsi dei significati: per esempio, da *fiore* discende il diminutivo *fioretto*, che significa sì 'piccolo fiore', ma ha acquisito anche i significati di 'opera buona' e 'spada' (dalla forma del bottone protettivo); assieme a *fioretto* vediamo altri due esempi analoghi.

TABELLA B		
fioretto (dim. di *fiore*) 1. piccolo fiore	2. opera buona	3. spada
radio (lat. RĂDIU(M) 'raggio') 1. osso dell'avambraccio	2. elemento chimico	3. radiofonia
dispensa (der. di *dispensare*) 1. luogo dove si conservano i cibi 2. esenzione		3. fascicolo

Da un punto di vista storico sono esempi di **omonimia** soltanto quelli compresi nella Tabella A; saranno invece esempi di **polisemia** quelli compresi nella Tabella B (*fioretto* ha acquistato altri significati, come la parola *parte*, v. 4.7). Ma questo punto di vista vale per il linguista che conosce la storia della lingua; per il parlante comune invece gli esempi delle due tabelle sono tutti degli omonimi: infatti quale rapporto apparente c'è tra un'opera buona e una spada? Nei dizionari si segue in genere il criterio storico: *legato* 'fermato, fissato' e *legato* 'donazione testamentaria' sono due lemmi distinti (senza contare che c'è anche un terzo *legato* 'ambasciatore, messo', dal lat. LEGĀTUS), mentre c'è un unico lemma *fioretto*, di cui si illustrano i tre diversi significati (un caso di polisemia dunque).

4·9 I CONTRARI

Alto / basso, maschio / femmina, interesse / disinteresse, bellezza / bruttezza, comprare / vendere sono coppie di parole in cui ciascun elemento è il contrario dell'altro: *alto* è contrario di *basso*, *maschio* è contrario di *femmina* e così via.

Invece di **contrario** il linguista usa il termine tecnico **antonimo** (costruito con il greco *antí-* 'contro' e *ónoma* 'nome') e chiama il fenomeno **antonimia**.

Qui la filosofia, o per dir meglio la logica, entra nelle considerazioni del linguista. Una distinzione che risale ad Aristotele è quella tra **contrario** e **contraddittorio**. Per esempio, il contrario di *alto* è *basso*, il contraddittorio di *alto* è *non alto*.

Si tratta di due concetti diversi: infatti i contraddittori non possono essere entrambi veri e non possono essere entrambi falsi; invece i contrari non possono essere entrambi veri, ma possono essere entrambi falsi.

Spieghiamoci meglio: una cosa deve essere o *alta* o *non alta* (contraddittori), ma può darsi benissimo che non sia *né alta né bassa* (contrari). Si noti che nella lingua e nel pensiero comune i contrari sono più importanti e più diffusi dei con-traddittori; si dice *alto e basso, bello e brutto, odio e amo* piuttosto che *alto e non alto, bello e non bello, odio e non odio*.

Torniamo ai contrari. Non tutti i contrari si pongono sullo stesso piano. Vi so-no, tra gli altri, i **contrari graduabili**; sono quelli che esprimono una comparazione, per esempio: *alto / basso, bello / brutto, buono / cattivo, caldo / freddo*. Si mettono a confronto due cose per constatare se esse possiedono una certa proprietà: *io sono più alto di te, la mia minestra è calda quanto la tua*. Invece non posso dire *io sono più celibe di te, Mario è meno vivo di Giorgio*; si è *celibe* o *sposato*, si è *vivo* o *morto*, si è *maschio* o *femmina*; non ci può essere una via di mezzo, almeno se si usano tali aggettivi in senso proprio. Naturalmente le cose cambiano se si usano tali aggettivi in senso figurato, cioè *vivo* = vivace, *maschio* = virile. Dunque *celibe / sposato, vivo / morto, maschio / femmina* sono **contrari non graduabili**: la negazione di un termine di ciascuna coppia implica l'affermazione dell'altro termine (*X non è vivo* implica *X è morto*).

Tuttavia tra le due categorie che abbiamo ora distinto possono avvenire degli scambi: nel parlare di ogni giorno i contrari graduabili possono diventare non graduabili; se io dico *Ignazio non è alto* e *Luisa non è bella* queste frasi possono significare: 'Ignazio è basso' e 'Luisa è brutta'.

A questo punto si vede che *alto / basso, bello / brutto, buono / cattivo, caldo / freddo* (contrari graduabili), per una sorta di convenzione che interviene tra i parlanti, si pongono sullo stesso piano dei contrari non graduabili *celibe / sposato, vivo / morto, maschio / femmina*. Ma, come abbiamo accennato, può avvenire anche il cambiamento nella direzione opposta; alla domanda *è vivo Caio?* dovrei logicamente rispondere *sì* oppure *no*, ma se *vivo* vale 'vivace' posso rispondere: *è ben vivo, è molto vivo*, e perfino *vivissimo*.

Se dico *Giovanni è alto* voglio dire che è più alto della media. Nelle coppie di contrari *alto / basso, piccolo / grande, poco / molto* si nasconde un giudizio implicito – più esattamente una gradazione implicita – che corrisponde a un costume, a una norma della comunità in cui viviamo: per esempio, se dico *Alberto è alto*, sottintendo "rispetto a una misura che in Italia è considerata media". In un altro Paese, per esempio in Svezia, tale misura sarà giudicata diversamente. Una convenzione analoga fa sì che nelle interrogazioni si usi soltanto uno degli elementi della coppia dei contrari: di un uomo, sia alto sia basso, domandiamo *quanto è alto?*, non *quanto è basso?*; di una stanza, sia grande sia piccola, domandiamo *quanto è grande?*, non *quanto è piccola?* Dunque per una sorta di convenzione si assume soltanto uno dei termini della coppia come rappresentante di entrambi. Il termine scelto è quello considerato "positivo", il quale costituisce il primo elemento delle coppie: *grande* e *piccolo, alto* e *basso, buono* e *cattivo, bello* e *brutto* (non *piccolo* e *grande* ecc.).

4·10 I SINONIMI

Sono detti **sinonimi** due (o più) vocaboli che hanno lo stesso significato. Qualcuno, prudentemente, precisa «che hanno lo stesso significato fondamentale». È una precisazione necessaria perché, in verità, sinonimi veri e propri non esistono:

c'è quasi sempre un qualcosa che sfugge e che rende impossibile la perfetta equivalenza dei significati.

Prendiamo, per esempio, tre sinonimi: *porzione, sezione* e *frazione*. La sinonimia di questi tre vocaboli si fonda sul fatto che tutti e tre hanno in comune il semema "parte di qualcosa"; **semema** è un fascio di tratti semantici o sèmi (v. 4.3).

Si ha sinonimia in esempi come:

una porzione del tutto = una sezione del tutto = una frazione del tutto

Ma in altri contesti tali equivalenze non esistono: si dice *una porzione di torta*, non si dice *una sezione di torta*, e tanto meno *una frazione di torta*; si dice *una sezione dell'ufficio*, ma non *una porzione dell'ufficio, una frazione dell'ufficio*. Secondo i linguisti, tra *porzione, sezione* e *frazione* c'è **sinonimia approssimativa**: vale a dire i tre vocaboli sono intercambiabili soltanto in determinati contesti.

Anche tra i prestiti entrati nella nostra lingua e i loro equivalenti italiani la sinonimia non è assoluta; c'è perlomeno una differenza stilistica tra *bar* e *caffè* (locale).

Si ha invece **sinonimia assoluta** quando due o più vocaboli sono intercambiabili in tutti i contesti. Ma i sinonimi assoluti risultano in effetti molto rari: sono tali le due preposizioni italiane *tra* e *fra*; una differenza tuttavia c'è sul piano dello stile: per evitare la successione di sillabe uguali qualcuno preferisce dire *tra frati* e *fra traditori* piuttosto che *fra frati* e *tra traditori*.

Sinonimi assoluti sono per esempio due termini tecnici come *semantica* e *semasiologia*, oppure due parole come *felis leo* (termine della nomenclatura scientifica) e *leone* (vocabolo della lingua comune). Ma d'altra parte tra *felis leo* e *leone* c'è una differenza di livello espressivo. La prima denominazione comparirà soltanto in un trattato di zoologia; a nessuno verrebbe in mente di dire: *al circo ho visto un felis leo*. Analogamente, in un testo di medicina, o anche nel foglietto illustrativo di un farmaco, si troverà il termine *rinite*, mentre nella lingua corrente si parla piuttosto di *raffreddore*. Confrontando un linguaggio specialistico con la lingua comune si nota spesso che, per le medesime nozioni, il primo possiede una denominazione precisa (perché proveniente da un'analisi elaborata), mentre il secondo presenta una denominazione generica. Si confrontino, per esempio: *cefalea, emicrania* con *mal di testa; tracheite, faringite, laringite* con *mal di gola*. Un sinonimo può anche esprimere una diversa sfumatura affettiva: si pensi a *micio* rispetto a *gatto*, a *piccino* rispetto a *piccolo*, a *mamma* rispetto a *madre*. In alcune lingue settoriali è frequente il caso della coppia di sinonimi, in cui un elemento è inglese, l'altro elemento è italiano: *corner / (calcio d') angolo, penalty / (calcio di) rigore, cross / traversone*.

A volte un sinonimo serve per esprimere una determinata prospettiva, un differente punto di vista. Cfr. i due esempi già ricordati (v. 3.3): *Roma = la capitale d'Italia = la città dei sette colli; Venere = la stella del mattino = la stella della sera*.

Un tipo particolare di sinonimi sono gli **iperonimi** e gli **iponimi** (ne abbiamo già parlato a proposito del testo: v. 3.2). Consideriamo il rapporto di significato esistente tra due vocaboli come *fiore* e *rosa*: il primo indica una classe di oggetti più ampia, che comprende una classe più ristretta, designata dal secondo; *fiore* è dunque un iperonimo di *rosa*, e *rosa* è un iponimo di *fiore*. Altri iperonimi e iponimi sono, rispettivamente, *albero* e *quercia, animale* e *pesce, mobile* e *tavolo, veicolo* e *automobile, fabbricato* e *casa* ecc. Un iponimo può essere a sua volta un iperonimo: *pesce* è iponimo rispetto ad *animale*, iperonimo rispetto a *sogliola*; *automobile* è iponimo rispetto a *veicolo*, iperonimo rispetto a *utilitaria*.

Un tipo particolare di relazione semantica è quella che intercorre tra i nomi delle parti di un insieme, detti anche **meronimi** (dal greco *méros* 'parte' e *ónoma* 'nome'), e l'insieme stesso. Per esempio, *corridoio, anticamera, soggiorno, camera da letto* sono meronimi rispetto a CASA. Più complesse sono le relazioni di meronimia che riguardano le parti del corpo dell'uomo o di un animale; si ha infatti un'organizzazione gerarchica con diversi livelli. Nel CORPO umano si distinguono dapprima parti come: *testa, tronco* e *arti*. Ciascuna di queste parti comprende un altro livello di meronimi; per esempio, nella TESTA si distinguono: *fronte, nuca, orecchi, occhi, naso, guance, bocca* ecc. Tali livelli di organizzazione non sono dati una volta per tutte, ma dipendono dal punto di vista adottato e dal grado di specificità che si vuol dare all'analisi: per esempio, rispetto alla lingua comune, il linguaggio della medicina distingue un maggior numero di parti della testa e le indica con termini più specifici.

> Giova a tal punto ricordare il fenomeno della **irradiazione sinonimica**; si tratta della creazione di vocaboli nuovi svolta sul modello di "schemi" associativi già esistenti nella lingua. L'irradiazione sinonimica compare di frequente nei gerghi, nella lingua scherzosa e in particolare nelle denominazioni popolari. Così, per esempio, la *pertosse* viene chiamata non solo *tosse asinina*, ma anche *cavallina* e *canina* o – più in generale – *ferina*. Uno stesso schema associativo dà quindi luogo a tutta una serie di espressioni equivalenti. Il baco delle ciliegie si chiama in molti luoghi d'Italia *giannino* o *giovannino* (la denominazione si basa sulla credenza che il baco entri nelle ciliegie a San Giovanni), altrove si chiama – utilizzando per analogia ancora nomi propri – *gigino, carlino, toni* o *Sor Giuseppe*. Anche nella fraseologia s'incontrano esempi di irradiazione sinonimica: *ci manca un filo, un pelo, un capello*. A volte, risulta invece difficile distinguere tra irradiazione sinonimica (diversi nomi per uno stesso referente) e immagini leggermente differenti legate alla stessa sfera semantica. In questo secondo caso, che rappresenta un ulteriore sfruttamento di una stessa metafora concettuale di partenza, i "sinonimi" possono essere forse ricollegati a piccole differenze semantiche: *mangiare, biascicare, ingoiare, masticare le parole*.

4·11 LA FRASE E IL SIGNIFICATO

I linguisti si sono occupati per lo più del significato delle parole, più raramente del significato delle frasi. Della semantica della frase, che pure è alla base della comunicazione linguistica, si conosce veramente poco. Non sappiamo dare una spiegazione convincente del fatto che una frase possiede un certo significato. Soprattutto non ci è chiaro come il significato di una frase possa derivare dai significati delle parole che la compongono.

Nella frase possiamo distinguere una triplice strutturazione: **fono-acustica**, **morfosintattica** e **semantica**. Mentre nei due primi livelli l'analisi linguistica ha raggiunto risultati del tutto soddisfacenti, per quanto riguarda il livello semantico persistono incertezze e pregiudizi. Si pensa che il significato di una frase derivi dalla somma dei significati dei suoi componenti. Ciò si può dimostrare per frasi dalla struttura molto semplice, come, per esempio: *l'uomo solleva la pietra*. Se la struttura diventa più complessa tale analisi non è più possibile. Infatti accade spesso che i significati dei singoli componenti siano in larga misura predeterminati dal significato complessivo della frase. Come è noto, una soluzione di comodo consiste nel distinguere in una parola il significato di base e il significato che essa acquista in un determinato contesto. Tuttavia si tratta di una distinzione empirica, per la quale non sembra che il linguista possa dare delle indicazioni precise e ben fondate.

Molti linguisti ritengono che il cosiddetto **componente semantico** di una frase (v. 2.5) dipenda esclusivamente dal lessico: di conseguenza si considera il lessico come l'unico dominio della semantica. Ma il significato di una frase dipende anche da altri fattori. La frase *oggi è proprio una giornata fredda*, se è realizzata in una certa situazione, non è semplicemente constatativa. Può contenere in sé un invito (o un ordine) implicito a chiudere la finestra. Diciamo che si tratta di una frase che possiede una **forza pragmatica**. Nel corso della giornata facciamo un largo uso di frasi simili, le quali possiedono un significato implicito, del tutto diverso da quello che appare in superficie (v. 9.2). Vediamo intanto tre di queste espressioni linguistiche indirette con le loro rispettive 'traduzioni': *oggi è proprio una giornata fredda* 'chiudi la finestra'; *Giulia è proprio elegante!* 'è vestita proprio male'; *ma non dovevi uscire?* 'vattene!'.

Esistono poi delle frasi convenzionali, brevi, e per lo più di semplice struttura, le quali sono usate in certi contesti solo in virtù della loro forza pragmatica: *ma fammi il piacere!* 'no!'; *come ti permetti?* 'non tollero questo!'; *ma che cosa vai dicendo?* 'non è vero'; *dove sta scritto?* 'non è vero'.

I significati (posti tra virgolette) di queste brevi frasi non possono essere dedotti dalla loro composizione. Altrettanto accade per le cosiddette **frasi idiomatiche** (o **idiotismi** o **modi di dire**): *di punto in bianco, fare un salto a casa, dare un colpo di telefono, avere le lune, menar il can per l'aia, prendere un granchio, fare l'indiano, cadere dalle nuvole*. Gli idiotismi hanno un significato del tutto convenzionale, difficilmente collegabile o addirittura del tutto estraneo ai significati dei rispettivi componenti. Gli idiotismi, così come le brevi frasi dotate di forza pragmatica citate prima, fanno parte del **discorso ripetuto**, vale a dire del discorso legato, non libero, automatico, lessicalizzato, per spiegare il quale non è stata ancora trovata un'analisi semantica adeguata.

Spesso il significato di una frase è tratto da qualcosa che è estraneo alla frase stessa. Il parlante comune lo ricava dal significato delle parole; alcuni linguisti (per esempio, i sostenitori della cosiddetta "semantica generativa") lo derivano da una **struttura logico-semantica**, che è definita "di base"; coloro che si rifanno ai princìpi della linguistica pragmatica (v. 5.2) lo derivano invece da **informazioni contestuali, referenziali** e **pragmatiche**. Insomma da una parte abbiamo i sostenitori del significato meramente lessicale di una frase; dall'altra abbiamo coloro che fanno provenire il significato frasale da una pluralità di fonti. Anche questa seconda soluzione appare criticabile. Invece di sorgere da un principio interpretativo unitario, il significato frasale sembra scomporsi in una serie di fattori diversi: lessicale, grammaticale, referenziale, logico, pragmatico, enunciativo. Manca tuttavia una sintesi finale che riassuma in sé questi aspetti.

Per quanto riguarda il significato frasale alcuni linguisti pongono in primo piano il concetto di **accettabilità**, che nella semantica corrisponde a ciò che è la **grammaticalità** nella grammatica. Posti di fronte a una frase ci si domanda: è accettabile o no? Per esempio, *il Sole riscalda la Terra* lo è; non lo è invece **il Sole ipoteca la Terra*; questa frase è grammaticale ma non è accettabile. Un insieme di parole come *sole il la riscaldano terra* non è una frase e non è grammaticale (v. 3.4). La frase *il Sole ipoteca la Terra*, giudicata non accettabile, lo potrebbe forse divenire in un particolare contesto. Un titolo che leggo in un giornale *Le Borse affondano nel Golfo* sembrerebbe una frase non accettabile. Il chiarimento viene dalla lettura dell'occhiello: *Primi devastanti effetti della crisi mediorientale sui mercati di tutto il mondo travolti dal petrolio, il cui prezzo sale alle stelle.* Sarebbe troppo facile elencare altre frasi il cui significato si chiarisce soltanto mediante la lettura del contesto. In ogni modo il principio dell'accettabilità, non essendo fondato su basi certe, non può dare certezze assolute; al tempo stesso non può operare quella sintesi tra fattori diversi (lessicale, grammaticale, referenziale, logico, pragmatico, enunciativo) che potrebbe fornirci un valido criterio interpretativo.

Infatti l'accettabilità, considerata come una conseguenza dell'intelligibilità, dipende da molti fattori che non sono esattamente definibili. Una frase che non sembra a prima vista accettabile, lo diventa se viene realizzata con un intento ironico, con un sottinteso, con una particolare connotazione.

I problemi concernenti la semantica frasale sono dunque così vari e complessi che appare difficile arrivare a conclusioni certe. In ogni caso è possibile fissare qualche punto fermo. Innanzi tutto esistono delle **regole semantiche** che legano tra loro certi tipi di frase secondo rapporti di equivalenza, di implicazione e d'incompatibilità. Per esempio, il sillogismo è un ragionamento in cui appaiono tre proposizioni collegate tra loro in modo tale che dalle prime due, dette premesse, se ne ricava una terza, detta conclusione: *l'uomo è mortale — Socrate è un uomo — Socrate è mortale.* Qui abbiamo di fronte, non una frase qualsiasi, ma una frase costruita rigidamente secondo rapporti logici ben determinati. Diremo allora che le regole semantiche si possono applicare soltanto a frasi ben definite dal punto di vista referenziale, lessicale e modale. Non tutte le frasi che produciamo quotidianamente possiedono questi requisiti, anzi possiamo dire che la maggior parte di esse non li possiede affatto.

Si noterà poi che le frasi hanno una loro struttura interna in cui possiamo distinguere tre aspetti: prosodico, sintattico, enunciativo. La frase è in genere delimitata all'inizio e alla fine da un'intonazione (schema prosodico), la quale inoltre ci fa capire subito se si tratta di una frase affermativa o interrogativa o imperativa. Degli schemi sintattici (reggenze, ordine delle parole) governano la frase (v. 2.3). Nella frase si individuano anche degli schemi enunciativi che segnalano il noto (o **tema**) rispetto al nuovo (o svolgimento o **rèma**; v. 3.7); cfr. *non voglio sentir parlare* (tema) *di spese* (rèma) con *di spese* (tema) *non voglio sentir parlare* (rèma). Questi tre aspetti, che agiscono con diversa forza nel parlato e nello scritto, impongono uno schema intonativo, sintattico ed enunciativo alla frase, che in tal modo risulta ben delimitata. Però il problema rimane sempre insoluto: sappiamo che cosa è una frase; non sappiamo perché essa significhi qualcosa.

CAPITOLO 5

LA PRAGMATICA

5·1　OLTRE LA SINTASSI E LA SEMANTICA

Abbiamo visto (1.9 e 2.5) che lo strutturalismo e la grammatica generativo-trasforma-zionale analizzano prevalentemente frasi isolate di una lingua, senza prendere in considerazione la personalità e gli atteggiamenti di chi parla e di chi ascolta come anche le circostanze in cui avviene un dialogo o è composto uno scritto. Non tengo-no quindi conto di tutto quell'insieme di presupposti e sottintesi che, pur mancando di una codifica esplicita nella frase, programmano e regolano il discorso stesso.

Ma, a ben vedere, non si può prescindere dal contesto situazionale in cui av-viene la comunicazione: sono importanti il tempo e il luogo (più precisamente la posizione e lo spazio percettivo degli interlocutori), il sistema di conoscenze del ricevente, le ipotesi dell'emittente sulle conoscenze e sulle facoltà del ricevente e così via. Sappiamo bene dalla nostra quotidiana esperienza che la stessa frase det-ta da un adulto a un bambino, da un amico o da un estraneo, inserita o no in un determinato contesto, può assumere significati diversi e talora opposti. Prendiamo come esempio il seguente enunciato:

Qui si parla italiano.

Questa frase può avere un valore di semplice informazione quando appare in un cartello esposto in un negozio o presso uno sportello (all'estero). Rivolta a un ospite straniero (nel corso di un ricevimento), è un'esortazione a parlare la nostra lingua. Pronunciata da un insegnante di italiano in una scuola per stranieri, ha la funzione di un ordine. Secondo le situazioni, quindi, la frase può avere un valore di principio generale (il cartello e la scuola) oppure essere legata alle circostanze del momento (il ricevimento). Può essere un segno di cortesia e disponibilità (il cartello) o un'imposizione (la scuola). In ogni contesto c'è un sistema di attese ri-guardo alle possibili reazioni del ricevente: nel caso del cartello, per esempio, non ci si aspetta necessariamente che il ricevente parli effettivamente italiano, mentre a scuola lo si dà per scontato.

La comunicazione è una forma particolare di comportamento. Nello schema che segue[1] si può vedere come i diversi modi di comportamento si delimitano a vicenda.

---

[1] Questo schema, come l'altro di p. 100, è tratto, con alcuni adattamenti, dal volume: A. Linke, M. Nussbaumer, P.R. Portmann, *Studienbuch Linguistik*, Niemeyer, Tübingen 1991, pp. 173 e 175.

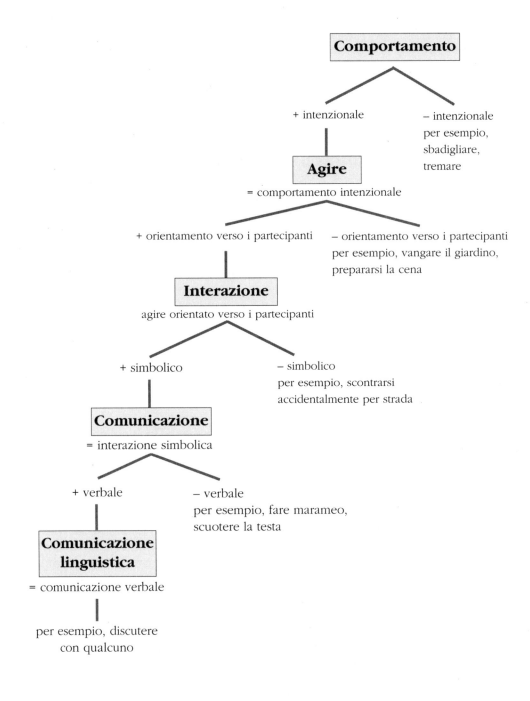

5·2   PARLARE È AGIRE: GLI ATTI LINGUISTICI

È la **linguistica pragmatica** (dal greco *prâgma, prágmatos* 'azione'), affermatasi (soprattutto negli ultimi decenni) in Germania e nei Paesi anglosassoni, a occuparsi dei rapporti tra la lingua e i contesti situazionali. Tale disciplina studia gli usi comùnicativi reali, tenendo conto soprattutto delle intenzioni del parlante. La pragmatica presenta quindi numerosi punti di contatto con la sociolinguistica e la linguistica testuale, proprio in quanto concepisce la lingua come un'attività condizionata dal punto di vista sociale e pianificata in modo da conseguire certi obiettivi.

La linguistica pragmatica ritiene che il parlare sia un'azione e che gli uomini, quando parlano, compiano degli **atti linguistici**. Bisogna descrivere e interpretare tali atti linguistici, mostrando al tempo stesso le intenzioni e il contesto che li accompagnano.

Gli studiosi di linguistica pragmatica s'interessano del parlante in azione, vale a dire in azione linguistica: passa in secondo piano il sistema della lingua considerato nella sua autonomia, che era invece fondamentale per gli strutturalisti. Sia Saussure sia Chomsky avevano rivolto la loro attenzione agli aspetti sistematici della lingua, trascurando il concreto realizzarsi di essa come interazione tra individui concreti e in circostanze ben determinate. I principali obiettivi di questo nuovo ramo della linguistica sono stati riassunti dal linguista Dieter Wunderlich in una serie di domande: come si stabilisce il rapporto con un'altra persona per mezzo di un'espressione linguistica? come si mantengono i rapporti che già esistono? come si può agire sui pensieri e sui comportamenti di altre persone? in che senso espressioni linguistiche possono essere intese come tipi specifici di azione? quali sono i motivi per cui un'azione linguistica ha successo o no in certe condizioni? quali conseguenze risultano di volta in volta per il partecipante della comunicazione? come ci si riferisce, parlando, al contesto della situazione e dell'azione? come ci si riferisce alla realtà della natura, della società e dei processi di lavoro, mediati dalla tradizione, dall'educazione e dall'esperienza?

Si distinguono tre principali percorsi nell'ambito della linguistica pragmatica, la quale può essere considerata come: 1) dottrina dell'uso dei segni; 2) linguistica del dialogo; 3) teoria dell'azione linguistica.

Tra i suoi obiettivi principali la linguistica pragmatica si propone lo studio del **dialogo**. Di questo si devono innanzi tutto distinguere vari scopi: comunicazione, domanda, risposta, preghiera, saluto, ingiunzione, convincimento, esortazione, allusione, offesa, minaccia ecc. Bisogna poi distinguere tra ciò che è detto effettivamente nel discorso e ciò che è sottinteso: vale a dire tra l'**esplicito** e l'**implicito**. Vedremo in seguito (v. 9.2) che il fine nascosto di un discorso è un fattore molto importante, che orienta e determina il discorso stesso. Sono importanti gli atti linguistici indiretti. Per esempio, le chiacchiere sul tempo (bello o brutto che sia) servono non per comunicare ma per stabilire un contatto con un interlocutore che ancora non si conosce bene, servono cioè per saggiare le sue intenzioni.

Il filosofo inglese J. L. Austin (1911-1960) nel saggio *How to do Things with Words*, pubblicato postumo nel 1962[1], affermò che, oltre alle frasi affermative e

---

[1] Cfr. la traduzione italiana: *Come fare cose con le parole*, a cura di C. Penco e M. Sbisà, Marietti, Genova 1987.

descrittive, esistono anche **frasi-azioni**, vale a dire delle frasi che, quando sono pronunciate, costituiscono per se stesse delle azioni. Tale teoria è stata sviluppata dallo statunitense J.R. Searle nel saggio *Speech Acts*, apparso nel 1969[1].

Se io dico: *«battezzo questa nave con il nome di "Invincibile"»*; *«giuro di dire la verità»*; *«ti prometto di venire alle sette»*; *«benvenuti a casa mia»*, pronunciando queste frasi io compio di fatto delle azioni che si chiamano rispettivamente: battesimo, giuramento, promessa, saluto.

Allora si può distinguere fra:

ATTO LOCUTORIO   che consiste soltanto nel dire qualcosa, per esempio: *Mario mangia la mela*; *questa camera è ampia e assolata*;

ATTO ILLOCUTORIO   che consiste nel fare un'azione dicendo qualcosa (v. gli esempi del battesimo, della promessa e del saluto);

più precisamente, secondo Austin, l'atto illocutorio è l'atto con cui si operano trasformazioni, che sono accettate da coloro che partecipano all'azione linguistica; tali trasformazioni riguardano le modalità di "potere", "dovere" e "sapere", che caratterizzano la relazione fra gli interlocutori.

ATTO PERLOCUTORIO   che è tale da provocare un effetto sull'ascoltatore; per esempio, le frasi che servono a convincere, a minacciare, a incoraggiare ecc.

5·3   GLI ATTI LINGUISTICI INDIRETTI E LE IMPLICATURE CONVERSAZIONALI

Ciò che il parlante intende comunicare, spesso non viene enunciato direttamente o formulato in maniera esplicita. Consideriamo, per esempio, il seguente dialogo:

A: *Vieni al cinema con me stasera?*
B: *Devo preparare un esame.*

Qui l'interlocutore non dà una risposta negativa diretta. Egli fornisce una spiegazione sul perché non può accettare la proposta: ha un impegno di studio inderogabile e quindi, dal momento che non si possono fare più cose contemporaneamente, deve declinare l'invito. In numerosi casi l'atto linguistico indiretto è quindi una forma di cortesia.

Le conoscenze pragmatiche intorno agli atti linguistici indiretti sono di fondamentale importanza per un corretto svolgersi della comunicazione quotidiana. Prendiamo, per esempio, le seguenti due frasi interrogative:

Mi sai dire l'ora?
Mi puoi passare il sale?

Una risposta che si limiti a un semplice *sì* verbale – e non sia rispettivamente seguita dall'indicazione dell'ora oppure dal gesto di porgere il sale – è considerata altamente inappropriata. In realtà, non si tratta di domande circa le conoscenze (*sai?*) o le capacità (*puoi?*) dell'interlocutore. La frase interrogativa è solo un modo convenzionalizzato per esprimere una richiesta in forma cortese.

---

[1] Traduzione italiana: *Atti linguistici*, Boringhieri, Torino 1976.

A volte, risulta difficile stabilire se si tratta di un atto linguistico diretto o indiretto. Immaginiamo che in un ambiente dove il fumo sia vietato ci venga rivolta la domanda *Le dispiace se fumo una sigaretta?* Se considero tale domanda un atto linguistico diretto, sarò "autorizzato" a rispondere anche con un *sì* (se effettivamente il fumo mi dà fastidio). Se invece la interpreto come un atto indiretto (nel senso di 'Le comunico che mi accenderò una sigaretta'), allora dovrò rispondere solo con un *no*.

Gli atti linguistici indiretti richiedono sempre un lavoro di interpretazione del messaggio. Il filosofo inglese H.P. Grice ha elaborato una serie di princìpi che regolano tali processi interpretativi. Premessa di ogni comunicazione è il **principio di cooperazione** tra i parlanti, che si può riassumere nel seguente modo: "il tuo contributo alla conversazione sia quello che è richiesto, al momento opportuno, dagli scopi o dall'orientamento del discorso". Nell'ambito di questo principio generale, si possono stabilire quattro "massime" più particolari che governano la nostra conversazione:

1) **massima di quantità**: "dà un contributo tanto informativo quanto è richiesto dagli scopi dello scambio";
2) **massima di qualità**: "tenta di dare un contributo vero, e quindi non dire cose false o per le quali non hai prove adeguate";
3) **massima di relazione**: "sii pertinente";
4) **massima di modo**: "sii perspicuo, e quindi evita di essere oscuro, ambiguo, prolisso, confuso".

Tuttavia tali princìpi sono spesso violati consapevolmente per realizzare una **implicatura conversazionale**: si formula un messaggio che, per via di un atto linguistico indiretto, ne sottintende in realtà un altro. Le violazioni della massima di quantità sono a volte dovute a forme di cortesia più che di reticenza vera e propria. Se, per esempio, all'allenatore di una squadra sportiva si chiede un giudizio sulla validità di un determinato giocatore, egli può rispondere: *Bianchi si impegna molto*. L'impegno, si sa, è una qualità importante, ma di per sé non risulta sufficiente per avere successo nello sport. Tacendo sulle altre caratteristiche del giocatore, l'allenatore lascia intendere che vi siano gravi lacune sul piano della tecnica o della preparazione fisica. Anche la massima di qualità può essere ignorata, per esempio, se il medico non rivela al paziente tutta la gravità della sua situazione. La massima di relazione può essere violata per cambiare repentinamente discorso, con lo scopo di salvare una situazione imbarazzante; il discorso viene in questi casi indirizzato verso argomenti generali che non riguardano da vicino nessuno dei partecipanti alla comunicazione:

(durante un pranzo)
A: *Si può sapere di quale partito sei?*
B: [silenzio imbarazzato]
C: [rivolto a entrambi] *Ottimo questo risotto!*

La massima di modo non viene spesso rispettata nei testi poetici. Di non facile interpretazione possono risultare, per esempio, espressioni come *bello di fama e di sventura* (Foscolo).

In realtà, va detto che le violazioni costituiscono uno sfruttamento comunicativo delle massime stesse. L'ascoltatore presuppone, fino a prova contraria, che il parlante continui a cooperare nella conversazione e quindi, trovandosi di fronte a incongruenze o mancanze, è portato a ricercare nelle parole dell'altro un senso più nascosto.

5·4 LA DEISSI

Immaginiamo di tornare da un lungo viaggio e di trovare sulla segreteria telefonica il seguente messaggio:

> *Buon giorno! Sono io. Senta, possiamo vederci qui dopodomani?*

È un messaggio che risulta impossibile da interpretare: l'indicazione temporale *dopodomani* è vaga perché non conosciamo il momento esatto in cui è stato inciso il messaggio; anche *qui* non è interpretabile in quanto non sappiamo da dove è stata effettuata la telefonata; il pronome personale *io*, infine, non può essere associato a un referente (a meno che non si riesca a riconoscere l'autore della telefonata dalla voce). Un messaggio più appropriato avrebbe potuto essere, per esempio, il seguente:

> *Buon giorno! Sono l'avvocato Rossi. Senta, possiamo vederci nel mio studio di Roma il 20 settembre 1996?*

Nel primo caso, la comunicazione può non aver successo perché manca il quadro di riferimento cui ancorare i cosiddetti **elementi deittici** utilizzati. I deittici servono a mettere in rapporto l'enunciato con il contesto situazionale: più precisamente, a collocarlo nello spazio e nel tempo nonché a individuare i partecipanti alla comunicazione.

Vi sono cinque principali tipi di deittici:

1) I **deittici spaziali** possono essere, per esempio, avverbi (*qui – lì* e *destra – sinistra*), dimostrativi (*questo-quello*). Anche verbi come *andare* e *venire* assumono spesso un valore deittico, indicando rispettivamente un movimento che si allontana o si avvicina rispetto al parlante.

2) I **deittici temporali** sono, per esempio, gli avverbi *ieri, oggi, domani, presto* o locuzioni come *poco fa, fra non molto* o *la settimana prossima*. Anche i morfemi dei vari tempi verbali (indicanti il presente, passato o futuro) hanno valore deittico.

3) I **deittici personali** fanno riferimento all'identità dei partecipanti alla comunicazione (*io, tu, noi, voi* ecc.). Interessante è l'uso di *noi*, che può essere inclusivo o esclusivo, a seconda se comprende o meno anche l'interlocutore; in certi contesti può essere usato come *pluralis majestatis*.

4) I **deittici sociali** si ricollegano ai rapporti socio-gerarchici tra gli interlocutori. In italiano abbiamo i pronomi allocutivi: il "confidenziale" *tu* e il "reverenziale" *lei*. In realtà, il loro uso è più complesso di quanto possa sembrare a prima vista: il *tu*, in determinate situazioni, può essere offensivo e il *lei*, più che cortesia, può anche esprimere freddo distacco.

5) I **deittici testuali** servono all'organizzazione del discorso. Si tratta di una forma di deissi derivata: per il testo scritto è preferito l'uso di deittici aventi originariamente funzione spaziale (*vedi sopra, vedi sotto, più avanti* ecc.); per il testo orale si ha invece la ripresa di deittici temporali (*prima, dopo, fra poco* ecc.).

Possiamo approfondire brevemente alcuni aspetti della deissi spaziale. Abbiamo detto che il punto di riferimento del sistema deittico, la **origo**, coincide con la posizione del parlante. In realtà, il parlante si può identificare anche con altri luoghi come, per esempio, la collocazione dell'ascoltatore: nella frase *Domani verrò a trovarti*, il parlante – pur dovendo rappresentare un allontanamento dalla sua attuale posizione – usa il verbo di avvicinamento *venire*.

Bisogna distinguere varie forme di deissi: nella **deissi primaria** è decisiva l'attuale collocazione dei partecipanti alla comunicazione. Immaginiamo, per esempio, la seguente conversazione in un appartamento dove è appena andata via la luce:

Bambino: *Mamma, dove sei?*
Madre: *Non ti preoccupare, sono QUI!*

Il deittico QUI può significare '(qui) in salone', '(qui) in cucina', '(qui) nella stanza da letto' ecc., a seconda dove si trovi la madre al momento di pronunciare questa frase. Nella **deissi secondaria**, invece, si prescinde dalla collocazione del parlante. Vediamo come esempio la seguente frase di un racconto:

Cesare arrivò a Roma. QUI il clima era cambiato in suo sfavore.

La deissi è interna al testo e risulta pertanto irrilevante se lo scrivente, al momento della stesura, si trova effettivamente a Roma o in un qualsiasi altro luogo. In altri casi di deissi secondaria, lo spazio della situazione comunicativa concreta serve solo a rappresentare un altro tipo di spazio; immaginiamo la seguente frase pronunciata puntando il dito sullo stradario:

QUI è la nostra casa.

La cartina, a cui si riferisce il deittico *qui*, rimanda a sua volta alla topografia della città di cui è la rappresentazione grafica. Simile è il caso della frase:

la pallottola lo ha colpito proprio QUI (indicando la propria spalla).

Interessanti sono infine i casi in cui una prospettiva deittica entra in conflitto con una prospettiva cosiddetta **intrinseca**. Vediamo, per esempio, il seguente uso ambiguo della preposizione *davanti*. Un istruttore di guida si rivolge al suo allievo: *parcheggia davanti a quella macchina*. In una lettura deittica, *davanti* vuol dire 'sul lato più vicino al parlante'; a complicare le cose viene il fatto che un'automobile ha un orientamento intrinseco, vale a dire un muso e una coda; *davanti* può essere quindi anche interpretato come 'sul lato anteriore della vettura'.

5·5 LA MORFOPRAGMATICA

La morfopragmatica è un recente indirizzo di studi che mira a combinare l'analisi morfologica – di solito considerata soltanto nei suoi rapporti con la fonologia, la sintassi o al limite anche la semantica – con considerazioni di natura pragmatica. L'interpretazione di certi fenomeni morfologici non si può spiegare senza il ricorso a parametri che caratterizzano la situazione comunicativa in cui una determinata forma viene usata.

Consideriamo l'uso del suffisso diminutivo in italiano. Normalmente, il diminutivo indica una quantità ridotta o una dimensione piccola: *casetta* è una casa piccola, *ragazzino* è un ragazzo piccolo ecc. Consideriamo invece il seguente esempio:

Moglie: *Aiuto, c'è un topo!*
Marito: *Ma dai, è soltanto un topolino.*

In questo caso, sia *topo* sia *topolino* si riferiscono allo stesso esemplare di animale. Con l'uso del diminutivo, si ha una reinterpretazione connotativa del referente. Il parlante A formula un atto linguistico indiretto: l'esclamazione contiene in realtà un'esortazione rivolta all'ascoltatore, del tipo 'andiamo via di qui' o 'caccia via il topo per me'. Minimizzando l'importanza del topo (e sfruttando le connotazioni di affettuosità e familiarità che spesso accompagnano il diminutivo), il parlante B segnala invece che non intende prendere alcun provvedimento. Si potrebbe immaginare la seguente continuazione del dialogo:

Marito: *Ma dai, è soltanto un topolino.*
Moglie: *È un topolone, altro che!*

© Disney - Per gentile concessione della W. Disney Company Italia Spa

La moglie non usa il semplice accrescitivo *topone*, ma fa precedere il suffisso *-one* (che comporta associazioni negative come goffaggine, rozzezza ecc.) dall'infisso *-l-*, normalmente legato al diminutivo e alle sue connotazioni positive. Combinando suffissi dai valori connotativi opposti, la moglie sembra dare parzialmente ragione al marito, rimanendo però sostanzialmente legata alla propria posizione di partenza.

In generale, si può notare che il significato connotativo del diminutivo è dipendente dal contesto pragmatico. Nella frase *che cosa ne dici di un grappino?*, il diminutivo può servire a sottolineare l'intimità e l'amicizia esistente tra gli interlocutori; può essere segno di snobismo invece nell'esempio *perché non venite tutti nella mia casetta di campagna?* (in riferimento a una residenza sontuosa); può avere valore ironico-spregiativo nel caso di *senti, ragazzino!* (frase rivolta a un adulto). È stato inoltre osservato che il diminutivo viene usato spesso quando ci si rivolge a un bambino piccolo; sono in genere poi le donne a impiegare il diminutivo con maggiore frequenza; un accumulo di diminutivi si nota anche nel parlare degli innamorati. L'uso del diminutivo dipende quindi, in una certa misura, dall'atteggiamento dell'emittente e del ricevente, dal tipo di atto linguistico e dalla situazione comunicativa.

Possiamo analizzare un ulteriore caso in cui considerazioni pragmatico-culturali risultano rilevanti per l'interpretazione di determinate parole. Prendiamo le formazioni con il suffisso -*ista*, che di per sé risulta neutro rispetto al sesso del referente: *farmacista* o *borsista*, per esempio, possono riferirsi sia a una donna sia a un uomo. Questi nomi ambigui, in casi particolari, ricevono però spontaneamente un'interpretazione specifica: così, per esempio, la parola *elettricista* evoca di solito l'idea di un referente maschile, *estetista* invece di uno femminile. Anche in casi come *agricoltore* (che è ambiguo in quanto non esiste *agricoltrice*) il genere grammaticale, di solito desemantizzato, viene interpretato come genere naturale (in questo esempio come maschile). Queste interpretazioni sono ovviamente legate alle nostre **conoscenze enciclopediche**. Per fare un altro esempio: il parlante "sa" che la parola *lavastoviglie* si riferisce a un elettrodomestico, *lavapiatti* invece a un essere umano. In questi composti, l'assegnazione del tratto [± umano] avviene quindi in base a criteri extralinguistici.

5·6   LA LINGUISTICA PRAGMATICA INDICA NUOVI ORIZZONTI

Mediante la linguistica pragmatica si sono affermati nuovi orientamenti nello studio e nell'analisi delle lingue:

1) La realtà linguistica è più importante delle frasi idealizzate (frasi create a tavolino in condizioni ideali) e staccate dal contesto; la linguistica orientata verso la concreta comunicazione verbale appare certamente più proficua di uno studio meramente formale della lingua.

2) Ci si interessa sempre di più agli aspetti dinamici di una lingua, al suo continuo "farsi" e "rimodellarsi" secondo gli utenti, le circostanze e i presupposti; il linguista non deve limitarsi a descrivere gli aspetti materiali di una lingua, vale a dire le parole, le espressioni e le frasi, considerate soltanto dal punto di vista delle forme; deve confrontare le forme linguistiche con le situazioni in cui vengono realizzate e con l'ambiente culturale che le produce.

3) La lingua parlata, nei suoi vari gradi e nelle sue diverse realizzazioni, attira sempre più l'attenzione degli studiosi, che la considerano giustamente alla base di tutta l'attività linguistica dell'uomo (v. 10.1).

4) Si è affermato un nuovo concetto di **competenza**, la quale non riguarda soltanto la grammatica (per esempio, un errore di morfologia o di sintassi) e il lessico (l'uso improprio di una parola, di un'espressione), ma la comunicazione nella sua globalità. In una conversazione si può assumere un ruolo sbagliato. Si può dire una frase "fuori posto", che provoca incomprensioni e risentimenti. Si può usare una parola, appropriata per il significato, ma inadeguata alla situazione.

> Chi possiede a fondo la lingua italiana conosce non soltanto il significato delle parole e la loro giusta collocazione in una frase, ma è consapevole della loro appropriatezza a una determinata situazione e a un determinato interlocutore. Per esempio, per richiamare l'attenzione di qualcuno si possono usare varie parole: *scusi...*, *scusa...*, *per*

favore..., *ehi!*, *signore*, *prego*, *dica* ecc.; ma queste diverse formule di richiamo, ulteriormente differenziabili mediante varie intonazioni della voce, possiedono diversi valori sociali e situazionali. Esiste una sorta di codificazione di tali formule che esprimono sentimenti diversi: rispetto, confidenza, gentilezza, superiorità, parità, pazienza, impazienza e così via.

Lo schema che segue mostra come i parlanti che comunicano tra loro debbano, per intendersi, condividere una certa conoscenza della lingua; un enunciato viene prodotto in rapporto alle intenzioni e motivazioni dei parlanti e in rapporto a una situazione oggettiva.

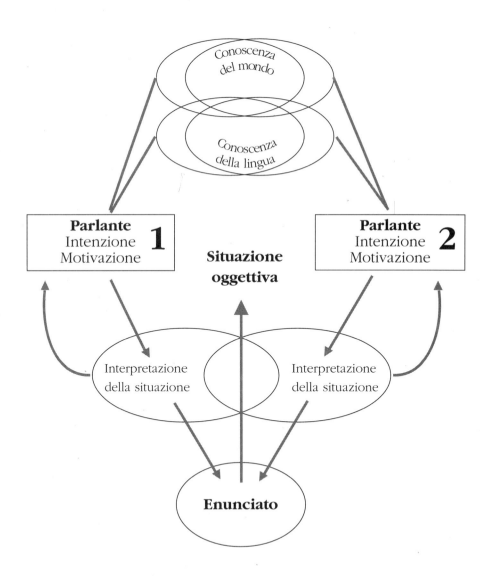

CAPITOLO 6

DAL LATINO ALL'ITALIANO

6·1   IL LATINO È UNA LINGUA INDOEUROPEA

La famiglia indoeuropea comprende molte lingue che sono usate (o furono usate in passato) nell'Europa e in parte dell'Asia[1]. Tali lingue si dividono in alcune sottofamiglie. Procedendo da occidente a oriente abbiamo:

● in Europa: le lingue celtiche (gallico, scomparso; irlandese, bretone, gallese); il latino, da cui sono nate le lingue romanze; le lingue italiche (venetico, osco, umbro ecc.), tutte scomparse; le lingue germaniche (le più importanti sono: inglese, tedesco, olandese, danese, svedese, norvegese; le ultime tre formano il gruppo delle lingue nordiche; ricordiamo ancora il gotico, lingua estinta); il greco, documentato dal II millennio a.C. ai nostri giorni; l'albanese; le lingue baltiche (antico prussiano, scomparso; lituano, lèttone); le lingue slave (sloveno, ceco, polacco, russo ecc.);

● nell'Asia Minore: l'armeno; il frigio, scomparso; le lingue anatoliche (tra le quali vanno ricordate almeno l'ittito e il lidio), tutte scomparse;

● nell'Asia centrale: le lingue indoiraniche, che dalle prime attestazioni scritte (i Veda per l'indiano, l'Avesta per l'iranico) giungono fino ai nostri giorni; il tocario, scomparso.

Le lingue indoeuropee presentano tra loro una serie compatta di **corrispondenze fonologiche**, **grammaticali** e **lessicali**, le quali si possono giustificare soltanto se si ammette l'esistenza di una fase linguistica comune: il cosiddetto indoeuropeo.

■   Pertanto **l'indoeuropeo** si può definire così: è una fase linguistica molto antica della quale non abbiamo documenti diretti, ma della quale si deve ammettere l'esistenza per spiegare le corrispondenze, numerose e precise, che collegano tra loro la maggior parte delle lingue europee e varie lingue dell'Asia.

---

[1] Dall'Europa alcune lingue indoeuropee (l'inglese, lo spagnolo, il portoghese e il francese) si sono diffuse, con il fenomeno della colonizzazione, in varie parti del mondo.

6·2   IL LATINO CLASSICO E IL LATINO VOLGARE

Il latino, presente dapprima in una zona circoscritta del Lazio, si estese poi enormemente nel mondo antico in seguito alle conquiste dei Romani.

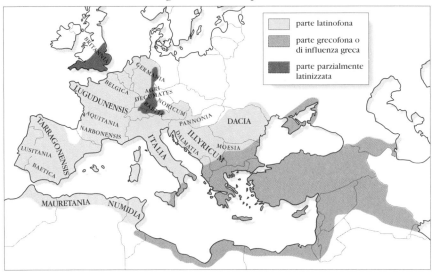

L'Impero romano verso il III secolo d.C. (da L. Renzi, *Nuova introduzione alla filologia romanza*, Il Mulino, Bologna 1985).

> La cartina rappresenta la massima estensione territoriale del latino in epoca antica (III sec. d.C.). In alcune regioni, nelle quali la romanizzazione fu superficiale, la latinità scomparsa si ricostruisce soltanto attraverso i relitti della toponomastica.

L'uso del latino si afferma probabilmente nell'VIII secolo a.C. (un'ampia documentazione scritta si ha a partire dal III secolo a.C.) e termina nel periodo compreso tra il 600 e l'800 d.C.[1], quando nascono le lingue romanze. Queste ultime non sono altro che il risultato di un lungo processo di evoluzione e di differenziazione del latino.

All'origine delle lingue romanze non c'è il **latino classico**, lingua della letteratura e della scuola, lingua intenta a riprodurre nel corso dei secoli le stesse forme grammaticali, lessicali e stilistiche; all'origine delle lingue romanze (e quindi anche dell'italiano) c'è il **latino volgare**. Questo aggettivo può forse provocare qualche malinteso: sarebbe forse meglio parlare di latino parlato o di latino comune. Infatti non si tratta soltanto della lingua parlata dagli strati più bassi della popolazione, ma della lingua parlata da tutti, anche se con molte diversità e sfumature, dipendenti tra l'altro dalla provenienza e dalla classe sociale dei parlanti. Una lingua dunque, a differenza del latino classico, soggetta a mutare nel tempo e nello spazio assieme allo sviluppo della società che la parla.

Tra latino classico e latino volgare esistono differenze che riguardano la fonologia, la morfologia, la sintassi e il lessico; ma non si tratta di due lingue: sono due aspetti della stessa lingua. Le differenze che corrono tra l'italiano letterario e

---

[1] Il latino continuerà a essere usato nei secoli successivi, fino ai nostri giorni, come lingua (prevalentemente scritta) di cultura.

l'italiano parlato oggi sono forse minori, ma in una certa misura sono confrontabili con quelle che distinguono il latino classico dal latino volgare.

6·3 LE LINGUE ROMANZE

Estendendosi nello spazio e nel tempo il latino parlato dai soldati e dai coloni, che conquistavano sempre nuovi territori, tendeva a evolversi e a differenziarsi localmente per il concorrere di varie cause:

● il fatto che i conquistatori provenissero da diverse regioni d'Italia comportava una diversità di partenza del loro latino parlato;

● secondo l'epoca in cui era avvenuta la conquista, la lingua importata (il latino volgare) presentava qualche diversità;

● il contatto con le lingue dei popoli sottomessi era causa di nuovi mutamenti; la lingua abbandonata dai vinti (per esempio, l'osco, l'etrusco, il celtico, l'iberico, l'illirico) in favore del latino influenzava quest'ultimo conferendogli pronunce particolari e, talvolta, imponendogli vocaboli regionali.

Nuovi fattori di differenziazione si affermano più tardi. La **diffusione del Cristianesimo**, con i suoi contenuti di fede, con la sua origine ebraica, con le prime comunità di credenti di lingua greca, influì sull'evoluzione del latino volgare. Successivamente si ebbero **le invasioni dei barbari**. Il territorio, che per secoli era stato unito sotto il dominio di Roma, si frantumò in più regni dominati da varie stirpi di Germani (Franchi, Burgundi, Vandali, Visigoti, Longobardi); i particolarismi linguistici della varie zone della Romània (era questo il nome popolare con cui si designava l'impero) si svilupparono maggiormente sia per le condizioni di isolamento sia per l'influsso delle lingue germaniche (v. 12.9.2). I regni barbarici prefigurano alla lontana gli Stati dell'Europa moderna: per esempio, la Spagna, la Francia, l'Italia.

In seguito alle invasioni che sconvolsero il vastissimo territorio in cui si parlava il latino, questa lingua scomparve da alcune regioni (dall'Africa, dall'Europa centrale al di là delle Alpi, dall'Inghilterra, da gran parte dei Balcani). In altre regioni si differenziò in una grande varietà di parlate che si possono raggruppare in undici rami principali; da occidente a oriente abbiamo:

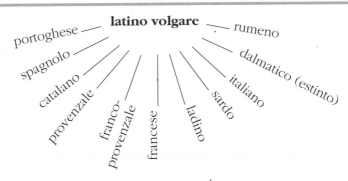

lingue romanze (o neolatine)

Il nostro schema semplifica una situazione molto complessa: basterà ricordare che sotto l'etichetta «italiano» si nascondono i molteplici dialetti della nostra Penisola (li possiamo distinguere almeno in due grandi gruppi: dialetti settentrionali e dialetti centro-meridionali: v. 8.4). Anche gli altri rami del nostro schema si distinguono in più varietà: così accade per il rumeno, per il sardo e per il ladino. Sotto le etichette «portoghese», «spagnolo», «francese» ci sono in realtà i dialetti del Portogallo, della Spagna e della Francia.

Le lingue romanze possono essere ordinate in alcuni raggruppamenti, sulla base di criteri linguistici (convergenze nell'evoluzione fonetica dal latino volgare, convergenza di fenomeni morfologici), della ripartizione geografica, delle lingue di sostrato ecc. Riproduciamo qui di seguito la classificazione proposta da C. Tagliavini, *Le origini delle lingue neolatine*, Bologna, Pàtron, 1972, p. 354:

a) Rumeno .... } Balcano-romanzo

b) Dalmatico ....
    Italiano ....
    Sardo .... } Italo-romanzo
    Ladino ....

c) Francese ....
    Franco-provenzale ....
    Provenzale (e Guascone) .... } Gallo-romanzo
    Catalano ....

d) Spagnolo ....
    Portoghese .... } Ibero-romanzo

Come appare da questo schema, i confini fra un raggruppamento e l'altro non sono sempre ben delineati. Per esempio, il dalmatico, che per molti tratti concorda con il rumeno, ha anche numerosi punti di contatto con l'italiano e può quindi essere considerato una varietà di passaggio fra il balcano-romanzo e l'italo-romanzo. Analogamente il catalano, se per vari tratti si accosta allo spagnolo, al tempo stesso ha caratteri in comune con il provenzale e pertanto costituisce un idioma intermedio fra il gallo-romanzo e l'ibero-romanzo.

Vero è che un valido criterio di classificazione delle lingue romanze deve fondarsi di necessità su una **base tipologica**. Poiché due varietà linguistiche geograficamente vicine hanno in comune una gran parte del lessico (che è il settore di ogni lingua più facilmente soggetto a variare), è opportuno fondarsi su altri livelli di analisi. Per una classificazione tipologica delle lingue (v. 1.13) è necessario mettere a confronto fenomeni di **conservazione** (fonetica, morfologica, sintattica, lessicale) con i rispettivi fenomeni di **innovazione**. In tale confronto si darà maggiore importanza ai livelli morfologico e sintattico, perché essi rappresentano, più della fonetica e del lessico, le strutture fondamentali di una lingua. Si tratta di strutture interne dove i fenomeni di conservazione e di innovazione assumono maggior rilievo.

È significativo il fatto che il rumeno presenti una serie di tratti conservativi e di particolarismi: 1) il mantenimento di alcuni casi scomparsi nelle altre lingue romanze (il genitivo-dativo, il vocativo); 2) l'articolo enclitico (cioè posposto al nome cui si riferisce); 3) la conservazione del neutro, come classe grammaticale, accanto al

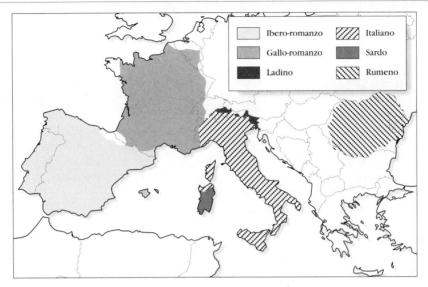

Lo stato attuale della diffusione delle lingue romanze in Europa (C. Tagliavini, *Le origini delle lingue neolatine*, Pàtron, Bologna: da W. v. Wartburg, *Die Entstehung der romanischen Sprachen*, Halle 1939, carta I).

maschile e al femminile; 4) l'uso avverbiale dell'aggettivo (l'avverbio in -*mente* è invece sconosciuto); 5) la formazione del condizionale secondo il tipo "*avere* + infinito" (invece del tipo "infinito + *habui o habebam*": v. 6.7.4); 6) la formazione del futuro secondo il tipo "*volo* + infinito" (invece del tipo "infinito + *habeo*": v. 6.7.4). Si noti che il dalmatico, il sardo e in parte i dialetti italiani meridionali concordano con il rumeno su alcuni di questi tratti, pur realizzandoli diversamente. Pertanto queste varietà romanze si distaccano dalle lingue romanze occidentali e dal toscano.

Consideriamo ora altri tratti propri delle lingue occidentali (e particolarmente del francese), tutti innovativi, a eccezione dell'ultimo: 7) l'uso obbligatorio del pronome personale con il verbo (franc. *je chante, tu chantes* / ital. *canto, canti*); 8) la negazione posposta al verbo (franc. *je ne parle pas* / ital. *non parlo*, cfr. anche il lombardo *mi parli minga*); 9) la domanda con risposta del tipo "sì/no" realizzata non con la sola curva intonativa, ma con la posposizione del soggetto al verbo (franc. *parle-t-il?* / ital. *parla?*); 10) l'uso dell'articolo partitivo, vivo soprattutto in francese; 11) l'ordine dei componenti della frase, più rigido in francese ("soggetto + verbo + oggetto"), più flessibile in italiano (*ha visto un bel film Mario; un bel film ha visto Mario*) e in spagnolo; 12) l'uso di diminutivi (vivo in italiano, spagnolo e portoghese, assente in francese); 13) l'uso (presente nella Penisola iberica e parzialmente nell'Italia meridionale) dei verbi "stare" e "tenere" come ausiliari, in luogo di "essere" e di "avere"; 14) l'eliminazione del passato remoto (forma sintetica), sostituito dal passato prossimo (forma analitica) in gran parte della Romània (con esclusione del portoghese, dello spagnolo, del provenzale, del toscano e dei dialetti italiani meridionali); 15) il plurale sigmatico (cioè con -*s* finale), presente nella Romània occidentale e nel sardo, contro il plurale asigmatico della Romània centrale e orientale.

I tratti 1-6 sono propri della Romània orientale (con la significativa inclusione del sardo e di gran parte dei dialetti italiani e meridionali), area prevalentemente conservativa. I tratti 7-15 sono propri della Romània occidentale, area innovativa. In posizione intermedia, di equilibrio, appare il tipo italiano.

6.3.1 IL SOSTRATO

Abbiamo visto che il latino, estendendosi su un territorio sempre più vasto, veniva a contatto con lingue diverse. Tale strato linguistico preesistente, su cui il latino si sovrappone vittoriosamente, è detto **sostrato** (dal lat. SUBSTRĀTUM, part. pass. di SUBSTERNĔRE 'stendere sotto'). Questo vocabolo, usato in geologia, è stato trasferito nella linguistica (dal dialettologo G.I. Ascoli, nel 1867) per indicare quella lingua alla quale, in un'area determinata, si è sovrapposta e sostituita una lingua diversa per effetto della conquista militare, del predominio politico-economico e culturale. La lingua dei Romani, dotata di maggior prestigio, riuscì dunque vincitrice; ma risentì del vario influsso delle lingue cui si sovrappose. Proprio la nozione di sostrato serve a spiegare quei fenomeni (soprattutto fonetici, ma anche morfosintattici e lessicali), che non si possono chiarire in base ai caratteri strutturali della lingua in cui appaiono, né possono imputarsi al prestito linguistico da lingue contermini. Quei fenomeni rappresenterebbero allora il riaffiorare di caratteri della lingua della popolazione assoggettata politicamente e culturalmente.

È stata attribuita al sostrato etrusco la cosiddetta gorgia toscana (vale a dire la spirantizzazione delle sorde intervocaliche: v. 8.5.1). Il sostrato celtico invece sarebbe responsabile del passaggio /u/ > /y/ e dell'evoluzione -CT- > -it-, due fenomeni presenti in vari dialetti italiani settentrionali, nonché in francese. Riprendendo le teorie dell'Ascoli, il dialettologo Clemente Merlo (1879-1960) affermò che «la classificazione dei dialetti italiani se non è un problema esclusivamente etnico, perché bisogna tener presente anche il momento della romanizzazione, è soprattutto un problema etnico». Ripartendo i dialetti parlati nella Penisola e in Sicilia in tre grandi gruppi etnicamente diversi (settentrionale, centro-meridionale e toscano), il Merlo vedeva alla loro base tre diversi sostrati, rispettivamente: celtico, italico ed etrusco.

Connesso al concetto di sostrato è quello di **superstrato**, con il quale s'intende uno strato linguistico che in una determinata area si sovrappone a uno strato già esistente, per motivi di conquista o per il prestigio culturale o politico. Il superstrato non si impone sulla lingua parlata precedentemente in quell'area, ma la influenza variamente nelle sue strutture fonologiche, morfosintattiche e soprattutto nel lessico. Parliamo di superstrato: a proposito dell'elemento germanico che si è sovrapposto, in fasi successive e con intensità varia da zona a zona, alle lingue romanze; a proposito dell'elemento arabo che si è sovrapposto ai dialetti siciliani.

Per i contatti reciproci tra lingue esistenti in uno stesso territorio si parla invece di **adstrato**: si pensi, per esempio, ai rapporti tra latino e greco nell'Italia meridionale. In genere una lingua di sostrato, prima di divenire tale, è stata una lingua di adstrato: il celtico, prima che i Romani occupassero la pianura padana, era una lingua di adstrato e tale rimase finché durò in quella regione il bilinguismo latino-celtico.

Il valore esplicativo della teoria del sostrato è stato contestato negli ultimi decenni sia dalla linguistica strutturale (che, come cause del mutamento linguistico, ha posto in primo piano fattori interni e sistematici) sia dalla sociolinguistica (v. 9), che ha approfondito il concetto basilare di **interferenza linguistica**.

Esaminiamo ora alcuni caratteri fondamentali del latino volgare: riguardano la fonologia, la morfologia, la sintassi e il lessico e sono all'origine della fonologia, morfologia, sintassi e lessico dell'italiano. Confrontiamo tali caratteri con quelli corrispondenti del latino classico al fine di far risaltare le diversità e le tendenze evolutive della lingua popolare.

6·4 LA FONOLOGIA DEL LATINO VOLGARE

Nel latino classico aveva grande importanza la quantità delle vocali, le quali si dividevano in due serie: le **vocali brevi** Ĭ Ĕ Ă Ŏ Ŭ e le **vocali lunghe** Ī Ē Ā Ō Ū. Queste ultime avevano una durata doppia rispetto alle prime, per esempio: Ā = ĂĂ. L'alternanza di una vocale breve con una vocale lunga bastava da sola a distinguere i significati di due parole, per esempio:

VĔNIT 'egli viene'   ma   VĒNIT 'egli venne'
PŎPŬLUS 'popolo'   ma   PŌPŬLUS 'pioppo'.

Una regola importante: nel latino classico la quantità della **penultima sillaba** determinava la posizione dell'accento; in una parola di tre o più sillabe se si voleva sapere la posizione dell'accento si doveva considerare la penultima sillaba; c'erano due possibilità.

1) La penultima sillaba terminava con consonante e conseguentemente la sillaba era chiusa? Allora tale sillaba veniva considerata lunga (anche se la sua vocale era "per natura" breve) e come sillaba lunga riceveva l'accento:

CON-DŬC-TUS   CONDŮCTUS

2) La penultima sillaba terminava con vocale e conseguentemente la sillaba era aperta? Allora si avevano due casi: se la vocale di questa sillaba era breve anche la sillaba lo era e pertanto l'accento cadeva sulla sillaba precedente; se la vocale della penultima sillaba era lunga anche la sillaba lo era e riceveva pertanto l'accento:

LE-GĔ-RE   LÉGĔRE
DO-CĒ-RE   DOCÉRE

Nel latino parlato la differenza tra vocali brevi e vocali lunghe era accompagnata da un diverso timbro: le brevi erano pronunciate **aperte**, le lunghe **chiuse**. La differenza di quantità fu ben presto sostituita da tale differenza di timbro. Vale a dire, in una fase recente del latino parlato la differenza tra vocali brevi e vocali lunghe cessò di avere rilevanza e fu sostituita da una differenza basata sul timbro. Questo mutamento e, al tempo stesso, la fusione di alcune coppie di vocali che non possedevano apprezzabili differenze di timbro, determinarono la nascita di un nuovo sistema vocalico, che è alla base del sistema vocalico italiano.

latino classico	Ī	Ĭ	Ē	Ĕ	Ā	Ă	Ŏ	Ō	Ŭ	Ū
	|	\\/	|	\\/	|	\\/	|	\\/	|	|
italiano	i	e		ε	a		ɔ	o		u

Lo schema, che vale soltanto per le vocali toniche, riporta nella seconda riga le sette vocali toniche dell'italiano; queste dunque provengono da un mutamento che è avvenuto nel latino volgare. Vediamo qualche esempio:

SPĪNA(M)	*spina*
PĬLU(M)	*pélo*
TĒLA(M)	*téla*
FĔRRU(M)	*fèrro*
MĀTRE(M)	*madre*
PĂTRE(M)	*padre*
ŎCTO	*òtto*
SŌLE(M)	*sóle*
NŬCE(M)	*nóce*
LŪNA(M)	*luna*

> Nota bene: le parole del latino volgare (e quindi dell'italiano) hanno quasi sempre come punto di partenza l'accusativo; è tale caso (non il nominativo) che va preso in considerazione nella prospettiva dell'italiano; la -M dell'accusativo è messa da noi tra parentesi perché non era pronunciata nel latino parlato.

La /ɛ/ e la /ɔ/, quando si trovano in sillaba aperta, cioè terminante in vocale, si dittongano: /ɛ/ diventa /jɛ/ e /ɔ/ diventa /wɔ/. Ciò spiega come mai da FĔRRU(M) e ŎCTO (in cui le vocali toniche si trovano in sillaba chiusa, cioè terminante in consonante) abbiamo *fèrro* e *òtto*, mentre da PĔDE(M) e BŎNU(M) (in cui le vocali toniche si trovano in sillaba aperta) abbiamo, rispettivamente, *pièdе* e *buòno*.

Un altro importante fenomeno del vocalismo è il **monottongamento**, cioè la riduzione dei dittonghi AE, OE e AU a una vocale semplice: AE si monottonga in /ɛ/ (che a sua volta, in sillaba aperta, si dittonga in /jɛ/), OE si monottonga in /e/; AU si monottonga in /ɔ/. Per esempio:

LAETU(M)   >   *lièto*
POENA(M)   >   *péna*
AURU(M)   >   *òro*

Sui fenomeni del dittongamento e del monottongamento ritorneremo in 6.4.2 e 6.4.3.

6.4.1 ALTRI SVILUPPI DEL VOCALISMO TONICO

Lo sviluppo del vocalismo tonico non fu uguale in tutte le zone della Romània. Mentre l'area gallo-romanza (francese, franco-provenzale, provenzale) e l'area ibèro-romanza (spagnolo, portoghese, catalano) seguirono in linea di massima il vocalismo "italico", ossia lo schema di timbri appena considerato, altre aree se ne differenziarono per alcuni caratteri specifici.

In gran parte della Sardegna (tranne la porzione settentrionale, dove si parlano i dialetti sassaresi e galluresi influenzati dal toscano) e anche in parte della Lucania si ha il mantenimento dei timbri vocalici del latino con perdita dell'opposi-

zione di quantità. Per esempio: lat. NĬVE(M) > sardo *nive* (ma toscano *neve*); lat.
NŬCE(M) > sardo *nuke* (ma toscano *noce*).

Il sardo, dunque, a differenza del tipo "italico", tiene distinti gli esiti di ĭ da
quelli di ē, e gli esiti di ŭ da quelli di ō. Lo schema del vocalismo tonico diffuso
nell'area sarda (e in parte nella Lucania) è il seguente:

VOCALISMO TONICO SARDO

Questo tipo di vocalismo è comunemente detto "arcaico", in quanto le alterazioni
rispetto al latino classico sono avvenute piuttosto precocemente.

Nell'area balcano-romanza (rumeno) lo sviluppo del vocalismo tonico è
identico a quello "italico" nel settore delle vocali palatali (/i/, /e/, /ɛ/), mentre è
identico a quello sardo nel settore delle vocali velari (/o/, /u/); si viene così a
creare un'asimmetria, con tre timbri nel settore palatale e due soli timbri nel settore velare:

VOCALISMO TONICO BALCANICO

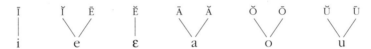

Per esempio: lat. VĬRIDE(M) > rumeno *verde* (come nel tipo "italico"), lat. CRŬCE(M)
> rumeno *cruce* (come nel tipo sardo).

L'asimmetria tra i due settori vocalici del rumeno è probabilmente dovuta al
fatto che l'innovazione che ha portato altrove a confondere ō e ŭ deve essere più
recente dell'altra che ha portato a confondere ĭ e ē e quindi non è riuscita a penetrare fino nella Romània orientale.

Una zona che comprende territori contigui ad aree di lingua greca (Sicilia,
parte dell'Italia meridionale) presenta uno sviluppo del vocalismo tonico che ha
subìto l'influsso delle parlate greche. Caratteristica di questo tipo di sviluppo è la
convergenza in un unico timbro /i/ delle vocali anteriori del latino classico ī, ĭ, ē,
e in un unico timbro /u/ delle vocali posteriori del latino classico ō, ŭ, ū; le vocali
brevi intermedie ē e ŏ danno come risultati rispettivamente /ɛ/ e /ɔ/. Per esempio: lat. NĬVE(M) > sic. *nivi*, lat. STĒLLA(M) > sic. *stiḍḍa*, lat. CRŬCE(M) > sic. *cruci*, lat.
VŌCE(M) > sic. *vuci*. Abbiamo quindi un sistema di vocali toniche a tre soli gradi di
apertura. Eccone lo schema:

VOCALISMO TONICO SICILIANO

Sulla base del vocalismo tonico siciliano i poeti siciliani del XIII secolo facevano rimare
perfettamente parole come *suttu: tuttu, vidiri : diri.* Le loro poesie furono poi tradotte
in toscano da copisti toscani, i quali ridussero le rime del tipo ora ricordato in forma

toscana: *sotto* : *tutto*, *vedere* : *dire*. Questa rima imperfetta, detta poi "siciliana", fu accolta, per il grande prestigio dei testi, nella poesia toscana (e quindi italiana); è sintomatico l'esempio *voi* : *altrui* del *Canzoniere* petrarchesco; in seguito si ebbero adeguamenti come *vui* : *altrui* , *nui* : *lui* (quest'ultimo esempio ricorre nel *Cinque maggio* del Manzoni). Sempre per influsso della poesia siciliana (e quindi del vocalismo tonico siciliano, che non distingueva tra vocale aperta e chiusa) si ebbe nella poesia italiana la rima tra vocali di diversa apertura: *vérde* / *pèrde*, *fióre* / *còre*; si tratta di una rima per l'occhio, che testimonia del carattere scritto della tradizione italiana. In 7.2 esaminiamo un passo del V canto dell'*Inferno* di Dante (versi 94-111) in cui ricorrono *fui* : *sui* (rima siciliana) e *discénde* : *s'apprènde* (rima tra vocali di diversa apertura).

Nel *Canzoniere* petrarchesco, accanto alle forme dittongate del fiorentino, si ritrovano forme non dittongate di ascendenza siciliana o provenzale o latina; così alternanze del tipo *fiero* / *fero* e *fuoco* / *foco* sono divenute istituzionali nel nostro linguaggio poetico.

Esaminiamo ora alcuni dei fenomeni più importanti del vocalismo tonico: il dittongamento, il monottongamento, l'anafonesi e la metafonesi.

6.4.2 IL DITTONGAMENTO

Nel toscano il dittongamento di /ɛ/ in /jɛ/ e di /ɔ/ in /wɔ/ è determinato dalla struttura aperta della sillaba e non già dalla vocale finale, come avviene invece nei dialetti italiani centro-meridionali (v. *Metafonesi*, 6.4.5).

Tuttavia in molte parole il dittongo manca per varie cause: per esempio, il mancato dittongamento di *bene* e *nove* è dovuto alla posizione proclitica in cui questi vocaboli si vengono frequentemente a trovare, cioè al fatto che essi appoggiano il loro accento sulla parola successiva (cfr. espressioni come *ben detto*, *nove anni*); di conseguenza la loro vocale tonica è trattata come se fosse atona e in quanto tale non si dittonga. Anche l'abbandono delle antiche forme dittongate *iera*, *ierano* (<lat. ĔRAT, ĔRANT) in favore di *era*, *erano* sarà dovuto al loro frequente uso pretonico. In numerose forme verbali il dittongo è stato eliminato per analogia con le altre forme accentate sulla sillaba successiva: *levo* come *levai*, *levare*. In alcune parole come *gelo* e *gemo* la *i* è stata assorbita dalla affricata palatale precedente. Il dittongo tende poi a ridursi alla vocale semplice dopo un suono palatale: FILIŎLU(M) > *figliuolo* > *figliolo*, AREŎLA(M) > *aiuola* > *aiola*; il dittongo si riduce anche dopo *r*: **PRĔCO* > *priego* > *prego*, PRŎBO > *pruovo* > *provo*. Infine il dittongo manca in molte parole di origine dotta (latinismi): *specie*, *secolo*, *popolo*[1].

6.4.3 IL MONOTTONGAMENTO

I dittonghi AE e OE si monottongano già all'inizio dell'era volgare. Invece il dittongo AU resiste più a lungo nelle lingue romanze, anche se già in epoca classica si verificano i primi casi di monottongamento: CAUDA(M) > CŌDA(M), FAUCE(M) > FŌCE(M), da cui gli italiani *coda* e *foce* con *o* chiusa.

Cronologicamente indipendente da questo sviluppo è il passaggio di AU in /ɔ/ (AURUM > *oro*, PAUCUM > *poco*, CAUSAM > *cosa*), che si è compiuto definitivamente

---

[1] Si noti che nei latinismi la pronuncia della vocale tonica è di norma aperta, a prescindere dalla quantità della vocale latina corrispondente: così *sède* (< lat. SĒDEM) come *pòpolo* (< lat. PŎPULUM).

solo piuttosto tardi; in italiano esso è attestato dall'VIII secolo ed è posteriore al dittongamento di /ɔ/ /wɔ/, come dimostra il fatto che la /ɔ/ di *oro, poco* e *cosa* si è mantenuta intatta e non si è dittongata. Abbiamo qui un caso interessante di cronologia relativa (v. 6.6.6).

Allo stesso esito di /ɔ/ giunge anche il dittongo secondario AU, cioè non esistente nel latino classico, ma formatosi in età tarda in seguito a determinati fenomeni fonetici: AMĀVIT > AMAUT > *amò*. Nel latino classico il segno grafico V equivaleva a una U semiconsonantica; quindi la grafia AMĀVIT corrispondeva alla pronuncia /a'ma:wit/: la ĭ della sillaba finale è caduta (AMAUT) e il dittongo secondario AU si è monottongato in /ɔ/.

Il dittongo AU si conserva nell'Italia meridionale: *tauru* 'toro' < lat. TAURU(M); passa invece in *a* nel sardo: *pacu, pagu* 'poco' < lat. PAUCU(M).

Il dittongo AE deve essersi monottongato prima in Ē di timbro aperto; tale fonema veniva a trovarsi in contrasto con il sistema vocalico latino, il quale prevedeva che una vocale aperta fosse al tempo stesso breve: il caso di una E aperta, ma lunga, era quindi anomalo. Per questa ragione Ē aperta dovette assestarsi, in una fase antica, quando ancora valevano le distinzioni di quantità, o come Ē chiusa (da cui in italiano /e:/: SAETAM > *seta*) o, più spesso, come Ĕ aperta (da cui in italiano /ɛ/: GRAECUM > *greco*).

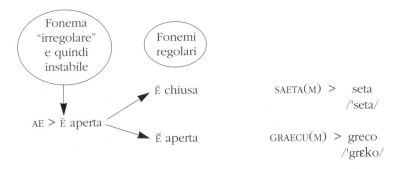

Il dittongo OE si monottonga in Ē, da cui in italiano /e/: POENA(M) > *pena*, come si è già osservato.

6.4.4 L'ANAFONESI

L'anafonesi consiste nella chiusura del timbro delle vocali toniche /e/ e /o/ davanti a determinate consonanti o gruppi consonantici. Si tratta di un fenomeno tipicamente toscano, di cui si possono distinguere due tipi:

1) passaggio di /e/ tonica a /i/ davanti a nasale palatale /ɲɲ/ e a laterale palatale /ʎʎ/ provenienti dal lat. classico -NJ- e -LJ-:

TĬNEA(M) > *tégna* > *tigna*
FAMĬLIA(M) > *faméglia* > *famiglia*

Quando la nasale palatale /ɲɲ/ proviene non da -NJ- ma da -GN-, la /e/ tonica precedente si conserva: LĬGNU(M) > *legno*.

2) passaggio di /e/ tonica a /i/ e di /o/ tonica a /u/ davanti a una /n/ seguita da una velare /k/ o /g/:

VĬNCO > *vénco* > *vinco*
LĬNGUA(M) > *léngua* > *lingua*
FŬNGU(M) > *fóngo* > *fungo*

Tuttavia la /o/ tonica si conserva nel gruppo /onk/: SPELŬNCA(M) > *spelonca*, TRŬNCU(M) > *tronco* (ma IŬNCUM > *giónco* > *giunco*).

ANAFONESI

e > i	davanti a ɲɲ e a ʎʎ
e > i, o > u	davanti a *n + k, n + g*

6.4.5 LA METAFONESI

La metafonesi consiste nel cambiamento di timbro di una vocale tonica per l'influenza della vocale dell'ultima sillaba. Il fenomeno, sconosciuto al toscano, è molto diffuso nei dialetti italiani, dove le vocali -*i* e -*u* influenzano la vocale tonica precedente determinandone la chiusura o il dittongamento.

Nell'Italia settentrionale la /e/ tonica diventa /i/ e la /o/ tonica diventa /u/ se nella sillaba finale si trova o si trovava una -*i*; il fenomeno è particolarmente evidente nell'Emilia-Romagna: per esempio, nel bolognese abbiamo *vert* 'verde', plur. *virt; dulòur* 'dolore', plur. *dulùr.* La metafonesi ha agito anche sulle vocali aperte /ɛ/e/ɔ/, provocandone il dittongamento; questi dittonghi hanno poi subìto altri sviluppi fonetici: per esempio, nel milanese si ha *bell* 'bello', ma *bij* 'belli' (con riduzione del precedente dittongo *biej*); nel Canton Ticino si ha *mört* (con vocale labializzata) 'morto' e 'morti' (con il passaggio ɔ > wɔ > wɛ > ö), ma *mɔrta.*

Nell'Italia centro-meridionale si ha il passaggio di /e/ tonica a /i/ e di /o/ tonica a /u/ sotto l'influsso di una -*i* o -*u* finali di parola: per esempio, nel napoletano troviamo *misə* 'mesi' (sing. *mesə*), *nirə* 'nero' (femm. *nerə); nəputə* 'nipoti' (sing. *nəpotə*), *russə* 'rosso' (femm. *rossə*).

Sempre per effetto metafonetico di -*i* e -*u* finali, le vocali aperte /ɛ/ e /ɔ/ si dittongano; per esempio, nella Sicilia interna: *bieddu* 'bello', *bieddi*, ma *bedda;* nella Calabria settentrionale (a nord della linea Vibo Valentia-Stilo: v. 8.5.4) si dice *gruossu* 'grosso', *gruossi*, ma *grossa, grosse*. Nel Medioevo il dittongamento metafonetico era presente anche a Roma: *buono*, ma *bona; viecchio*, ma *vecchia.*

In alcune zone dell'Italia centro-meridionale (specialmente in numerosi dialetti del Lazio) le vocali aperte /ɛ/ e /ɔ/ non si dittongano davanti a -*i* e -*u* finali, ma si chiudono in /e/ e /o/: *pede* /'pɛde /, plur. *pedi* /'pedi /; *novu* /'novu/, *novi* /'novi/, ma *nova* /'nɔva/, *nove* /'nɔve/. Questo tipo di metafonesi è detto "ciociaresco" o "arpinate" o "sabino" per distinguerlo dal tipo precedente con dittongamento, che è detto "napoletano".

La metafonesi, fenomeno originariamente soltanto fonetico, è venuto assumendo un **valore morfologico** in seguito alla caduta delle vocali finali o alla loro riduzione a vocali indistinte, permettendo di opporre il singolare al plurale e il maschile al femminile: per esempio, nel bolognese *vert,* plur. *virt* e nel napoletano *mesǝ*, plur. *misǝ*, la metafonesi oppone il singolare al plurale; invece nel napoletano *nirǝ*, femm. *nerǝ*, essa oppone il maschile al femminile. Come appare da questi esempi, nell'Italia settentrionale la metafonesi può indicare per lo più soltanto un'opposizione di numero in quanto è prodotta generalmente da -*i* finale, mentre nell'Italia centro-meridionale può indicare sia un'opposizione di numero sia un'opposizione di genere in quanto è prodotta da -*i* e -*u* finali.

METAFONESI

ITALIA SETT.	*e > i, o > u* *ε > jε > i, ɔ > wɔ > wε > ö*	}	davanti a -*i* e, più raramente, -*u* finali
ITALIA CENTRO-MERID.	*e > i, o > u* *ε > je, ɔ > wo* (tipo napoletano) *e > i, o > u* *ε > e, ɔ > o* (tipo ciociaresco o sabino)	}	davanti a -*i* e -*u* finali

6·5   IL VOCALISMO ATONO DEL LATINO VOLGARE

Le vocali atone presentano un'evoluzione diversa da quelle toniche nel passaggio dal latino all'italiano. Anche in questo caso consideriamo un vocalismo atono "italico", uno "sardo", uno "balcanico" e uno "siciliano" (v. 6.5.4).

Il vocalismo atono «italico» non distingue, come invece fa quello tonico, tra vocali chiuse e vocali aperte; infatti fuori d'accento tutte le vocali sono chiuse:

VOCALISMO ATONO ITALICO

Esaminiamo ora alcuni dei fenomeni più importanti che riguardano le vocali atone, le quali possono essere *pretoniche*, se precedono la sillaba tonica (per esempio, la *i* di *dicembre*), *intertoniche*, se sono comprese tra accento principale e accento secondario (per esempio, la *e* di *amerò*), *postoniche*, se si trovano dopo la sillaba tonica (per esempio, la *i* e la *o* di *esercito*).

6.5.1   PASSAGGIO DI *E* PRETONICA A *I*

Nel toscano /e/ pretonica tende a chiudersi in /i/:

NĚPŌTE(M) > *nepote* > *nipote*
FĚNĚSTRA(M) > *fenestra* > *finestra*

Il fenomeno riguarda anche quei monosillabi che appoggiano il loro accento sulla parola successiva: MĒ LAVO > *mi lavo*, TĒ AMO > *ti amo* (v. proclitiche: 13.15).

Tuttavia in molti verbi la /e/ si conserva per analogia con le forme verbali rizotoniche, cioè accentate sulla radice: *cercare* (< lat. CĬRCĀRE) come *cerco*, *legare* (< lat. LĬGĀRE) come *lego*. La /e/ è rimasta inalterata anche in numerose parole dotte (*negozio, debellare, recedere*) e in vari derivati, per influsso della base da cui provengono (*telaio* come *tela, bellezza* come *bello*); è rimasta altresì in vocaboli di origine straniera assunti da lingue che conservano la /e/ pretonica (*regalo, dettaglio*); inoltre in molte parole, che anticamente avevano /i/ pretonica, la /e/ latina è stata ripristinata in età rinascimentale: *eguale* (ant. *iguale*), *delicato* (ant. *dilicato*).

6.5.2 LABIALIZZAZIONE DELLA VOCALE PRETONICA

Quando viene a trovarsi vicino a un suono labiale (/p/, /b/, /m/, /f/, /v/) o labiovelare (/kw/, /gw/), una vocale pretonica palatale (/e/, /i/) può diventare labiale (/u/, /o/):

> DEBĒRE > *devere* > *dovere*, DEMANDĀRE > *demandare* > *domandare*
> AEQUĀLE(M) > *eguale* > *uguale*
> OFFICĪNA(M) > *(of)ficina* > *fucina*

6.5.3 CADUTA DI VOCALI ATONE

Le vocali atone sono pronunciate con minore energia di quelle toniche e quindi spesso tendono a sparire; a tale riguardo i fenomeni più rilevanti sono:

a) la caduta della vocale pretonica iniziale postconsonantica e seguita da *r*: QUIRITĀRE (propriam. 'chiamare in aiuto i Quiriti') > *gridare*, DIRĒCTU(M) > *diritto* > *dritto*;

b) l'aferesi[1] della vocale pretonica iniziale, erroneamente interpretata dai parlanti come la vocale dell'articolo: OBSCŪRU(M) > *oscuro* > *scuro* (a causa della errata segmentazione della sequenza *loscuro* in 'lo scuro' invece che in 'l'oscuro'). Per lo stesso motivo una vocale pretonica preceduta da *l* può diventare iniziale assoluta: LABĚLLU(M) > *avello*, LUSCINIŎLU(M) > *usignolo*;

c) la sincope[2] della vocale intertonica: BONITĀTE(M) > *bontà*, CEREBĚLLU(M) > *cervello*;

d) la sincope della vocale postonica nella penultima sillaba: LĚPŎRE(M) > *lepre*, DŎMĬNA(M) > *donna*.

6.5.4 ALTRI SVILUPPI DEL VOCALISMO ATONO

In sardo si ha anche nel vocalismo atono l'eliminazione delle opposizioni quantitative e il mantenimento dei timbri vocalici latini, come già nel vocalismo tonico:

VOCALISMO ATONO SARDO

Ī	Ĭ		Ē	Ĕ		Ā	Ă		Ŏ	Ō		Ŭ	Ū
	i			e			a			o			u

---

[1] Si chiama *aferesi* la caduta di un suono all'inizio di una parola.
[2] Si chiama *sincope* la caduta di un suono nel mezzo di una parola.

Esempi: LĬGĀRE > *ligare,* NĔPŌTE(M) > *nebode,* PĬLU(M) > *pilu,* SĒCŪRU(M) > *seguru.*

Il rumeno presenta gli esiti «italici» nella serie delle vocali palatali (/i/, /e/) e una drastica riduzione a /u/ nella serie delle vocali velari:

VOCALISMO ATONO BALCANICO

Esempi: LĬGĀRE > *legá,* NĔPŌTE(M) > *nepot,* PŬLVĔRE(M) > *pulbere,* RŎGĀRE ('interroga- re, chiedere') > *rugá.*

In siciliano si ha la riduzione ai soli tre timbri estremi del triangolo vocalico[1]:

VOCALISMO ATONO SICILIANO

Esempi: SŌLE(M) > *suli,* MĒNSE(M) > *misi,* CRŬCE(M) > *cruci,* VĔNĪRE > *viniri,* TĔNĔRE > *tiniri,* FĒMĬNAE > *fimmini;* OCTO > *ottu,* FĂCTU(M) > *fattu.*

6·6 IL CONSONANTISMO DEL LATINO VOLGARE

Nel passaggio dal latino all'italiano i mutamenti consonantici sono numerosi. Ri- cordiamo innanzitutto la nascita di due nuove serie di consonanti ignote al latino classico: le palatali e le affricate. Qui di seguito esamineremo i fenomeni di mag- gior rilievo.

6.6.1 LA PALATALIZZAZIONE DI /K/ e /G/

Nel latino classico la pronuncia della /k/ di CĒRA non differiva molto da quella del- la /k/ di CĂNIS, così come la pronuncia della /g/ di GĔLU non era molto diversa da quella della /g/ di GĂLLUS: in entrambi i casi si avevano occlusive velari, qualun- que fosse la vocale che le seguiva. Ma davanti alle vocali palatali /e/ e /i/ le con- sonanti velari /k/ e /g/ hanno cominciato per tempo a modificarsi, avanzando il proprio luogo di articolazione dal velo palatino alla zona centrale del palato. Con- seguenza di questa evoluzione fonetica, che appare già alla fine del III secolo d.C., è il passaggio delle velari /k/ e /g/ alle affricate prepalatali /tʃ/ e /dʒ/:

CĒRA(M)   >   *cera*   GĔLU   >   *gelo*
/'keːra/   /'tʃera/   /'gɛlu/   /'dʒɛlo/

---

[1] Si chiama *triangolo vocalico* un diagramma che ordina le vocali in base al grado di apertura e al luogo di articolazione (v. 13.5).

In posizione intervocalica la velare sonora del latino classico /g/, dopo essersi palatalizzata, subisce un'ulteriore evoluzione fonetica. In alcune parole il risultato di tale evoluzione è il raddoppiamento dell'affricata prepalatale sonora:

FUGĪRE   >   *fugire*   >   *fuggire*
/fu'gire/   /fu'dʒire/   /fud'dʒire/

In altre parole, invece, si ha l'assorbimento dell'affricata prepalatale sonora da parte della vocale palatale seguente:

MAGĬSTRU(M)   >   *magistro*   >   *maestro*
/ma'gistru/   /ma'dʒistro/

*FAGĪNA(M)   >   *fagina*   >   *faina*
/fa'gina/   /fa'dʒina/

Nell'Italia settentrionale l'avanzamento del punto di articolazione è giunto sino alla zona dentale-alveolare: /k/ e /g/ davanti alle vocali /e/ e /i/ si trasformano rispettivamente in un'affricata alveolare sorda /ts/ e in un'affricata alveolare sonora /dz/, le quali successivamente passano per lo più alle corrispondenti sibilanti sorda /s/ e sonora /z/ (uno sviluppo /ke/ > /tse/ > /se/ è alla base anche del francese moderno *ciel* /'sjɛl/ da un più antico /'tsjɛl/ < lat. CAELUM):

CĔNTU(M)   >   *zento*   >   *sento*
/'kɛntu/   /'tsɛnto/   /'sɛnto/

GĔNTE(M)   >   *zente*   >   *sente*
/'gɛnte/   /'dzɛnte/   /'zɛnte/

A differenza dell'italiano, il sardo (logudorese) ha conservato fino a oggi gli antichi suoni velari /k/ e /g/ di fronte alle vocali palatali /e/ e /i/: *kentu* 'cento', *nuke* 'noce', *ghirare* 'girare', *ghelare* 'gelare'.

ESITI DI K, G + E, I

TOSCANA	K > /tʃ/ G > /dʒ/ G intervocalico > /dʒ/ > /ddʒ/ o assorbito dalla vocale palatale seguente
ITALIA SETT.	K > /ts/ > /s/ G > /dz/ > /z/
SARDEGNA	K > /k/ G > /g/

6.6.2 LA SONORIZZAZIONE

Nell'Italia settentrionale avviene il passaggio delle consonanti sorde intervocaliche latine /k/, /p/, /t/, /s/ alle corrispondenti sonore /g/, /b/ (quest'ultima poi si trasforma nella spirante /v/) /d/, /z/: v. 6.6.8. In alcuni casi la consonante sorda, dopo essersi sonorizzata, scompare: MARĪTU(M) > lombardo *marido,* veneto *marìo* (dove si ha: -T- > /d/ > /ø/: v. 8.5.1).

Il fenomeno della sonorizzazione è soltanto parziale in Toscana, dove si alternano forme che conservano la sorda intervocalica e forme che la trasformano in sonora (queste ultime sono complessivamente in minoranza rispetto alle prime); si vedano i seguenti esempi:

LŎCU(M) > *luogo*	ma	FŎCU(M) > *fuoco*
STĪPA(M) > *stiva*	ma	ĂPE(M) > *ape*
SCŪTU(M) > *scudo*	ma	RĒTE(M) > *rete*
ROSA(M) > *rosa* /'rɔza/	ma	NĀSU(M) > *naso* /'naso/

L'opinione più diffusa tra gli studiosi è che in Toscana i suoni sordi /k/, /p/, /t/, /s/ rappresentino il risultato indigeno e popolare, mentre i suoni sonori /g/, /v/, /d/, /z/ siano dovuti a influssi provenienti dall'Italia settentrionale e dai dialetti gallo-romanzi. Ciò sarebbe confermato dai nomi di luogo toscani, che nella grande maggioranza dei casi presentano in posizione intervocalica consonanti sorde: *Prato, Putignano, Stratigliana, Dicomano, Nipozzano.*

SONORIZZAZIONE

ITALIA SETT.	-K- > /g/ -P- > /b/ > /v/ -T- > /d/ (talora /d/ > /Ø/) -S- > /z/
TOSCANA	-K- > /k/ o /g/ -P- > /p/ o /v/ -T- > /t/ o /d/ -S- > /s/ o /z/

6.6.3 ASSIMILAZIONE E DISSIMILAZIONE

L'**assimilazione** è il fenomeno per cui un suono diventa simile a un altro che si trova vicino. L'assimilazione può essere di due tipi: **regressiva,** quando il suono che viene prima diventa simile a quello che lo segue; oppure **progressiva** se è il suono che viene dopo a diventare simile a quello che lo precede.

In genere, nel passaggio dal latino all'italiano si hanno assimilazioni regressive:

ŎCTO	> *otto*	FĂCTU(M) > *fatto*
SĔPTE(M) > *sette*		RŬPTU(M) > *rotto*

Nel settore vocalico si hanno vari casi di assimilazione regressiva di vocale pretonica a tonica: *danaro* (variante di *denaro* < lat. DENĀRIUM), *salvatico* (variante toscana e regionale di *selvatico*), *tanaglia* (variante di *tenaglia* < lat. TENĀCULA)[1].

Anche la metafonesi è un fenomeno di assimilazione regressiva operata a distanza da parte della vocale dell'ultima sillaba (-*u*, -*i*) sulla vocale tonica (v. 6.4.5): *russu* 'rosso', *misi* 'mesi', *vinti* 'venti'.

L'assimilazione regressiva può avvenire non solo all'interno di parola, ma anche all'interno di frase. Per esempio, il latino ĂD CĂSA(M) è diventato in italiano *a*

[1] Ma *danaro* e *tanaglia* non andrebbero separati dalle forme antiche *sanza, sanese, incontanente,* tutti casi di passaggio di -*en*- pretonico ad -*an*-.

casa, che nella pronuncia è realizzato con una velare sorda rafforzata, cioè /ak'ka-sa/; quindi la -D di AD è eliminata soltanto nella grafia, ma in realtà si assimila alla consonante iniziale della parola successiva determinandone il raddoppiamento: questo fenomeno prende il nome di **raddoppiamento fonosintattico** (v. 13.14).

Un caso di assimilazione progressiva, molto comune nei dialetti italiani centro-meridionali, è quello dell'originario nesso latino -ND- che passa a *-nn-*: QUĂNDO > *quanno,* MŬNDU(M) > *monno* (v. 8.5.3).

Fenomeno opposto all'assimilazione è la **dissimilazione,** che si ha quando due suoni simili situati vicino nella stessa parola si differenziano: per esempio, QUAERĔRE > *chiedere* (in cui la prima *r* si trasforma in *d* per evitare la sequenza *r-r);* ARBŎRE(M) > *albero* (dissimilazione di *r-r* in *l-r);* VENĒNU(M) *veleno* (dissimilazione di *n-n* in *l-n).*

Nel settore vocalico un caso interessante di dissimilazione è rappresentato dal passaggio del dittongo atono AU ad *a* se la vocale tonica successiva è una vocale velare: AUGŬSTU(M) > *agosto,* AUSCULTĀRE > *ascoltare.*

6.6.4 CONSONANTE + J

Nel passaggio dal latino all'italiano le consonanti (tranne R e S), quando sono seguite da /j/, si rafforzano:

> FĂCIO   > *faccio*
> SĒPIA(M)   > *seppia*
> RĂBIA(M)   > *rabbia*

Le consonanti T, D, L e N, dopo essersi raddoppiate, presentano un ulteriore sviluppo fonetico:
1) il nesso latino -TJ- diventa in italiano l'affricata alveolare sorda intensa /tts/:

> VĬTIU(M)   > *VITTJU(M)   > *vezzo*
> PŬTEU(M)   > *PUTTJU(M)   > *pozzo*

In alcune parole di origine gallo-romanza il nesso -TJ- si trasformò nella fricativa prepalatale sonora /ʒ/: RATIŌNE(M) > /ra'ʒone/, /STATIŌNE(M) > sta'ʒone/; questo fonema, che si è conservato ancora oggi nella pronuncia fiorentina, è reso con la grafia *gi: ragione, stagione.* L'influsso della grafia ha provocato il passaggio, nell'italiano standard, alla pronuncia con l'affricata prepalatale sonora /dʒ/: /ra'dʒone/, /sta'dʒone/ per adeguamento alla pronuncia della grafia *gi* di parole come *giorno*[1].

Talvolta i due diversi esiti (/tts/ e /dʒ/) coesistono nella lingua italiana, dando luogo a degli **allotropi,** cioè a forme diverse ma derivanti da una stessa parola latina: per esempio, dal lat. PRĔTIU(M) si ha in italiano sia *prezzo* sia *pregio;*

2) il nesso latino -DJ- diventa in italiano l'affricata alveolare sonora intensa /ddz/:

> RĂDIU(M)   > *RADDJU(M)   > *razzo*
> MĔDIU(M)   > *MEDDJU(M)   > *mezzo*

-DJ- può anche trasformarsi nell'affricata prepalatale sonora intensa /ddʒ/: RĂDIU(M) > *raggio* (allotropo di *razzo*), HŎDIE > *oggi,* PŎDIU(M) > *poggio;*

---

[1] Abbiamo qui un caso di «pronuncia ortografica». Lo stesso fenomeno si ha quando si fa sentire la «i» in parole come *cielo* e *scienza,* nelle quali essa è un semplice relitto grafico.

3) il nesso latino -LJ- diventa in italiano la laterale palatale intensa /ʎʎ/:

> FĪLIU(M)   > *FILLJU(M)   > *figlio*
> FŎLIA(M)   > *FOLLJA(M)   > *foglia*

4) il nesso latino -NJ- diventa in italiano la nasale palatale intensa /ɲɲ/:

> VĪNEA(M)   > *VINNIA(M)   > *vigna*
> JŪNIU(M)   > *IUNNIU(M)   > *giugno*

Allo stesso esito giunge anche il nesso latino -GN-, pronunciato in epoca classica *gh* + *n*: LĬGNU(M) > *legno*.

L'evoluzione fonetica dei nessi latini -RJ- e -SJ- si discosta da quella degli altri nessi di "consonante + semivocale palatale"; infatti R e S, quando sono seguiti da /j/, non si rafforzano.

Il nesso latino -RJ- in Toscana si riduce a /j/, mentre in gran parte dell'Italia centro-meridionale si riduce a /r/:

> FURNĀRIU(M) > *fornaio* (romanesco *fornaro*)
> *PĀRIU(M)[1]   > *paio* (romanesco *paro*)

Come -TJ-, anche il nesso latino -SJ- ha avuto un duplice esito: una fricativa prepalatale sorda /ʃ/, rappresentata con la grafia *ci,* e una fricativa prepalatale sonora /ʒ/, rappresentata con la grafia *gi*; nell'italiano standard questi due fonemi, conservatisi ancora oggi nella pronuncia fiorentina, si sono mutati nelle affricate /tʃ/ e /dʒ/ per adeguamento grafico:

> BĀSIU(M)   > *bacio*: fiorentino /'baʃo/; ital./'batʃo/
> CAMĪSIA(M)   > *camicia*: fiorentino /ca'miʃa/; ital. /ca'mitʃa/

> (OC)CASIŌNE(M) > *cagione*: fiorentino /ka'ʒone/; ital. /ka'dʒone/
> PE(N)SIŌNE(M) > *pigione*: fiorentino /pi'ʒone/; ital. /pi'dʒone/

A differenza dei due esiti di -TJ-, questi due esiti di -SJ- sono entrambi toscani.

6.6.5   CONSONANTE + *L* > CONSONANTE + *J*

I nessi latini di "consonante + L" passano in italiano a "consonante + /j/":

> FLŌRE(M)   > *fiore*
> PLĀNU(M)   > *piano*
> CLĀVE(M)   > *chiave*
> GLĀREA(M) > *ghiaia*

In posizione intervocalica la consonante si rafforza, come accade regolarmente dinanzi a /j/ (v. 6.6.4):

> NĔB(U)LA(M)   > *nebbia*
> CŎP(U)LA(M)   > *coppia*
> ŎC(U)LU(M)   > *occhio*
> MĂC(U)LA(M)   > *macchia*

---

[1] In luogo del latino classico PĀR, PĂRIS.

Il nesso latino -TL- passa a -CL-, seguendone l'evoluzione fonetica: VĔT(U)LU(M) > VĔCLU(M) > *vecchio*

Si noti che nell'Italia meridionale il nesso latino -PL- dà come risultato /kj/ e non /pj/ (v. 8.5.4): PLŪS > *chiù* (napoletano, ma toscano *più*).

6.6.6 LA LABIOVELARE

Si chiama labiovelare il nesso sordo /kw/ o sonoro /gw/, formato da una velare /k/ o /g/ e dalla semiconsonante /w/: *quadro* /'kwadro/, *cuoco* /'kwɔko/, *guardia* /'gwardja/. Come appare da questi esempi, non vi è alcuna differenza dal punto di vista fonetico fra *qu* e *cu,* in quanto entrambe le grafie rappresentano la labiovelare sorda /kw/.

Nel passaggio dal latino all'italiano la labiovelare iniziale /kw/ (grafia QU) rimane intatta soltanto davanti ad *a,* mentre si riduce a /k/ davanti alle altre vocali:

QUĂNTU(M)	> *quanto*	QUĀLE(M)	> *quale*
QUĬD	> *che*	QUŌMO(DO) ĔT	> *come*

Invece la labiovelare che si forma in età tarda in seguito a determinati sviluppi fonetici (detta labiovelare secondaria) si conserva sempre: (EC)CŬ(M) ĬLLŬ(M) > *quello,* (EC)CŬ(M) ĬSTŬ(M) > *questo.*

La riduzione di /kw/ a /k/ davanti a vocale diversa da *a* deve essersi verificata quando ormai il fenomeno della palatalizzazione della velare sorda latina si era concluso, perché altrimenti da QUĬD non ci si sarebbe fermati a *che* /ke/, ma si sarebbe giunti a *ce* /tʃe/ (forma attestata in alcuni dialetti meridionali). A sua volta la formazione della labiovelare secondaria si è prodotta solo quando il fenomeno della riduzione di /kw/ a /k/ si era ormai concluso, perché altrimenti da (EC)CŬ(M) ĬLLŬ(M) non ci si sarebbe fermati a *quello,* ma si sarebbe arrivati a *chello,* come peraltro è avvenuto nei dialetti italiani meridionali. Quindi, volendo fissare la cronologia relativa di questi fenomeni, si è avuta prima la palatalizzazione di /k/, poi la riduzione di /kw/ a /k/ e infine la formazione della labiovelare secondaria.

CRONOLOGIA RELATIVA DI TRE FENOMENI

1° FENOMENO
Palatalizzazione   K > /tʃ/ davanti a *e, i*

2° FENOMENO
Riduzione di /kw/ a /k/   /kw/ (grafia QU) > /k/ davanti a vocale diversa da *a*

3° FENOMENO
Formazione della
labiovelare secondaria   /kw/ (grafia CU) > /kw/ davanti a tutte le vocali

6.6.7 CADUTA DELLE CONSONANTI FINALI

Le consonanti finali -M-, -T- e -S, che in latino svolgevano precise funzioni morfologiche, scompaiono nell'italiano.

Del resto già in epoca classica -M viene elisa nella metrica davanti a vocale; la sparizione di -M è attestata anche in iscrizioni arcaiche, come quelle incise nel sepolcro degli Scipioni (via Appia); in una di esse, risalente al III secolo a.C., si legge: DUONORO OPTUMO FUISE VIRO = lat. classico: BONORUM OPTIMUM FUISSE VIRUM. Tutto ciò avvalora l'ipotesi che la consonante finale -M non fosse pronunciata fin da tempi remoti.

Della -T rimane in italiano qualche traccia: nelle congiunzioni *e* ed *o*, che derivano dal latino ĕT e AUT, la consonante finale -T nella pronuncia si assimila alla consonante iniziale della parola successiva producendo il raddoppiamento fonosintattico (v. 13.14). Per esempio, l'espressione *e poi* è pronunciata da un italiano centro-meridionale /ep'pɔi/, con una bilabiale sorda rafforzata.

Anche la -s determina in alcuni casi il raddoppiamento dell'iniziale consonantica della parola seguente: TRĒS > *tre* (per esempio *tre case* /trek'kase/); in altri monosillabi la -s si vocalizza in *i*: NŌS > *noi*, VŌS > *voi*.

Non in tutte le regioni della Romània le consonanti finali cadono. Per esempio, a occidente la -s si mantiene, tra l'altro, nello spagnolo antico e moderno, come nel francese antico e moderno. In quest'ultimo sopravvive nella grafia (per esempio, *les hommes, tu parles*) e, per quanto riguarda la pronuncia, soprattutto nella *liaison*: per esempio, *ils ont* /il'zɔ̃/[1].

6.6.8 ALTRI ASPETTI DEL CONSONANTISMO

Altri fenomeni importanti che riguardano le consonanti sono i seguenti:

- passaggio di -B- intervocalica a -V- (**spirantizzazione**): l'occlusiva bilabiale sonora latina /b/ in posizione intervocalica si trasforma nella spirante labiodentale /v/; per esempio, HABĒRE > *avere*, FABŬLA(M) > *favola*.

- caduta di N in -NS-: il gruppo consonantico intervocalico -NS- si riduce a -S- fin da epoca molto antica; per esempio, MĒNSE(M) > *mese*, PENSĀRE > *pesare* (*pensare* è voce dotta), MENSŪRA(M) > *misura*.

- scomparsa di H: l'aspirata latina /h/ scomparve molto presto, non lasciando tracce nelle lingue romanze, se non ortografiche; per esempio, HŌRA(M) > *ora*, HABĒBAT > *aveva*; ma: *AT (forma pop. di HĂBET) > *ha* (con *h* etimologico).

- duplice sviluppo di X: la lettera *x* rappresenta il nesso costituito da una velare /k/ e da una sibilante /s/. In posizione intervocalica il latino -X- dà un duplice risultato; può passare alla sibilante intensa /ss/, secondo un processo di assimilazione regressiva: SĂXU(M) > *sasso*, DĪXI > *dissi*; oppure può trasformarsi in una sibilante palatale /ʃʃ/: CŎXA(M) > *coscia*, MAXĬLLA(M) > *mascella*.

- passaggio di /j/ a /dʒ/: la semivocale /j/ latina si trasforma in un'affricata prepalatale sonora /dʒ/; per esempio, IĂM > *già*, IŎCU(M) > *giuoco*. In posizione intervocalica /j/ dà come risultato un'affricata prepalatale sono-

---

[1] La -s finale si conserva talvolta nei nostri dialetti settentrionali; cfr., per esempio, le forme verbali interrogative del veneziano: *as-tu?* 'hai tu?»; *fas-tu?* 'fai tu?'; e il piemontese *martes* < MĀRTIS 'martedì'. Per l'Italia meridionale cfr. il lucano (Matera) *tènisi* < TĔNES 'tieni', *vidisi* < VĬDES 'vedi' (con epitesi vocalica).

ra di grado intenso, in quanto già nel latino in questa posizione si aveva /jj/: MAIŌRE(M) > *maggiore,* PĔIUS > *peggio.*

LA MORFOLOGIA DEL LATINO VOLGARE

Nel latino classico i rapporti tra i costituenti della frase erano specificati mediante i casi della declinazione (per esempio, RŎSA MĀTRIS 'la rosa della madre') e mediante un uso combinato di preposizioni e di casi: per esempio, ĒO ĬN ŬRBEM 'vado nella città'.

Tuttavia il sistema dei casi non era certo perfetto. Infatti nelle declinazioni una stessa forma rappresentava spesso più funzioni: RŎSAE è genitivo e dativo singolare, nominativo e vocativo plurale (cioè 'della rosa', 'alla rosa', 'le rose', 'o rose'); DOMĬNO è dativo e ablativo singolare ('al padrone', 'con il padrone'), così come ANIMĀLI, neutro della terza declinazione ('all'animale', 'con l'animale')[1]. Al plurale, in tutte le declinazioni, dativo e ablativo coincidono: RŎSĪS, DOMĬNĪS, CIVĬBUS 'alle rose', 'con le rose'; 'ai padroni', 'con i padroni'; 'ai cittadini', 'con i cittadini'; sempre al plurale, nominativo, accusativo e vocativo coincidono nella terza, quarta e quinta declinazione: LĒGES, MĂNUS, RĒS 'le leggi', 'o leggi'; 'le mani', 'o mani'; 'le cose', 'o cose'; sono identici anche il nominativo, l'accusativo e il vocativo dei nomi neutri: TĔMPLUM, ANĬMAL, GĔNU 'il tempio', 'o tempio'; 'l'animale', 'o animale'; 'il ginocchio', 'o ginocchio'. In pratica nessuna declinazione presentava sei desinenze differenti, una per ciascun caso.

Che una stessa forma possa avere due o più valori è una possibile fonte di ambiguità, a meno che il contesto non aiuti sufficientemente. Tale situazione si complicò ulteriormente quando nell'evoluzione del latino si produssero due fenomeni:

1) la caduta delle consonanti finali;
2) la perdita dell'opposizione tra vocali brevi e vocali lunghe.

In tal modo vennero meno molte distinzioni: per esempio, tra nominativo e accusativo singolare della prima e della seconda declinazione (ROSA in luogo dell'opposizione RŎSA/RŎSAM; DOMINU in luogo dell'opposizione DOMĬNUS/DOMĬNUM); analogamente nella terza declinazione veniva meno la distinzione tra genitivo e dativo singolare (LEGI in luogo di LĒGĬS e LĒGĪ), tra accusativo e ablativo singolare (LEGE in luogo di LĒGĒM e LĒGĒ). Al tempo stesso, scomparsa la differenza tra vocale breve e vocale lunga, ROSĂ (nominativo singolare) si confondeva con ROSĀ (ablativo singolare), MANŬS (nominativo e vocativo singolare) si confondeva con MANŪS (genitivo singolare; nominativo, accusativo e vocativo plurale).

Si ebbe di conseguenza il **collasso del sistema delle declinazioni** e si instaurò un processo di semplificazione morfologica. Per analogia, i sostantivi della quinta declinazione passano alla prima: FĂCIES > *FACJA > *faccia*; quelli della quarta alla seconda: FRŪCTUS, nominativo plurale, diventa *FRUCTI > *frutti*; anche il nominativo plurale in -ES segue la stessa via: CĂNES > *CANI > *cani*. Nella terza declinazione molti imparisillabi sono eliminati: per esempio, da GLĂNS, GLĂNDIS si ha *GLANDA > *ghianda*; da LĂC, LĂCTIS si ha *LACTE > *latte*.

I casi scompaiono e per indicare le funzioni prima espresse dai casi la lingua ricorre a due mezzi:

---

[1] Si avverte che qui, per brevità, si dà soltanto una delle possibili traduzioni dell'ablativo latino.

1) indica con le **preposizioni** tutti quei complementi che dal latino classico erano indicati soltanto dai casi; pertanto alle forme e costruzioni sintetiche del latino classico si sostituiscono nel latino volgare **forme** e **costruzioni analitiche:**

latino classico	latino volgare	italiano
RŎSA MĀTRIS	ILLA ROSA DE ILLA MATRE	*la rosa della madre*
DŌ PĀNEM AMĪCO	DO ILLU PANE AD ILLU AMICU	*do il pane all'amico*
ARĀTRO TĔRRAM ĂRO	ARO ILLA TERRA CUM ILLO ARATRO	*aro la terra con l'aratro*

2) indica con la **posizione** il soggetto e il complemento oggetto: il primo precede il verbo, il secondo lo segue; all'ordine libero (possibile per la presenza delle desinenze) si sostituisce **l'ordine fisso** "soggetto - verbo - oggetto":

PĔTRUS IŪLIAMA ĂMAT   PETRU AMA IULIA   *Pietro ama Giulia*
IŪLIAM PĔTRUS ĂMAT
ĂMAT IŪLIAM PĔTRUS ecc.

Pertanto due fenomeni di carattere fonetico (la caduta delle consonanti finali, la scomparsa dell'opposizione tra vocali brevi e vocali lunghe) provocano una sorta di reazione a catena che investe sia la morfologia sia la sintassi. Fonetica, morfologia e sintassi, le tre parti in cui tradizionalmente si divide la grammatica, sono insomma strettamente connesse tra loro nell'evoluzione storica dal latino alle lingue romanze. Riassumiamo nel quadro che segue i tre fenomeni di carattere morfologico e sintattico che abbiamo appena considerato.

latino classico	latino volgare	italiano
declinazione: sistema dei casi[1]	**scomparsa dei casi**	**come nel latino volgare**
ROSĂ, ROSAE, ROSAE, ROSAM, ROSĂ, ROSĀ	ROSA	*rosa*
ROSAE, ROSĀRUM, ROSĬS, ROSĂS, ROSAE, ROSĬS	ROSE	*rose*
costruzione sintetica	**costruzione analitica**	**come nel latino volgare**
RŎSA MĀTRIS	ILLA ROSA DE ILLA MATRE	*la rosa della madre*
ordine libero delle parole, uso dei casi	**ordine fisso delle parole, senza casi**	**come nel latino volgare**
PĔTRUS IŪLIAM ĂMAT, IŪLIAM PĔTRUS ĂMAT, ĂMAT IŪLIAM PĔTRUS ecc.	PETRU AMA IULIA	*Pietro ama Giulia*

---

[1] Si dà prima il singolare: nominativo, genitivo, dativo, accusativo, vocativo, ablativo; poi il plurale (con gli stessi casi).

Il passaggio dal latino classico al latino volgare (e alle lingue romanze) segna sia l'estendersi dell'uso delle preposizioni già esistenti sia la nascita di nuove preposizioni. Delle preposizioni latine alcune si conservano (per esempio, ĂD, DĒ, CŬM, CŎNTRA, ĬN, SŬPRA ecc.), altre si perdono (per esempio, ĂB, ĂPUD, ĒRGA, ŎB, PRAE, PRŌ, PRŎPTER ecc.). Molto importanti sono le preposizioni di nuova formazione: DĔ + ĂB (e forse DĒ + ĂD) > *da*, ĂB + ĂNTE > *avanti*, DĒ + ĬNTRŌ > *dentro*, DĒ + RĔTRŌ > *dietro*, DĒ + PŎST > *dopo*, ĬN + *ANTEIS > *innanzi*; ci sono preposizioni italiane nate dalla fusione di una preposizione e di un nome: *accanto (a canto), allato (a lato)*.

L'evoluzione che porta nel latino volgare a una morfologia semplificata e di tipo analitico riguarda non solo le preposizioni e il sistema delle declinazioni e dei casi, ma anche altri parti del discorso e altre categorie grammaticali.

6.7.1 IL GENERE

Il latino aveva tre generi: maschile, femminile e neutro. Originariamente il maschile e il femminile si riferivano al sesso, mentre il neutro indicava i nomi dei referenti "non animati", per i quali la distinzione del sesso non aveva senso. L'opposizione "animato / non animato", era espressa mediante diverse desinenze (cfr. il lat. DOMĬNUS 'padrone', maschile, con il neutro AURUM 'oro') e corrispondeva a un modo di concepire la realtà. In seguito i tre generi furono interpretati soprattutto come categorie grammaticali.

Nell'evoluzione linguistica dal latino alle lingue romanze il **neutro** è apparso come un punto debole del sistema ed è conseguentemente scomparso (se ne trovano soltanto tracce in alcune varietà romanze). Alla scomparsa del neutro ha certo contribuito la caduta delle consonanti finali, che ha fatto coincidere la desinenza di un nome maschile come DOMINU con la desinenza di un neutro come AURU.

I nomi neutri latini sono stati trasformati per la maggior parte in maschili: AURUM > *oro*, DŌNUM > *dono*, MĂRE > *mare*; tuttavia molti neutri plurali in -A sono diventati femminili singolari attraverso una fase in cui valevano come nomi collettivi (cfr. l'opposizione ancora esistente tra *il frutto / la frutta*): FŎLIA > *foglia*, MIRABĬLIA > *meraviglia*.

Al pari dell'italiano, anche le altre lingue romanze possiedono soltanto due generi: il maschile e il femminile. Rispetto alla situazione latina si ha una differenza che si può rappresentare così:

GENERE		
	Latino	**Italiano (e lingue romanze)**
referente animato	maschile femminile	maschile femminile
referente non animato	neutro	maschile femminile

6.7.2 L'ARTICOLO

Nel latino volgare il dimostrativo ĬLLĔ, o più esattamente ĬLLŬ(M), anteposto a un nome, tende a trasformarsi in articolo determinativo[1]. Questo mutamento di valore può essere rappresentato così:

latino classico	latino volgare	italiano
ĬLLUM FĪLĬUM 'quel figlio'	ILLU FILIU 'il figlio'	*il figlio*
ĬLLAM FĪLĬAM 'quella figlia'	ILLA FILIA 'la figlia'	*la figlia*

Ignoto al latino classico, l'articolo determinativo ha due funzioni: a) determina la classe o la specie: IL *cane è un animale domestico*; b) indica il "noto" in contrapposizione all'ignoto o al generico: *è venuta* LA *signora* (nota a me e a te) / *è venuta* UNA *signora* (ignota). L'articolo rappresenta quella tendenza analitica che distingue le lingue romanze nei confronti della lingua madre.

In tutte le lingue che usano l'articolo determinativo, questo è nato da un pronome; così è avvenuto

per il greco   *ho, hē, tó*;
per l'inglese   *the*;
per il tedesco   *der, die, das*.

Per quanto riguarda le lingue romanze, la nascita dell'articolo determinativo dal pronome dimostrativo ĬLLŬ(M) si può osservare in testi tardo-latini. Per esempio, in una versione della *Bibbia*, la cosiddetta *Vetus Latina*, si legge:

DIXIT ILLIS DUODECIM DISCIPULIS 'disse ai dodici discepoli'.

Qui ĬLLĪS ha proprio il valore della nostra preposizione articolata 'ai', non del dimostrativo 'a quelli', che non avrebbe alcun senso. La Bibbia latina era una traduzione della Bibbia greca: l'influsso di quest'ultima lingua, che possedeva l'articolo, può aver aiutato l'affermarsi dell'articolo nel latino volgare.

Secondo alcuni studiosi, le tracce dell'articolo risalirebbero alla più antica latinità: già in Plauto (circa 250-184 a.C.), nelle lettere di Cicerone ad amici e parenti, in Petronio e in quegli autori che nello scritto trasferiscono tratti tipici del parlato si troverebbero vari esempi di dimostrativo «debole» posto davanti a un nome: si tratterebbe insomma di «quasi-articoli» o «articoloidi». Tale uso, raro nella lingua scritta, sarebbe stato invece ampio nella lingua parlata, già alla fine dell'epoca classica. Ma secondo altri studiosi questa tesi va respinta: ĬLLE comincia a essere usato con un valore simile a quello dell'articolo romanzo soltanto a partire dal VI secolo d.C.

Dal numerale latino ŪNŬS, o più esattamente dall'accusativo ŪNŬ(M), si è sviluppato nelle lingue romanze l'articolo indeterminativo: ital. *un (uno)*.

---

[1] Da ĬLLŬM per aferesi si ha *lo*, forma che si riduce a *'l* quando precede una vocale; a *'l* viene aggiunta una vocale di appoggio e in tal modo si ottiene *il*; la trafila ora descritta si può esemplificare così: *ecco lo messo > ecco 'l messo > ecco il messo*.

Circa l'origine e l'uso degli articoli, l'italiano e le altre lingue romanze presentano alcuni particolarismi. In vari dialetti dell'Italia centrale (Marche meridionali, Umbria meridionale, Abruzzo settentrionale, parte del Lazio) si ha la distinzione tra un articolo determinativo maschile *lu,* che continua il latino ĬLLŬ(M), e un articolo determinativo neutro *lo,* che continua il latino ĬLLŬD[1] ed è usato soprattutto davanti a nomi di materia (per questo è anche detto «neutro di materia») o comunque davanti a sostantivi indicanti cose in generale:

ĬLLŬ(M) LĔCTU(M)	>	*lu lettu*	ĬLLŬD VĪNU(M)	>	*lo vinu*
ĬLLŬ(M) CĂNE(M)	>	*u cane*	ĬLLŬD PLŬMBU(M)	>	*lo piummu*

L'uso dell'articolo neutro è spesso condizionato dal significato della parola: per esempio, *piummu* 'piombo' richiede l'articolo neutro *lo,* se indica il metallo, mentre vuole l'articolo maschile *lu,* se indica lo strumento usato dai muratori; analogamente si dice *lo bruttu* 'la bruttezza', ma *lu bruttu* 'quell'uomo brutto'.

Nel sardo l'articolo determinativo non si è sviluppato dal pronome ĬLLĔ, ma dal pronome ĬPSĔ:

ĬPSŬ(M)	>	*su* 'il, lo'	ĬPSŌS	>	*sos* 'i, gli'
ĬPSĀ(M)	>	*sa* 'la'	ĬPSĀS	>	*sas* 'le'

Lo spagnolo conosce un articolo neutro *lo* (distinto dal maschile *el* 'il, lo', *los* 'i, gli' e dal femminile *la* 'la', *las* 'le'), privo di plurale e usato per indicare significati generali, indeterminati:

lo bueno 'il bene, il lato buono, ciò che c'è di buono (in una cosa)';

lo español 'il tipico spagnolo, ciò che c'è di spagnolo in una cosa' (distinto pertanto da *el español* 'l'abitante della Spagna', 'la lingua spagnola').

Inoltre lo spagnolo possiede il plurale dell'articolo indeterminativo:

unos hombres 'alcuni uomini'; *unas mujeres* 'alcune donne'.

L'italiano, come il francese, possiede soltanto i corrispondenti pronomi: *gli uni (e gli altri), le une (e le altre).*

Il rumeno presenta un tratto molto caratteristico, che lo accomuna ad altre lingue dell'area balcanica come il bulgaro, il macedone e l'albanese: la posposizione e la fusione dell'articolo determinativo con il nome cui si riferisce. Per esempio:

DOMĬNU(M) ĬLLU(M) > *domnul* 'il signore'

6.7.3 IL COMPARATIVO

Il comparativo organico del latino classico è sostituito con una costruzione analitica formata da PLŪS e dall'aggettivo di grado positivo: in luogo di ALTĬOR, -ŌRIS si afferma PLŪS ĂLTU(M) > *più alto.* Una perifrasi analoga (MĂGIS + aggettivo positivo) esisteva già nel latino classico in casi particolari: MĂGIS DŬBIUS, MĂGIS IDŌNEUS. Da

---

[1] La -M, caduta in latino già dal III-II secolo a.C., ha provocato un allungamento di compenso della vocale precedente. In seguito a questo fenomeno, in gran parte dell'Italia centro-meridionale la ŭ della desinenza -ŬM si è trasformata in ū, la quale naturalmente è rimasta intatta: ĬLLŬM > *ĭLLŪ > *lu.* Quando invece la consonante seguente è diversa da una nasale, la ŭ della sillaba finale non si è allungata e di conseguenza si è aperta come di consueto in *o:* ĬLLŬD > *lo.*

MĂGIS si è sviluppato lo spagnolo *más* usato per formare il comparativo: *más alto* 'più alto'.

Delle forme organiche latine si conservano soltanto:

MAIŌRE(M)	> *maggiore,*	MINŌRE(M)	> *minore,*
PEIŌRE(M)	> *peggiore,*	MELIŌRE(M)	> *migliore,*
MĬNUS	> *meno,*	MĔLIUS	> *meglio,*
PĔIUS	> *peggio.*		

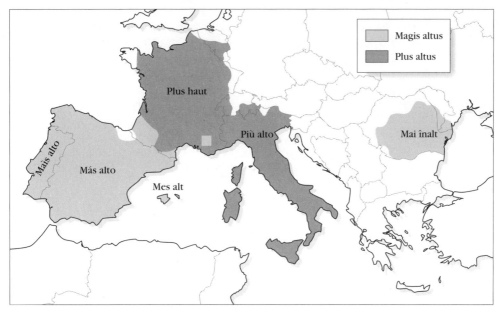

Forme del comparativo di maggioranza (da G. Rohlfs, *La diferenciación léxica de las lenguas románicas*, trad. spagn., Publicaciones de la Revista de filología española, XIV, Madrid 1960).

6.7.4   IL VERBO

I verbi irregolari tendono a scomparire o comunque a regolarizzare la loro coniugazione: FĔRRE è sostituito da PORTĀRE, LŎQUI 'parlare' da PARABOLĀRE; al posto di PŎSSE e VĔLLE appaiono POTĒRE e VOLĒRE.

I verbi deponenti, che nel latino classico avevano forma passiva e significato attivo, prendono nel latino volgare forma attiva in sintonia con il loro significato: per esempio, MŎRI e MENTĪRI sono sostituiti da MORĪRE e MENTĪRE.

Il passivo organico è sostituito con quello analitico: in luogo di AMŎR, AMĀRIS, AMĀTUR si ha AMĀTUS SŬM, AMĀTUS ĔS, AMĀTUS ĔST; da queste forme derivano: *sono amato, sei amato, è amato*. Corrispondentemente il perfetto passivo assume la nuova forma AMĀTUS FŬI.

Il futuro organico è sostituito con un futuro perifrasico formato dall'infinito del verbo + il presente di HABĒRE: in luogo di CANTĀBO (che si era confuso con l'imperfetto CANTĀBAM) si afferma CANTĀRE + *AO (forma popolare di HĂBEO) > *cantarò* > *canterò*. Sul modello di questo futuro nasce il condizionale, formato dall'infinito del verbo + il perfetto di HABĒRE: CANTĀRE + *EI (forma popolare di HĂBUI) >

cantarei > *canterei*. Nel futuro e nel condizionale si noti un fenomeno che è tipico del fiorentino: il passaggio del nesso *-ar-* > *-er-* in posizione intertonica, cioè tra accento principale e secondario.

Accanto al perfetto CANTĀVI > *cantai* si sviluppa un perfetto analitico, da cui nascerà il nostro passato prossimo: HĂBEO CANTĀTUS > *ho cantato*.

6.7.5 I PRONOMI

Una tendenza molto accentuata nel latino volgare è il rafforzamento di una parola mediante la fusione con un altro elemento. Tale tendenza appare particolarmente evidente nel processo formativo dei pronomi dimostrativi romanzi, che nascono da forme rafforzate: per esempio, invece di ĬSTŬ(M) si usa *(EC)CU ĬSTŬ(M) > *questo,* invece di ĬLLŬ(M) si usa *(EC)CU ĬLLŬ(M) > *quello*.

Il latino classico possedeva un sistema di pronomi dimostrativi più ricco e articolato del nostro: a ogni funzione corrispondeva un pronome particolare. I dimostrativi latini servivano non soltanto a indicare il rapporto di vicinanza o di lontananza rispetto al parlante e all'interlocutore, ma avevano anche altre funzioni: di collegamento, di correlazione, di messa in evidenza.

Pronomi dimostrativi

HĬC (*femm.* HAEC, *neutro* HŎC) 'questo': è il dimostrativo riguardante l'oggetto vicino a colui che parla;

ĬSTĔ (*femm.* ĬSTĂ, *neutro* ĬSTŬD) 'codesto': è il dimostrativo riguardante l'oggetto vicino a chi ascolta;

ĬLLĔ (*femm.* ĬLLĂ, *neutro* ĬLLŬD) 'quello': è il dimostrativo che riguarda l'oggetto lontano sia da chi parla sia da chi ascolta;

Pronomi di riferimento

ĬS (*femm.* ĔA, *neutro* ĬD): rinvia a un elemento già espresso precedentemente; è pertanto un anaforico; tale valore lo rende atto a sostituire il pronome personale di terza persona e a essere usato in correlazione con il relativo: QUI... IS 'colui che... egli';

ĪDEM (*femm.* ĔĀDEM, *neutro* ĬDEM): composto di ĬS + -DEM 'proprio, precisamente', indica l'identità: IDEM VULTUS 'lo stesso volto';

ĬPSĔ (*femm.* ĬPSĂ, *neutro* ĬPSŬM): è un pronome che serve a evidenziare un elemento della frase, soprattutto per opporlo ad altri elementi: CAESAR IPSE 'Cesare in persona, proprio lui'.

Nel passaggio dal latino classico al latino volgare, questo sistema di pronomi entra in crisi: subisce dapprima dei mutamenti, poi è sostituito quasi interamente da nuove forme. Dei sei pronomi dimostrativi del latino classico ĪDEM scompare molto presto, verso la fine del II secolo d.C., senza lasciare tracce. Gli altri pronomi, invece, rimangono in vita nel latino volgare, ma in genere si rafforzano fondendosi con altri elementi e spesso mutano significato e funzioni. ĬS, o più esattamente il neutro ĬD, sopravvive unicamente nell'italiano arcaico *desso* 'esso' < ĬD ĬPSŬ(M); HĬC si conserva soltanto con la forma del neutro: *ciò* < ĔCCE HŎC, *però* < PĔR HŎC.

ĬSTE ĬLLE, rafforzati con l'elemento espressivo *ECCU (sviluppatosi nel latino volgare e ricavato da ĔCCE + (H)ŬN(C), accusativo di HĬC), hanno dato origine ai pronomi dimostrativi italiani:

*(EC)CU + ĬSTŬ(M) > *questo*
*(EC)CU + TĬ(BI) + ĬSTŬ(M) > *cotesto* > *codesto*
*(EC)CU + ĬLLŬ(M) > *quello*

ĬLLE ha originato non soltanto il pronome dimostrativo *quello* e l'articolo determinativo, ma anche vari pronomi personali. Nel latino volgare ĬLLE fu sostituito da *ILLĪ, modellato sul pronome relativo QUĪ, con il quale formava un sintagma molto frequente: ĬLLĔ QUĪ 'colui il quale' > *ILLI QUI. Quando all'interno di una frase la parola successiva cominciava per vocale, la -I di *ILLI diventava /j/ trasformando la laterale precedente in una laterale palatale: *ILLI ĔST > *ILLJEST > *egli è*. Pertanto dal latino volgare *ILLI, per ragioni di fonetica sintattica, si è avuto l'italiano *egli*.

Per analogia con CŪĪ, dativo del pronome relativo QUĪ, la forma dativale del latino classico ĬLLI fu sostituita nel latino volgare da *ILLUI e, al femminile, da *ILLAEI; queste forme hanno generato due pronomi personali: *(IL)LUI > *lui*, *(IL)LAEI > *lei*. Dal genitivo plurale ILLŌRUM nasce *loro*: (IL)LŌRUM > *loro*.

Un altro pronome vitale nel latino volgare, e conseguentemente nelle lingue romanze, è ĬPSE. In italiano abbiamo:

ĬPSŬ(M) > *esso*
ĬSTŬ(M) + ĬPSŬ(M) > *istesso* > *stesso*

ĬPSE ha contribuito anche alla formazione dell'italiano *medesimo*, che deriva dal latino volgare *METIPSIMU(M), composto dall'elemento rafforzativo MET- (ricavato da formule latine del tipo EGŎMET ĬPSE 'proprio io in persona', ILLĔMET ĬPSE 'proprio lui in persona') e da -IPSIMU(M), contrazione di IPSĪSSIMUS, superlativo di ĬPSE.

Anche nel campo dei pronomi appare chiaramente una delle caratteristiche essenziali del lessico del latino volgare: l'avversione per le parole troppo brevi e la predilezione, invece, per le parole corpose e di significato espressivo (v. 6.9).

6.7.6 FORMAZIONE DEL PLURALE

La formazione del plurale nell'area italiana è diversa a seconda che si tratti di: 1) plurali in *-e* derivati da sostantivi femminili della prima declinazione; 2) plurali in *-i* derivati da sostantivi maschili della seconda declinazione; 3) plurali in *-i* derivati da sostantivi maschili e femminili della terza declinazione.

1) I nomi italiani derivati da sostantivi femminili della prima declinazione formano il plurale dal nominativo o (secondo un'altra tesi) dall'accusativo:

CĂSAE > *case*
CĂSAS > *CASES > *case*

Nella prima ipotesi si avrebbe il monottongamento del dittongo -AE in -*e*; nella seconda si avrebbe il passaggio di -AS in -ES per l'azione palatalizzante della -S, che poi è caduta. Quest'ultima ipotesi è avvalorata dal fatto che nelle carte latine alto-medievali sono frequenti grafie con -ES finale, come TABULES, OPERES, le quali rappresentano una fase intermedia fra il latino classico in -AS e il latino volgare in -e.

2) I nomi italiani derivati da sostantivi maschili della seconda declinazione formano il plurale dal nominativo:

CĂMPI > campi

3) I nomi italiani derivati da sostantivi maschili e femminili della terza declinazione formano il plurale dal nominativo-accusativo in -ES, che è dapprima passato a -IS per l'azione palatalizzante della -s finale e poi a -i per la caduta della -s:

CĂNES > *CANIS > cani

Questo sviluppo è stato probabilmente favorito dall'influsso analogico dei plurali -i della seconda declinazione.

6·8 LA SINTASSI DEL LATINO VOLGARE

Nel latino classico era normale il seguente ordine dei componenti della frase:
Il latino volgare invece preferiva l'ordine diretto:

soggetto	complemento indiretto	oggetto	predicato
MĪLES	GLĂDIO	HŎSTEM	NĔCAT
il soldato	con la spada	il nemico	uccide

Mentre il latino classico faceva un largo uso della subordinazione, il latino volgare preferiva la coordinazione.

La coordinazione predomina anche in quegli scrittori e in quelle opere della latinità che imitano i modi del parlato: per esempio, nelle commedie di Plauto. Quando scrive i trattati e le orazioni, Cicerone ricorre ampiamente alla subordinazione, ma nelle lettere a familiari e amici preferisce la coordinazione. Questa prevale nella maggior parte degli scrittori cristiani, soprattutto per l'influsso delle Sacre Scritture. La lingua letteraria italiana ritornerà a un uso ampio della subordinazione soltanto a partire dal XIV secolo per imitazione dei classici latini. Tale fenomeno si avverte soprattutto nella prosa del Boccaccio.

Sempre nel campo della sintassi del periodo, notiamo che nel latino classico e nel latino volgare la subordinazione è costruita diversamente. Nel latino classico, dopo un verbo dichiarativo (DĪCO, NĔGO, NĀRRO, CRĒDO, SCĬO 'so', PŬTO 'giudico', IŪDICO ecc.) o un verbo di appercezione (SĔNTIO, VĬDEO, AUDIO ecc.), si usava di norma la costruzione "accusativo con l'infinito"; per esempio, DĪCO AMĪCUM SINCĒRUM ĔSSE (FUĪSSE), letteralmente 'dico l'amico essere (stato) sincero', cioè 'dico che l'amico è (è stato) sincero'; SCĬO ĔUM HŎC FECĪSSE, letteralmente 'so lui aver fatto questo', cioè 'so che lui ha fatto questo'. Sviluppando ulteriormente una tendenza, che era viva in alcuni settori della lingua[1], il latino volgare ha eliminato l'"accusativo con l'infinito" sostituendolo, con una subordinata formata da una congiunzione subordinante (QUOD, QUIA) + verbo all'indicativo; l'italiano ha accolto questa innovazione. Si è avuto dunque il seguente sviluppo:

latino classico	latino volgare	italiano
DĪCO AMĪCUM SINCĒRUM ĔSSE	DICO QUOD ILLU AMICU EST SINCERU	*dico che l'amico è sincero*

Boccaccio e, nel Quattrocento, i prosatori umanistici in volgare ripristinarono in parte la costruzione "accusativo con l'infinito" per il desiderio di imitare la sintassi del latino classico. Nelle loro opere ritroviamo proposizioni subordinate del tipo: *dico l'amico essere stato sincero*; *narrava sé aver trovato il tesoro*. Nell'italiano moderno questo tipo sintattico è stato eliminato; tuttavia una forma di "accusativo con l'infinito" si conserva con alcuni verbi: *fare, lasciare, vedere, udire, sentire*: cfr., per esempio, *l'ho fatto arrivare, non mi lascia parlare, vedo Giulia camminare, sento Maria cantare*. L'infinito inoltre si usa quando il soggetto della principale coincide con il soggetto della subordinata: *dico di essere felice*; *Mario affermava di aver incontrato Luisa*.

Nelle proposizioni volitive il mutamento riguarda soltanto la congiunzione subordinante UT del latino classico, la quale è sostituita da QUIA:

latino classico	latino volgare	italiano
VŎLO ŬT VĔNIAS	VOLO QUIA VENIAS	*voglio che (tu) venga*

La congiunzione subordinante *che* deriva probabilmente dal lat. QUĬA, neutro plurale arcaico di QUĪ 'il quale'. Nella forma italiana come nella forma *que* (presente in francese, provenzale, catalano, spagnolo e portoghese) si è avuta la caduta della *-a* finale. Quest'ultima si conserva invece in *ca*, congiunzione subordinante diffusa nell'Italia meridionale: per esempio, napoletano *pensə ca venə* 'penso che verrà' (v. 6.4.5). Secondo un'altra ipotesi *che* deriverebbe dal pronome interrogativo e indefinito QUĬD, il quale, in un secondo tempo, si sarebbe affermato come congiunzione subordinante a spese di QUŎD e di QUĬA.

Il latino volgare e le lingue romanze hanno eliminato molte congiunzioni antiche, ma ne hanno create delle nuove. Nell'ambito delle congiunzioni coordinanti si è mantenuto ĔT (ital. *e*), ma si sono perdute ĂC e ĂTQUE.

Per quanto riguarda le disgiuntive si è mantenuto AUT (ital. *o*), mentre è caduto VĔL. Si sono perdute le avversative SĔD, ĂT, VĒRUM, AUTEM, CĒTERUM; al loro posto

---

[1] In un autore vicino alla lingua parlata come Plauto si ritrovano costruzioni come: *Equidem scio iam filius* QUOD AMET *meus istanc meretricem* (Asinaria, 52) 'So certamente che mio figlio ama codesta meretrice'. Del resto, nello stesso latino classico, dopo un reggente verbale costituito dai cosiddetti "verba affectuum" (*gaudeo, doleo, queror*), la subordinata poteva essere una infinitiva oppure una proposizione con verbo di modo finito introdotta da *quod*.

sono subentrate *ma* (dal lat. MĀGIS con mutamento di valore) e *però* (dal lat. PĔR HŎC).

L'italiano e le altre lingue romanze hanno eliminato le antiche congiunzioni subordinanti (le finali ŬT, NĒ e QUŌ, le concessive QUĀMVIS, ĒTSI, LĬCET, QUĀMQUAM, il polivalente CŬM ecc.) e ne hanno creato delle nuove mediante la combinazione:

> preposizione o avverbio + *che*

Per esempio: *perché, poiché, dacché, finché, benché, prima che, dopo che*. In tal modo le nostre congiunzioni subordinanti acquistano una sorta di contrassegno distintivo (l'elemento *che*): alla varietà del latino classico fa riscontro in italiano una certa uniformità.

6·9   IL LESSICO DEL LATINO VOLGARE

Tra il latino classico e il latino volgare si notano vistose differenze nel campo del lessico. Certo le due varietà avevano una base comune molto ampia, nella quale rientrano vocaboli fondamentali; sostantivi come: HŎMO, FĪLIUS, MĀTER, MĂNUS, ĂQUA, PĀNIS, TĔRRA, VĪTA; aggettivi come: BŎNUS, NŎVUS, PLĒNUS, ROTŬNDUS; verbi come: HA-BĒRE, FACĔRE, VIDĒRE, BIBĔRE, DORMĪRE, VENĪRE. Tuttavia fattori linguistici, sociali, culturali, etnici e psichici avevano creato differenze di varia natura ed entità. Eccone alcune minime connesse con l'evoluzione fonetica (per esempio, la caduta di una vocale atona) e con lo spostamento dell'accento:

latino classico	latino volgare	italiano
CĂLĬDUS	CALDU	*caldo*
ŎCŬLUS	OCLU	*occhio*
PARĬETEM	PARETE	*parete*
SÁPĔRE	SAPÉRE	*sapére*
RIDĔRE	RÌDERE	*rìdere*
MORDÉRE	MÒRDERE	*mòrdere*[1]

Vedremo fra poco altri mutamenti più complessi, che dipendono dalla condizione sociale dei parlanti e dalle diverse situazioni in cui si pone l'atto comunicativo. Era naturale che il cittadino medio non avesse una conoscenza approfondita dei vocaboli letterari, dei sinonimi raffinati, dei procedimenti stilistici e retorici usati dagli scrittori. Se due parole esprimevano all'incirca lo stesso significato, la scelta doveva cadere sulla parola più popolare e più espressiva.

Al tempo stesso il latino volgare veniva incontro ai bisogni e alla mentalità di una massa di piccoli commercianti, di artigiani, di soldati, di semiliberi, di schiavi addetti ai lavori più diversi. Caratteri propri del lessico del latino volgare sono: concretezza, specificità, immediatezza espressiva e corposità fonetica. Inoltre in tale lessico si riflette la stratificazione etnica di una società nella quale gli specialisti e i tecnici

---

[1] A proposito di *sapere, ridere* e *mordere*, nota che lo spostamento dell'accento nel passaggio dal latino classico al latino volgare va insieme con il cambio della coniugazione.

(per esempio, il medico, il veterinario, il cuoco) sono per lo più greci; per questo motivo parole greche entrano nel latino volgare. Abbiamo già accennato all'influsso del Cristianesimo, una fede che rivaluta la lingua parlata dal popolo, una religione che si serve largamente di parole e significati nuovi (talvolta ripresi dal greco).

I fenomeni che modificano il lessico appartengono a due ordini:

1) cambiamento del fondo lessicale (cioè **perdite** o **acquisti** di parole);
2) cambiamento di significato di parole già esistenti (**mutamento semantico**).

● Consideriamo innanzi tutto alcune perdite. Di una coppia di sinonimi si conserva il vocabolo più comune e popolare:

latino classico	latino volgare	italiano
TĔRRA - TĔLLUS	TERRA	*terra*
STĒLLA - SĪDUS	STELLA	*stella*
CĂMPUS - ĂGER	CAMPU	*campo*

● Le parole "consumate" di significato generico, brevi nella forma, sono sostituite con parole di significato "forte", di alta espressività, di forma più ampia. I sostituti sono spesso vocaboli che già esistevano con un significato particolare accanto al vocabolo generico:

prima fase il vocabolo del lat. classico (*c*) e quello del lat. volgare (*v*) coesistono; ciascuno con un suo significato	**seconda fase** *c* è sostituito da *v* che ha preso il significato di *c*	**italiano** riproduce la seconda fase
ĔSSE, ĔDERE / MANDUCĀRE 'mangiare' / 'rimpinzarsi'	MANDUCARE 'mangiare'	*manicare*, poi sostituito con *mangiare*, forma francesizzante
FLĒRE / PLANGĔRE 'piangere' / 'battersi il petto'	PLANGERE 'piangere'	*piangere*
ĔQUUS / CABĂLLUS 'cavallo' / 'cavallo da tiro'	CABALLU 'cavallo'	*cavallo*
ŌS / BŬCCA 'bocca' / 'guancia'	BUCCA 'bocca'	*bocca*
LŎQUI / PARABOLĀRE 'parlare' / 'dire parabole'	PARABOLARE 'parlare'	*parlare*
DŎMUS / CĂSA 'casa' / 'capanna'	CASA 'casa'	*casa*

● La ricerca di parole più corpose e dotate di maggiore espressività spinge a preferire in molti casi il diminutivo in luogo del nome semplice:

prima fase		seconda fase	italiano
nome semplice diminutivo del nome		nome semplice derivato dall'originario diminutivo	riproduce la seconda fase
AURIS 'orecchia'	AURĬCULA 'piccola orecchia'	AURICLA, ORICLA 'orecchia'	*orecchia*
FRĀTER 'fratello'	FRATĚLLUS 'fratellino'	FRATELLU 'fratello'	*fratello*
GĚNU 'ginocchio'	GENŬCULUS 'piccolo ginocchio'	GENUCULU 'ginocchio'	*ginocchio*

● Per motivi analoghi, al verbo semplice si preferisce talvolta il verbo iterativo, cioè quello che esprime la ripetizione dell'azione:

prima fase		seconda fase	italiano
SALĬRE 'saltare'	SALTĀRE 'continuare a saltare'	SALTARE 'saltare'	*saltare*
PINSĚRE 'pestare'	PISTĀRE 'continuare a pestare'	PISTARE 'pestare'	*pestare*

● Mediante suffissi e prefissi si formano nuovi verbi:

latino classico		latino volgare	italiano
ĂLT-US 'alto'	+ -IARE	ALTIARE	*alzare*
CĀPT-US 'preso'	+ -IARE	CAPTIARE	*cacciare*
MŎRT(U)-US 'morto'	+ EX- e -IARE	EXMORTIARE	*smorzare*
MŎRS-US 'morso'	+ -ICARE	MORSICARE	*morsicare*
BEĀT-US 'beato'	+ -IFICARE	BEATIFICARE	*beatificare*

I nuovi verbi sostituiscono i verbi del latino classico; per esempio, MORSICARE sostituisce MORDĚRE. L'italiano ha le due forme: *morsicare* (verbo più popolare) e *mòrdere*, tratto da MORDĚRE con cambio di coniugazione.

Nel processo di formazione dei verbi prefissati si verifica talvolta il fenomeno della **ricomposizione**, consistente nel riportare sul radicale l'accento che si trova sul prefisso per analogia con il verbo semplice; di quest'ultimo si ripristina la vocale; in tal modo si annulla l'effetto dell'indebolimento vocalico avvenuto nel latino arcaico:

CŎNTĬNET   per analogia con TĔNET   diventa *CONTÉNET   > *contiene*

Altri esempi:

COMMĒNDAT per analogia con MĀNDAT   diventa *COMMÀNDAT > *comanda*
DÍSPLĬCET   per analogia con PLĂCET   diventa *DISPLÀCET > *dispiace*
RÉNŎVAT   per analogia con NŎVAT   diventa *RENÒVAT   > *rinnova*

Abbiamo già ricordato (v. 6.7.5.) che i pronomi e gli avverbi sono "rinforzati"; per esempio: invece di ĬSTU(M) si usa *(EC)CU + ĬSTŬ(M) > *questo*; invece di ĬNTRŌ si usa DĒ + ĬNTRŌ > *dentro*.

● Alcune parole semplici sono sostituite da sintagmi:

latino classico	latino volgare	italiano
VĒRE 'in primavera'	PRIMO VERE, PRIMA VERA	*primavera*
MĀNE 'mattina'	(HORA) MATUTINA	*mattina*

Un settore importante è quello dei **mutamenti di significato** (v. 4.5).

Abbiamo già visto alcuni ampliamenti di significato (MANDUCĀRE da 'rimpinzarsi' a 'mangiare'; CABĂLLUS da 'cavallo da tiro' a 'cavallo'). Ricordiamo ancora: AD-RIPĀRE significava in origine 'giungere alla riva' (lat. RĪPA), poi significò genericamente 'giungere in qualsiasi luogo', cioè *arrivare*. Ma si ha anche il fenomeno inverso: da un significato generico si va a un significato specifico, per esempio, CO-GNĀTUS da 'parente' a 'fratello della moglie', cioè *cognato*; NECĀRE da 'uccidere' a 'uccidere nell'acqua' (AD-NECĀRE > *annegare*).

Vi sono poi mutamenti di significato che dipendono da un uso metaforico del vocabolo: per esempio, CĂPUT 'testa' è sostituito appunto da TĔSTA, che in origine significava 'vaso di coccio'; PAPĬLIO (PAPILIŌNEM) 'farfalla' prende il significato di 'tenda di un accampamento', cioè *padiglione*: le tende dell'accampamento con i loro colori e forme facevano pensare a grandi farfalle. Questi e altri fenomeni di semantica storica sono trattati in 4.5.

Per i contatti che Roma ebbe con la Grecia fin dai primi tempi, molti **grecismi** erano entrati già nel latino classico, per esempio: SCHŎLA 'scuola', CATHĔDRA 'cattedra', CĂLAMUS 'penna per scrivere', CĂMERA 'soffitto fatto a volta', BASĬLICA 'complesso di edifici con varie destinazioni pubbliche'. Con il Cristianesimo entrarono dei nuovi grecismi, per esempio: ECCLĒSIA > *chiesa*, EPĬSCOPUS > *vescovo*, ĂNGELUS > *angelo*, MĂRTYR > *martire*. La nuova religione adattò a nuovi significati antichi grecismi (per esempio BASĬLICA prese il significato attuale).

Un mutamento di significato avvenuto in ambienti cristiani è all'origine di *parola* e *parlare*: il grecismo PARĂBOLA (dal greco *parabolé* 'comparazione, similitudine') era usato dai traduttori latini delle Sacre Scritture per indicare le brevi storie, gli esempi allegorici citati da Gesù nelle sue prediche; il vocabolo indicò poi la 'parola' di Gesù, la parola di Dio, e quindi, con un'estensione del significato, la 'parola' in generale; a questo punto VĔRBUM 'parola' cadde dall'uso; da PARĂBOLA si sviluppò PARABOLĀRE > *parlare*.

Qualcuno potrebbe obiettare che nell'italiano di oggi esiste la parola *verbo*, come esistono (almeno nella lingua colta) *tellurico*, *sidereo*, l'elemento *agri-* (cfr. *agricoltura*, *agriturismo*), *equino*, tutte forme che – come appare a prima vista – discendono dai vocaboli latini "scomparsi" VĔRBUM, TĔLLUS, SĪDUS, ĂGER, ĔQUUS. Sono scomparsi o no questi vocaboli? La risposta è semplice: *verbo*, *tellurico*, *sidereo*, *agri-*, *equino* (e tanti altri vocaboli di cui parleremo più ampiamente: v. 12.9.5) sono dei **latinismi**, detti anche parole dotte, vale a dire parole che sono state riprese da testi latini e introdotte nella nostra lingua a opera di persone colte vissute in vari periodi dell'era volgare. Si tratta di scrittori, scienziati, filosofi che avevano bisogno di nuovi termini per una finalità artistica o scientifica o comunque specificamente espressiva.

Le parole popolari sono state sempre usate dai parlanti, lungo tutto il percorso storico del latino prima, della nostra lingua poi. Questo uso protrattosi nel tempo, senza alcuna interruzione, ha provocato spesso un mutamento nell'aspetto formale di tali parole, per esempio, MĔDIU(M) è divenuto *mezzo*, IUVĔNE(M) è divenuto *giovane*. Altre parole invece, usate per lo più dalle persone colte, hanno avuto una storia diversa: a una certa altezza cronologica non sono state più usate nella lingua parlata comune. La crisi politica dell'Impero romano fu al tempo stesso una crisi culturale; le scuole cessarono di esistere; la lingua classica divenne un ricordo lontano (soltanto pochi dotti la conoscevano); molte parole (soprattutto quelle dei poeti e degli scrittori) furono dimenticate; continuarono la loro vita soltanto nei libri custoditi nelle biblioteche. E dai libri tali parole furono riprese, dopo un periodo più o meno lungo, a opera di persone colte che le usarono facendole risorgere a nuova vita. Poiché sono passati direttamente dal latino scritto all'italiano, i latinismi hanno conservato quasi integra la loro forma originaria, a differenza delle parole popolari che hanno cambiato d'aspetto nel corso della loro vita ininterrotta. Vediamo un esempio. *Edicola* è un latinismo: proviene da AEDĬCULA(M) ed entra in italiano nel Quattrocento; se tale parola fosse stata sempre usata dal popolo, avrebbe certo un'altra forma: **edécchia*. Così il lat. VĬTIUM continua in due forme italiane: la parola colta *vizio* e la parola popolare *vezzo*. In questo caso si parla di doppioni o **allotropi** (v. 12.10.5).

In alcuni dizionari la formula usata, all'interno dell'etimologia, per indicare le parole popolari è «lat.»; la formula usata per indicare i latinismi è invece «dal lat.» oppure «voce dotta, lat.»; per esempio:

parola popolare	*occhio*	lat. ŎCULU(M)
latinismo	*edicola*	dal lat. AEDĬCULA(M)
	oppure	
	voce dotta, lat. AEDĬCULA(M)	

6·10   LE TESTIMONIANZE DEL LATINO VOLGARE

Non possediamo testi scritti interamente in latino volgare; abbiamo testi in cui si ritrovano tratti (più o meno numerosi, più o meno marcati) di tale varietà di lingua. Non raramente sono tratti che si erano già manifestati nel latino arcaico (per esempio, in Plauto, ma che furono poi respinti dalla lingua letteraria "classica" del periodo successivo. Tra i documenti del latino volgare ricorderemo:

- il *Satyricon* di Petronio (I secolo d.C.), opera nella quale l'autore fa parlare al nuovo ricco Trimalcione una lingua piena di volgarismi;

- le iscrizioni e i graffiti di Pompei (saluti, imprecazioni, trivialità, propaganda elettorale), conservatisi a causa dell'eruzione del Vesuvio del 79 d.C. che seppellì la città sotto uno strato di ceneri;

- molte opere di autori cristiani che si servivano volutamente di una lingua vicina a quella parlata dal popolo;

- varie testimonianze di grammatici che riprendono gli errori commessi da persone di scarsa cultura;

- numerose lapidi incise da scalpellini non istruiti.

Infine va ricordato che molti caratteri del latino volgare si ricostruiscono in base alla comparazione delle lingue romanze. Per esempio, l'ital. *carogna*, il franc. *charogne*, lo spagn. *carroña* consentono di postulare una forma lat. volgare, non attestata dalle fonti scritte, *CARŌNIA, da CĂRO, CĂRNIS 'carne'. L'interesse per lo studio comparativo delle lingue è alla base della linguistica storica, la quale fin dal suo primo costituirsi si dedicò con grande impegno alla ricostruzione di voci latine non attestate: il numero delle parole asteriscate (cioè non attestate) è molto alto nei primi dizionari etimologici delle lingue romanze. Va ricordato soprattutto il famoso *Romanisches Etymologisches Wörterbuch* (REW) del Meyer-Lübke (prima edizione 1911-1920).

Conoscere gli aspetti fondamentali del latino volgare è un presupposto necessario per comprendere i caratteri fonetici, morfologici, sintattici e lessicali della nostra lingua. Mediante il confronto tra l'italiano e il latino volgare si dà una spiegazione storica di tali caratteri. Bisogna tuttavia ricordare che esistono altri tipi di spiegazione dei fatti linguistici, fondati non sulla storia, ma sulla funzionalità della lingua, sull'uso che ne fa il parlante, sui giudizi che il parlante dà della lingua.

CAPITOLO 7

ANALISI LINGUISTICA
DI QUATTRO TESTI ANTICHI

7·1 PREMESSA

Nel capitolo precedente abbiamo esaminato i principali cambiamenti che sono intervenuti a livello fonetico, morfologico, sintattico e lessicale nel passaggio dal latino all'italiano. Ora si applicheranno le nozioni di **grammatica storica**, precedentemente descritte, all'analisi di quattro testi antichi. Tali testi presentano tratti linguistici diversi, sia perché non appartengono alla stessa area geografica sia perché non sono riconducibili a un medesimo ambito tipologico; in particolare, tre sono testi di carattere letterario (due in versi, uno in prosa), uno è di carattere documentario. Questa differenza si riflette in modo sensibile sulla lingua: il testo letterario ha in genere una circolazione più ampia e offre sotto il profilo linguistico un quadro più composto, in cui si avvertono influssi di diversa provenienza (vocaboli di tradizione colta, prestiti linguistici, varianti stilistiche ecc.); il testo documentario è invece più saldamente ancorato alla realtà locale, e quindi mostra in modo più evidente i fenomeni tipici dell'area in cui è stato prodotto.

Ciò non significa che la **localizzazione** di un testo documentario sia un'operazione semplice: non di rado l'esistenza di interferenze da parte di modelli di prestigio (come il latino, spesso presente con tutta la forza della sua tradizione, o come il toscano, che di frequente fa sentire la propria influenza) determina numerose oscillazioni, che complicano la definizione linguistica degli stessi testi non letterari.

Mentre il commento linguistico del primo passo (alcuni versi dell'*Inferno* di Dante) sarà condotto parola per parola (le parole saranno spiegate una sola volta, nella loro prima occorrenza), negli altri casi l'analisi sarà compiuta suddividendo i vari fenomeni secondo la tradizionale classificazione adottata negli spogli linguistici. Lo schema classico prevede i seguenti livelli di indagine:
1) grafia;
2) fonetica (vocalismo, consonantismo, fenomeni generali);
3) morfologia (nomi, articoli, pronomi, verbi ecc.);
4) sintassi (struttura del periodo, *che* polivalente, enclisi pronominale ecc.).

7·2 DANTE, *INFERNO*, CANTO V (versi 94-111)

Il passo è tratto dal celebre episodio di Paolo e Francesca, i due cognati che si innamorarono l'uno dell'altro e poi furono uccisi dal marito di lei, Gianciotto. Chi parla è Francesca, la quale risponde a Dante, desideroso di conoscere la condizione di quelle due creature che procedono insieme, quasi intimamente legate ancora dal sentimento amoroso, e che appaiono più degli altri spiriti travolte dalla forza irresistibile del vento.

Dal punto di vista testuale è da sottolineare la simmetria degli elementi, la rispondenza formale tra una parte e l'altra: per esempio, la proposizione relativa «(Amor) ch'a nullo amato amar perdona» (verso 103) è in rapporto, anche concettuale, con la relativa della terzina precedente «(Amor) ch'al cor gentil ratto s'apprende» (verso 100). Palese è anche la consonanza fra le proposizioni principali «Amor .... prese costui de la bella persona» (versi 100-101) e «Amor ... mi prese del costui piacer» (versi 103-104); così come evidente è il collegamento fra le due frasi «e 'l modo ancor m'offende» (verso 102) e «(Amor) ... ancor non m'abbandona» (verso 105), dove la rispondenza fra i due *ancor* mette in risalto il parallelismo dei concetti.

«Di quel che udire e che parlar vi piace,	
noi udiremo e parleremo a voi,	
mentre che 'l vento, come fa, ci tace.	96
Siede la terra dove nata fui	
su la marina dove 'l Po discende	
per aver pace co' seguaci sui.	99
Amor, ch'al cor gentil ratto s'apprende,	
prese costui de la bella persona	
che mi fu tolta; e 'l modo ancor m'offende.	102
Amor, ch'a nullo amato amar perdona,	
mi prese del costui piacer sì forte,	
che, come vedi, ancor non m'abbandona.	105
Amor condusse noi ad una morte.	
Caina attende chi a vita ci spense».	
Queste parole da lor ci fuor porte.	108
Quand'io intesi quell'anime offense,	
china' il viso, e tanto il tenni basso,	
fin che 'l poeta mi disse: «Che pense?».	111

verso 94: «Di quel che udire e che parlar vi piace»

> *di* < lat. DĒ, con passaggio di *e* a *i* dovuto alla posizione pretonica del monosillabo all'interno della frase (protonia sintattica), come per MĒ > *mi*, SĒ, > *si* ecc.: v. 6. 5. 1.

> *quel* < lat. volg. *(ĔC)CŬ(M) ĬLLŬ(M). Sulla formazione della labiovelare secondaria (cioè, non esistente nel latino classico) v. 6. 6. 6; più in generale, sulla formazione dei pronomi dimostrativi v. 6. 7. 5.

> *che* < lat. QUĬD, neutro di QUĬS 'chi', con riduzione della labiovelare iniziale /kw/ a /k/ davanti a vocale diversa da *a* (v. 6. 6. 6). La forma QUĬD, in origine usata come pronome interrogativo e indefinito, ha assunto nel latino volgare le funzioni di pronome relativo (il quale potrebbe anche derivare dal lat. QUĔM) e di congiunzione subordinante (la quale potrebbe anche risalire al lat. QUĬA, neutro plurale arcaico di QUĪ 'il quale').

udire < latino AUDĪRE, con riduzione di AU pretonico a *u* (fenomeno presente, per esempio, anche nel provenzale *lausenga* > *lusinga* e nel germanico *raubon* > *rubare*); in posizione tonica il dittongo passa regolarmente a *o* (*io òdo*).

e < lat. ĔT. Si noti che la -T cade soltanto nella grafia; nella pronuncia si assimila alla consonante iniziale della parola successiva, producendo raddoppiamento fonosintattico (v. 6. 6. 3 e 12. 14). La E breve latina avrebbe dovuto evolversi in *e* aperta; la chiusura della vocale è dovuta alla posizione pretonica nella frase e anche all'opportunità di distinguere la congiunzione dalla forma verbale *è*.

parlar < lat. volg. *PARAULĀRE (lat. mediev. PARABOLĀRE), der. di *PARAULA (lat. tardo PARĂBŎLA) 'parola', con il monottongamento di AU in *o* e la successiva sincope della vocale intertonica; quindi: PARAULĀRE > *parolare* > *parlare*. Sulla diffusione di PARABOLĀRE in luogo del latino classico LŎQUI e sull'evoluzione semantica del vocabolo v. 6. 9. Si noti infine l'apocope della vocale finale preceduta da vibrante.

vi < lat. ĬBI 'ivi', avverbio di luogo che acquista anche valore pronominale (un passaggio analogo si ha in *ci*: cfr. verso 96). Dal punto di vista fonetico, si è avuta dapprima la spirantizzazione della -B- intervocalica e poi l'aferesi della vocale iniziale. Si noti che in latino la -I finale era ancipite, cioè poteva essere breve o lunga; tuttavia è probabile che la I finale di ĬBI fosse breve per analogia con ŬBĬ, in cui — come dimostra l'italiano *ove* — ha prevalso la forma con ĭ; quindi da ĭ si è avuta l'evoluzione a *e* e successivamente la chiusura in *i* per protonia sintattica: ĬBĬ > *ive* > *ve* > *vi*.

piace < lat. PLĂCE(T), con passaggio di PL- a *pj-* (v. 6. 6. 5) e con palatalizzazione dell'occlusiva velare sorda davanti a vocale palatale (v. 6. 6. 1).

verso 95: «noi udiremo e parleremo a voi»

noi < lat. NŌS. Nei monosillabi uscenti in -S, la sibilante si vocalizza in -*i* (oltre a NŌS > *noi*, cfr. VŌS > *voi*, PŎS[T] > *poi*) oppure si assimila alla consonante iniziale della parola successiva, producendo raddoppiamento fonosintattico (per esempio, ĔS[T] > *è*, TRĒS > *tre*; come si è detto, il raddoppiamento sintattico non è registrato dalla grafia).

udiremo < lat. AUDĪRE *ĒMŬS (forma ridotta di ABĒMUS). Sulla formazione del futuro v. 6. 7. 4.

parleremo < lat. volg. *PARAULĀRE ĒMŬS, con il passaggio del gruppo *ar* in posizione intertonica a *er*, secondo la norma fiorentina: *parolaremo* > *parlaremo* > *parleremo*.

a < lat. ĂD. Si noti che -D, come -T nel caso citato di ĔT > *e*, si assimila alla consonante iniziale della parola successiva, producendo raddoppiamento fonosintattico.

voi < lat. VŌS (cfr. sopra *noi*).

verso 96: «mentre che 'l vento, come fa, ci tace»

mentre < ital. ant. *domentre*, per aferesi della sillaba iniziale. *Domentre* a sua volta deriva dal lat. DŬM ĬNT(Ĕ)RĬ(M) 'mentre intanto', con sincope della vocale postonica.

'l forma ridotta dell'articolo determinativo *lo* < lat. (ĬL)LŬ(M), v. 6.7.2, usata dopo parola che termina in vocale (cfr. *il* al verso 110). Sulla formazione dell'articolo nel latino volgare v. 6. 7. 2.

vento < lat. VĔNTŬ(M).

come < lat. QUŌMODO, per apocope della sillaba finale e riduzione di /kw/ a /k/. L'esito normale e più antico è *como*. La forma *come* si deve forse all'analogia con la terminazione avverbiale in -*e* o, con maggiore probabilità, risale direttamente alla locuzione lat. QUŌMO(DO) ĔT; in questa seconda ipotesi sarebbe la congiunzione *e* a produrre il raddoppiamento fonosintattico dopo *come*. Si noti che nella pronuncia romana si ha il raddoppiamento solo quando *come* introduce una comparazione (per esempio, *come me* /komem'me/), ma non quando è usato in funzione di avverbio interrogativo (per esempio, *come va?* /kome'va/); a Firenze, invece, c'è il raddoppiamento in entrambi i casi.

fa < lat. volg. *FA(T), in luogo del classico FĂCĬ(T) (da cui l'ital. *face*, diffuso nella lingua antica e poetica).

ci < lat. volg. *(H)ĪCCE per il classico HĪC 'qui' (cfr. *vi* al verso 94). Dal punto di vista fonetico è da notare l'aferesi della vocale iniziale, la conseguente riduzione d'intensità della consonante doppia, la chiusura della *e* in *i* per protonia sintattica.

tace < lat. TĂCE(T).

verso 97: «Siede la terra dove nata fui»

siede < lat. SĔDE(T), con dittongamento di ĕ in sillaba libera (v. 6. 4. 2).

la < lat. (ĬL)LA(M), in origine pronome dimostrativo ('quella').

terra < lat. TĔRRA(M).

dove < lat. tardo DĒ ŬBĬ. La -E di DE si elide davanti alla vocale iniziale della parola successiva; la -B- intervocalica si spirantizza, cioè si trasforma nella labiodentale sonora *v*; la ŭ e la ĭ passano regolarmente a *o* ed *e*. Si noti che *dove* produce raddoppiamento fonosintattico nella pronuncia toscana, ma non in quella romana

nata < lat. NĀTA(M), participio passato di NĀSCOR, deponente.

fui < lat. FŬĪ. Normalmente in latino una vocale seguìta da un'altra vocale è breve; in questo caso, invece, si ha il mantenimento di U lunga, che costituisce un tratto vocalico arcaico.

verso 98: «su la marina dove 'l Po discende»

su la la scrizione analitica delle preposizioni articolate è per lo più una semplice grafia, comune nei testi antichi, conservatasi per secoli nel linguaggio poetico e letterario. Essa, pertanto, non comporta in genere una diversa pronuncia rispetto alla scrizione sintetica con -*ll*- (*sulla*).
Su deriva dal lat. SŪ(R)SŬ(M), con apocope della seconda sillaba per evitare la successione di due sillabe simili (*suso*); il fenomeno si chiama *aplologia* e consiste appunto nella caduta di una sillaba in una sequenza che presenti due sillabe uguali o simili (altri esempi: *mineralogia* per *minéralo-

logia; cavalleggeri per *cavalli leggeri*). La forma non ridotta *suso* è diffusa nella lingua antica ed è ancora viva in alcuni dialetti.

marina femm. sostantivato dell'agg. *marino* < lat. MARĪNŬ(M), der. di MĂRE, MĂRIS.

Po < lat. PĂDŬ(M), con caduta della dentale intervocalica e riduzione di *-ao* a *-o* aperta, secondo una tipica evoluzione dell'Italia settentrionale: *Pado* > *Pao* > *Po*.

discende < lat. DESCĔNDE(T). Il verbo è composto di DĒ-, che indica movimento dall'alto, e SCANDĔRE 'salire'. Dal punto di vista fonetico notiamo la normale chiusura della *e* pretonica in *i*. Rimane da spiegare la *e* chiusa in luogo della *e* aperta che ci aspetteremmo da ĕ; tale anomalia vocalica è forse dovuta a influssi analogici (il timbro della vocale tonica di *discendere* si sarebbe prodotto sul modello di *vendere*) oppure alla contaminazione tra DESCĔNDĔRE e DISCĬNDĔRE 'separare, dividere'.

verso 99: «per aver pace co' seguaci sui»

per < lat. PĔR. Da ĕ ci aspetteremmo *e* aperta; la chiusura della vocale è causata dalla protonia sintattica, in modo analogo a quanto avviene per ĔT > *e* (v. verso 93).

aver < lat. HABĒRE, con spirantizzazione della -B- intervocalica. Si noti l'apocope della vocale finale preceduta da vibrante (cfr. *parlar* al verso 94).

pace < lat. PĀCE(M).

co' forma tronca della preposizione articolata *coi* < lat. CŬ(M) (ĬLL)Ī.

seguaci < lat. SEQUĀCES, con sonorizzazione della labiovelare intervocalica e con palatalizzazione della -E- postonica prodotta dalla -S che poi è caduta. Sul fenomeno della sonorizzazione v. 6. 6. 2. Sulla formazione del plurale v. 6. 7. 6.

sui < lat. SŬĪ. La forma *sui* non è un latinismo o una forma rifatta sul singolare *suo*, ma un sicilianismo accolto in rima (sul vocalismo siciliano v. 6. 4. 1). Più difficile è spiegare la forma *suoi*. Da SŬĪ ci aspetteremmo *soi*, con *o* chiusa; l'esito dittongato presuppone una base non attestata *SŎĪ.

verso 100: «Amor, ch'al cor gentil ratto s'apprende»

Amor < lat. AMŌRE(M). Si noti l'apocope della vocale finale preceduta da liquida (cfr. in questo verso anche *cor* e *gentil*).

al < lat. tardo ĂD (ĬL)LŬ(M). L'apocope che si determina nelle preposizioni articolate (*allo - al, dello - del* ecc.) è vocalica più che sillabica; infatti, la caduta della vocale finale provoca automaticamente la riduzione d'intensità della laterale precedente, in quanto una consonante di grado forte può aversi soltanto in posizione intervocalica.

cor < lat. volg. *CŎRE, in luogo del classico CŎR (neutro), sul modello di MĂRE, MĂRIS. Il mancato dittongamento è dovuto all'influenza della lingua poetica siciliana, in cui non si avevano dittonghi.

gentil < lat. GENTĪLE(M) 'che appartiene alla *gens*, cioè alla stirpe', poi 'di buona stirpe' (e di qui si evolvono i sign. moderni). Si noti che davanti a vocale palatale l'occlusiva velare sonora del latino si trasforma nella corrispondente affricata prepalatale (v. 6. 6. 1).

ratto < lat. RĂPĬDŬ(M) 'rapido', con sincope della vocale postonica, assimilazione di -*pd*- in -*dd*- e infine evoluzione di -*dd*- in -*tt*-: *rapdo* > *raddo* > *ratto*. Uno sviluppo analogo si riscontra nell'ant. *cutretta* (>*cutrettola* 'uccello dei Passeriformi'), che deriva dal lat. CAU(DA) TRĔP(Ĭ)DA 'coda tremula': *cutrepda* (per la riduzione di AU a *u*, cfr. *udire* al verso 94) > *cutredda* > *cutretta* .

s' forma elisa di *si* < lat. SĒ, con chiusura di *e* in *i* per protonia sintattica.

apprende < lat. APPREHĔNDE(T). Il verbo è composto di AD- rafforzativo e PREHĔNDĔRE 'prendere'.

verso 101: «prese costui de la bella persona»

prese < lat. volg. *PRĒ(HE)(N)SĬ(T), modellato sul supino PREHĒNSUM, in luogo del classico PREHĔNDI(T); è uno dei molti casi di perfetto sigmatico (cioè terminante con -SI) impostisi nel latino volgare, in aggiunta a quelli originari come ĀRSĪ, MĪSĪ, RĪSĪ. Altro esempio di perfetto sigmatico è *RESPŌ(N)SI > *risposi*, rifatto sul supino RESPŌNSUM, in luogo del classico RESPŎNDI.

costui < lat. volg. *(ĔC)CŬ(M) ĬSTŪĪ, forma foggiata sul classico CŪĪ, dativo del pronome relativo. Dalla base latino volgare si è dapprima avuto *coestui* ; poi, per riduzione del gruppo -*oe*- in protonia, *costui*. Su CŪĪ si sono modellati anche i latini volgari *(ĬL)LŪĪ (in luogo del classico ĬLLĪ), da cui l'ital. *lui*, e *ALT(E)RŪĪ (da ALTĔR 'altro'), da cui l'ital. *altrui*.

de la < lat. DĒ (ĬL)LA(M); cfr. *su la* (verso 98).

bella < lat. BĔLLA(M).

persona < lat. PERSŌNA(M), in origine 'maschera teatrale', dall'etrusco *phersu* 'maschera', e questo probabilmente dal gr. *prósōpon* 'faccia'.

verso 102: «che mi fu tolta; e 'l modo ancor m'offende»

mi < lat. MĪ, forma abbreviata di MĬHI, dativo, quando ha valore di compl. di termine (come in questo caso); lat. MĒ, accusativo, quando ha valore di compl. oggetto.

fu < lat. FŬĪ(T). La Ĭ si è dileguata; da ŭ ci aspetteremmo *o* chiusa: la presenza della *u* è dovuta all'influsso della prima persona *fui* (v. verso 97).

tolta < lat. volg. *TŎLTA(M), per il classico SUBLĀTA(M), participio passato di TOLLĔRE 'togliere'.

modo < lat. MŎDŬ(M). Voce dotta (popolarmente avremmo avuto *muodo*, con il dittongamento di ŏ in sillaba libera).

ancor < lat. tardo (ĂD) (H)ĂNC (H)ŌRA(M), propriamente 'a quest'ora'. È da notare la scomparsa dell'aspirata latina /h/, che sul piano fonetico non lascia tracce nelle lingue romanze, e l'apocope della -*a* finale, che si ha soltanto con l'avverbio *ora* e i suoi composti (*allora* ecc.) e con *suora* seguìto dal nome proprio (*suor Maria*).

offende < lat. OFFĔNDĬ(T). Il verbo OFFĔNDĔRE significa propriamente 'urtare contro' ed è composto di OB- e -FENDĔRE 'urtare, colpire', tema verbale che si ritrova anche in *difendere* .

verso 103: «Amor, ch'a nullo amato amar perdona»

nullo < lat. NŪLLŬ(M), composto di NĒ 'non' e ŪLLUS 'qualcuno'.

amato < lat. AMĀTŬ(M), participio passato di AMĀRE.

amar < lat. AMĀRE.

perdona < lat. mediev. PERDŌNA(T). Il verbo PERDONĀRE deriva dal lat. classico CONDONĀRE, con cambio di prefisso.

verso 104: «mi prese del costui piacer sì forte»

del < lat. tardo DĒ ĬLLŬ(M). La *e* lunga della preposizione semplice e la *i* breve del pronome dimostrativo-articolo si fondono dando come esito una *e* chiusa. Sull'apocope (vocalica piuttosto che sillabica) nelle preposizioni articolate, cfr. *al* (verso 100).

piacer uso sostantivato del verbo *piacere* < lat. PLACĒRE (v. *piace* al verso 94).

sì < lat. SĪC.

forte < lat. FŎRTE(M).

verso 105: «che, come vedi, ancor non m'abbandona»

vedi < lat. VĬDĒS, con palatalizzazione della Ē prodotta dalla sibilante finale, che poi è caduta; quindi VĬDĒS > *VĬDĬS > *vedi*.

non < lat. NŌN. Nei monosillabi la nasale finale si mantiene in fonosintassi, cioè quando si trova a contatto con altre parole che si susseguono nella catena parlata (cfr. anche ĬN > *in*, CŬM > *con*). La -N cade, invece, nell'avverbio *no*, perché usato autonomamente, davanti a pausa. Si noti inoltre che *no* presenta la *o* aperta (in luogo dell'originaria *o* chiusa) per un livellamento con gli ossitoni in -ò, tipo *amò* e *amerò*.

abbandona il verbo *abbandonare* deriva dal fr. *abandonner*, che è dalla locuzione ant. *a bandon* 'alla mercé, in balia', a sua volta da *Ban* 'bando', voce di origine germanica.

verso 106: «Amor condusse noi ad una morte»

condusse < lat. CONDŪXĬ(T), con assimilazione regressiva del nesso intervocalico di velare /k/ + sibilante /s/ (graficamente x); quindi: x /ks/ > *ss*. Oltre all'esito di sibilante intensa (cfr. anche VĪXĪ > *vissi*, DĪXĪ > *dissi*, CŎXĪ > *cossi*), tale nesso può dare come risultato una sibilante palatale (per esempio, LAXĀRE > *lasciare*, AXĬLLAM > *ascella*): v. 6. 6. 8.

ad forma eufonica della preposizione *a* , usata davanti a parola iniziante per vocale.

una < lat. ŪNA(M), qui nell'antico valore di numerale con il significato di 'una sola', 'una stessa'. Per il passaggio di ŪNŬS dall'originaria funzione di numerale a quella di articolo indeterminativo, v. 6. 7. 2.

morte < lat. MŎRTE(M).

verso 107: «Caina attende chi a vita ci spense»

Caina da *Caino* (ebr. *Qayn*, gr. *Káin*, lat. *Cain*), uccisore del fratello Abele. Caina è la sezione del nono cerchio dell'inferno dantesco in cui sono puniti i traditori dei parenti.

attende < lat. ATTĔNDĬ(T).

chi < lat. QUĪ, con riduzione della labiovelare sorda alla sola componente velare (v. 6. 6. 6).

vita < lat. VĪTA(M).

spense < lat. volg. *EXPĬNSĬ(T). Il lat. volg. *EXPĬNGĔRE, composto di EX- 'via da' e PĬNGĔRE 'tingere', significa propriamente 'scolorire'; il lat. classico EXPĬNGĔRE aveva invece il significato di 'colorire', perché in questo caso il valore di EX- non è detrattivo, ma intensivo. Quanto a EX-, l'esito davanti a consonante è *s*- (EXCALIDĀRE > *scaldare*, EXPEDĪRE > *spedire*); davanti a vocale, invece, il risultato è una sibilante palatale /ʃ/ (EXĀMEN > *sciame*; EXĔMPLUM > *scempio*).

verso 108: «Queste parole da lor ci fuor porte»

queste < lat. volg. *(ĔC)CŬ(M) ĬSTAS (o ĬSTAE). Sulla formazione del plurale dei femminili della prima declinazione, v. 6. 7. 6.

parole < lat. volg. *PARAULAS o *PARAULAE (lat. tardo PARĂBŎLAS o PARĂBŎLAE), con il monottongamento di AU in O. L'evoluzione di significato da 'parabola' a 'discorso, parola' si ha già nella cosiddetta *Vulgata* (la versione latina della *Bibbia*), in quanto le parabole di Gesù sono le parole divine per eccellenza. *Parabola* nel nuovo senso di 'parola' sostituisce in quasi tutta la Romània il latino classico VĔRBUM (v. 6. 9).

da < lat. tardo DĒ ĂB, con elisione della E davanti all'iniziale vocalica successiva. Come accade per *e* (< lat. ĔT) e *a* (lat. ĂD), la consonante finale si assimila alla consonante iniziale della parola seguente producendo il raddoppiamento fonosintattico. Si noti, tuttavia, che ciò vale per il fiorentino; nella pronuncia romana, per esempio, non si ha il raddoppiamento dopo *da*.

lor < lat. (ĬL)LŌRŬ(M), genitivo plurale di ĬLLE 'egli, quello', subentrato nella funzione del dativo e dell'ablativo nel latino tardo. Si noti qui, e nel successivo *fuor*, l'apocope della vocale finale preceduta da vibrante. *Loro*, insieme con *coloro* < lat. volg. *(ĔC)CŬ(M) (ĬL)LŌRŬ(M), rappresenta uno dei pochi residui del genitivo latino. Qualche altro esempio è rinvenibile nell'onomastica: *Santoro* < lat. SANCTŌRU(M), per ellissi di DĪES ŎMNIUM SANCTŌRUM 'Ognissanti'; *Candelora* < lat. volg. *CANDELŌRU(M) in luogo del classico CANDELĀRU(M), sottinteso DĪES 'giorno delle candele'.

fuor < lat. FŬ(E)RŬ(NT). Per la terza persona plurale del passato remoto, il paradigma più antico presenta la terminazione in *-ro* (*amaro, potero, sen-*

tiro); ma già nel Trecento si ha l'epitesi di *-no* per influsso della terza persona plurale del presente (*amano* ecc.). Accanto a *fuòro* e *fuòrono*, il toscano antico ha anche la forma *fòro*, con *o* aperta. Questi esiti *uò* e *ò*, in luogo della *o* chiusa che ci aspetteremmo da ŭ, potrebbero forse essersi sviluppati dal latino classico FŎREM (= *essem* o *fuissem*). Nella forma *furono* la *u* è dovuta all'influsso della prima persona FŪI, come abbiamo già visto per *fu*.

porte < lat. volg. *PŎRTAS (o *PŎRTAE), in luogo del classico PORRĔCTAS (o PORRĔCTAE), participio passato di PORRĬGĔRE.

verso 109: «Quand'io intesi quell'anime offense»

quando < lat. QUĂNDO, con conservazione della labiovelare iniziale davanti ad *a* (v. 6. 6. 6).

io < lat. volg. *ĔO, forma ridotta di ĔGO, con chiusura della vocale tonica in iato: *èo* > *éo* > *io* (altri esempi: MĔUM > *mèo* > *méo* > *mio* ; DĔUM > *Dèo* > *Déo* > *Dio*). Per queste forme è stata data in passato un'altra spiegazione: dittongamento della vocale breve latina in sillaba libera (*ieo* ecc.) e successiva semplificazione del trittongo (*io* ecc.). Tale ipotesi, tuttavia, è smentita dal fatto che incontriamo *io* anche in testi appartenenti ad aree che non conoscono il dittongamento toscano: per esempio, nella *Formula di confessione umbra*, un documento dell'XI secolo redatto a Norcia, zona metafonetica, compaiono *io*, *mia*, *mie*, tutte forme in cui il dittongamento non può aversi perché nella sillaba finale non c'è né *-i* né *-u* e che sono spiegabili, invece, con la chiusura della vocale tonica in iato.

intesi < lat. volg. *INTĒSĪ, in luogo del classico INTĔNDĪ. È un altro caso di perfetto sigmatico (v. *prese* al verso 101).

anime < lat. ĂNĬMAS (o ĂNĬMAE), voce dotta, corradicale del gr. *ánemos* 'soffio, vento'.

offense < lat. OFFĒNSAS (o OFFĒNSAE), voce dotta, participio passato di OFFĔNDĔRE (v. *offende* al verso 102).

verso 110: «china' il viso, e tanto il tenni basso»

china' < *chinai* (con riduzione del dittongo discendente alla prima componente), che è dal lat. *CLINĀVĪ (la forma CLINĀRE è attestata solo nei composti; cfr. *declinare, inclinare, reclinare*). Il dileguo della labiovelare intervocalica si è avuto probabilmente per analogia con la desinenza -ĪĪ (< ĪVĪ, con caduta di -V- tra due vocali uguali) della prima persona del perfetto della quarta coniugazione (cfr. AUDĪĪ, forma concorrente di AUDĪVĪ).

il dalla forma ridotta *'l* (v. verso 96), con una vocale d'appoggio. Nell'italiano antico l'uso degli articoli *lo* e *il* sembrerebbe regolato da una norma diversa da quella in vigore nell'italiano moderno: si avrebbe *lo* in posizione iniziale e dopo parola che termina in consonante, *il* dopo parola uscente in vocale (norma di Gröber: v. 4.6).

viso < lat. VĪSŬ(M), propriamente 'vista, sguardo', 'aspetto', der. di VĬDĒRE 'vedere'.

tanto < lat. TĂNTŬ(M).

il forma pronominale (stesso etimo dell'articolo *il*) usata nella lingua antica e poetica come complemento oggetto in luogo di *lo*.

tenni < lat. TĒNUĪ, con caduta di U semiconsonantica e allungamento della consonante precedente; cfr. anche VŎLUĪ > *volli*; *ĔBUĪ (in luogo del classico HĂBUĪ) > *ebbi* ; *STĔTUĪ (in luogo del classico STĔTĪ) > *stetti* ; *VĔNUĪ (in luogo del classico VĒNĪ) > *venni*. In alcuni casi la U semiconsonantica si mantiene e la velare che la precede si raddoppia; per esempio: ĂQUA > *acqua* ; PLĂCUĪ < *piacqui* ; *NĀCUĪ (in luogo del classico NĀTUS SŬM, da NĀSCOR, deponente) > *nacqui*. In altri casi, infine, la U semiconsonantica scompare, mentre la consonante intensa o il nesso di consonanti che la precede si mantiene; per esempio: BĂTTUO > *batto* ; QUĀTTUOR > *QUATTOR > *quattro* (con metatesi della vibrante finale); MŎRTUA(M) > *morta*.

basso < lat. BĂSSŬ(M).

verso 111: «fin che 'l poeta mi disse: "Che pense?"»

fin < lat. FĪNE, ablativo di FĪNIS 'limite'. Si noti l'apocope della vocale finale preceduta da nasale. Nella forma *fino*, la *-o* si deve probabilmente a una restituzione anetimologica successiva all'elisione di *-e* davanti a vocale: *fine a* > *fin a* > *fino a*.

poeta < lat. POĒTA(M). Voce dotta: popolarmente avremmo avuto l'eliminazione dello iato, con chiusura della *o* in *u* (*pueta*) o con epentesi di labiodentale (*poveta*). Il carattere dotto della voce si ricava non soltanto dalla fonetica, ma anche dalla morfologia; infatti i nomi maschili uscenti in *-a*, cioè con la desinenza tipica del genere femminile, non sono di tradizione popolare.

disse < lat. DĪXĪ(T); cfr. *condusse* al verso 106.

pense < lat. PĔNSAS, con palatalizzazione di A a opera della sibilante finale, che poi è caduta; quindi: PĔNSAS > *PĔNSES > *pense*. L'originaria desinenza *-e* della seconda persona del presente indicativo della prima coniugazione si è poi trasformata in *-i* per l'influsso delle altre coniugazioni (*temi* < TĬMĒS, *leggi* > LĔGĪS, *senti* < SĔNTĪS). Si noti che il latino PENSĀRE significa propriamente 'pesare con cura, soppesare'; il significato originario si è mantenuto nell'ital. *pesare*, in cui si ha il passaggio popolare di -NS- a -S- (v. 6.6.8).

7·3   AREZZO, XIV SECOLO

Il brano è tratto da un testo aretino del XIV secolo: *Libro di Gerozzo di Nepuccio degli Odomeri, e di Domenico e Lodomero suoi figli*, anni 1341-1400. Si tratta di un registro di 56 carte, in cui è riportata una serie di note di spese. La carta, che qui in parte riproduciamo, è la 35 (recto e verso), scritta da Gerozzo.

Per il testo si segue l'edizione di L. SERIANNI, *Ricerche sul dialetto aretino nei secoli XIII e XIV*, in «Studi di filologia italiana», vol. XXX (1972), pp. 59-191 (alle pp. 170-171).

Nell'analisi linguistica esamineremo i diversi fenomeni come se non conoscessimo l'area di provenienza del brano, in modo da mostrare come si deve procedere per compiere la localizzazione di un testo.

1350, dì 10 de lullio.
Cinello de Bartolo da Gaienne àne a refare da me una vaccha
e una vitellina de preçço de quattro fior(ini) d'oro, carta p(er)
mano de s(er) Guido de mes(er) Redolfo, fatta fo dì (detto) de sopra,
e diame dare de la (detta) vaccha 3 st(aia) de grano fornito   5
de collaia; e ssta a pro e a danno da lui a me.
Àne dato Cinello, a dì iiij de maggio 1353, fior(ini) tre d'oro.
E ancho n'ò avuto del cuio de la vaccha che morio
da Giovanni del Cungio, fo enançi ch'ei me desse quessti tre fior(ini),
s(oldi) xxx e tre staia de grano.   10
Ànne dato a dì vij d'aghossto staia iij de grano e s(oldi) xx
collo assciolto.
Cinello de Bartolo da Gaienne tolse en soccio da me a refare
una troia bianca e neira, la quale comparai da Goro [...].
1350, dì 2 d'ottobre.   15
Abbo salda rasgione con Cinello de le troie, partitele
dì detto de sopra, ème remasa una neira, la quale
ce cossta a noi s(oldi) cinquanta e da inde en su a pro e a da[n]no.
Àne dato Cinello a me Geroçço, che vendé
la troia, fior(ini) doi d'oro, dedene a me li(bbre) quattro s(oldi) deci.   20

GRAFIA

Le caratteristiche grafiche del testo rientrano nell'ambito della prassi scrittoria della Toscana medievale.

Si riscontra l'uso dei digrammi *ch* e *gh* davanti a vocale non palatale: *aghossto*, 11; *ancho*, 8; *vaccha*, 2, 8.

L'affricata alveolare è resa con *ç* in: *enançi*, 9; *Geroçço*, 19; *preçço*, 3.

La laterale palatale è espressa con la scrizione etimologica *lli* in *lullio*, 1.

Molto frequente è la grafia *ss* in luogo di *s*, davanti a dentale sorda: *aghossto*, 11; *cossta*, 18; *quessti*, 9; *ssta*, 6. In un caso la sibilante palatale sorda è rappresentata da *ssci*: *assciolto*, 12 (deverbale da *asciogliere* 'affrancare, sciogliere da un'obbligazione').

La sibilante palatale sonora è resa con *sg* in *rasgione*, 16.

FONETICA

Vocalismo

1) Dittongamento di ĕ e ŏ toniche in sillaba libera
Nel testo figura un esempio di dittongamento di ŏ, con riduzione del dittongo alla prima componente: *cuio*, 8 (< *cuoio* < lat. CŎRIUM). Uno sviluppo di questo genere presuppone la ritrazione dell'accento: da *uò* si è passati a *ŭo* e poi a *u*. La ridu-

zione *uo* > *u* è caratteristica del dialetto aretino e di parte dell'Umbria, dove si hanno forme come *figliulo* (< *figliuolo*), *giuco* (< *giuoco*), *lugo* (< *luogo*); simili forme, peraltro, non sono completamente ignote neanche al fiorentino antico. Già questo primo tratto ci consente quindi di orientare la localizzazione del testo verso la Toscana o verso l'area mediana.

Non ricorre nella nostra carta il dittongamento di ĕ; compaiono invece due casi di conservazione della vocale semplice: *deci*, 20 'dieci' (< lat. DĔCEM); *dedene*, 20 'ne diede' (< lat. DĔDIT). Questo secondo tratto ci permette di escludere che il testo appartenga all'area fiorentina.

2) Dittongamento di *e* chiusa in sillaba libera in *ei*

La *e* chiusa dittonga in sillaba libera in *ei* nella forma *neira*, 14, 17. L'evoluzione *e* > *ei*, caratteristica della fase primitiva dell'antico francese, si è sviluppata particolarmente nell'Italia settentrionale, ma si è spinta anche in Toscana, dove in origine è stata propria del territorio di Arezzo. Il volgare usato nella nostra carta non appartiene sicuramente all'area settentrionale per l'assenza di fenomeni come la caduta delle vocali pretoniche e postoniche, la sonorizzazione delle occlusive sorde intervocaliche (che possono giungere al dileguo), lo scempiamento delle consonanti geminate (v. 8.5.2). Dunque, anche sulla base di quanto detto al punto 1), il nostro testo è riconducibile alla zona di Arezzo.

3) Anafonesi

Non si hanno forme utili per stabilire la presenza o l'assenza del fenomeno (v. 6. 4. 4).

4) Metafonesi

Nella nostra carta non ricorre alcuna forma metafonetica (v. 6. 4. 5): *aghossto*, 11; *detto*, 17; *quessti*, 9. Nella Toscana antica e moderna è assente la metafonesi, sia da *-i* e da *-u*, come nei dialetti centro-meridionali, sia dalla sola *-i*, secondo il tipo settentrionale. Nel testo non si riscontrano nemmeno forme che documentino il dittongamento metafonetico: *preçço*, 3. Anche il dittongamento metafonetico è sconosciuto al toscano e ha grosso modo la stessa estensione della metafonesi.

5) Vocali toniche in iato

Nel nostro testo si presentano condizioni di tipo "toscano":

a) *e* chiusa in iato: la *e* di *dea* 'deve' si chiude in *i* : *diame*, 5 'mi deve'. La forma verbale *dea* era in origine la terza persona singolare del presente congiuntivo di *dovere* ; successivamente è passata a rappresentare l'indicativo. Le forme *dea*, *dia* 'deve' sono in Toscana caratteristiche dell'aretino;

b) *e* aperta in iato: non si hanno esempi né di conservazione né di chiusura della vocale tonica (tipo *eo* / *io* , *Deo* / *Dio*);

c) *o* chiusa in iato: si conserva nel numerale *doi* (< lat. tardo DŬĪ per il classico DŬO, femm. DŬAE). La forma propria del fiorentino più antico è *due*, il tipo che si sarebbe imposto nella lingua letteraria; nei poeti (Dante, Petrarca ecc.) compare anche il latineggiante *duo*. Di origine diversa è il *duo* che si diffonde alla fine del Trecento anche in testi popolari e che si spiega foneticamente partendo da *due*: la *-e*, indebolitasi in postonia, passa a *-o* per assimilazione alla vocale precedente. Altra forma tipica del fiorentino antico è *dua*, la quale si è sviluppata per attrazione da parte dei neutri in *-a*. *Doi* è forma caratteristica, anche se non esclusiva né costante, del dialetto aretino; inoltre è diffusa anche nel romanesco e nell'Italia centromeridionale.

6) Conservazione di *e* pretonica
La *e* pretonica si mantiene costantemente nelle preposizioni *de*, 2, 3, passim 'di' ed *en*, 13, 18 'in'; nelle particelle pronominali *me*, 9 'mi' (anche in enclisi: *diame*, 5; *ème*, 17 'mi è') e *ce*, 18 'ci'; nel prefisso *re-* (*refare*, 2, 13; *remasa*, 17 'rimasta'), nelle forme *enançi*, 9 'innanzi' e *meser*, 4 'messere'. La tendenza alla chiusura di *e* pretonica in *i* è operante in buona parte della Toscana, ma non ad Arezzo, dove la conservazione di *e* è un fenomeno di grande rilievo. Pertanto la generale presenza nel testo di forme con *e* conferma la provenienza aretina del testo. Nell'area mediana anche l'umbro e il romanesco manifestano la tendenza alla conservazione di *e* pretonica; ma l'assenza nella carta di fenomeni come la riduzione di -RJ- a -*r*- (v. il punto 8a) e il passaggio -*nd*- > -*nn*- (cfr. *vendé*, 19) esclude la possibilità di ricondurre il testo a questi dialetti.

7) *Ar* ed *er* intertonici e postonici
Nel testo si ha la forma *comparai*, 14. Il verbo *comparare* può derivare tanto dal lat. COMPARĀRE quanto dal lat. COMPERĀRE; quindi può essere interpretato come un caso di conservazione di -*ar*- originario o di evoluzione di -*er*- intertonico ad -*ar*-. La tendenza a generalizzare -*ar*- si riscontra, anticamente, in una vasta area che comprende la Toscana orientale (quindi l'aretino e i dialetti contermini), gran parte dell'Umbria e tocca a est Urbino e a ovest Viterbo e Tarquinia. Nella Toscana occidentale si ha la conservazione di -*er*- atono e il passaggio di -*ar*- a -*er*- nei futuri e condizionali della prima classe (*dissero, lettera, amerò*); a Siena -*ar*- si mantiene sempre ed -*er*- atono passa ad -*ar*-, tranne che nella terminazione -*ero* delle voci verbali plurali (*dissero, lettara, amarò*).

Consonantismo

8) Nessi consonantici con J
a) -RJ-: l'esito toscano /j/ è documentato da *cuio* (v. punto 1), *collaia* , 6 'grano che ogni anno il socio dà al padrone per compenso dell'uso di un paio di buoi' (cfr. lat. mediev. COLLĀRUS 'peso portato sul collo') e *staia*, 10, 11 (v. punto 10). Non si hanno invece esempi di riduzione del nesso -RJ- a -*r*-, che sono tipici del romanesco e della maggior parte dell'Italia centromeridionale.
    b) -TJ-: *rasgione*, 16 (< lat. RATIŌNEM). Il risultato di -TJ- in Toscana è duplice: si può avere infatti un'affricata alveolare sorda di grado intenso /tts/ (VĬTĬŬM > *vezzo*) o una sibilante palatale sonora /ʒ/, resa nel nostro testo con la grafia «sg». L'esito /ʒ/ è più tardo ed è probabilmente di origine galloromanza (v. 6.6.4).

Fenomeni generali

9) Epitesi di -*ne*
Si registra *àne*, 2 'ha'. Questa forma non può essere interpretata come un caso di enclisi del pronome atono *ne* perché non si trova né all'inizio di frase, né dopo *e*, *ma* o una proposizione subordinata (v. punto 17). D'altra parte l'epitesi di-*ne* a voci ossitone e a monosillabi è uno dei caratteri non fiorentini comuni a tutta la Toscana.

MORFOLOGIA

10) Nomi

È da rilevare un neutro plurale in -a : *staia*, 10, 11 'unità di misura di capacità per aridi (grano, orzo ecc.)'. Questo tipo di plurale, usato in parole che al singolare sono di genere maschile e terminano in -*o*, trae la sua origine dai neutri della seconda declinazione latina. La desinenza -*a* venne poi estesa ad altre parole, originariamente non neutre, che però si avvicinavano a un concetto collettivo: è appunto il caso di *staio*, dal lat. SEXTĀRIŬ(M) 'la sesta parte'. Il plurale in -*a* ha grande diffusione in Toscana e nei dialetti centromeridionali.

11) Articoli

Non si riscontrano esempi di articolo determinativo e indeterminativo maschile.

12) Preposizioni articolate

Al maschile singolare si rileva soltanto la forma debole *del*, 8, 9. Le preposizioni articolate femminili presentano la scrizione analitica: *de la*, 5, 8; *de le*, 16. Per le preposizioni composte mediante *con*, si ha soltanto il tipo con -*ll*- : *collo*, 12.

13) Pronomi

Tra i pronomi personali si rileva, in funzione di soggetto, la terza persona singolare maschile *ei*, 9, forma ridotta di *egli*, che deriva dal lat. volg. *ĬLLĪ in luogo del classico ĬLLE. *ĬLLĪ è modellato sul pronome relativo QUĪ, con il quale era frequentemente usato: ĬLLE QUĪ 'colui il quale' > *ĬLLĪ QUĪ. La -ī di *ĬLLĪ, quando la parola successiva cominciava per vocale (per esempio: *ĬLLĪ AT 'egli ha'), passava a /j/, palatalizzando la laterale precedente.

In funzione di complemento si riscontra, per la posizione tonica: *me*, 2, 6, 13, 19, 20 < lat. MĒ; *lui*, 6 < lat. volg. *(ĬL)LŪI in luogo del classico ĬLLĪ, forma modellata su CŪI (v. 7.2, verso 101: *costui*); *noi*, 18 (v. 7. 2, verso 95). Per la posizione atona: *me*, 9 'mi' (anche in enclisi: *diame*, 5; *ème*, 17); *ce*, 18 'ci'; *le* (*partitele*, 16).

Altro pronome atono che ricorre nel testo è *ne*, 8 (spesso in enclisi: *àne*, 7, 19; *ànne*, 11; *dedene*, 20) < lat. (Ĭ)NDE, con riduzione del nesso -ND- alla prima componente, dovuta all'usura della particella in protonia sintattica.

14) Preposizioni, congiunzioni, avverbi

Rileviamo *ancho*, 8 (forse ricavato da *ancóra*), che è forma propria, in epoca antica, di tutta la Toscana, tranne Firenze, dove si ha *anche*. Tuttavia *anco* non è raro in testi letterari fiorentini: si trova, per esempio, nelle opere di Dante.

Altra forma da registrare è *enançi*, 9 < lat. volg. *ĬN ANTĔIS, con la conservazione di *e* pretonica, il passaggio della -Ĕ- a /j/ davanti a vocale e infine assibilazione (cioè, trasformazione in affricata alveolare) della dentale precedente. Si osservi che il prefisso *in*- può raddoppiare la nasale davanti a parola cominciante per vocale (cfr. *innanzi*).

15) Numerali

I casi più interessanti sono: *doi* (v. punto 5c) e *deci* (v. punto 1). La -*i* finale di *deci*, *dieci* è analogica su *undici*, *dodici* ecc.; l'esito *diece*, regolare dal latino DĔCE(M), è largamente attestato nella lingua antica.

16) Verbi

Per quanto riguarda le desinenze verbali, si è già detto dell'evoluzione dal tipo *-ea* al tipo *-ia* (v. punto 5a).

È da notare ancora la desinenza *-io* della terza persona singolare del passato remoto: *morio*, 8 'morì' (< lat. volg. *MORĬŬT in luogo del classico MŎRTUUS ĔST, deponente). Accanto a tale perfetto le fasi più antiche del toscano presentano un perfetto in *-eo* : *temeo* (modellato probabilmente sul tipo in *-io*). Per i verbi della prima coniugazione, invece, si deve partire dal lat. AMAUĬT (grafia AMAVIT): la ĭ della sillaba finale si è dileguata nella lingua parlata e successivamente il dittongo secondario AU si è monottongato in *o* aperta: AMAUĬT > *AMAU(T) > *amò*. Notevoli sono anche due participi passati: uno senza suffisso (*salda* , 16 'saldata'); l'altro in *-so* (*remasa* , 17 'rimasta'). Ricordiamo che il Manzoni, nel rifacimento del suo romanzo, sostituisce *rimaso* (< lat. REMĀNSUM) con *rimasto*, formatosi sul modello di *posto* (< lat. POSĬTUM), *chiesto* (< lat. volg. *QUAESĬTUM in luogo del classico QUAESĪTUM), *visto* (< lat. volg. *VISĬTUM in luogo del classico VĪSUM). Un altro esempio di oscillazione fra *-so* e *-sto* è *nascoso* / *nascosto*.

Esaminiamo ora i singoli verbi:

a) *avere*. Nella prima persona singolare dell'indicativo presente la forma *abbo*, 16 è in concorrenza con *ò*, 8. Quest'ultima presuppone un lat. volg. *AO (in luogo del classico HĂBĔO), sorto per analogia con altri presenti monosillabici di uso molto frequente, come DO, STO; oltre a *AO > *ò* (*ho*), ricordiamo *FAO > *fo* (accanto a *faccio* < latino FĂCIO) e *SAO > *so* (*sao* è nel cosiddetto «plàcito di Capua», un documento campano del 960 in cui affiora l'uso del volgare; nell'italiano antico è attestato anche *sappio* < latino SĂPIO). Meno chiara è l'origine di *abbo*, forse rifatto su *abbiamo* secondo il modello *cantiamo* : *canto* oppure risalente a un *ABUO, così come *debbo* potrà continuare un *DEBUO.

b) *essere*. La terza persona singolare del passato remoto è *fo*, 4, 9, forma regolare da FŬ(I)T. Nel fiorentino antico si ha *fu*, in cui la *u* è dovuta all'influsso della prima persona *fui* (< lat. FŬĪ); nella terza persona la ĭ si è dileguata, ma nell'italiano antico si hanno attestazioni di *fue*. La forma *fo* per *fu* è caratteristica in Toscana del territorio aretino; inoltre è diffusa nell'Italia centromeridionale.

c) *dovere*. Notevole è la sostituzione delle forme dell'indicativo con quelle del congiuntivo (v. punto 5a); tale sostituzione si può forse spiegare con il fatto che il congiuntivo è appunto il modo del dovere.

SINTASSI

17) Enclisi

L'enclisi del pronome atono si realizza nelle condizioni stabilite dalla cosiddetta «legge Tobler-Mussafia», e cioè:

a) all'inizio di frase: *àne*, 7, 19 'ne ha' (anche con raddoppiamento: *ànne*, 11);

b) dopo *e* : *e diame*, 5;

c) dopo una proposizione subordinata: *ème remasa*, 17.

18) Ordine dei costituenti

Si rileva un caso di dislocazione a destra, in cui il sintagma nominale in posizione postverbale è anticipato dal pronome atono *ne*: «E ancho n'ò avuto del cuio della vacca che morio da Giovanni del Cungio, fo enançi ch'ei me desse questi tre fiorini, soldi xxx e tre staia de grano», 8-10. Si noti l'incidentale («fo enançi ch'ei me desse quessti tre fiorini») che interrompe la linearità della frase, precedendo l'espressione del complemento oggetto. Anche nel periodo di apertura è presente un'incidentale («carta per mano de ser Guido de meser Redolfo, fatta fo dì detto de sopra»), che rende franto lo svolgimento del discorso, collocandosi tra le due proposizioni principali coordinate dalla congiunzione *e*: in questa incidentale il particolare ordine dei costituenti tende a mettere in rilievo alcuni elementi rispetto ad altri.

Registriamo infine la posizione postverbale del soggetto in: «Àne dato Cinello», 7, 19.

CONCLUSIONI

Dallo spoglio sono emersi caratteri fonetici e morfologici che indirizzano la localizzazione del testo verso la Toscana e più specificamente verso l'area aretina. Sono tipici tratti aretini:

1) Dittongamento di ŏ e di ĕ toniche, intermedio fra quello fiorentino e quello metafonetico. Il fenomeno dipende da due condizioni: la prima è che la sillaba sia libera; la seconda è che si tratti di voci terminanti in *i* < ī o in *o* < ŭ(M). Il secondo requisito, però, non è valido in tutti i casi. La presenza nel nostro testo di forme originariamente dittongate (*cuio*) e di forme non dittongate (*deci, dede*), tutte aventi la vocale tonica in sillaba libera, si spiega quindi con il condizionamento operato dal vocalismo finale. L'origine del dittongamento "aretino" va verosimilmente ricondotta alle Marche settentrionali, dove s'incrociano gli influssi metafonetici provenienti dalla Romagna e dai territori situati al di là del fiume Esino.

2) Dittongamento di *e* chiusa in *ei*. Si è ipotizzato che il digramma *ei* sia un semplice espediente grafico per distinguere l'*e* chiusa dall'*e* aperta o per indicare una particolare chiusura di *e*. Tale spiegazione, tuttavia, non appare convincente in quanto il gruppo *ei* si trova soltanto in sillaba libera e non anche in sillaba implicata. Si deve quindi ritenere che l'evoluzione di *e* chiusa in *ei* sia un preciso fenomeno fonetico proprio di Arezzo e del suo territorio.

3) Conservazione di *e* pretonica.

4) Conservazione di *ar* originario ed evoluzione di *er* intertonico e postonico ad *ar*.

5) Le forme *doi* per *due*; *fo* per *fu*; *dia* 'deve' in luogo delle forme fiorentine antiche *de, die*.

7·4 VERONA, XIII SECOLO

Il passo è tratto dal *De Ierusalem celesti* di Giacomino da Verona, frate dell'ordine dei minori, vissuto nella seconda metà del XIII secolo.

Verona è, sotto il profilo linguistico e culturale, uno dei centri più significativi dell'area veneta nel periodo delle origini: basterà ricordare il celebre *Indovinello veronese* (anno 800 ca.), testo intorno a cui si sono accese importanti discussioni per accertarne il carattere di primo documento in italiano pretoscano.

Intorno alla metà del Duecento si sviluppa a Verona un filone di letteratura didascalica e moraleggiante, rappresentato da un gruppo di opere d'ispirazione escatologica e devota che configurano una vera e propria "scuola veronese". La figura di maggior rilievo di questo indirizzo è appunto quella di Giacomino, autore — oltre che del *De Ierusalem celesti* — anche del *De Babilonia civitate infernali*, due poemetti in quartine monorime di alessandrini, spesso soltanto assonanzate, nei quali in passato si vide una possibile fonte di Dante. Giacomino trae ispirazione dall'*Apocalisse* di san Giovanni, ma risente molto anche dei modelli della letteratura francescana del secolo, soprattutto san Bonventura e sant'Antonio da Padova.

Il *De Ierusalem celesti* e il *De Babilonia civitate infernali* sono quasi due parti di un'unica opera sui regni oltremondani, due sezioni dedicate alla rappresentazione del Paradiso e dell'Inferno, ingenuamente e realisticamente descritti come copia, l'una in positivo, l'altra in negativo, del mondo terreno. Sia questa concezione dell'aldilà, così lontana dalle astrazioni mistiche e invece così materiale e concreta, sia la tipologia dei modelli di riferimento, tutti molto diffusi nella letteratura dell'epoca, indicano la scelta consapevole dello stile umile, funzionale del resto al dichiarato intento divulgativo.

Giacomino si fa cosciente portavoce delle esigenze culturali di un ceto privo tanto di istruzione scolastica quanto di preparazione teologica; per questo adotta un tono didattico e oratorio, che lo pone un gradino al di sotto del coevo poeta milanese Bonvesin de la Riva sotto il profilo stilistico e formale, uno al di sopra per quanto riguarda la congruenza del rapporto tra emittente e pubblico.

L'opera del frate veronese testimonia il rapporto dialettico tra forme colte di matrice clericale e forme popolari di trasmissione giullaresca, che rappresenta una costante della produzione letteraria dell'Italia settentrionale nel periodo delle origini.

Nella trascrizione del testo si segue l'edizione curata da GIANFRANCO CONTINI, *Poeti del Duecento*, 2 voll., tomo I, Ricciardi, Milano-Napoli 1960, pp. 629-630, vv. 57-76.

Le vïe e le plaçe,	li senteri e le strae,	
d'oro e d'arïento	e de cristallo è solae;	
alleluia canta	per tute le contrae	
li angeli del celo	cun le Vertù bèae.	60
La scritura el diso,	lo testo e la glosa,	
ke le case e li alberg[h]i	e là dentro se trova	
tant è-gi precïosi	et amirabel ovra	
ke nexun lo pò dir	ke soto 'l cel se trova:	
ké li quari e le pree	sì è de marmor fin,	65
clare como 'l ver,	blançe plu d'almerin;	
dentro e de fora	le çambre e li camin	
è pente a laçur	et or oltremarin.	
Le colone e li ussi	sì è d'un tal metal,	
mei' è ke no è or,	clar è plui de cristal;	70
mangano né trabucho	né altra consa ge val	
c'a quigi alberg[h]i possa,	né a la città, far mal:	

emperçò ke Cristo	sì n'è dux e segnor,
e da tuta çento	è so defensaor,
dund el no è mester	k'ii aba algun temor, 75
ki de quela città	dé esro abitaor.

GRAFIA

È da rilevare innanzitutto la resa dell'affricata dentale con *ç*: *plaçe*, 57 'piazze'; *blançe*, 66 'bianche'; *çambre*, 67 'camere'; *a laçur*, 68 'd'azzurro'; *emperçò*, 73 'perciò'; *çento*, 74 'gente'. Questa grafia si afferma soprattutto nell'Italia centrosettentrionale (cfr. anche il precedente testo aretino) a partire dal XII secolo; si tratta di una scrizione probabilmente diffusasi dalla Spagna, derivata da un primitivo *cz*: si è avuta in una prima fase la collocazione non in orizzontale ma in verticale dei due componenti (*c* sopra e *z* sotto), e successivamente la discesa della *c* sul rigo, con la conseguente riduzione della zeta sottostante a piccolo segno aggiuntivo (la *cediglia*, in spagnolo 'piccola zeta').

La velare sorda davanti a vocale palatale è espressa con *k*: *ke*, 62, 62, 64, 64, 70, 73; *k'ii*, 75; *ké*, 65; *ki*, 76. Davanti a vocale non palatale è resa normalmente con *c* (*contrae*, 59; *case*, 62; *colone*, 69 ecc.), ma in un caso anche con *ch* (*trabucho*, 71 'tipo di arma da lancio').

Il grafema *x* rappresenta la sibilante sonora in *nexun*, 64 'nessuno'.

FONETICA

Vocalismo

Cominciamo l'analisi partendo dal vocalismo atono, perché in questo settore si presenta il fenomeno più tipico del veronese antico; si tratta della reintegrazione con -*o* di -*e* caduta: *diso*, 61 'dice'; *çento*, 74 'gente'; *esro*, 76 'essere' (con caratteristica sincope di postonica). Il tratto può riguardare sia forme verbali sia forme nominali; in particolare coinvolge: gli infiniti (*aoraro* 'adorare', *loaro* 'lodare', *cosro* 'cuocere'); la terza persona dell'indicativo presente (*avro* 'apre'), del passato remoto (*vito* 'vide'), del congiuntivo presente (*laxo* 'lasci') e imperfetto (*foso* 'fosse'), del condizionale (*faravo* 'farebbe'); i nomi e gli aggettivi originariamente in -*e*, che non sia morfema di plurale femminile (*maro* 'mare', *Naalo* 'Natale', *carno* 'carne', *paxo* 'pace', *forto* 'forte'); alcune forme indeclinabili (*millo* 'mille', *cinco* 'cinque'). Che il fenomeno non sia un semplice fatto grafico è dimostrato dalle rime, le quali ci garantiscono della sussistenza della restituzione sul piano fonetico: per esempio, in Giacomino si ha in rima *diso* : *paraìso* : *viso* : *Apocalipso* .

Non sempre alla caduta della -*e* fa seguito la reintegrazione mediante -*o* : *dund*, 75 'donde' (altri esempi in Giacomino: *part*, *serpent*, *dis* ecc.). Queste attestazioni confermano che dapprima si è avuta la caduta della -*e* e poi, in molti casi, il risarcimento con -*o*. Si noti che la labilità della vocale palatale finale è condivisa non soltanto da altri centri veneti come Treviso e Belluno, ma anche dalla confinante Brescia; tuttavia, come altri tratti solidali con il lombardo orientale, il fenomeno non si può collegare con sicurezza all'influsso diretto del comune sostrato gallico. Ricordiamo che affinità tra il veneto e il lombardo erano state già segnalate da Dante, il quale nel *De vulgari eloquentia* accosta — sulla base di un elemento unificante genericissimo come *magara* — Verona e Vicenza a Brescia, cogliendo così la partecipazione del veronese antico alle parlate galloitaliche.

Ancora nel settore del vocalismo atono, notiamo la conservazione della *e* pretonica: *de*, 58, 65 e passim; *se*, 62; *Vertù*, 60 'una delle schiere angeliche' < latino VĬRTŪTE(M), con sonorizzazione della dentale intervocalica (*vertude*) e successiva apocope di origine aplologica della sillaba finale (*vertù*). Questo tipo di apocope, riscontrabile anche in altri casi (CIVITĀTEM > *cittade* > *città*; PIETĀTEM > *pietade* > *pietà*), è un fenomeno di fonetica sintattica (v. 13.14): quando le forme in *-de* erano seguite dalla preposizione *de*, la successione di due sillabe uguali ha determinato la caduta della sillaba terminale del sostantivo (la riduzione non poteva coinvolgere la preposizione, in quanto questa è protetta dalla sua funzione morfosintattica).

Passando al vocalismo tonico, emerge l'assoluta mancanza di dittongazione: *senteri*, 57; *pò*, 64 'può'; *pree*, 65 'pietre' (si noti la metatesi e il dileguo della dentale intervocalica: *petre* > *prete* > *pree*); *mester*, 75.

Si riscontra poi la presenza della metafonesi da *-i* (v. 6. 4. 5): *quigi*, 72 'quelli'; *ii*, 75 'essi' (< *igi* < latino ĬLLĪ; per l'esito *-gi* da -LLI, v. *Consonantismo*). Questo tipo di metafonesi, caratteristico dell'Italia settentrionale, è ben attestato nel veronese antico, sia nella declinazione (*virdi, russi, pissi* 'pesci') sia nella coniugazione (*sì* 'siete', *avisi* 'avessi').

Notevole è il risultato di AU in *consa*, 71 'cosa' < latino CAUSA(M). In altri casi il dittongo AU dà come esito *ol* (per esempio, *oldir* 'udire' < latino AUDĪRE).

Consonantismo

Molto accentuato è il dileguo delle dentali intervocaliche: *strae*, 57 'strade', *solae*, 58 'solate' (cioè 'lastricate'), *contrae*, 59 'contrade', *beae*, 60 'beate', *pree*, 65 'pietre', *abitaor*, 76 'abitatore'. La scomparsa delle dentali avviene anche davanti a *r*: *quari*, 65 'quadri' (qui nel significato di 'lastre'; cfr. il settentrionale *quadrello* 'mattone'); *ver*, 66 'vetro' (v. 6.6.2).

È da rilevare l'esito *-gi* da -LLI: *è-gi* 'essi sono' < latino ĔST ĬLLĪ (si noti la desinenza pronominale e la terza persona singolare con funzione di plurale); *quigi*, 72 'quelli' < latino volg. *(ĔC)CŬ(M) ĬLLĪ. Non si riscontrano esempi di altri due fenomeni presenti in Giacomino: l'evoluzione -LJ- > -*gi*- (*çigi* 'cigli', *figi* 'figli', ma al singolare *çiio, fiio*, con /j/ interno); il passaggio di -CT- a -*it*- (*noito* 'notte', *fruiti* 'frutti').

La conservazione dei nessi con L appare ben salda: *plaçe*, 57; *clare*, 66 'chiare'; *blançe*, 66; *plu*, 66 'più'; *clar*, 70 'chiaro'; *plui*, 70 'più' (< latino PLŪS; la sibilante finale si vocalizza in *i*, mentre nella forma *più* si assimila alla consonante iniziale della parola successiva: cfr. 7. 2, verso 95, *noi*). Si noti che *blançe*, come anche *çambre* al verso 67, sono vocaboli propri del franco-italiano o **franco-veneto**, lingua ibrida usata nei secoli XIII e XIV per i testi epico-cavallereschi di tradizione transalpina, nata dall'interferenza tra un codice essenzialmente comunicativo, l'italiano settentrionale (soprattutto veneto), e un codice letterario, il francese.

L'esito della velare sorda del latino davanti a vocale palatale oppone una sibilante in posizione intervocalica (*diso*, 61) a una affricata dentale in posizione non intervocalica (*emperçò*, 73). Anche la velare sonora iniziale del latino, davanti a vocale anteriore, si evolve in affricata dentale: *çento*, 74 'gente' (si noti l'ambiguità di questa forma, che potrebbe anche essere il normale risultato del latino CĔNTUM 'cento').

Comune a tutti i dialetti settentrionali è la degeminazione delle consonanti doppie (v. 8. 4. 1): *tute*, 59 'tutte'; *scritura*, 61 'scrittura'; *glosa*, 61 'glossa'; *soto*, 64 'sotto'; *colone*, 69 'colonne'; *città*, 72, 76 'città'; *aba*, 75 'abbiano' (si noti ancora, come nel già citato *è-gi*, la terza persona singolare con funzione di plurale); *quela*, 76 'quella'.

Altro tratto genericamente settentrionale è la sonorizzazione delle sorde intervocaliche (v. 8. 4. 1): *algun*, 75 'alcun'.

MORFOLOGIA

Particolarmente interessante, nel settore verbale, è la già citata forma *è-gi*, 63 'essi sono', con desinenza pronominale (altro esempio in Giacomino: *sont-e* 'io sono').

Proprio dei dialetti veneti in generale è la terza persona singolare usata anche con funzione di plurale: oltre a *è-gi*, registriamo il già segnalato *aba*, 75 'abbiano'.

Non sono presenti nel nostro testo altre peculiarità del sistema verbale del veronese antico: il futuro analitico da HĂBĔO + infinito (*ò dir* 'dirò'); il condizionale *ave plaser* 'piacerebbe'; l'ausiliare *fir* (< lat. FĬĔRI) per il passivo.

CONCLUSIONI

L'analisi degli aspetti fono-morfologici del testo ha messo in luce la presenza di alcuni caratteri tipicamente veronesi, accanto a tratti propri di tutto il Veneto o più genericamente settentrionali. Specifico fenomeno del veronese antico è la restituzione tramite -*o* della caduta di -*e* (che non sia desinenza di femminile plurale), tanto nella declinazione quanto nella coniugazione. Accanto ai casi di reintegrazione, permangono spie di una caduta generalizzata della vocale palatale finale.

Peculiare di Verona è poi la palatalizzazione di -LLI, oltre a quella di -LJ (non attestata nel nostro brano).

Fatti veneti arcaici sono la conservazione dei nessi con -L, il dileguo delle dentali intervocaliche (anche davanti a *r*), l'esito -*it*- da -CT- (non documentato nel nostro testo).

Caratteristici dei dialetti settentrionali in genere sono la metafonesi da -*i* (sia nella declinazione sia nella coniugazione), l'evoluzione della velare del latino in affricata dentale (anziché in affricata palatale, come in toscano), la degeminazione delle consonanti doppie, la sonorizzazione delle sorde intervocaliche.

Nella morfologia spiccano le forme con desinenza pronominale. Di tutto il Veneto è l'uso della terza persona singolare con funzione anche di plurale.

7·5 NAPOLI, XIV SECOLO

Il brano è tratto dal *Libro de la destructione de Troya*, volgarizzamento napoletano della *Historia destructionis Troiae* di Guido delle Colonne. Tale traduzione si colloca intorno alla metà del Trecento, età di trapasso per Napoli tra la cultura latineggiante della corte di re Roberto e la cultura influenzata dalle mode d'oltralpe, le quali si riflettono nella preferenza accordata dai nobili napoletani alla letteratura di piacevole intrattenimento. Non a caso l'anonimo traduttore, autore del *Libro*, ha operato con la precisa intenzione di offrire un testo di intrattenimento in lingua napoletana, per lettori napoletani, anche di alto livello socio-culturale. Il proposito del copista di confezionare un prodotto di pregio è comprovato anche dall'aspetto esterno del manoscritto, un codice in pergamena, con miniature e con fregi.

Molto interessante è la genesi dell'opera. Il trascrittore ha utilizzato un originale incompleto, privo delle ultime pagine, e per completare la copia si è servito di una traduzione fiorentina. Ma, nell'intento di arginare la pressione dei modelli toscani incombenti sulla produzione napoletana, è intervenuto sulla lingua del testo da cui copiava e ha realizzato, nella parte finale del manoscritto, una sorta di versione dal fiorentino al napoletano. In questo modo non soltanto ha preservato l'uniformità linguistica della sua copia, ma implicitamente ha anche riconosciuto al napoletano una dignità letteraria pari a quella del fiorentino.

Nel riprodurre il testo si segue l'edizione curata da NICOLA DE BLASI, *Libro de la destructione de Troya*, Bonacci, Roma 1986, pp. 57-58.

Stando Medea in mezo de lo patre e de Iasone, avengadio
che in principio fosse stata arrussuta, poy non se potte
astinere che intre lo manyare sottilimente quando meglyo
potea non voltasse li ochy suoy inver de Iasone
maystrebelemente. E tutta la soa persone le geva   5
resguardando, per la quale sguardatura sì sse 'namorao
de lluy, per la forte belleze de Iasone e per gran
concupiscencia de amore, desiderandolo multo inde
lo animo suo, e non curava de manyare, nén de bevere
se non resguardare sempre a Iasone per lo quale,   10
solamente vedendolo, tutta se tenea satura.
Li altri chi stavano da tuorno e all'erta a sservire,
vedendono che Medea non manyava, credevano che non
per 'namoramento Medea lassasse lo manyare, se
non per diricta vergogna che avesse de quilli   15
strangieri. Medea intanto era plena de amore de
Iasone che, avenga che lo volesse nascondere e
farelo tanto castamente, che non tanto se potesse
corgere da quilli che llo vedeano pensandono a
la soa vergenetate (per che veresemelemente avesse   20
a lloro paruto inlicita cosa a crederello) ma da se
stessa parlandosse, perché non era convenebele a
credere o a pensarelo, puro secretamente sotto
lengua se raysunava queste parole: «Ammacare
chisto barbaro, cossì bello e cossì industrioso   25
de nobeletate, me fosse marito, cà me pare lo plu
bello homo che may aya veduto».

GRAFIA

Le soluzioni grafiche adottate dal copista non si distaccano generalmente dall'*usus scribendi* dell'età medievale nell'area centromeridionale.

La nasale palatale è rappresentata, oltre che da *gn* (*vergogna*, 15), da *ny*: *manyare*, 3, 9, 14; *manyava*, 13.

La laterale palatale è resa con *gly* in *meglyo*, 3.

L'affricata dentale è espressa con *z* (*belleze*, 7) e con il digramma *ci* (*concupiscencia*, 8).

Frequente è l'uso di *y* per *i* semivocale: *poy*, 2; *suoy*, 4; *maystrebelemente*, 5; *luy*, 7; *raysunava*, 24; *may*, 27. Lo stesso grafema rappresenta in un caso la semiconsonante palatale /j/: *aya*, 27 'abbia'.

Grafie latineggianti sono: *diricta*, 15; *homo*, 27.

FONETICA

Vocalismo

1) Dittongamento metafonetico

Si riscontra il dittongamento di ŏ in *uo*, sia in sillaba libera sia in sillaba chiusa, per effetto delle finali latine -ī e -ŭ (v. 6. 4. 5): *suoy*, 4; *tuorno*, 12. Non si registrano, invece, casi di dittongamento metafonetico di ĕ. Non è di origine metafonetica il dittongo *-ie-*, che compare in un suffissato in *-iere* (dal francese *-ier*, a sua volta dal latino -ĀRIŬM): *strangieri*, 16.

Non presentano il dittongo: *mezo*, 1; *meglyo*, 3; *ochy*, 4; *'namoramento*, 14; *bello*, 25, 27 (a parte va considerato *homo*, 27 < latino HŎMO, in cui l'assenza del dittongo è normale perché nella sillaba finale non si ha né -ī né -ŭ). In alcuni casi il mancato dittongamento, più che dipendere da precoci influssi del toscano, sarà un riflesso della tradizione letteraria locale.

2) Metafonesi

La chiusura metafonetica della /e/ tonica e della /o/ tonica (v. 6. 4. 5) è documentata dalle forme: *multo*, 8 (interpretabile anche come latinismo); *quilli*, 15, 19; *chisto*, 25.

Il fenomeno non si realizza soltanto in *industrioso*, 25.

3) Assenza di anafonesi

Come prevedibile, non è osservabile nel testo un fenomeno tipicamente fiorentino come la chiusura anafonetica delle vocali toniche /e/ e /o/ (v. 6. 4. 4). La *e* tonica chiusa si conserva nella forma *lengua*, 24.

4) Conservazione di *e* pretonica

Ben attestato appare il fenomeno della conservazione di *e* pretonica, che è tipico dell'Italia centromeridionale (in gran parte della Toscana, invece, la *e* pretonica tende a chiudersi in *i*: v. 6. 5. 1). La *e* pretonica si mantiene nella preposizione *de* (1, 4, 7, 8 e passim), nelle particelle pronominali *me* (26, 26) e *se* (2, 6, 11 e passim), nei prefissati in *re-* (*resguardando*, 6; *resguardare*, 10).

Si trova *-e-* da *-i-* etimologica in: *vergenetate*, 20; *veresemelemente*, 20; *nobeletate*, 26. In questi casi la presenza della *e* può essere dovuta ad azioni assimilative, oltre che a un fatto di tendenza generale.

Si ha chiusura di *e* in *i* nella forma *diricta*, 15.

5) U pretonica

Si rileva la conservazione di *u* pretonica nel participio passato *arrussuta*, 2. Si ha poi *u* in protonia invece di *o* nella forma verbale *raysunava*, 24 (per la quale v. punto 10).

Consonantismo

6) Esito delle occlusive sorde

L'occlusiva sorda del latino viene conservata, tra vocale e vibrante, in: *patre*, 1; *secretamente*, 23. Si riscontra inoltre il mantenimento dell'occlusiva sorda di base, in posizione intervocalica, in un vocabolo di origine greca: *ammacare*, 24 'magari'.

7) Esiti di J

In area meridionale la semivocale latina non evolve in affricata palatale sonora (come accade, invece, in toscano: v. 6. 6. 8), ma si conserva. Nel nostro testo la conservazione della semivocale appare nell'antroponimo *Iasone*, 1, 4, 7, 10, 17, il cui carattere di cultismo sembra tuttavia indubbio.

8) Esiti di N + palatale romanza

Il nesso "N + palatale romanza" dà come esito una nasale palatale, resa graficamente con il digramma *ny* : *manyare*, 3, 9, 14 (< franc. ant. *mangier*, moderno *manger*); *manyava*, 13.

9) Esiti di -BJ-

Il risultato di -BJ- non è l'affricata palatale sonora, come ci si attenderebbe in area napoletana, ma è la semiconsonante palatale /j/: *aya*, 27 'abbia'.

10) Esiti di -TJ-

L'esito di affricata dentale da -TJ- (v. 6. 6. 4) interessa innanzitutto un sostantivo con suffisso derivato da -ĬTIES latino: *belleze*, 7. Sempre da una base -TJ- deriva la forma *concupiscencia*, 8, in cui la grafia *ci* non corrisponde a una pronuncia palatale, ma rende l'affricata dentale.

Un caso particolare è rappresentato dagli esiti di -TJ- in parole mediate dal francese. Da *ratione*, attraverso il francese *raison*, deriva *raysone*, a cui si rifanno le forme del verbo connesso: *raysunava*, 24.

11) Nessi di consonante + L

Registriamo la conservazione di PL- in due probabili latinismi: *plena*, 16; *plu*, 26. Non si riscontra nessun caso di evoluzione a *kj-*, secondo la tipica fonetica meridionale (v. 8.5.4).

12) B e V

Non si hanno esempi che attestino il fenomeno del betacismo (v. 8.5.4), tipico di gran parte dell'Italia meridionale.

La situazione offerta dal nostro testo è quella di un sostanziale mantenimento di *b* e *v* sia in posizione iniziale sia in posizione intervocalica. Gli unici casi rilevanti, che differiscono dalla lingua letteraria, sono i seguenti, nei quali si ha -*b*- in luogo di -*v*- in posizione intervocalica, all'interno di parola (posizione debole): *maystrebelemente*, 5; *convenebele*, 22. Questi esiti particolari sono forse dovuti all'incontro con tradizioni linguistiche e grafiche diverse, che può aver determinato, anche a livelli di scrittura non popolari, la conservazione di *b*.

13) Esiti della labiovelare

Il nesso di velare + U semiconsonante (v. 6. 6. 6) perde il tratto labiale, riducendosi a /k/, nella congiunzione causale *cà* (< lat. QUĬA) 'che, perché' e nel dimostrativo *chisto*, 25.

La conservazione di *qu-* si registra in: *quilli*, 15, 19; *queste*, 24.

14) Esiti di x

Il nesso intervocalico di "velare + sibilante" dà come esito -ss-, in luogo della sibilante palatale della lingua letteraria: *lassasse*, 14. Si noti che la forma *lassare* < lat. LAXĀRE è diffusa anche in Toscana in alternanza con *lasciare*; ma nell'Italia centro-meridionale l'assimilazione regressiva -x- /ks/ > *ss* varca i limiti del toscano, ossia figura in parole che nel toscano hanno /ʃʃ/ (per esempio, *cossa* 'coscia').

15) Raddoppiamento fonosintattico

Il fenomeno è attestato in qualche caso dopo i monosillabi che producono raddoppiamento: *sì sse*, 6; *a sservire*, 12; *che llo*, 19.

Si segnala la forma *nén*, 9, in cui la consonante finale-*n* è interpretabile come segno di rafforzamento della consonante che segue.

Fenomeni generali

16) Mancata sincope

Secondo la tendenza dei volgari meridionali non è riscontrabile nel testo la presenza del fenomeno della sincope. In particolare, negli avverbi in *-mente* formati da aggettivi terminanti in *-le* (non si hanno esempi da aggettivi in *-re*), si osserva la conservazione della vocale finale dell'aggettivo: *sottilimente*, 3; *maystrebelemente*, 5; *veresemelemente*, 20. Tale conservazione dimostra che, anche nella forma avverbiale composta, l'aggettivo non perdeva una sua autonomia; ciò appare evidente quando si incontrano avverbi in coppia, di cui uno soltanto reca il suffisso *-mente*; per esempio: *resoluta e francamente*.

La sincope non si realizza neppure in alcune forme verbali con enclisi pronominale (*farelo*, 18; *crederello*, 21; *pensarelo*, 23) e in un sostantivo (*nobeletate*, 26).

MORFOLOGIA

17) Nomi

Residuo della desinenza della quinta declinazione latina è la terminazione *-e*, che si incontra in un sostantivo astratto con suffisso-*eze*, corrispondente al lat. -ĬTIES: *belleze*, 7.

18) Articolo determinativo

È costante l'uso della forma maschile singolare *lo* di fronte a qualsiasi iniziale: *lo animo*, 9; *lo quale*, 10; *lo manyare*, 14; *lo plu bello*, 26.

19) Forme verbali

La terza persona singolare del passato remoto della coniugazione in *-are* presenta la desinenza *-ao*: *'namorao*, 6. Del tutto assente è la desinenza *-ò*, che avrebbe costituito un toscanismo. La trafila che ha portato alla formazione del passato remoto in *-ao* è la seguente: lat. AMAU(Ĭ)T (grafia AMAVIT) > *AMAU(T) > *amao* (senza monottongazione del dittongo secondario AU in *o* aperta, come avviene invece per il passato remoto in *-ò*). Il perfetto in *-ao* è diffuso nei dialetti centromeridionali in concorrenza con il perfetto in *-à*: lat. AMAU(Ĭ)T > *AMAUT > *AMAT > *amà*.

Tra le forme forti (cioè con accento sul tema) di passato remoto, va segnalato *potte*, 2, in cui il raddoppiamento è dovuto alla desinenza latina -UI(T): v. 7. 2, verso 110, *tenni*.

Tra i verbi della coniugazione in *-ere*, *-ire*, è da notare il participio debole (cioè, con accento sulla desinenza) in *-uto* : *arrussuta*, 2; *paruto*, 21.

Interessante è il cosiddetto "gerundio coniugato": la desinenza *-no* viene aggiunta alle forme del gerundio per le quali si vuole evidenziare la relazione con un soggetto plurale di terza persona: *li altri ... vedendono*, 13; *quilli ... pensandono*, 19.

CONCLUSIONI

Dall'analisi del testo emergono molti tratti napoletani e più genericamente centro-meridionali: nel vocalismo, il dittongamento metafonetico della *o* tonica aperta, la chiusura metafonetica delle vocali toniche chiuse *e* e *o*, l'assenza di anafonesi; nel consonantismo, il mantenimento dell'occlusiva sorda del latino, la riduzione della labiovelare alla sola componente velare, l'evoluzione -x- /ks/ > -ss-. A livello morfologico la fisionomia napoletana del volgarizzamento appare particolarmente da una serie di forme verbali (desinenza *-ao* del passato remoto, perfetto forte *potte*, participio passato in *-uto*, gerundio coniugato), oltre che dall'articolo *lo*.

La rilevante presenza di tratti linguistici locali dimostra la volontà del volgarizzatore di aderire fortemente al parlato, soprattutto nella fonologia, nella morfologia e nel lessico. Nella sintassi, invece, si avverte il contatto con l'esemplare latino di base, che determina un periodare complesso, ipotattico, rispondente alle esigenze di una testualità scrittoria di tipo narrativo.

7·6 ITALIANO ANTICO E ITALIANO MODERNO A CONFRONTO: DIECI CARATTERI DIVERGENTI

L'italiano antico differisce dall'italiano moderno in vari caratteri riguardanti la morfologia, la sintassi e la testualità. Di tali caratteri ne sono presentati qui dieci, scelti tra i più significativi per la loro contrastività e rilevanza strutturale. È opportuno comunque sottolineare la natura puramente esemplificativa di questa scelta, che vuole proporre soltanto una prospettiva di lavoro. Si sono esclusi gli aspetti fonetici dei quali si è già trattato nel capitolo 6.

Rispetto ad altre lingue romanze (e in particolare rispetto al francese) la lingua italiana appare piuttosto conservativa, soprattutto nella sua varietà letteraria, nella quale diversi tratti arcaici si mantengono fino alle soglie dell'epoca moderna. Pertanto l'espressione "italiano antico" si riferisce talvolta non soltanto a fattori cronologici, ma anche a fattori stilistici, connessi alla situazione comunicativa. Allo stesso modo fenomeni propri della fase più antica (per esempio, il *che* polivalente), conservatisi nei livelli medi e bassi della lingua, riaffiorano nell'odierno italiano parlato.

1) Formazione delle parole

Rispetto alla situazione attuale (v. capitolo 11), l'italiano antico mostra una più alta frequenza di alcuni derivati. In particolare, si sono perduti nell'italiano di oggi i suffissati in *-ade*, *-ude* (*bontade*, *cittade*, *servitude*, *vertude*) e in *-gione* (*condannagione* 'condanna', *mendicagione* 'accattonaggio', *stimagione* 'stima'); alla scomparsa di questi ultimi si è contrapposto l'aumento dei suffissati in *-zione* e dei deverbali con suffisso zero. Analogamente sono scomparsi alcuni prefissati in *mis-* (*misleale* 'sleale', *misprendere* 'commettere una colpa, una mancanza').

Si sono poi ridotti i suffissati in *-anza* (*abitanza* 'abitazione', *continuanza* 'continuazione', *fidanza* 'fiducia', *prestanza* 'prestito'), in *-mento* (*assalimento, donamento, mostramento, ristoramento)*, così come i prefissati in *dis-* (*disaiutare, disamare, disenfiare* 'sgonfiare', *disguagliato* 'diseguale, diverso').

Per quanto riguarda la composizione, l'italiano antico possedeva un minor numero di composti V + N: quelli con tratto [- animato] erano spesso vocaboli settoriali (*cangiacolore* 'panno di colore cangiante'; *guardacuore* 'tipo di soprabito'); quelli con tratto [+ umano] avevano in genere una connotazione comica e negativa (*tagliaborse* 'borsaiolo', propriamente 'ladro che per rubare taglia le borse', *picchiapetto* 'bacchettone, bigotto', *pappalardo* 'mangione', 'uomo sciocco e goffo', 'avido profittatore', 'ipocrita').

2) Morfologia verbale

Le desinenze verbali hanno subìto alcune importanti modificazioni. Consideriamo, per esempio, la 2ª persona singolare. Nel presente indicativo, l'italiano antico aveva *-e* nei verbi della prima classe (*tu ame, tu parle, tu pense*), *-i* in quelli delle altre classi (*tu apprendi, tu cognosci, tu odi*); nel presente congiuntivo aveva *-i* nei verbi della prima classe (*che tu favelli, che tu nieghi*), *-e* in quelli delle altre classi (*che tu abbie, che tu vede, che tu debbie*). In altri termini la desinenza era *-e* in corrispondenza del latino *-ās*, *-i* in corrispondenza del latino *-ēs*, *-ĭs*, *-īs*.

La prima persona singolare dell'imperfetto indicativo terminava in *-a*: *io amava, io aveva, io era*. Queste forme, approvate da Pietro Bembo (*Prose della volgar lingua*, 1525), sopravvissero fino all'Ottocento, quando furono sostituite dalle forme *io amavo* ecc., nelle quali la desinenza *-o*, ripresa per analogia dalla prima persona singolare dell'indicativo presente, serve a fissare una differenza formale rispetto alla terza persona *egli amava*. Tale sostituzione fu attuata nel 1840 dal Manzoni, che trasformò quasi tutti i casi del tipo *io amava*, presenti nella precedente edizione dei *Promessi Sposi*, nel tipo *io amavo*.

In generale nell'italiano odierno si assiste a una riduzione dell'**allotropia verbale**. Nell'Ottocento, prima della riforma linguistica manzoniana, è spiccata l'alternanza tra forme verbali concorrenti:

siano / sieno; vedo / veggo / veggio; vedono / veggono / veggiono; devo / debbo / deggio; deve / dee / debbe; chiedo / chieggo.

Nell'edizione dei *Promessi Sposi* del 1840 il Manzoni operò un livellamento delle varie forme, privilegiando il primo membro di ogni serie.

Si afferma inoltre nell'italiano moderno la tendenza a rendere il cosiddetto *dittongo mobile* sempre meno mobile, e a conservare quindi *iè* e *uò* anche nelle voci verbali in cui non erano originariamente previsti:

mieto - metiamo > mieto - mietiamo ;
arrolare - arruolo > arruolare - arruolo .

3) Legge Tobler-Mussafia

Mentre nell'italiano moderno l'enclisi dei pronomi atoni è determinata dal modo del verbo (imperativo, infinito, gerundio ecc.), nell'italiano antico è governata da un principio completamente diverso: vale a dire dipende dalla posizione del pronome nella frase. Questo principio viene definito "legge Tobler-Mussafia" dal nome dei due studiosi che per primi descrissero analiticamente il fenomeno. Nell'italiano antico un pronome atono era obbligatoriamente enclitico nei seguenti casi:

a) all'inizio del periodo (o di proposizione principale asindetica): «Rispuosemi: "Non omo, omo già fui"» (Dante, *Inferno*, I, 67);

b) dopo la congiunzione *e* : «e menommi al cespuglio che piangea» (Dante, *Inferno*, XIII, 131);

c) dopo la congiunzione *ma* : «ma sforzami la tua chiara favella» (Dante, *Inferno*, XVIII, 52);

d) all'inizio della reggente, quando questa era posposta alla subordinata: «Ma quando tu sarai nel dolce mondo, priegoti ch'a la mente altrui mi rechi» (Dante, *Inferno*, VI, 89).

Tuttavia occorre precisare che anche nella lingua antica questo tipo di collocazione (in particolare nei casi b, c, d) era una tendenza più che una legge inderogabile. A partire al Quattrocento, l'obbligo dell'enclisi nei casi indicati viene rispettato sempre meno dagli scrittori, fino a scomparire quasi del tutto.

4) Ordine dei costituenti

Nell'italiano antico (più precisamente nel fiorentino antico) la successione dei pronomi atoni in combinazione con *lo, la, li, le, ne* era inversa rispetto a quella dell'italiano moderno; si aveva infatti prima il complemento oggetto, poi il complemento indiretto: si diceva dunque *lo mi dici, farloci* invece di *me lo dici, farcelo*. L'ordine *lo mi* è proprio del Duecento; ma nel secolo successivo si afferma progressivamente l'ordine moderno "dativo + accusativo", che diventa di uso generale in tutta Italia fra Cinquecento e Seicento.

Ancora più rapido è stato il declino di *gliele* (accusativo + dativo), invariabile per qualsiasi genere e numero. In seguito all'affermarsi del tipo *me lo*, la forma *gliele* sarà reinterpretata come 'a lui lo' (dativo + accusativo) e sarà sostituita dalle forme declinate *glielo, gliela* ecc.

Un'altra caratteristica dell'italiano antico è la **"risalita" del pronome atono**, cioè la sua collocazione prima del verbo reggente, in alcuni casi in cui l'italiano moderno non prevede questa possibilità o comunque mostra una maggiore tendenza alla posposizione:

«egli la venne a annunziare in Nazarette» (Boccaccio, *Decameron*, VI,10) = venne ad annunziarla.

All'influsso del latino si devono vari fenomeni di inversione che caratterizzano l'organizzazione del periodo della prosa antica. Un tipico latinismo sintattico è la collocazione del verbo alla fine del periodo (per l'esemplificazione si attinge dalla *Introduzione* alla prima giornata del *Decameron*):

«niuna, quantunque leggiadra o bella o gentil donna fosse»;
«Verso l'Occidente miserabilmente s'era ampliata».

Sempre al modello latino si rifanno altri due costrutti che riguardano la posizione del verbo; si tratta dell'anteposizione del participio all'ausiliare e di quella del verbo servile all'infinito da cui dipende:

«se io *potuto avessi* onestamente per altra parte menarvi»;
«con quegli piaceri che *aver poteano* ».

Riproducono l'ordine libero delle parole tipico della lingua latina altri fenomeni, come la possibilità di spezzare il nesso "ausiliare - participio" e quello "verbo servile - infinito":

«*Fu* da molte immondizie *purgata* »;
«*Cominciò* i suoi dolorosi effetti, e in miracolosa maniera, *a dimostrare* ».

5) Fenomeni di accordo

Mentre nell'italiano moderno, se i soggetti sono più di uno, il verbo va normalmente al plurale, nell'italiano antico si trova di frequente l'accordo del verbo al singolare:

«La prima vita del ciglio e la quinta / ti *fa* maravigliar» (Dante, *Paradiso*, XX, 100-101);
«Cortesia e onestade *è* tutt'uno» (Dante, *Convivio*, II, X, 8).

Anche l'anteposizione del predicato a un soggetto plurale comportava spesso l'impiego del verbo al singolare:

«fu fatto beffe di loro» (Sacchetti, *Trecentonovelle*, 159);
«venne alquanti valorosi soldati» (Cellini, *Vita*, 1, 8).

Il participio passato in unione con l'ausiliare *avere* si accordava originariamente con il complemento oggetto:

«ha *rifiutata* la nobile cittade» (*Novellino* , 3);
«aveva la luna, essendo nel mezzo del cielo, *perduti* i raggi suoi» (Boccaccio, *Decameron*, VI, Introduzione).

Questo tipo di accordo ha alla base una motivazione storica, in quanto i tempi composti con *avere* muovono dalla formula latina DŎMUM CONSTRŬCTAM HĂBEO 'ho una casa costruita', quindi 'ho costruito una casa'. Successivamente, perdutasi la coscienza del significato originario, si è affermata la tendenza a lasciare invariato il participio passato.

Nell'italiano antico il participio poteva accordarsi con il soggetto anche nel caso di un verbo intransitivo con l'ausiliare *avere*:

«potrebbe dir ch'ell'ha forse *vernata* / ove si fa 'l cristallo in quel paese» (Dante, *Rime*, LXXIII, 3-4).

Inoltre, nei participi passati assoluti, cioè con un soggetto diverso da quello della reggente, il participio non concordava necessariamente con il nome (come avviene nell'italiano moderno), ma poteva rimanere invariato; per esempio, *veduto la bellezza* anziché *veduta la bellezza*.

6) Fenomeni di omissione

Nell'italiano antico l'articolo determinativo poteva essere omesso in alcuni casi in cui nell'italiano moderno è di norma presente; in particolare, l'omissione si aveva:

a) con il possessivo: «disideri mio nome» (*Novellino*, 45); «ritornare in mia terra» (*Novellino*, 3). Tracce consistenti di quest'uso si trovano anche nella lingua letteraria dell'Ottocento: «unico spirto a mia vita raminga» (Foscolo, *Dei Sepolcri*, 12); «e tornami a doler di mia sventura» (Leopardi, *A Silvia*, 35);

b) con i nomi astratti: «la migliore cosa di questo mondo si è misura» (*Novellino*, 1); «giustizia mosse il mio alto fattore» (Dante, *Inferno*, III, 4). L'ellissi dell'articolo con i sostantivi astratti si riscontra ancora nel linguaggio poetico dell'Otto-Novecento: «invidia tace, / non desta ancora ovver benigna» (Leopardi, *Le ricordanze*, 124-125).

Anche l'articolo indeterminativo poteva essere assente in contesti che oggi lo richiederebbero:

«Brigata di cavalieri cenavano una sera» (*Novellino*, 89);
«que' che mi domanda è giucolare» (*Novellino*, 3).

Una delle caratteristiche più salienti della prosa antica, specie quattro-cinquecentesca, è l'**omissione del *che***, sia come congiunzione subordinante, sia come pronome relativo (diamo due esempi del primo fenomeno e, subito dopo, altri due del secondo):

«Ma queste cose so ti paiono nulla» (L. B. Alberti, *I Libri della Famiglia*, 52, 33);
«Vidi a vostro padre bisognava nulla» (L. B. Alberti, *I Libri della Famiglia*, 128, 9);

«per quel vedevo e udivo» (Lorenzo de' Medici, *Beoni*, II);
«per rimunerazione di quello ha riceuto da te» (Alessandra Macinghi Strozzi, *Lettere*).

7) Uso dei modi e dei tempi

Mentre nell'italiano di oggi per indicare il "futuro del passato" è di regola il condizionale composto (*disse che sarebbe venuto*), nell'italiano antico era normale il condizionale presente (*disse che verrebbe*). L'uso del tempo semplice si è protratto fino al Manzoni e anche oltre:

«disse che egli il *sicurerebbe* della mercatantia la quale avea in dogana» (Boccaccio, *Decameron*, II, 5);
«visto finalmente uno che veniva in fretta, pensò che questo [...] gli *risponderebbe* subito, senz'altre chiacchiere» (Manzoni, *I Promessi Sposi*, XVI, 8).

L'italiano moderno si è quindi orientato verso la soluzione più complessa, che, tra l'altro, non ha riscontri nell'area romanza (cfr., per esempio, il franc. «il dit que viendrait»).

Un tempo verbale che oggi è raro e che invece era piuttosto frequente nell'italiano antico è il trapassato remoto, il quale aveva un preciso valore aspettuale; indicava, cioè, il compiersi immediato o il punto terminale di un'azione, escludendo il riferimento alla sua durata:

«questo diavolo di questa femmina maladetta mi si parò dinanzi ed *ebbemi veduto* » (Boccaccio, *Decameron*, VIII, 3);
«la giovane cominciò la sua medicina e in brieve anzi il termine l'*ebbe condotto* a sanità» (Boccaccio, *Decameron*, III, 9).

Nell'italiano antico il gerundio spesso non condivide il soggetto del verbo finito, come invece avviene nell'italiano moderno. La diversità di soggetti si ha quando il gerundio si riferisce a un complemento oggetto o a un complemento di termine:

«Indi m'han tratto sù li suoi conforti, / salendo e rigirando la montagna» (Dante, *Purgatorio*, XXIII, 124-125) = mentre salivo e percorrevo i gironi della montagna (soggetti: *conforti* e *io*);

«disperato dolor che 'l cor mi preme / già pur pensando» (Dante, *Inferno*, XXXIII, 5-6) = al semplice e solo pensiero (soggetti: *dolore* e *io*).

Costrutti di questo tipo s'incontrano anche in scrittori moderni; ma in genere nell'italiano di oggi si preferisce ricorrere a soluzioni alternative; per esempio, anziché *l'ho trovata piangendo*, si dice *l'ho trovata piangente*, *l'ho trovata che piangeva*, *l'ho trovata in lacrime* ecc.

8) Paraipotassi

Sulla organizzazione del periodo nell'italiano antico agiscono due spinte contrastanti: da un lato la pressione del modello "alto", costituito dal latino (v. punto 4); dall'altro l'emergere nello scritto di forme espressive e colloquiali proprie della lingua parlata. A questo secondo fattore si devono alcuni costrutti frequenti nella prosa delle origini, i quali vennnero per lo più rifiutati dagli scrittori a partire dal Quattrocento, fino a scomparire quasi del tutto dalla lingua letteraria.

Uno di tali costrutti è la **paraipotassi**, procedimento sintattico misto tra paratassi e ipotassi, consistente nella simultanea presenza di un segnale coordinativo e di uno subordinativo. Questo doppio legame compare in frasi in cui una subordinata anteposta (temporale, causale, ipotetica) viene collegata alla reggente per mezzo della congiunzione *e*:

«*Quando* accostata vi si sarà, *e* voi allora senza alcuna paura scendete» (Boccaccio, *Decameron*, VIII, 9);

«*Poiché* voi di questo mi fate sicuro, *e* io il vi dirò» (Boccaccio, *Decameron*, I, 1);

«*Se* voi non gli avete [i denari], *e* voi andate per essi» (Boccaccio, *Decameron*, VIII, 2).

La subordinata anteposta può anche essere implicita, con il verbo al gerundio o al participio:

«Appresso questa vana imaginazione avvenne uno die che, *sedendo* io pensoso in alcuna parte, *ed* io mi sentio cominciare un tremuoto nel cuore» (Dante, *Vita Nuova*, XXIV, 1);

«*uscito* il marito d'una parte della casa, *e* ella uscì dall'altra» (Boccaccio, *Decameron*, IX, 7).

Accanto a *e*, l'italiano antico si serviva come congiunzione paraipotattica anche di *sì* :

«*Da ch'* elli vedeno ch'ella è troppo invecchiata, *sì* ssi brigano di ringiovanirla» (*Bestiario toscano*, 112).

Il fenomeno della paraipotassi riguarda non soltanto la sintassi, ma anche l'ordine delle parole perché l'aggiunta della congiunzione coordinativa si determina unicamente quando viene violato l'ordine tipico della lingua volgare, che prevede la successione "reggente + subordinata".

9) Aspetti della subordinazione

Un fenomeno che si riscontra con una certa frequenza nell'italiano antico e che in qualche modo è speculare rispetto all'omissione del *che* (v. punto 6) consiste nella **ripetizione del *che* subordinante** dopo l'inserimento di una dipendente di secondo grado:

«Poi a lui promectere se fé *che* , poi ch'elli averia Isocta al re Marco menata, *ch*'esso tornaria a lui in Sorlois» (*Conti di antichi cavalieri*, XXI);

«il Cardinale disse a mio padre *che*, se lui mi mandava là, *che* mi faria lettere di favore e d'aiuto» (Cellini, *Vita*, 1, 9).

Un costrutto caratteristico della prosa antica è il cosiddetto **"sollevamento" del soggetto**, che si realizza quando il soggetto di una subordinata completiva (soggettiva, oggettiva, interrogativa indiretta) diventa complemento oggetto del verbo della reggente:

«riputava *lo fummo* che non era del cuoco» (*Novellino*, 79) = che il fumo non era del cuoco;

«estimo *le cose presenti* che nel detto modo debbiano andare» (Bono Giamboni, *Libro de' vizi e delle virtudi*, 302) = che le cose presenti debbano andare nel detto modo.

Tale anticipazione serve a mettere in evidenza l'idea principale della frase, promuovendo un elemento dal rango di costituente della proposizione subordinata a quello di costituente della proposizione reggente.

Un altro modulo sintattico tipico dell'italiano antico è l' **"accusativo con l'infinito"** (v. 6. 8). Pressoché assente nella lingua dei primi prosatori duecenteschi, il costrutto è usato piuttosto frequentemente da Dante nel *Convivio* :

«intendiamo Iddio aver potuto fare innumerabili quasi creature spirituali» (II,IV, 15).

Anche il Boccaccio fa uso di tale costruzione nel *Decameron*, in particolare nelle parti narrative, in cui prevale una sintassi di tono più sostenuto:

«morbide donne, niun con ragion dirà messer Gentile non aver magnificamente operato» (X, 5).

La frequenza dell'accusativo con l'infinito raggiunge il suo picco più elevato nella prosa umanistica, al punto da diventarne uno dei tratti maggiormente caratterizzanti. Vediamone alcuni esempi tratti dai *Libri della Famiglia* di Leon Battista Alberti:

«dicea la sua esser la miglior via» (256, 13);
«stimo nel danaio esservi alcune altre commodità» (251, 4);
«crediamo la benivolenza essere simile alla onestà» (312, 5).

Dalla fine del Cinquecento la costruzione latineggiante cominciò a regredire; oggi la si incontra raramente ed è per lo più limitata all'oratoria forense o a scritture di tono ricercato e accademico.

Un'altra struttura sintattica diffusa nella prosa antica è la **subordinazione "mista"**, che si ha quando tipi non omologhi di proposizioni dipendenti sono collegati tra loro. Per esempio, nella frase che segue, le due infinitive rette dalla principale sono coordinate a una subordinata con verbo di modo finito introdotta da *che* :

«Io credetti andare in battaglia come duca, e guidare gli altri, e ch'elli facessono secondo la mia provedenza» (*I Fatti di Cesare*).

10) Aspetti della testualità

Un aspetto della testualità in cui l'italiano antico e quello moderno divergono riguarda il **tema** della frase (v. 3.7). Sembra che nella lingua antica si potesse avere un tema diverso dal soggetto molto più facilmente di quanto non accada nella lingua oggi. Il procedimento sintattico usato con maggiore frequenza nell'italiano dei secoli scorsi per portare a tema un qualunque costituente diverso dal soggetto consisteva nella semplice collocazione del costituente in prima posizione, senza la ripresa pronominale:

TIPO ANTICO: «questo dono vi manda Paolo»;

TIPO MODERNO: «questo dono ve lo manda Paolo».

La testualità dell'italiano antico presenta inoltre alcuni caratteri peculiari, strettamente connessi alle particolari condizioni di produzione e di fruizione dei testi. Nel Medioevo la narrativa è recitata da un lettore a un pubblico di ascoltatori; da questa recitazione dipendono vari tratti formali dei testi: le formule che avviano, dirigono e concludono la narrazione, la ripetizione delle stesse parole a breve distanza, le sottolineature discorsive. Tali tratti si mantengono anche quando dalla recitazione si passa alla lettura del testo, diventando segnali di riconoscimento di un genere e dando vita a quadri enunciativi dotati di proprie convenzioni. A questo proposito si è parlato di un «discorso narrativo oralizzato», distinto sia dal «discorso orale» sia dal «discorso narrativo orale».

CAPITOLO 8

LA SITUAZIONE LINGUISTICA ITALIANA

8·1 PREMESSA

Dovremmo correggere il grafico riportato in 6.3, sostituendo la dizione "italiano" con la dizione "dialetti italiani"; analogamente dovremmo sostituire "spagnolo" con "dialetti spagnoli", "portoghese" con "dialetti portoghesi" e così via. In tutto il mondo romanzo o neolatino (la cosiddetta Romània) il latino volgare si è frantumato in una molteplicità di dialetti che si possono raggruppare in famiglie sulla base dei loro caratteri linguistici (soprattutto fonologici, ma anche lessicali, morfologici e sintattici).

Successivamente, in vari periodi, lo svolgersi degli eventi ha fatto sì che in varie zone della Romània singoli dialetti emergessero e s'imponessero su altri dialetti, diventando i contrassegni di comunità nazionali, diventando cioè lingue. Così in Italia il dialetto fiorentino del Trecento è diventato la lingua italiana; in Francia il dialetto dell'Île-de-France (il franciano) è diventato la lingua francese; in Spagna il dialetto castigliano è diventato la lingua spagnola.

8·2 LE DIFFERENZE TRA DIALETTO E LINGUA

Cominciamo col dire che tali differenze sono meno numerose e meno importanti di quanto comunemente si crede. Entrambi derivati dal latino, entrambi sistemi linguistici complessi e variamente articolati, la lingua italiana e uno qualsiasi dei tanti dialetti parlati nella Penisola sono ugualmente legittimi per quanto riguarda la loro origine e il loro sviluppo storico; inoltre sono ugualmente funzionali nel loro uso. Come l'italiano, i nostri dialetti riflettono tradizioni e culture specifiche; possiedono un lessico e una grammatica: sono a tutti gli effetti delle "lingue". Vi sono in ogni modo delle differenze.

- In genere il **dialetto** è usato in un'area più circoscritta rispetto alla lingua, la quale invece appare diffusa in un'area più vasta.

I motivi di tale maggiore espansione sono culturali in Italia, politici in Francia e in Spagna. Le opere di Dante, Petrarca e Boccaccio diedero un grande prestigio al **fiorentino del Trecento** (v. 8.5). Questo dialetto, divenuto lingua d'arte attraverso l'elaborazione dei tre grandi scrittori, fu in seguito adottato dalle persone colte e dai centri di potere della Penisola. In Francia e in Spagna fu invece il potere monarchico a imporre e diffondere il dialetto usato dalla corte: nacque così una lingua dello Stato e dell'amministrazione riconosciuta dai sudditi come simbolo dell'unità nazionale.

L'espansione di una lingua parlata su un'area geografica più ampia; il fatto che tale lingua, divenuta lo strumento della classe dominante, possa essere scritta dai letterati, dagli organi del potere centrale e dell'amministrazione; la circostanza (molto importante) che essa miri a diventare più regolare, dandosi una "norma" stabilita dai grammatici e insegnata nella scuola: questi tre aspetti tendono a differenziare la lingua dal dialetto. Per quanto riguarda il lessico, la lingua estende e perfeziona il vocabolario intellettuale (scrittori e scienziati scrivono di solito in lingua); il dialetto invece sviluppa soprattutto le terminologie e i tipi di testo che si riferiscono al mondo rurale. I fattori di carattere sociale che distinguono la lingua dal dialetto si possono riassumere nei seguenti punti:

1) la lingua subisce una **codificazione**; vale a dire opera delle scelte tra forme concorrenti e quindi propone dei modelli; tale processo non avviene di solito nel dialetto o comunque avviene in esso in misura ridotta;

2) la lingua possiede un **uso scritto**, che manca per lo più ai dialetti;

3) la lingua gode di un **prestigio sociale** superiore a quello dei dialetti;

4) la lingua ha acquistato una **dignità culturale** superiore a quella dei dialetti.

Queste distinzioni non sono sempre e ovunque presenti. Ciò è vero tanto più in Italia, dove troviamo dialetti, quali per esempio il veneto e il napoletano, che hanno subìto una codificazione, possiedono un uso scritto e una grande dignità culturale (si pensi all'opera del Goldoni e del Basile). Tanto che si deve concludere così: l'unico criterio abbastanza sicuro per distinguere la lingua dal dialetto è la minore estensione geografica di quest'ultimo.

> Propriamente il termine *dialetto* (dal greco *diálektos* 'lingua', derivato dal verbo *dialégomai* 'parlo') indica due diverse realtà:
> 1) un sistema linguistico autonomo rispetto alla lingua nazionale, quindi un sistema che ha caratteri strutturali e una storia distinti rispetto a quelli della lingua nazionale (si pensi ai dialetti italiani e a quelli spagnoli);
> 2) una varietà parlata della lingua nazionale, cioè una varietà dello stesso sistema; i *dialects* dell'anglo-americano sono varietà parlate dell'inglese degli Stati Uniti; ovviamente tali "dialetti" hanno gli stessi caratteri strutturali e la stessa storia della lingua nazionale.

■ Con l'espressione **lingua nazionale** s'intende il sistema linguistico (o la varietà di un sistema linguistico) adottato da una comunità, che costituisce una nazione, come contrassegno del proprio carattere etnico e come strumento dell'amministrazione, della scuola, degli usi ufficiali e scritti.

8·3 BILINGUISMO E VARIETÀ REGIONALI IN ITALIA

In Italia, la maggior parte delle persone che parlano un dialetto hanno la capacità di passare alla lingua (o, in molti casi, a una varietà intermedia fra lingua e dialetto). Tale capacità è detta **bilinguismo**, termine che più in generale si può definire come compresenza di due o più lingue diverse nel repertorio linguistico (v. 9.5). Il passaggio dal dialetto alla lingua e da questa al dialetto dipende dalla situazione: in famiglia e con persone cui si è legati da amicizia, da consuetudini di vita, da comuni origini si può parlare (e in effetti spesso si parla) il dialetto; invece con gli estranei e con persone provenienti da altre regioni d'Italia si tende a parlare l'italiano (o una varietà regionale di italiano). Rispetto al dialetto la lingua è più adatta per trattare argomenti di carattere ufficiale, temi legati allo sviluppo e al progresso tecnico-scientifico del nostro tempo. A dire il vero, l'immagine del dialetto contrapposto alla lingua è, soprattutto ai giorni nostri, un'immagine fuorviante. Infatti il processo di **italianizzazione dei dialetti** (cioè il progressivo assorbimento di questi ultimi nella lingua comune) spiega perché sia necessario parlare – almeno per buona parte dell'Italia – di quattro varietà linguistiche:

> ITALIANO COMUNE
> ITALIANO REGIONALE
> DIALETTO REGIONALE
> DIALETTO

Avendo definito i due termini estremi di questo schema (l'italiano comune, che è la nostra lingua nazionale, e il dialetto), cerchiamo di definire quelli intermedi.

■   L'**italiano regionale** è una varietà di italiano che possiede delle particolarità regionali, avvertibili soprattutto nella pronuncia e, parzialmente, nelle scelte lessicali.

     Tutti coloro che parlano italiano e che provengono da diverse regioni della Penisola si capiscono fra loro senza difficoltà; tuttavia avvertono chiaramente delle differenze nel loro eloquio. L'italiano parlato da un settentrionale è riconosciuto subito, per esempio, da un romano, soprattutto per alcuni caratteri dell'intonazione e della pronuncia. Altrettanto si dirà per l'italiano parlato da un meridionale e per l'italiano parlato da un toscano.

In Italia si distinguono quattro varietà regionali principali:

1) **settentrionale**;
2) **toscana**;
3) **romana**;
4) **meridionale**.

Vi sono poi varietà regionali minori: la più importante è quella sarda. L'esistenza delle varietà regionali di italiano dipende dalla diffusione dell'italiano nei dialetti, la quale è cominciata per lo più dopo l'unità d'Italia e si è sviluppata sensibilmente a partire dall'ultimo dopoguerra per la diffusione delle comunicazioni di massa (la televisione in primo luogo). Le varietà regionali si distinguono anche per alcune caratteristiche lessicali (v. 12.5). Proprio perché possiede tali varietà regionali, la nostra lingua appare più diversificata geograficamente rispetto ad altre lingue europee.

■   Il **dialetto regionale** è una varietà del dialetto che ha subìto l'influsso dell'italiano regionale su uno o più livelli: fonologico, lessicale, morfologico e sintattico.

Si notano pertanto influssi reciproci tra l'italiano comune (standard) e i dialetti (di base). Questi influssi determinano la nascita di entità intermedie nel *continuum* lingua-dialetto:

a) le interferenze dalla L1 (dialetto) sulla L2 (italiano) hanno avuto come risultato la nascita degli italiani regionali, che sono diversificazioni regionali della lingua standard;

b) le interferenze dalla L2 (italiano) sulla L1 (dialetto) hanno avuto come conseguenza il sorgere dei dialetti regionali (italianizzazioni del dialetto di base).

Vediamo la prima frase della *Parabola del Figliol Prodigo*, resa nelle quattro varietà che abbiamo ora distinto; il dialetto è della provincia di Belluno:

ITALIANO COMUNE
Un u̯ómo avéva due fìḷi. Il più ǧǧóvane dísse al pádre.

ITALIANO REGIONALE (VENETO)
Uṇ | u̯ómo avéva dúe fiḷ'i. Uṇ ġórno il più pík(k)olo a dét(t)o al suo papá.

DIALETTO REGIONALE (VENETO) con elementi di bellunese cittadino
'N ǫmo eḷ gavéva dǫ fiǫ́i. Un dí (ζórno) eḷ più ζóven ge a díto al sǫ papá.

DIALETTO (provincia di Belluno)
An ǫm l a(v)éa dói fióị. An dí, eḷ pi δóven eḷ ge a dít a sǫ pare[1].

La situazione del plurilinguismo in Italia è caratterizzata da un crescente processo di italianizzazione. Si nota, per esempio, che spesso genitori dialettofoni si sforzano di parlare italiano con i piccoli. L'acquisizione della lingua standard è infatti considerata come uno dei più potenti mezzi di promozione sociale (**mobilità verticale**).

Quali sono stati i motori del processo di italianizzazione? Abbiamo assistito a grandi mutamenti storico-culturali. Una società industriale avanzata ha soppiantato una società agricolo-artigianale. In questo quadro vanno inseriti i vari fattori che hanno favorito una sempre maggiore diffusione dell'italiano: soprattutto la **mobilità orizzontale** (lo spostamento verso i grandi centri urbani) e la crescente scolarizzazione (i diplomati rappresentano la classe media trainante nel processo di italianizzazione). A ciò si aggiungono gli effetti livellatori dei mezzi di comunicazione di massa.

In mancanza di una tradizione scritta, il lessico dialettale è quindi soggetto a una forte instabilità. Per fare un esempio, in vari dialetti siciliani la denominazione del 'ghiaccio' era un tempo ['akkwa mmi'ṭṛata], oggi è invece ['gjattʃu]. Il cambiamento lessicale si spiega così: il progresso ha reso possibile a tutti l'uso del frigorifero; è pertanto scomparso l'antico procedimento per ottenere il ghiaccio, che consisteva, in inverno, nel far solidificare l'acqua in un recipiente esposto la sera all'esterno della casa.

Ma neanche l'uso scritto del dialetto è garanzia di stabilità lessicale. Sono infatti andate perdute numerose **tradizioni di discorso** dialettali. In passato erano diffusi testi dialettali riguardanti l'aratura, la mietitura, la battitura del grano, la produzione del pane e del vino e, in generale, temi legati a una società agricola tradizionale. Al giorno d'oggi, anche in questi ambiti, si adotta invece una tradi-

---

[1] L'esempio è tratto da G.B. Pellegrini, *Saggi di linguistica italiana*, Boringhieri, Torino 1975, pp. 41-45. Il tipo di trascrizione fonetica, diverso da quello usato nel presente manuale, rende sia le più minute sfumature di pronuncia sia fonemi particolari di quel dialetto, come l'interdentale sonora /δ/ (cfr. l'inglese *them*) e quella sorda /ϑ/ (inglese *thin*).

zione testuale italiana: di problemi tecnici si deve parlare in italiano o almeno in uno «pseudodialetto italianizzato».

In un quadro di crescente italianizzazione, anche l'indagine dialettologica deve mutare i suoi obiettivi: al centro dell'interesse non c'è più la ricerca delle forme dialettali più tipiche e "pure", ma il progredire dell'innovazione linguistica, vale a dire lo studio degli **italianismi dialettali**. Bisogna individuare chi sono gli innovatori (che variano in rapporto alla situazione sociale) e quali sono gli elementi linguistici che veicolano l'innovazione. Il metodo principale consiste nel ripetere l'inchiesta dialettologica, relativa alla composizione di un atlante linguistico (v. 1.1), dopo un certo tempo su campioni confrontabili. In tal modo si può descrivere il cambiamento nel "tempo reale" della situazione linguistica in un determinato luogo o contesto sociale.

In una situazione fluida di plurilinguismo ha poco senso distinguere genericamente tra chi parla dialetto e chi parla la lingua standard. L'analisi linguistica deve invece privilegiare gli aspetti diafasici della comunicazione; alle varie forme di dialetto e di lingua standard vanno assegnate diverse **funzioni pragmatiche**, come: formale/informale, pubblico/familiare, scritto/parlato. Il dialetto è spesso soltanto una tra le diverse varietà che fanno parte del repertorio del singolo parlante (v. 9.6); può essere interpretato variamente secondo le situazioni: a) come varietà principale del repertorio (specialmente per gli anziani in ambienti rurali); b) come il simbolo dell'identità socio-culturale (per una comunità dialettofona all'estero); c) come semplice relitto linguistico, magari da evitare perché contrario alle norme dello standard (è il giudizio che l'insegnante dà a proposito di errori commessi dagli alunni, a causa dell'interferenza del dialetto).

Ricordiamo infine che la conoscenza di una varietà linguistica può essere **attiva** (capacità di comprendere e di produrre frasi) o soltanto **passiva** (capacità di comprendere).

8·4   LA CLASSIFICAZIONE DEI DIALETTI ITALIANI

Riassumendo e integrando quanto fin qui detto, ricordiamo che i dialetti italiani:

- sono le "lingue" particolari delle varie zone della Penisola;

- un tempo erano parlati da quasi tutti gli abitanti della Penisola, mentre oggi (a causa della diffusione dell'italiano) sono parlati soltanto da una parte di essi;

- derivano tutti dal latino volgare (come l'italiano che, alle origini, era anch'esso un dialetto, il fiorentino);

- non sono affatto "rozzi" e "primitivi"; al contrario, come la lingua italiana, ciascuno di essi ha una struttura grammaticale e un lessico.

Il latino volgare si divise dunque in una serie numerosa di parlate più o meno diverse fra loro, le quali sono alle origini degli attuali dialetti piemontese, ligure, lombardo, emiliano, toscano, romano, campano ecc. Alcune di queste parlate, come il sardo, il ladino e il friulano vissero più isolate e acquistarono pertanto caratteri più particolari.

Nel corso del Medioevo entrarono in Italia altri gruppi etnici (Germani, Slavi, Albanesi); conseguentemente altre lingue si aggiunsero a quelle parlate dalle popolazioni di origine latina. Questa situazione, caratterizzata da un notevole frazionamento, si è conservata nell'Italia di oggi (v. la cartina in questa pagina).

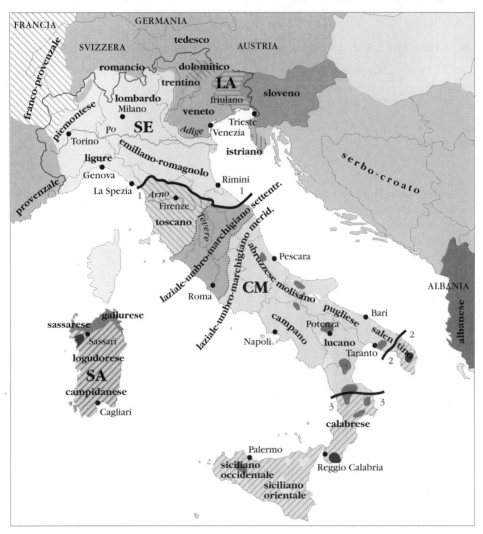

L'ITALIA DEI DIALETTI

SE = dialetti settentrionali	▬▬ linee che separano alcuni gruppi dialettali:
CM = dialetti centro-meridionali	
SA = dialetti sardi	1) linea La Spezia-Rimini, che separa i dialetti settentrionali da quelli centro meridionali
LA = ladino	
▬▬ confini dello Stato italiano	2) limite settentrionale dei dialetti del Salento
······ linee che segnano alcune suddivisioni dei dialetti centro-meridionali	3) limite settentrionale dei dialetti calabresi di tipo siciliano

I dialetti italiani si dividono in due grandi gruppi:

SE i **dialetti italiani settentrionali**, divisi a loro volta in:

SE*a*   dialetti gallo-italici (nell'Italia settentrionale abitarono anticamente i Galli, che erano una popolazione celtica);

SE*b*   dialetti veneti;

SE*c*   dialetti istriani;

CM i **dialetti italiani centro-meridionali**, divisi a loro volta in:

CM*a*   dialetti toscani;

CM*b*   dialetti mediani;

CM*c*   dialetti meridionali intermedi;

CM*d*   dialetti meridionali estremi.

Tra i dialetti settentrionali e centro-meridionali ci sono notevoli differenze, tanto che i due raggruppamenti si possono dividere con una linea che va da La Spezia a Rimini.

La «linea La Spezia-Rimini» è un fascio di isoglosse (v. 1.1) e rappresenta il più importante confine interdialettale italiano (v. la cartina alla pag. seguente).

Hanno caratteri propri il **sardo** e il **ladino**, idiomi romanzi che si possono considerare vicini al tipo italiano e che a loro volta si distinguono in alcune varietà:

SA il **sardo** diviso in:

SA*a*   logudorese-campidanese;

SA*b*   sassarese-gallurese;

LA il **ladino** diviso in:

LA*a*   friulano;
LA*b*   ladino dolomitico.

Fuori dei confini dello Stato italiano si parlano dialetti italiani: in Corsica, appartenente alla Francia dal 1768 (i **dialetti corsi** rientrano nel gruppo CM); in Istria (dialetti istriani, v. sottogruppo SE*c*). Nel Canton Ticino si parlano dialetti lombardi; in una parte del Cantone dei Grigioni (Svizzera) si parla il **romancio** o grigionese, che è una varietà del ladino[1].

All'interno dei confini politici d'Italia vivono gruppi etnici di varia consistenza numerica, i quali parlano otto lingue (o varietà di lingua) diverse dall'italiano:

provenzale (Alpi piemontesi: Torre Pellice; Calabria: Guardia Piemontese);

franco-provenzale (Valle d'Aosta[2]; due comuni della provincia di Foggia);

---

[1] Nella Svizzera Italiana l'italiano è usato come lingua di cultura e come lingua ufficiale dello Stato (terza lingua della Confederazione Elvetica).
[2] La lingua di cultura di questa regione è il francese.

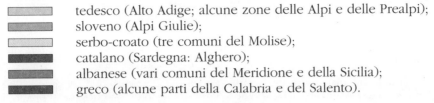

tedesco (Alto Adige; alcune zone delle Alpi e delle Prealpi);
sloveno (Alpi Giulie);
serbo-croato (tre comuni del Molise);
catalano (Sardegna: Alghero);
albanese (vari comuni del Meridione e della Sicilia);
greco (alcune parti della Calabria e del Salento).

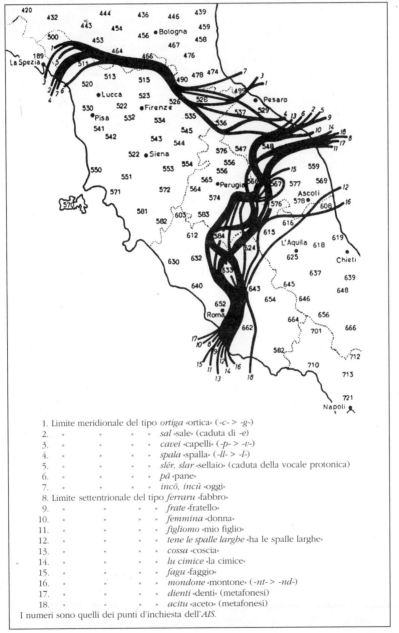

1. Limite meridionale del tipo *ortiga* «ortica» (*-c-* > *-g-*)
2.   »   »   »   » *sal* «sale» (caduta di *-e*)
3.   »   »   »   » *cavei* «capelli» (*-p-* > *-v-*)
4.   »   »   »   » *spala* «spalla» (*-ll-* > *-l-*)
5.   »   »   »   » *slér, slar* «sellaio» (caduta della vocale protonica)
6.   »   »   »   » *pã* «pane»
7.   »   »   »   » *incö, incù* «oggi»
8. Limite settentrionale del tipo *ferraru* «fabbro»
9.   »   »   »   » *frate* «fratello»
10.   »   »   »   » *femmina* «donna»
11.   »   »   »   » *figliomo* «mio figlio»
12.   »   »   »   » *tene le spalle larghe* «ha le spalle larghe»
13.   »   »   »   » *cossa* «coscia»
14.   »   »   »   » *lu cimice* «la cimice»
15.   »   »   »   » *fagu* «faggio»
16.   »   »   »   » *mondone* «montone» (*-nt-* > *-nd-*)
17.   »   »   »   » *dienti* «denti» (metafonesi)
18.   »   »   »   » *acitu* «aceto» (metafonesi)
I numeri sono quelli dei punti d'inchiesta dell'*AIS*.

Alcune isoglosse del dominio linguistico italiano (da G. Rohles, *La struttura linguistica dell'Italia*, Leipzig, 1937, carta 2)

8·5 ALCUNI CARATTERI DEI DIALETTI ITALIANI

Nella cartina si possono osservare le principali divisioni e suddivisioni dei dialetti italiani. Naturalmente si potrebbero fare tante altre distinzioni.

> Limitandoci ai dialetti toscani, ricordiamo che essi si articolano in sei varietà: fiorentino, senese, toscano-occidentale (nel quale si distinguono tre sottovarietà: pisano-livornese-elbano, pistoiese, lucchese), aretino-chianaiolo, grossetano e amiatino (che è il ponte con i dialetti centrali), apuano (che è il ponte con i dialetti settentrionali). Inoltre all'interno di alcune di queste varietà si potrebbe distinguere ancora da zona a zona: dialetto della città, dialetto (o dialetti) delle campagne e così via. Nonostante il processo di italianizzazione dei dialetti sia molto avanzato, la frammentazione dialettale è ancora notevole nel nostro Paese. Si noti poi che i confini dialettali non coincidono quasi mai con gli attuali confini amministrativi: per esempio, alle regioni dell'Italia centrale – Marche, Umbria e Lazio – non corrispondono delle entità altrettanto distinte sul piano dialettale. I confini dei dialetti non coincidono talvolta neppure con i confini naturali: alcune isoglosse siciliane rimontano lo stretto di Messina e raggiungono la Calabria meridionale.

I dialetti italiani (a volte anche quelli geograficamente vicini) sono molto diversi e spesso incomprensibili fra loro. Vedremo ora alcune differenze che corrono fra i dialetti settentrionali e il fiorentino (che è sostanzialmente l'italiano comune) e fra i dialetti centro-meridionali e il fiorentino.

8.5.1 CONFRONTO TRA I DIALETTI SETTENTRIONALI E IL FIORENTINO (= ITALIANO)

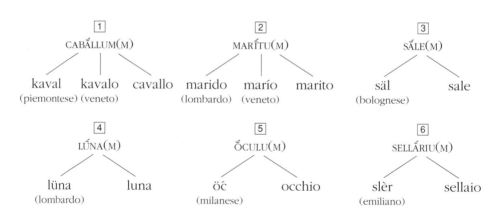

Commento

In ① si vede un fenomeno comune a tutti i dialetti settentrionali, la **semplificazione delle consonanti doppie**. Queste (che sono dette anche geminate o lunghe) diventano semplici (o scempie o brevi). Di tale fenomeno, detto anche **degeminazione**, diamo qualche altro esempio: ligure *còlu* 'collo', *panu* 'panno'; lombardo *galina* 'gallina', *spala* 'spalla'; veneziano *còlo, pano, spala*. Le consonanti doppie si mantengono invece nei dialetti toscani (quindi nell'italiano comune) e nei dialetti centro-meridionali.

In ② è presente un altro fenomeno proprio di tutti i dialetti settentrionali, la **sonorizzazione delle consonanti sorde intervocaliche** (6.6.2); le consonanti sorde intervocaliche diventano sonore (nel nostro esempio /t/ diventa /d/). In alcuni dialetti settentrionali si giunge al grado zero: vale a dire la sonora s'indebolisce e scompare. La velare sorda intervocalica del latino /k/ diventa sonora /g/: ligure *amiga* 'amica', *figu* 'fico'; lombardo *urtiga* 'ortica', *braghe* 'brache'; veneziano *figo, nevegàr* 'nevicare'; emiliano *pégura* 'pecora'. La dentale sorda intervocalica /t/ del latino diventa sonora /d/ e talvolta scompare: al toscano *moneta* e *catena* il lombardo risponde con *moneda, cadena*, il ligure con *munéa* e *kèna*. La bilabiale sorda del latino /p/ diventa /b/, che successivamente si trasforma nella labiodentale sonora /v/ al toscano *capelli* rispondono il ligure con *cavèli*, il piemontese e il lombardo con *cavèi*.

Nel toscano, e particolarmente nel fiorentino, le consonanti sorde intervocaliche del latino si mantengono tali nella maggior parte dei casi; tuttavia in alcune parole troviamo le corrispondenti sonore. Abbiamo già visto in 6.6.2 alcuni casi come: *fuoco*, ma *luogo*; *ape*, ma *stiva*; *rete*, ma *scudo* ecc.; si è data anche una spiegazione di tale alternanza. Consideriamo ancora altri esempi: *amico, dico, lumaca* (ma *ago, lago, pagare*); *lato, fratello, maturo*, le desinenze verbali *-ato, -ito, -uto* (ma *spada, contrada, padella*); *capo, scopa, aperto* (ma *povero, vescovo, ricevere*).

In Toscana i fonemi /k/, /t/, /p/ in posizione intervocalica sono pronunciati spiranti (cioè fricativi) e, meno frequentemente, aspirati[1]. Si tratta della cosiddetta **gorgia**, fenomeno che non è registrato nella scrittura e che è stato attribuito da alcuni studiosi al **sostrato etrusco**. La zona in cui si verifica la spirantizzazione del primo dei tre suddetti fonemi (*fiχo* 'fico', *poχo* 'poco', *la χasa* 'la casa') è più ampia della zona in cui si spirantizza il secondo fonema (*diϑo* 'dito', *amaϑo* 'amato'); piuttosto limitata è la zona in cui si spirantizza la /p/ intervocalica (*cuφola* 'cupola', *luφo* 'lupo').

In ③ appare un fenomeno tipico del dialetto bolognese: la -A- tonica in sillaba libera si trasforma in una -*e*- molto aperta (indicata con le grafie *è, ẹ, ä, ae*); si tratta di un suono intermedio tra /a/ e /ɛ/, più o meno simile a quello presente nell'inglese *cat* 'gatto' e indicato con /æ/. Il passaggio della vocale tonica /a/ > /æ/ è stato interpretato da alcuni linguisti come un effetto del **sostrato celtico**. Si manifesta anche nel dialetto piemontese: *arè* 'arare', *vulè* 'volare'; nei dialetti ticinesi: *sẹ* 'sale', *štẹt* 'stato'; raggiunge la sua massima estensione nei dialetti emiliano-romagnoli. A Bologna si ha: *nẹs* 'naso', *sẹl* 'sale', *lẹna* 'lana'. Il fenomeno si estende ad altre zone della Penisola: Umbria settentrionale, Marche meridionali e ancora in una fascia che da Taranto giunge a Castrovillari (Cosenza). Sempre in ③ si noti anche la caduta di -E finale.

In ④ la -U- tonica del latino diventa /y/, detta comunemente "*u* alla francese": si tratta di una vocale prochèila[2] o labializzata (cioè nella cui articolazione inter-

---

[1] Consonante spirante è sinonimo di consonante fricativa. Con spirantizzazione si intende il fenomeno per cui un'occlusiva perde l'occlusione diventando pertanto una spirante. Talvolta si usa impropriamente il termine "aspirazione" per indicare la spirantizzazione: soprattutto se si vuole indicare l'insieme dei fenomeni che partecipano dell'aspirazione e della spirantizzazione (per esempio, si parla dell'aspirazione toscana).

[2] Prochèilo, dal greco *prókheilos* 'con le labbra in avanti', composto di *pro-* 'avanti' e *khéilos* 'labbro'.

viene l'arrotondamento delle labbra). La vocale /y/ si ritrova nei dialetti piemontesi, liguri e lombardi, nei quali abbiamo: *lüna* 'luna', *dür* 'duro', *füm* 'fumo', *brüt* 'brutto'. L'ipotesi che tale fenomeno dipenda dal sostrato celtico è oggi per lo più contestata.

In ⑤ c'è un'altra vocale labializzata, rappresentata con la grafia *ö* e proveniente dalla -ŏ- tonica latina in sillaba libera: milanese *fök* < FŎCU(M), *bö* < BŎVE(M), *fiö* < FILIŎLU(M).

In ⑥ le tre sillabe di SEL-LĀ-RIU(M) si riducono a un'unica sillaba. Infatti nei dialetti settentrionali (soprattutto nel piemontese e nei dialetti emiliano-romagnoli) le vocali atone tendono a ridursi; resistono soltanto le vocali toniche. Questo fenomeno, presente anche in francese, rappresenta un legame tra l'area linguistica gallo-romanza e l'Italia settentrionale.

8.5.2 DIALETTI SETTENTRIONALI

La linea La Spezia-Rimini (v. la cartina in 8.4) separa i dialetti settentrionali da quelli toscani e da quelli mediani. Si tratta del più importante fascio di isoglosse presente nella Penisola. I due gruppi principali in cui si dividono i dialetti settentrionali sono i **dialetti gallo-italici** (suddivisi in dialetti piemontesi, lombardi, liguri, emiliano-romagnoli) e i **dialetti veneti** (veneziano, veronese, padovano-vicentino-polesano, trevigiano-feltrino-bellunese, triestino e veneto-giuliano). Nel loro complesso i dialetti veneti, pur avendo in comune molti caratteri con i dialetti gallo-italici, si distinguono da questi ultimi per una maggiore conservazione dei tratti del latino. Infatti i dialetti veneti non hanno le vocali prochèile *ü* e *ö*; inoltre mantengono per lo più le vocali finali. Pertanto essi si avvicinano in certo modo al toscano; da questo invece si allontanano i dialetti gallo-italici, i quali presentano più di un fenomeno in comune con il francese e il provenzale.

Nello schema iniziale abbiamo visto due esempi di vocali prochèile: *lüna*, *ôĉ*. Il fenomeno è presente in vari dialetti gallo-italici. La *ö*, risultante dalla metafonesi di /ɔ/ tonico (la fase intermedia fu probabilmente il dittongo -wɔ-), appare, per esempio, a Novara, dove troviamo *grös - grɔsa* 'grosso' - 'grossa', e a Cuneo dove si ha *ɔm - ömi* 'uomo' - 'uomini'. Nel dialetto milanese la vocale -ö- appare in sillaba libera in corrispondenza di -ŏ- del latino: v. *fök* < FŎCU(M) e gli altri esempi citati in 8.5.1; invece in sillaba chiusa si conserva /ɔ/: *ɔss* < *ŎSSU(M).

I dialetti gallo-italici si distinguono per la **caduta delle vocali atone** pretoniche (cfr. *slèr* < SELLĀRIUM) e postoniche (cfr. l'emiliano *frasne* < FRĀXINUM) e delle finali: in Piemonte e in Lombardia si ha *nef* < NĪVE(M), *nus* < NŬCE(M). Come appare in *nef*, la caduta della vocale finale può provocare l'assordimento della consonante sonora che rimane in fine di parola; v. anche il bergamasco *nöf* < NŎVE(M).

Anche nel **consonantismo** i dialetti settentrionali presentano fenomeni rilevanti. La velare sorda del latino davanti alle vocali anteriori passa dapprima all'affricata dentale /ts/ poi alla sibilante /s/: così il piemontese ha *sena* < CĒNA(M), rispetto al toscano *cena*; analogamente la velare sonora diventa una fricativa: bergamasco *želt* < GĔLIDU(M). Consideriamo ancora l'esito di alcuni nessi consonantici: dal germanico *blank* si ha il ligure *ǵaŋku* e il milanese *ǵaŋk*, rispetto al toscano *bianco*; dal latino CLĀVE(M) si ha il ligure *ĉave* e il lombardo *ĉaf*, rispetto al toscano *chiave*. Fenomeno tipicamente galloromanzo è il passaggio del nesso -CT- > -*it*-: piemontese *fait* < FĂCTU(M), *lait* < LĀCTE(M); in altre zone si ha -CT- > -*ĉ*-: milanese *noć* < NŎCTE(M), *fać* < FĂCTU(M); mentre nell'Italia centrale e meridionale si ha -CT- > -*tt*-: cfr. toscano: *fatto, latte, notte*. Notevole è ancora la presenza della consonante aspirata nel dialetto di Brescia, come esito della F- latina iniziale (da confrontare con lo spagnolo dove abbiamo, per esempio, *hablar* < FABULĀRE): *her* < FĔRRU(M), *harina* < FARĪNA(M); lo stesso esito ha la s- latina nel lombardo orientale *hal* < SĂLE(M).

Vediamo alcuni fenomeni rilevanti nel campo della **morfologia**. Per la formazione del plurale, oltre alla presenza della metafonesi (v. sopra), consideriamo due esempi del bergamasco: *dęt* < DĔNTE(M) - *dęč* < *DĔNTI, *malát* 'malato' - *malač* 'malati'; qui l'opposizione singolare/plurale è resa mediante l'alternanza, in posizione finale, fra la consonante occlusiva dentale e l'affricata palatale (quest'ultima proviene dalla palatalizzazione dell'occlusiva davanti alla -I del plurale). I dialetti settentrionali hanno pronomi tonici soggetto obbligatori: milanese *mi guardi* '(io) guardo'. Si noti che tali pronomi sono diversi dal toscano: per esempio, in luogo di *io* e di *tu* si hanno *mi* < MIHI e *ti* < TIBI. Inoltre i pronomi sono a volte replicati. Consideriamo le forme dell'indicativo presente del verbo milanese *guardá* 'guardare': *mì guardi, tì te guardet, lù el guarda, nun guardom, vialter* (da VŌS ĂLTĔRI) *guardii, lór guarden*.

I **dialetti istriani**, che a causa della pressione del veneto e dello slavo, appaiono oggi ridotti a una zona ristretta dell'Istria meridionale (i centri principali sono Rovigno e Dignano), presentavano fino a qualche decennio fa tratti arcaici, che sono stati per lo più sostituiti con innovazioni provenienti dal dialetto triestino.

8.5.3 CONFRONTO TRA I DIALETTI CENTRO-MERIDIONALI E IL FIORENTINO (=ITALIANO)

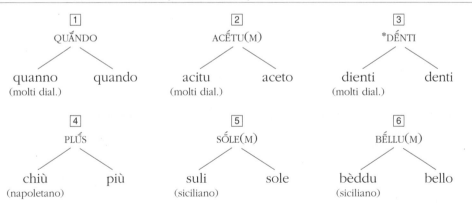

1	2	3
QUĂNDO	ACÉTU(M)	*DĔNTI
quanno (molti dial.) — quando	acitu (molti dial.) — aceto	dienti (molti dial.) — denti

4	5	6
PLŪS	SŌLE(M)	BĔLLU(M)
chiù (napoletano) — più	suli (siciliano) — sole	bèddu (siciliano) — bello

Commento

In ① il passaggio del nesso -ND- > -*nn*- è un'**assimilazione** (v. 6.6.3), detta progressiva perché va da sinistra a destra; un'altra assimilazione progressiva è il passaggio -MB- > -*mm*-: COLŬMBA(M) > *colomma*; cfr. il fiorentino *quando* e *colomba*. Le due assimilazioni avvengono nei dialetti mediani e in quelli meridionali intermedi; non avvengono invece in Toscana e nei dialetti meridionali estremi: in Calabria, a sud della linea Amantea-Scigliano-Crotone; in parte del Salento (a sud di Lecce) in Sicilia, tranne nell'area messinese.

In ② la -Ē- tonica si muta in -*i*- per l'influsso della vocale -U finale.

In ③ la -Ĕ- tonica si muta nel dittongo -je- per l'influsso della vocale -ɪ finale. Abbiamo qui due esempi di **metafonesi** (v. 6.4.5); un fenomeno che rappresenta una delle caratteristiche più importanti dei dialetti centrali e meridionali. La metafonesi è assente dal fiorentino e da quasi tutti i dialetti toscani; nei dialetti settentrionali è causata per lo più dalla -ɪ finale (in tal modo la vocale modificata distingue il plurale dal singolare). La metafonesi è assente in alcuni dialetti meridionali estremi: nel Salento (a sud di Brindisi) e nella Sicilia occidentale e orientale.

In ④ il gruppo consonantico PL- (all'inizio della parola) si muta in kj- (invece del fiorentino pj-). Questo fenomeno riguarda tutta l'Italia meridionale, lungo una linea che passa a sud di Sperlonga e Frosinone, comprendendo sia l'Aquilano sia il Teramano e giungendo all'Adriatico a nord di Giulianova.

In ⑤ si nota l'evoluzione della vocale tonica e della vocale atona del siciliano, secondo un sistema che differenzia la Sicilia e parte della Calabria dagli altri dialetti meridionali. Più precisamente il vocalismo "siciliano" (con cinque vocali toniche: v. 6.4.1) arriva in Calabria fino alla linea Diamante-Cassano (prov. Cosenza); di qui inizia la zona con **vocalismo arcaico** di tipo "sardo" (v. 6.4.1), che si estende ai confini fra la Calabria e la Lucania. A nord di tale zona il vocalismo "siciliano" ritorna in una parte meridionale del Cilento (prov. di Salerno). Un sistema con cinque vocali toniche di tipo siciliano (ma diversamente strutturato) si estende in gran parte della Lucania.

In ⑥ la consonante doppia -LL- si evolve nella corrispondente **cacuminale** -ḍḍ-. Tale suono particolare, che è ottenuto mediante la retroflessione dell'apice della lingua verso il palato (all'indietro), appare in vari dialetti meridionali: siciliano *cavaḍḍu* < CABALLU(M), *stiḍḍa* < STĒLLA(M), calabrese *vaḍḍi* < VĂLLE(M), *beḍḍu* < BĚLLU(M), salentino *bambineḍḍu* 'bambinello', *gaḍḍu* < GĂLLU(M). Il fenomeno è presente anche nel sardo e in alcune zone degli Abruzzi, in Garfagnana e in Lunigiana, nonché in alcune varietà corse.

8.5.4 DIALETTI CENTRO-MERIDIONALI

Pur presentando caratteri in gran parte comuni (metafonesi, assimilazione di -ND- e -MB-), i dialetti centro-meridionali appaiono tra loro differenziati. Consideriamo un tratto importante, il trattamento delle vocali finali: il toscano pareggia -O e -U nell'unico esito /-o/: DŎRMO > *dormo*, LŬPU(M) > *lupo*. Nei dialetti dell'Italia centrale (ma con l'eccezione del romanesco) la -U si mantiene: abbiamo quindi *dormo*, ma *lupu*. Nei dialetti meridionali estremi -O e -U si unificano in /-u/: siciliano *dormu* e *lupu*. In una vasta zona dell'Italia meridionale e centrale (in Calabria al di sopra della linea Cetraro-Torre Melissa e al di sopra della strada Taranto-Brindisi fino al Lazio meridionale e alle Marche meridionali) tutte le vocali finali, tranne la /a/, si fondono nell'unica vocale indistinta /ə/: napoletano *canə* 'cane' e 'cani', *mesə* 'mese' e *misə* 'mesi'; lucano *casə* 'cacio', *lupə* 'lupo'; barese *dichə* 'dico'. Data questa situazione, la metafonesi assume una funzione importante: infatti è sovente l'unico mezzo per distinguere il maschile dal femminile, il plurale dal singolare.

Le suddivisioni sono numerose. Nel gruppo dei **dialetti mediani**[1] l'aquilano è affine al gruppo marchigiano-umbro-romanesco. In tutti questi dialetti manca la

---

[1] Sono detti "mediani" tutti i dialetti dell'Italia centrale, a eccezione di quelli toscani.

vocale indistinta /ə/, la quale appare invece nelle province abruzzesi di Pescara, Chieti e Teramo. I dialetti meridionali estremi (Calabria centro-meridionale e Salento, Sicilia) presentano i seguenti tratti comuni: assenza della /ə/; vocalismo di tipo siciliano (con le eccezioni che abbiamo visto); conservazione dei nessi consonantici -ND- e -MB-. Nel pugliese meridionale non si ha più il passaggio della vocale tonica /a/ > /æ/; in Calabria, a sud della linea Vibo Valentia-Stilo, scompaiono i dittonghi del calabrese settentrionale: *ossu, lettu* invece di *uossu* e *liettu*. I dialetti siciliani sono tra loro differenziati: quelli occidentali, più conservativi, e quelli orientali non conoscono la metafonesi, che appare invece in quelli centrali e sud-orientali. In gran parte dell'Italia meridionale si ha la seguente distribuzione degli esiti di antichi /b/ e /w/ latini: /b/ in posizione iniziale assoluta o postconsonantica; /v/ in posizione intervocalica (anche in posizione iniziale, se precede una parola terminante per vocale): per esempio, *bocca*, *per bocca*, ma *la vocca*. Tale fenomeno è detto **betacismo**. È diffuso nei dialetti mediani e meridionali il raddoppiamento di /b/ in posizione intervocalica: *abbile* (Roma).

Nella morfologia si possono ricordare alcuni fatti. In una vasta zona dell'Italia mediana e meridionale si è mantenuta la distinzione morfologica tra il maschile (che indica un singolo referente) e il **neutro** (che indica un insieme). A Rieti si usa l'articolo *lo* per il neutro, *lu* per il maschile; presso Ascoli Piceno *lo peššo* è il collettivo, *lu peššu* è il singolo 'pesce' (v. 6.7.2). Nel Meridione il futuro, tempo verbale non popolare, è sostituito dal presente; in Sicilia, Lucania, Abruzzo esiste il tipo di futuro HABEO AD CANTARE: a Bari *agghiə a candà* 'canterò', siciliano *l'ai a mmannari* 'manderò'. Nel Meridione la congiunzione subordinante è *ca* < QUIA: calabrese *piensu ca vène* 'penso che venga'. Dalla Sicilia fino all'Abruzzo si hanno due congiunzioni subordinanti distinte, una segue i verbi dichiarativi, un'altra i verbi volitivi: nel Salento si ha *te dicu ca vegnu* 'ti dico che verrò', ma *no vvoghiu cu llu sente* 'non voglio che egli lo senta'. Tale distinzione ripete quella presente nel latino: CRĒDO QUOD RĒCTE FĒCIT 'credo che egli operò rettamente', VŎLO UT VĔNIAS 'voglio che tu venga'. Al di sotto della linea Roma-Ancona si ritrova il possessivo enclitico del tipo *figliomo* 'mio figlio' e alcune particolarità lessicali: l'uso di *tenere* in luogo di *avere*: (*tene le spalle larghe* 'ha le spalle larghe'), l'uso di *frate* e di *femmina* in luogo di *fratello* e di *donna*.

8.5.5 CARATTERI DEL FIORENTINO

Fra i tratti più caratteristici del fiorentino (e quindi dell'italiano) ricordiamo:

- il dittongamento spontaneo di -Ĕ- e -Ŏ- tonici in sillaba libera: PĔDE(M) > *piede*, BŎNA(M) > *buona*, contro *pede* e *bona*;

- la mancanza della metafonesi: *acéto*, non *acitu*; *denti*, non *dienti*;

- la -*o* in luogo della -*u* finale: *buono*, non *bonu*;

- la conservazione delle consonanti doppie, mentre i dialetti settentrionali le trasformano in consonanti semplici: *cavallo*, non *cavalo*; *tutto*, non *tuto*;

- il passaggio del nesso latino -ARIU(S) a -*aio*, contro -*aro* di molti altri dialetti: SELLĀRIU(M) > *sellaio*, non *sellaro*;

- la desinenza *-iamo* (prima pers. plur. dell'indicativo presente) estesa a tutte le coniugazioni; invece nei dialetti italiani appaiono varie desinenze, dipendenti da quelle del latino, che erano diverse secondo la coniugazione (-ĀMUS, -ĒMUS, -ĬMUS, -ĪMUS): cfr. *andiamo, vediamo, partiamo* con l'umbro, il marchigiano e il laziale *annamo, vedemo, partimo*; v. ancora: veneto *andemo*, milanese *andèm*, piemontese *andùma* (quest'ultimo per influsso della prima pers. plur. dell'indicativo di *essere*, lat. sŭMUS);

- la presenza dell'anafonesi (v. 6.4.4): *famiglia, lingua*, mentre in vari dialetti settentrionali e centro-meridionali troviamo *fameglia, lengua*;

- il passaggio di *ar* in posizione intertonica o postonica a *er*; il fenomeno è evidente nella formazione dei futuri e condizionali della prima classe: AMARE*AO > *amarò* > *amerò*; AMARE*EI > *amarei* > *amerei*;

- la tendenza a chiudere la *e* pretonica in *i* (v. 6.5.1): DECĔMBRE(M) > *dicembre*, ME LĂVO > *mi lavo*.

8.5.6 DUE VARIETÀ MOLTO PARTICOLARI: IL SARDO E IL LADINO

Il sardo

Appartiene, assieme all'italiano, a quel settore delle lingue romanze che per alcuni caratteri comuni e per la ripartizione geografica è detto italo-romanzo (v. 6.3). Il sardo si divide in quattro varietà: 1) il logudorese, parlato nel Logudoro (al centro dell'isola); 2) il campidanese, parlato nel Campidano (parte meridionale); 3) il gallurese, parlato nella Gallura (parte nord-orientale); 4) il sassarese, parlato nella città di Sassari e nella regione limitrofa. Il campidanese è simile ai dialetti italiani centro-meridionali. Il gallurese e il sassarese, prossimi ai dialetti corsi, sono considerati non sardi e manifestano comunque un forte influsso continentale (al pari dei dialetti corsi).

Il logudorese è la varietà sarda più caratteristica per i suoi tratti arcaici ed è stato usato anche come lingua letteraria. Nel vocalismo tonico (v. 6.4.1), a differenza del sistema del latino volgare, non è avvenuta la fusione tra ĭ e ē, tra ō e ŭ. Nel consonantismo (v. 6.6.1), un tratto caratteristico è costituito dalla conservazione della consonante velare davanti alle vocali anteriori: *CĬNQUE > *kimbe*, CĔNTU(M) > *kentu*; si noti in *kimbe* il passaggio di -QU- a un suono occlusivo bilabiale: è una caratteristica che il sardo condivide con il rumeno. L'articolo determinativo è tratto dal pronome ĬPSŬ(M) > *su*, ĬPSĂ(M) > *sa* (v. 6.7.2); come nelle lingue romanze occidentali (francese, spagnolo, portoghese), il plurale dei sostantivi sia maschili sia femminili esce in *-s*: CABĂLLOS > *kaḍḍos*, FEMĬNAS > *feminas*. Nel lessico appaiono molti arcaismi: *domo* 'casa' < DŎMŌ ablativo, *kitto* 'per tempo' < CĬTIUS, *vetere* 'vecchio' < VĔTERE(M), *sciri* 'sapere' < SCĪRE.

Il ladino

Si divide in tre sezioni: occidentale (dialetti del cantone dei Grigioni, in Svizzera), centrale (dialetti della regione dolomitica), orientale (**dialetti friulani**). Questi ultimi si estendono in una zona che va dai confini del Comèlico fino alla periferia di Trieste. A causa del suo uso letterario, sviluppatosi soprattutto nella seconda metà dell'Ottocento, il friulano centrale, sotto forma di un "dialetto urbano" vicino, in un primo tempo, a quello di Udine, poi alla varietà presente in San Daniele, è stato un punto di riferimento per le altre varietà. Il friulano presenta tratti molto marcati nel vocalismo (per esempio, dittonghi come NŎVU(M) > *niòf*, CŎRPUS > *kwarp*) e nel consonantismo. Come nel gallo-romanzo, la consonante velare /k/ è palatalizzata davanti ad /a/: CĂSA > *ćaza*, BŬCCA > *bóća*. Sono conservati i nessi consonantici con L: PLĀNU(M) > *plan*, CLĀVE(M) > *claf*. Anche nella morfologia appaiono taluni particolarismi, come i tempi "bicomposti": *o aj bu:t vjodú:t* ' io ho avuto visto'; la ripetizione del pronome: *tu non tu vens* 'tu non vieni'; i suffissi diminutivi *-ut*, *-it*: *arbulùt* 'alberello', *flurìt* 'fiorellino'.

8·6   I DIALETTI SI AVVICINANO ALL'ITALIANO

Nei secoli passati i dialetti italiani si conservavano maggiormente nel tempo, mutavano con grande lentezza perché mancavano occasioni di scambio tra gli abitanti delle diverse regioni d'Italia. Soltanto pochi privilegiati avevano occasione di spostarsi da un paese all'altro per conoscere parlate diverse dalla propria. Nel Medioevo, per esempio, viaggiavano soprattutto i commercianti e coloro che occupavano un posto alto nella scala sociale (i podestà, gli ambasciatori, i professori e gli studenti delle università, i prelati, i nobili). Quindi non esistevano molte occasioni per modificare il proprio modo di parlare quotidiano.

> Tuttavia anche nei secoli trascorsi i dialetti hanno subito un'evoluzione. Innanzi tutto consideriamo che anche in passato sono esistite diverse varietà di uno stesso dialetto. Il livello basso era quello più refrattario alle innovazioni, mentre i livelli medio e medio-alto erano più adatti ad accogliere elementi nuovi da varietà di maggiore prestigio. Tra i fattori dinamici, capaci di mutare l'estensione areale e i caratteri degli antichi dialetti, saranno da ricordare: 1) l'influsso delle parlate cittadine sulle varietà rustiche; 2) il mutamento dei confini politici e delle diocesi (e conseguentemente delle aree d'influenza) a seguito di conquiste territoriali e di eventi politici di varia natura; 3) i rapporti linguistici che si creavano lungo le grandi vie di comunicazione (per esempio, la *Via francigena*, che attraversava l'Italia lungo gli Appennini); 4) lo spopolamento e il successivo ripopolamento di centri urbani a seguito di eventi epocali (come la peste nera del 1348 che decimò gli abitanti di Firenze).
>
> Nel Trecento l'estensione areale di alcuni fenomeni linguistici appariva diversa rispetto alla situazione odierna. Consideriamo alcuni casi significativi. Nel Settentrione i confini tra i dialetti lombardi e quelli veneti non coincidevano con quelli di oggi. Soprattutto in alcune zone vi sono stati sensibili mutamenti nel corso dei secoli. L'antico veronese era relativamente prossimo ai dialetti lombardi. Il volgare mantovano è passato attraverso tre fasi: in quella più antica gravitava nell'area dei dialetti veneti; all'inizio del Cinquecento si era orientato verso i dialetti emiliani, per entrare infine nel campo di attrazione del milanese. Nel Trecento la linea Roma-Ancona aveva un percorso diverso: tra l'altro il territorio urbinate, ora compreso nel dominio gallo-italico, apparteneva all'area mediana. In quest'ultima rientrava del tutto il cosiddetto "romanesco di prima fase", che subirà poi nel Quattrocento, e soprattutto nei primi decenni del secolo successivo, un forte influsso del fiorentino, diventando "romanesco di seconda fase": in questo passaggio si perderà tra l'altro un fenomeno altamente caratterizzante come la metafonesi. Per quanto riguarda l'Italia meridionale ricordiamo soltanto che anticamente la città di Taranto apparteneva all'area salentina; in seguito il suo dialetto si è accostato ai dialetti pugliesi.
>
> A partire dalla seconda metà del Trecento si avvia un fenomeno che interessa i piani più alti del parlato e, in particolare, la lingua scritta, sia quella letteraria sia quella dei centri di potere: la progressiva estensione dell'influsso del fiorentino, varietà so-

vente accolta con favore dalle *élites* al potere nei grandi centri del Settentrione e del Meridione. La fortuna del fiorentino presso le cancellerie del ducato di Milano, del regno di Napoli, di varie signorie del Settentrione, pur avendo il suo punto di forza nel grande successo delle Tre Corone, si fonda anche su altre cause: la rete di commerci istituita da Firenze, i tratti linguistici che fanno del fiorentino una varietà intermedia tra i dialetti settentrionali e quelli centro-meridionali, la sua relativa prossimità al latino. Sempre ai piani alti della lingua (nello scritto e nella conversazione colta) bisogna tener conto dell'influsso del latino, in forza del quale si eliminano particolarismi locali riguardanti la fonetica e si arricchisce il patrimonio lessicale. E al latino, lingua nota alle persone colte e, in generale, a coloro che sanno scrivere, si ricorre per modellare l'incerta grafia dei volgari. Anche per tali vie si sviluppano varietà locali di più ampia estensione territoriale.

Infine bisogna ricordare che, accanto ai dialetti, anche nel Trecento e nei secoli successivi, sono esistite varietà regionali (sopradialettali) diverse da quelle attuali, per quanto riguarda sia i confini geolinguistici sia i caratteri intrinseci.

Nel corso del Medioevo e ancora nei secoli seguenti la stragrande maggioranza degli abitanti della Penisola continuò a usare i dialetti nella comunicazione quotidiana. Questa situazione perdurò, con pochi mutamenti, fino alla seconda metà dell'Ottocento. In questo periodo accadde un avvenimento storico e politico che ebbe grandi conseguenze sullo sviluppo della lingua italiana e dei dialetti parlati in Italia. L'unità d'Italia (raggiunta nel 1870 con la conquista di Roma) fece sì che l'italiano, lingua parlata soltanto in Toscana e dalle persone colte del resto della Penisola, cominciasse a diffondersi presso l'intera popolazione italiana. Questo processo era sostenuto dai seguenti fattori:

1) l'insegnamento scolastico divenuto presto obbligatorio;

2) le emigrazioni interne (alla ricerca di lavoro gli Italiani cominciarono a spostarsi da un capo all'altro della Penisola);

3) lo sviluppo delle grandi città, che richiamava la gente dalle campagne;

4) lo sviluppo delle industrie (soprattutto nel Settentrione) e il conseguente formarsi di una classe operaia;

5) il servizio militare, che costringeva i giovani di leva a spostarsi da una regione all'altra;

6) la necessità di comprendere le disposizioni impartite dal nuovo Stato e dall'amministrazione.

Da questo momento al progresso della lingua italiana si accompagna l'arretramento dei dialetti. Per i motivi che abbiamo esposto molti elementi della lingua italiana (particolarità della fonetica e della grammatica italiana, parole italiane) entrano nei dialetti. I dialetti puri tendono a essere sostituiti con dialetti regionali, cioè con forme miste; a metà strada tra il dialetto e la lingua. Si tenga presente quanto si è detto (v. 8.3) sulla **italianizzazione** dei dialetti.

Si tratta di un fenomeno che ha continuato a svilupparsi nel corso del Novecento; lentamente, ma irresistibilmente, i dialetti regionali sono sostituiti dall'italiano regionale, del quale, come si è detto, si distinguono quattro varietà principali (settentrionale, toscana, romana, meridionale). Si sono avuti dunque i seguenti passaggi:

dialetto → dialetto regionale → italiano regionale

L'italianizzazione dei dialetti ha compiuto rapidi passi a partire dall'ultimo dopoguerra per la diffusione della televisione in ogni luogo della Penisola. In questo modo la lingua italiana è arrivata anche nei paesi più isolati e presso le persone di ogni età e di ogni classe sociale. Accanto alla televisione dobbiamo ricordare anche la fortuna di altri mezzi di comunicazione di massa (la radio, il cinema, il giornale quotidiano e il settimanale), i quali hanno giovato alla diffusione dell'italiano. A questo fine hanno contribuito anche altri fattori: lo sviluppo del turismo interno, il grande progresso delle scienze e delle tecniche, l'intensificarsi degli scambi sociali (le attività del tempo libero, la vita sindacale, le varie forme di partecipazione del pubblico al costituirsi dell'informazione). Infatti appare quasi impossibile ricorrere al dialetto per trattare argomenti, quali: l'uso di apparecchiature tecniche, i problemi della salute in relazione alle nuove scoperte della medicina, i rapporti con l'amministrazione. In tutte queste circostanze la lingua fornisce parole ed espressioni più adatte di quelle che ci possono dare i vari dialetti.

8·7 ULTIMI SVILUPPI DELLA DIALETTOLOGIA ITALIANA

Negli ultimi venti anni la dialettologia ha arricchito le proprie prospettive e ha sviluppato nuovi metodi di analisi, occupandosi non soltanto dei dialetti, ma anche di quelle varietà miste che si sono affermate in Italia in seguito al mutare del quadro di riferimento sociale e culturale (v. 8.3). In questi nuovi percorsi la dialettologia si è alleata con la sociolinguistica e con l'antropologia. I nostri studiosi hanno cominciato ad analizzare tutte le varietà del parlato, viste nella dinamicità dei loro rapporti, e a considerare intere comunità linguistiche.

Si studiano i fenomeni di contatto tra l'italiano standard e i singoli dialetti. L'attenzione si concentra su quei fenomeni d'interferenza, reciproco influsso e mescolanza nei sistemi e nell'uso, che, pur essendo stati sempre vivi nella nostra storia linguistica, hanno assunto dimensioni nuove e assai rilevanti in seguito ai mutamenti sociali, economici e culturali degli ultimi decenni. Il crescente interesse per le varietà miste va insieme con l'attenzione rivolta alle "situazioni" e alle "dinamiche" linguistiche. Oggi si studiano in modo approfondito fenomeni d'interferenza, di alternanza e di commutazione del codice. Un tempo i dialettologi escludevano dal loro orizzonte tutti i fenomeni di contatto tra lingua italiana e dialetti. L'interesse era concentrato sui dialetti rurali, "puri", per lo più isolati. Le forme miste, le varietà "contaminate" non attiravano l'attenzione. Non si rifletteva abbastanza sul fatto che la vita delle lingue comporta continui contatti e scambi tra varietà alte e basse. Oggi invece assumono una grande importanza quei fenomeni di acculturazione che riguardano i dialetti e li trasformano in varietà regionali.

In questo quadro di rinnovamento rientra la crescente attenzione che si dedica ai **dialetti urbani**. Il primo impulso è venuto dalla linguistica americana: il pluralismo linguistico di una metropoli come New York è stato analizzato con metodi innovativi in una monografia, apparsa nel 1966, di W. Labov[1]. In seguito importanti ricerche sui dialetti urbani sono state svolte in altri Paesi (Germania, Inghilterra, Austria). Le analisi compiute finora in Italia si adattano al particolari-

---

[1] W. Labov, *Il continuo e il discreto nel linguaggio*, trad. ital., Il Mulino, Bologna 1977.

smo delle nostre situazioni. Si è osservato, per esempio, che nella stessa città possono coesistere zone aventi gradi diversi di conservatività. La situazione sociolinguistica italiana è segnata da caratteristiche di fondo: le differenze connesse a variazioni geografiche (**diatopiche**) prevalgono sulle variazioni dipendenti da differenze di strato sociale (**diastratiche**) e di registri espressivi (**diafasiche**). L'inquadramento di singole situazioni non può essere compiuto secondo parametri generali, perché dipende da fattori specifici.

Se il quadro di riferimento muta, è naturale che vengano meno alcune vecchie distinzioni e categorie. Un tempo il **gergo** era soltanto una varietà linguistica convenzionale, parlata da determinati gruppi sociali con l'intento di non farsi comprendere; non si trattava soltanto di persone che vivevano ai margini della società, ma anche di artigiani desiderosi di difendere i segreti del loro mestiere. Negli ultimi decenni lo statuto del gergo è mutato: non è più una varietà rurale; non ha più il fine di nascondere. Il gergo di oggi nasce nelle città e ha due fini principali: evidenziare particolari rapporti sociali, sottolineare certi fattori espressivi. Vocaboli gergali come *sgamare, paraculo, imbranato, cuccare* non vogliono nascondere nulla. Il loro significato e uso sono noti a tutti. Questi vocaboli sono entrati da tempo nel substandard italiano, diventando elementi connotativi della nostra lingua.

Le esperienze acquisite negli ultimi anni riguardano anche altri temi, rivisitati alla luce di nuovi metodi: dalla classificazione dei dialetti alla loro ricostruzione linguistica, dai problemi riguardanti il rapporto **oralità-scrittura** alla possibilità di applicare alla dialettologia italiana strumenti di analisi sperimentati di recente nello studio dell'italiano popolare e del parlato.

CAPITOLO 9

NOTE
DI SOCIOLINGUISTICA

9·1 LA LINGUA E LA SOCIETÀ

Come abbiamo a più riprese sottolineato, è necessario esaminare la lingua in situazioni concrete: non frasi isolate, ma frasi collegate fra loro nel dialogo; non discorsi staccati dal contesto, ma conversazioni, scambio di battute, di informazioni fra individui che parlano di cose concrete in situazioni concrete. Osserviamo più da vicino i rapporti fra la lingua e la comunità dei parlanti o, in senso più ampio, fra la lingua e le strutture sociali[1]. Oggi questo compito è svolto soprattutto dalla **sociolinguistica**, una disciplina di recente formazione.

■ La sociolinguistica studia particolarmente le diversità e le varietà della lingua, quali si manifestano in rapporto alle differenze (culturali, sociali, economiche) degli individui e in rapporto alle differenze delle situazioni in cui avviene la comunicazione.

Più precisamente la sociolinguistica prende in esame vari aspetti della comunicazione linguistica chiedendosi:

1) chi parla;

2) quale lingua usa;

3) quale varietà di lingua usa;

4) quando si parla;

5) a proposito di che cosa;

6) con quali interlocutori;

7) come (cioè con quale stile);

8) perché (cioè con quali fini);

9) dove (cioè in quale situazione, in quale ambiente).

È evidente che soltanto astrattamente si può considerare ciascuno di questi aspetti in sé, staccato dagli altri: se qualcuno parla lo fa usando una certa lingua (o, per meglio dire, una varietà di una certa lingua), in un certo tempo, a proposito di qualcosa, rivolto a qualcuno, con una certa intenzione.

---

[1] Della funzione sociale della lingua si è già trattato in 1.2.

9·2   TRA DUE VIAGGIATORI

Immaginiamoci una situazione concreta. Due viaggiatori, seduti di fronte nello stesso scompartimento di un treno, cominciano a parlare:

I (prima situazione)

PRIMO VIAGGIATORE:	– *Fa tanto caldo, non trova?* –	1A
SECONDO VIAGGIATORE:	– *Sì, certamente.* –	1B
PRIMO VIAGGIATORE:	– *Questo treno è sempre molto caldo.* –	1C
SECONDO VIAGGIATORE:	– *Il riscaldamento non funziona bene.* –	1D
PRIMO VIAGGIATORE:	– *Nei treni il riscaldamento non funziona mai bene.* –	1E

Anche a proposito di un dialogo così banale ci sono molte cose da osservare. Innanzi tutto si tratta appunto di un **dialogo**, cioè di un tipo di comunicazione verbale che si oppone al discorso eseguito da una sola persona: per esempio, la lezione di un insegnante, il comizio di un uomo politico, la requisitoria del pubblico ministero. In questi tre casi qualcuno parla, altri ascoltano e in genere non intervengono. Nel dialogo invece l'intervento di uno o più interlocutori è del tutto normale. Il susseguirsi delle battute ha una conseguenza importante: costringe ciascuno degli interlocutori a "regolarsi" su quello che è stato già detto da altri. Invece di 1B potrebbe esserci: *Ma non è vero affatto, io sento freddo.* Il diverso parere del secondo viaggiatore comporterebbe con ogni probabilità un diverso proseguimento del dialogo.

La prima situazione invece presenta un dialogo in cui gli interlocutori concordano e quindi le risposte sono delle conferme: 1B conferma 1A; 1E conferma 1D; mentre 1D giustifica, spiega 1C. Nel complesso il contenuto del dialogo si potrebbe riassumere così: «In un treno qualcuno dice che fa caldo; un altro risponde concordando e spiega perché fa caldo; il primo concorda con la spiegazione e la generalizza». Questo è il contenuto del dialogo; vediamone adesso la forma.

Dalla pronuncia e dall'intonazione dei due interlocutori (immaginiamoci per un attimo di ascoltare le loro voci) si riconosce un italiano medio, privo di caratteristiche regionali. Se invece di 1A sentissimo: *Fa tanto baldo, non trova?* riconosceremmo un toscano; se sentissimo: *Fa tando caldo, non drova?* riconosceremmo una pronuncia centro-meridionale. Che il dialogo avvenga in un treno risulta dall'affermazione contenuta in 1C. Dall'insieme delle battute ricaviamo che i due stanno trattando un argomento (piuttosto futile), cui potremmo dare questo titolo: "Il cattivo funzionamento del riscaldamento nei treni". È anche chiaro che i due compagni di viaggio non sono in rapporti confidenziali (v. l'uso del *lei*). Se vogliamo definire lo stile e il fine del dialogo, dobbiamo fare qualche considerazione in più. Cominciamo con l'immaginare che il dialogo avvenga in un altro modo e con altre forme:

II (seconda situazione)

PRIMO VIAGGIATORE:	– *Caldo, no?* –	2A
SECONDO VIAGGIATORE:	– *Ci hai ragione.* –	2B
PRIMO VIAGGIATORE:	– *È proprio un forno!* –	2C
SECONDO VIAGGIATORE:	– *Il riscaldamento non va.* –	2D

PRIMO VIAGGIATORE: – *Ci fosse una volta che trovo un treno col*   2E
riscaldamento che va. Beh, apri il finestrino! –

Le differenze rispetto a **I** appaiono evidenti. I due interlocutori sono in rapporto confidenziale, come risulta dal fatto che si danno del *tu*. Lo stile di **II** è diverso: meno formale, più "colorito" rispetto a **I**; questo effetto è raggiunto con l'uso di: espressioni più brevi (2A non ha verbi rispetto a 1A), espressioni tipiche del parlato (2B, la prima parte di 2E), un paragone (2C significa 'questo treno è caldo come un forno'), un verbo più generico (*non va* di 2D rispetto a *non funziona* di 1D). Notiamo ancora l'uso di *ci hai* invece di *hai*: è un tratto al tempo stesso parlato e regionale.

Ma la differenza più notevole rispetto a **I** consiste in questo: 2E contiene un **ordine esplicito**, che è assente invece in 1E. Tuttavia non possiamo certo escludere che il fine del primo viaggiatore di **I** non sia quello di far aprire il finestrino. Quante volte l'esperienza ci insegna che, quando non si ha il coraggio di dire una cosa chiaramente, si fanno lunghi discorsi, si prendono le cose alla larga? Quante volte ci accorgiamo che una frase significa una cosa diversa da quella che potrebbe sembrare all'apparenza?

> Si può domandare *che ora è?* non per sapere l'ora, ma per far capire che è tardi e che bisogna andar via, sospendere un lavoro; si esclama *che bella giornata!* non soltanto per constatare che il tempo è bello, ma per attaccare discorso con una persona; si dà un ordine non perché sia eseguito, ma per saggiare lo stato d'animo dell'interlocutore (v. 5.3).

Può darsi dunque che in **I** l'invito ad aprire il finestrino sia **implicito** e che addirittura l'esecuzione di tale atto sia il vero motivo che induce il primo viaggiatore ad attaccare discorso con il secondo. Ammettendo dunque che in **I** sia presente tale fine implicito (per esserne sicuri dovremmo avere altri elementi di giudizio e dovremmo disporre di un brano più esteso di dialogo), possiamo intanto tirare le somme circa le differenze che distinguono **I** da **II**.

	prima situazione	**seconda situazione**
VARIETÀ DI LINGUA	**italiano medio**	**italiano parlato**
ATTEGGIAMENTO VERSO L'INTERLOCUTORE	deferenza	confidenza
FINE	implicito	esplicito

Mediante il confronto di testi che hanno lo stesso contenuto, ma si presentano con aspetti diversi, l'analisi sociolinguistica ci aiuta a vedere meglio il concreto articolarsi della comunicazione linguistica.

Inoltre dal confronto dei due testi cominciamo a capire che:

- quando si parla si segue un certo progetto;
- quando si parla si fa qualcosa (per esempio, si convince l'interlocutore);
- esistono più varietà della stessa lingua.

9.3 IL PROGETTO

Devo raggiungere la casa di un mio amico che si trova nello stesso quartiere a circa due chilometri. Per arrivare da Carlo posso scegliere tra diverse possibilità. Posso prendere i mezzi pubblici: un autobus fino a piazza delle Rose, poi ancora un altro autobus. E se prendessi il vecchio tram? Dovrei fare un tratto a piedi, ma sarebbe piacevole. Naturalmente potrei scegliere di fare una bella passeggiata. Anche in questo caso ci sarebbero almeno due possibilità: percorrere per intero il viale dei Garofani e poi imboccare via delle Margherite, poi piazza delle Azalee e poi sempre dritto. Questo sarebbe il percorso più diretto. Ma quanto traffico di automobili, quanta gente, quanti semafori! Quasi quasi prendo la circonvallazione. Farò un giro più lungo, ma sarò più tranquillo.

Giuliana, bibliotecaria della biblioteca comunale di T., deve sistemare circa cinquemila nuovi libri negli scaffali arrivati da poco. Comincia a fare dei progetti: seguire il criterio dell'ordine alfabetico dei nomi degli autori? In un certo senso è la soluzione più comoda; però che mescolanza! Manzoni vicino a un trattato di ecologia; un poeta russo stretto tra un manuale di chimica e una guida turistica; Dante guardato a vista da un prontuario sull'uso del computer! Ordinare secondo gli argomenti? Sì, potrebbe andare, ma quando arriveranno nuovi libri bisognerà inserirli scompigliando l'ordine costituito. E poi ci sono certi argomenti nuovi sui quali Giuliana non ha le idee chiare: sarà sociologia? sarà filosofia? sarà antropologia? o magari un po' di tutte e tre? Quindi altre domande: ordinare secondo le collane? secondo il formato dei libri? tenendo conto dei libri che sono più richiesti dal pubblico? secondo l'anno in cui i libri sono pervenuti alla biblioteca? adottare un criterio misto? cioè un po' secondo gli argomenti, un po' secondo il formato... tanto c'è il catalogo. Esiste poi un problema di fondo: ricorrere a un criterio già sperimentato da altri oppure innovare tutto? innovare parzialmente?

Scegliere il mezzo e la via per arrivare in un punto della città, scegliere il criterio per ordinare i libri di una biblioteca sono due operazioni diverse che hanno in comune un carattere: si fondano su una serie di scelte; presuppongono un piano. Più semplice nel primo caso, più complicato nel secondo.

Le nostre azioni presuppongono sempre un piano. Anche parlando e scrivendo facciamo continuamente dei piani, dei progetti. Quel "primo viaggiatore" di cui abbiamo riferito poco fa (v. 9.2) faceva dei piani. Per indurre il suo compagno di viaggio ad aprire il finestrino avrebbe potuto dirgli espressamente di aprirlo. Ma fatta questa prima scelta, avrebbe dovuto scegliere il modo, "la forma":

– *Per favore, potrebbe aprire il finestrino?* –
– *Le dispiacerebbe...?* –
– *Che cosa ne direbbe di...?* –
– *Sarebbe contrario a...?* –
– *Disturbo se le chiedo di...?* –

e così via. *Ma se la richiesta fosse respinta?* avrà pensato rapidamente il nostro uomo. Meglio allora prendere le cose alla larga: parlare prima del caldo, poi del riscaldamento... Benissimo, la cosa funziona. L'altro viaggiatore condivide le sue idee sul caldo e sui treni. La cosa è quasi fatta. Si prosegua su questa via!

Anche nel descrivere un paesaggio, nel riferire a un amico lo svolgimento di una partita, nell'inventare una favola per il fratellino più piccolo, nel pregare qualcuno di farci un piacere, nel promettere qualcosa, nel rimproverare, nel minacciare, nel conversare su cose futili o importanti si segue sempre un piano. Tutto ciò può avvenire in modo più o meno cosciente; con modi nuovi o – come accade più frequentemente – con modi consueti, ripetitivi. Si ripetono le frasi, le intonazioni, i gesti, i vari procedimenti già sentiti, già sperimentati. Tutto ciò fa parte del linguaggio o, per meglio dire, della **dimensione sociale** del linguaggio. Mentre si parla, si controlla la reazione che il nostro discorso suscita nell'interlocutore. Se questi aggrotta le ciglia, può darsi che ci convenga cambiare un po' le nostre parole, modificare il percorso già intrapreso, correggere il tiro, come si dice. L'atteggiamento del nostro interlocutore ci può suggerire un argomento nuovo o un nuovo modo di presentare le nostre ragioni.

In ogni caso il parlare (come lo scrivere) comporta un **progetto**. Questo può essere modificato (e lo è di fatto nella maggior parte dei casi) nel corso dell'esecuzione. Perché il linguaggio è anche **controllo** delle reazioni dell'interlocutore e di se stessi, autocontrollo. C'è insomma una strategia nel disporre gli argomenti, le frasi. A tale proposito i linguisti parlano di **strategia discorsiva**.

9·4 LE FUNZIONI DEL LINGUAGGIO

Da quanto si è detto finora appare chiaro che il linguaggio umano ha una pluralità di funzioni:

- innanzi tutto serve per comunicare qualcosa agli altri; ma serve anche per comunicare con noi stessi; il soliloquio, il compitare, l'esporre a voce i dati e le operazioni di un problema di matematica, mentre si cerca di risolverlo, sono tutti modi che aiutano il ragionamento;

- serve per descrivere il mondo esterno: un paesaggio, l'aspetto di una persona, la disposizione degli oggetti in una stanza;

- serve anche per inventare qualcosa che non esiste: una storia, un racconto che tenga tranquillo un bambino irrequieto o avvinca un gruppo di ascoltatori;

- serve per svolgere un ragionamento, per mettere in rapporto fra loro delle idee e quindi per far nascere nuove idee, nuovi punti di vista; serve quindi per aiutare il pensiero a svolgersi, a progredire; e serve a far nascere nuovi pensieri; sì, il linguaggio è fonte di pensieri e di immagini;

- serve per affermare i rapporti che intercorrono tra i diversi individui che lo usano, tra chi parla e chi ascolta; il linguaggio evidenzia la posizione che gli individui occupano l'uno rispetto agli altri e rispetto alla società (v. 9.9); il linguaggio è uno dei testimoni più importanti della cultura, della mentalità, della classe (o gruppo) sociale di un individuo;

- serve per convincere gli altri a fare qualcosa, per ordinare, per ottenere qualcosa dagli altri (ma anche da noi stessi), per suscitare emozioni, sentimenti, reazioni;

- talvolta equivale a un'azione, nel senso che certe frasi come *Lo prometto, Lo giuro, Io ti do il nome di Giovanni* sono delle vere e proprie azioni: una promessa, un giuramento, un battesimo (v. 5.2);

- può anche parlare di se stesso: è linguaggio sopra il linguaggio o, come si dice con un termine tecnico, è **metalinguaggio**; per esempio, posso riflettere su quello che sta dicendo il mio interlocutore:

Conviene parlare chiaramente – *Che cosa intendi dire con "chiaramente"?*

Potrei anche fare la brava ragazza – *Questo "potrei" non mi piace.*

Il linguaggio umano possiede queste e molte altre funzioni: anche qui vediamo un aspetto della sua "potenza", del suo predominio assoluto rispetto agli altri linguaggi (v. 1.5). Gli studiosi hanno tentato di classificare in vario modo le funzioni del linguaggio.

Il linguista Roman Jakobson (1896-1982)[1] distingueva sei elementi della comunicazione verbale. Il **mittente** (o locutore o parlante) invia al **destinatario** (o interlocutore) un **messaggio**, il quale si riferisce a un **contesto**. Per compiere tale operazione sono necessari un **codice** (v. 1.4), comune sia al mittente sia al destinatario, e un **contatto**. Quest'ultimo è al tempo stesso un canale fisico e una connessione psicologica fra il mittente e il destinatario, che consente loro di stabilire la comunicazione e di mantenerla. Abbiamo così sei fattori della comunicazione, ordinati nel seguente schema:

	CONTESTO	
MITTENTE	MESSAGGIO	DESTINATARIO

CONTATTO
CODICE

Certo è importante soprattutto ciò di cui si parla: la **funzione referenziale** (da *referente*: v. 3.3). Ma nella comunicazione verbale appaiono vari orientamenti tendenti a evidenziare l'uno o l'altro dei sei fattori dello schema che abbiamo ora visto.

Ci si può orientare innanzi tutto sul mittente: questi cerca di manifestare nel messaggio il proprio stato d'animo (mostrando allegria, soddisfazione, pienezza di sé, entusiasmo, fastidio, ira, sdegno, volontà di sopraffazione ecc.). Si evidenzia così la **funzione emotiva**, la quale si serve di vari mezzi: elevazione e particolare modulazione del tono della voce, allungamento delle vocali toniche, alterazione del cosiddetto "ordine normale" delle parole, scelta di frasi fortemente espressive che riflettono un'emozione intensa.

---

[1] Studiò nelle università di Mosca – sua città natale – e di Praga. Ha insegnato linguistica, filologia, letteratura presso importanti università straniere (Copenhagen, Oslo, Uppsala). Dal 1941 in poi ha esercitato la sua attività negli Stati Uniti d'America. Al suo nome è legata la fondazione dei Circoli linguistici di Mosca (1915) e di Praga (1926), che hanno avuto un ruolo fondamentale nello sviluppo di moderni indirizzi critici, linguistici, artistici, quali il formalismo russo, lo strutturalismo, il futurismo. Ha compiuto studi sulla comunicazione linguistica e, particolarmente, sul linguaggio della poesia, con risultati di rilievo sia sul piano della metodologia sia sul piano dell'interpretazione. I *Saggi di linguistica generale* (trad. ital. Feltrinelli, Milano 1966) sono la sua opera più nota.

L'orientamento riguarda invece il destinatario, quando il mittente si propone di influire su di esso: si ha allora la **funzione conativa** (dal lat. *conāri* 'intraprendere, tentare'), la quale si manifesta, tra l'altro, mediante l'uso del vocativo e dell'imperativo.

Queste sono le tre funzioni fondamentali del linguaggio: referenziale, emotiva e conativa. Altri studiosi ne avevano parlato prima di Jakobson, il quale tuttavia ha avuto il merito di riesaminare globalmente l'intera questione.

Ci si può orientare verso il canale attraverso il quale passa il messaggio: «*pronto?*», «*mi senti?*», «*prova microfoni, attenzione!*». Ecco alcuni modi che usiamo comunemente per assicurarci che il contatto tra noi e il destinatario sia attivato: qui abbiamo la **funzione fàtica** del linguaggio (dal lat. *fāri* 'pronunziare, parlare').

Il linguaggio, come abbiamo già visto, può parlare di se stesso; cfr. gli esempi citati in precedenza, nei quali appare la **funzione metalinguistica** del linguaggio.

Infine ci si può orientare verso il messaggio, ponendo al centro della nostra attenzione l'aspetto fonico delle parole (le rispondenze e gradazioni fra i suoni), il parallelismo tra le frasi e le parti di frasi che compongono un testo, la scelta dei vocaboli e delle costruzioni. Consideriamo allora la **funzione poetica** del linguaggio, la quale – si badi bene – non riguarda soltanto i testi poetici e letterari, ma anche tutte quelle occasioni in cui chi produce il messaggio dà una grande importanza alla forma che esso assume, fino a considerarla come l'obiettivo principale del suo atto comunicativo. Vero è che la funzione poetica è una componente fondamentale dell'esprimersi dell'uomo. Come tale può essere presente, in varia misura e con diverse modalità, anche in varietà linguistiche e in circostanze estranee al mondo della poesia e della letteratura: nella lingua di ogni giorno, nel linguaggio infantile e in quello della pubblicità. In tutte e tre queste varietà possono ricorrere di fatto espressioni imaginifiche, figure retoriche (come metafore e metonimie), giochi di parole e di suoni.

Dunque, secondo Jakobson, ai sei fattori della comunicazione verbale corrispondono sei funzioni:

EMOTIVA	REFERENZIALE POETICA FÀTICA METALINGUISTICA	CONATIVA

È quasi superfluo dire che tali funzioni non appaiono quasi mai isolatamente nei concreti atti linguistici del parlante. Accade spesso che un messaggio sia al tempo stesso emotivo e conativo oppure poetico ed emotivo.

Altri linguisti hanno formulato diverse proposte circa le funzioni del linguaggio[1]. Partendo dal principio che «la natura del linguaggio è in stretta relazione con le funzioni a cui deve servire», il linguista inglese M.A.K. Halliday (n. 1925) individua tre funzioni nel linguaggio dell'adulto:

● **funzione ideativa**: serve per esprimere il "contenuto", vale a dire l'esperienza che il parlante ha del mondo reale, compreso il mondo interiore della propria coscienza;

[1] Al tempo stesso non sono mancate critiche nei riguardi del modello jakobsoniano: eccessiva semplicità, eccessivo schematismo, confusione tra processi semantici e quelli retorici ecc.

● **funzione interpersonale**: serve per definire le relazioni intercorrenti fra il parlante e l'interlocutore, cioè permette l'interazione fra gli individui; infatti è la lingua stessa a definire i ruoli (v. 9.9) che gli uomini possono adottare quando comunicano fra loro (affermare, fare domande, dare ordini, disapprovare, esprimere consenso, manifestare dubbi ecc.);

● **funzione testuale**: serve per formare testi ben costruiti e adatti alla situazione cui si riferiscono (v. 3.4).

Queste e molte altre funzioni considerano aspetti diversi del fenomeno complesso e inesauribile che è il linguaggio umano. In particolare la funzione testuale è puramente linguistica e permette alle altre due di manifestarsi.

9·5 SI PARLA IN MOLTI MODI

Italiano comune, italiano regionale, dialetto regionale, dialetto sono le principali varietà linguistiche parlate in Italia (v. 8.3). Ogni regione possiede, oltre a questi quattro tipi principali, delle sottovarietà intermedie che non è facile classificare: il dialetto può essere variamente toccato da regionalismi e da italianismi; l'italiano regionale può essere più o meno vicino alla lingua comune. Questa situazione complessa e differenziata è segno di un notevole dinamismo sociale e fa intravedere un'ulteriore riduzione dell'uso dei dialetti.

Ma, lasciando per un momento da parte le differenze che dipendono dalla diversità dei luoghi, fermiamoci a considerare di nuovo le differenze che dipendono dalla situazione. Si può dire che parliamo diversamente in rapporto a tre fattori:

1) il nostro interlocutore;

2) l'argomento di cui si parla;

3) il fine che ci si propone.

È inutile dire che anche in questa circostanza esaminiamo separatamente dei fattori che nell'uso concreto della lingua si realizzano contemporaneamente. Infatti, quando si parla, c'è sempre un interlocutore, un argomento e un fine.

L'**interlocutore** può essere una persona conosciuta o non conosciuta, una persona che trattiamo con confidenza o con riguardo (ed è ben noto che ci sono diverse gradazioni di confidenza e di riguardo). Queste differenze condizionano una serie di scelte linguistiche; il conoscere una persona, il trattarla confidenzialmente comporta l'uso del *tu*, di formule di appello sbrigative (*senti un po'*, *dimmi, che dici?*), di parole e di espressioni comuni, popolari, proprie del parlato, di strutture sintattiche semplici e lineari. La confidenza permette di parlare di argomenti privati e intimi, trattati con parole semplici. Invece il rispetto impone l'uso del *Lei*, di formule di appello come *se permette, mi scusi, se posso rivolgerle una domanda* ecc., di parole castigate, eleganti (se si vuol fare bella figura), e, eventualmente, di frasi più lunghe e ben costruite. Il rispetto consiglia di solito di evitare argomenti personali o scabrosi.

L'**argomento** di cui si parla può essere noto oppure sconosciuto all'interlocutore; può essere un fatto della vita di ogni giorno oppure un tema particolare (un consuntivo economico, un'esposizione di dati tecnici, una relazione scientifica). Di una cosa nota e quotidiana si parla di solito con parole comuni e con frasi semplici. Per trattare un tema specialistico si fa uso di termini tecnici e di espressioni particolari; ma se ci si rivolge a persone non competenti, è necessario ricorrere a spiegazioni e chiarimenti (che talvolta interrompono la linea del discorso).

Il **fine** per il quale si parla condiziona la scelta delle parole, delle espressioni, del tipo di frase e di sintassi; dare un'informazione, richiederla, raccontare una storia, descrivere un paesaggio, chiedere un favore, dare un ordine, spiegare un teorema di geometria sono tutti tipi di discorso normalmente diversi tra loro.

L'**interlocutore**, l'**argomento** e il **fine** rappresentano i tre fattori principali della situazione in cui si svolge il discorso. Potremmo ricordarne altri: lo stato d'animo di chi parla, l'ambiente in cui si svolge il discorso, la situazione (si è a tu per tu con l'interlocutore o alla presenza di altre persone; in un luogo chiuso o aperto; in una circostanza quotidiana o in una cerimonia ufficiale ecc.).

La situazione condiziona il tipo di lingua che si usa. La lingua può essere elegante, accurata oppure "alla buona", sciatta; può essere comune oppure specialistica (tecnica, scientifica), può indicare un rapporto di parità tra locutore e interlocutore oppure un rapporto di non parità (v. 9.9).

Cerchiamo ora di chiarire in modo più adeguato queste nozioni servendoci di alcuni concetti elaborati dalla moderna sociolinguistica.

9·6 IL REPERTORIO LINGUISTICO

■ È l'insieme delle varietà linguistiche possedute da un parlante o da una comunità di parlanti.

Il repertorio comprende almeno una lingua e le sue varietà, ma ci possono essere situazioni più complesse.

> Per esempio, il repertorio linguistico della comunità parlante di Roma comprenderà almeno l'italiano comune (o **standard**); la varietà romana di italiano (v. 8.3), che si distingue per alcune particolarità fonetiche e per alcune scelte lessicali; il dialetto romanesco borghese. Supponiamo però che una famiglia di Roma abbia tra i suoi componenti i nonni calabresi e che tale famiglia abbia abitato per un periodo abbastanza lungo a Milano. Allora alle tre varietà già elencate dovremmo aggiungere: una o più varietà di calabrese (dialetto e una varietà semidialettale), una o più varietà del milanese (dialetto e l'italiano regionale di Lombardia). Di queste ultime cinque varietà non tutti i membri della famiglia avranno lo stesso tipo e grado di conoscenza. Del dialetto calabrese soltanto i nonni avranno una conoscenza attiva (cioè la capacità di comprendere frasi e di produrle), gli altri membri della famiglia avranno soltanto una conoscenza passiva (cioè la sola capacità di comprendere). Invece del dialetto milanese i più giovani avranno una **conoscenza attiva**, i nonni una **conoscenza passiva**; i genitori si porranno probabilmente a metà strada.

9·7 I SOTTOCODICI

In rapporto alla funzione che deve svolgere e alla situazione in cui si realizza, la lingua compie delle scelte, le quali si distinguono in due varietà: i sottocodici e i registri.

■ I **sottocodici** sono delle varietà del codice (v. 1.4) e presentano questa caratteristica: ai dati di base del codice aggiungono dei dati particolari che si riferiscono a un determinato settore di attività culturale e sociale.

Il sottocodice politico della lingua italiana comprende una base di parole e di espressioni che sono comuni al codice "lingua italiana" + un insieme di parole ed espressioni che servono per rappresentare le istituzioni, le ideologie, le esperienze della vita politica italiana: *Parlamento, Presidente del Consiglio, partito politico, socialismo, potere esecutivo, decreto, decreto-legge, opposizione* ecc. Tra i sottocodici più importanti e più noti ricordiamo: il s. burocratico, il s. politico, il s. economico-finanziario, il s. dello sport, il s. della medicina, il s. marinaresco.

Ciascun sottocodice può arricchirsi di parole ed espressioni nuove, adattando a nuovi significati e contesti parole ed espressioni che già esistono nel codice.

Il sottocodice della medicina possiede termini in esclusiva (*colangite, discinesia, immunologia, stetoscopio*), ma possiede anche vocaboli ripresi dal codice "lingua italiana" e opportunamente adattati alle esigenze della scienza medica: dalle parole comuni *canale* e *vaso* si sono formate le espressioni tecniche *canale atrio-ventricolare* e *vaso sanguigno*. Il sottocodice sportivo possiede termini ed espressioni particolari, ma ha ripreso dal codice "lingua italiana" parole come *portiere* e *ala* dando loro significati particolari.

Ciascun sottocodice si può suddividere in successive partizioni, i **sottosottocodici**, che corrispondono alla suddivisione e specializzazione dei vari campi del sapere.

Nell'ambito del sottocodice della medicina si distinguono i sottosottocodici della chirurgia, della radiologia, della odontoiatria, della dermatologia ecc.

Sottocodice equivale a **linguaggio settoriale** (v. 12.4); la prima denominazione sottolinea il rapporto di subordinazione fra il sottocodice e il codice. La seconda invece evidenzia il rapporto con particolari "settori" dell'attività umana. Un'altra denominazione molto diffusa ai giorni nostri è **lingua speciale**, cui corrispondono il francese *langue spéciale* (o *langue de spécialité*) e l'inglese *language for special* (*specific*) *purposes*; il tedesco conosce invece la *Fachsprache*.

9·8 I REGISTRI E GLI STILI DEL DISCORSO

■ Si chiamano **registri** quelle varietà del codice che dipendono dalla situazione e che si realizzano non aggiungendo qualcosa al codice, ma piuttosto scegliendo tra le diverse possibilità offerte dal codice stesso.

Mediante i registri si può scegliere fra diverse possibilità di pronunce, fra diverse possibilità morfologiche e sintattiche.

Fra queste due frasi

eseguo questo lavoro durante tutti i giorni della settimana
faccio 'sto lavoro tutti i santi giorni della settimana

c'è una differenza di registro formale/informale, la quale si fonda su una serie di scelte: *eseguo/faccio, questo/'sto, durante/$\emptyset$[1], tutti i giorni/tutti i santi giorni*.

---

[1] Il segno $\emptyset$ indica l'assenza di un elemento linguistico.

I registri si dispongono in una successione, che si può rappresentare con i seguenti aggettivi:

registro   **aulico** (o ricercato)
colto
formale (o ufficiale)
medio
colloquiale
informale
popolare
familiare.

Un mutamento di registro consiste in quello che comunemente si dice «cambiar tono». Mediante i registri si ottengono i cosiddetti **stili di discorso**, che possono riguardare ciascun sottocodice; per esempio:

è consentita l'integrazione della documentazione già prodotta
è possibile completare la documentazione già presentata

sono due frasi che appartengono, rispettivamente, al sottocodice burocratico con registro formale e al sottocodice burocratico con registro informale del codice lingua italiana.

Nella nostra lingua lo studio dei registri presenta particolari difficoltà, perché non si possono stabilire confini netti fra registri, varietà geografiche (regionalismi) e varietà sociali.

9·9   LE RELAZIONI DI RUOLO

■   Si chiamano **relazioni di ruolo** quegli insiemi di diritti e di doveri reciproci che sono riconosciuti in modo implicito da tutti i componenti di una determinata comunità linguistica.

All'interno di quest'ultima, gli interlocutori devono rendersi conto delle relazioni di ruolo che intercorrono fra loro. È una consapevolezza che, se si vuole ottenere uno scambio dialogico di successo, deve essere viva in ogni momento della comunicazione.

Gli **errori comunicativi** (per esempio, l'intervenire nella conversazione inopportunamente, l'uso di espressioni non adatte alla situazione e all'interlocutore, la scelta di un'intonazione sbagliata) possono compromettere il raggiungimento di quei fini che ci proponiamo quando parliamo con il nostro prossimo. Gli errori comunicativi sono pericolosi allo stesso modo – e talvolta più – degli errori di grammatica e di lessico.

Padre-figlio, marito-moglie, insegnante-allievo, datore di lavoro-dipendente, amico-amico sono alcune tra le molte relazioni di ruolo possibili nella nostra società; esse sono fondate su determinate **regole di comportamento sociolinguistico**, che devono essere rispettate nel corso della comunicazione.

Si pensi, innanzi tutto, all'uso dei **pronomi personali**:

● il *tu* reciproco indica **relazione paritaria** fra i due interlocutori;

• il *tu* non reciproco (una persona anziana usa il *tu*, un giovanissimo risponde con il *lei*) indica **relazione non paritaria**.

Questa scelta linguistica serve ad affermare il proprio ruolo nei riguardi dell'interlocutore e nell'ambito di una determinata comunità linguistica.

Mutamenti delle relazioni di ruolo sono indizio di dinamismo sociale. Tali mutamenti possono avvenire nel tempo e secondo la situazione.

> Cento anni fa in Italia i genitori usavano fra di loro il *voi* e lo stesso pronome era usato dai figli nei riguardi dei genitori, i quali invece li ricambiavano con il *tu*. Ai giorni nostri c'è invece un uso generalizzato del *tu* nell'ambito della famiglia.
>
> Un altro esempio di mutamento di relazione di ruolo nel tempo si può osservare nel fatto che oggi i giovani (fino ai 20-25 anni) si danno in genere del *tu* anche se non si conoscono, diversamente da quanto accadeva prima della seconda guerra mondiale.
>
> Un esempio di mutamento secondo la situazione. Due uomini politici sono amici: nei rapporti privati e quotidiani si danno del *tu* e si trattano confidenzialmente. Supponiamo che entrambi occupino delle cariche pubbliche. Quando, in tale veste, avranno rapporti ufficiali useranno probabilmente il *lei* reciproco.

Con le circostanze mutano anche i rapporti. Conseguentemente mutano certi usi linguistici (pronomi personali, formule per rivolgere la parola, per richiamare l'attenzione, per proporre un argomento). Ma mutano anche le cose che si possono dire, gli argomenti che si possono toccare e il modo in cui gli stessi temi possono essere trattati. Conoscere una lingua vuol dire conoscerne non soltanto la grammatica e il lessico, ma anche gli usi e le regole sociali.

CAPITOLO 10

LINGUA SCRITTA E LINGUA PARLATA

10·1   IL CONCETTO DI "STANDARD"

Si dice **standard** (vocabolo inglese, che viene dal francese antico *estandart* 'sten-dardo') una lingua che si è livellata in modo artificiale in seguito ai contatti con altre varietà e all'azione normalizzatrice imposta soprattutto dal potere politico. In un primo momento e ai livelli alti della lingua, lo standard può essere promosso da ragioni culturali, come è accaduto in Italia, dove la lingua dei grandi scrittori del Trecento è stata proclamata da Pietro Bembo lingua della norma letteraria[1]. Tale lingua degli scrittori (con le modifiche avvenute nelle epoche successive) è alla base dell'italiano scritto insegnato nella nostra scuola. Ai giorni nostri l'espandersi dell'italiano a spese dei dialetti ha promosso un'evoluzione del precedente standard. Ne risultano caratteri in parte diversi rispetto a quelli del passato. I tratti letterari si sono ulteriormente ridotti; maggiore appare l'apertura nei riguardi dell'italiano parlato e del prestito di vocaboli da altre lingue.

In luogo di "lingua standard" qualcuno preferisce parlare di "lingua comune"; la prima etichetta comprende in sé un'idea di uniformità che nessuna varietà di italiano parlato possiede ancora. La lingua standard è, secondo alcuni, un ideale a cui si tende, una varietà prevista più che reale. Da una parte si può considerare una lingua livellata e di prestigio; dall'altra si può definire come una varietà che si oppone alla differenziazione sia geografica sia sociale: chi parla la lingua standard non lascia trasparire la sua provenienza geografica e la sua estrazione sociale. A tale lingua si riconoscono caratteri come l'uniformità, la medietà, la normatività, l'asetticità sociale, il prestigio. In effetti i parlanti di livello medio-basso cercano di adottare questa varietà come un mezzo per non rivelare la classe sociale di appartenenza.

Con riferimento alla situazione presente attualmente in Italia, alcuni studiosi sottolineano l'unità dello standard; altri lo intendono come un insieme di sistemi diversi usati da diversi gruppi sociali. Alcuni considerano lo standard come un'entità individuabile concretamente dal punto di vista geografico e sociale; altri invece lo interpretano come una sorta di "fiorentino emendato", privo sia di una localizzazione ben definita sia di un riferimento a un preciso strato sociale.

Negli ultimi decenni alcuni linguisti hanno parlato dell'esistenza di un "nuovo standard", riferendosi a una varietà di lingua, la quale appare semplificata nella

---

[1] Nel 1525 fu pubblicata la sua opera fondamentale per la nostra «questione della lingua»: *Prose della volgar lingua.*

morfologia e nella sintassi, disposta ad accogliere tratti del parlato, aperta all'influsso dei linguaggi settoriali, indifferente invece all'influsso della lingua letteraria tradizionale (e pertanto distinta dalla lingua scritta insegnata nella scuola). A tale proposito si sottolinea il fatto che tale varietà, attualmente in una fase di formazione, presenta caratteri diversi da quelli dell'italiano letterario della tradizione. Vediamone alcuni: 1) l'uso del pronome personale obliquo *gli* anche con il valore di "a lei" e "a loro"; 2) l'uso delle forme pronominali *lui, lei, loro* con funzione di soggetto, in luogo di *egli, ella, essa, essi, esse*; 3) l'uso della particella *ci* davanti al verbo *avere* (*ci hai ragione*); 4) il ricorso all'ordine marcato dei costituenti della frase (per esempio, la dislocazione a sinistra, v. 10.4: *i giornali li ho comprati io; a Roma ci vivo bene*); 5) la tendenza a sostituire il congiuntivo con l'indicativo (*credo che Mario viene; se me lo chiedevi, te lo davo*); 6) uso del *che* polivalente. Questi tratti non si pongono tutti sullo stesso piano: mentre 1) e 2) sono ampiamente diffusi, gli altri appaiono variamente distribuiti secondo i contesti e le situazioni.

CI SONO DEI MOMENTI STORICI CHE A UNO GLI PIACEREBBE DI POTER DIRE: IO NON C'ERO.

PANORAMA - 11 NOVEMBRE 1990

In questa vignetta di Altan il *che* polivalente corrisponde al relativo *nei quali* dell'italiano formale; si noti anche la sequenza tipica del parlato *a uno gli*. Le nuove tendenze della lingua italiana compaiono anche nello scritto.

10·2 UN CONFRONTO TRA PARLATO E SCRITTO

Poiché si svolgono in situazioni comunicative diverse, la lingua scritta e la lingua parlata presentano differenze notevoli. Lo scritto si fonda su un progetto e su una elaborazione più accurati. Ciò appare nella disposizione dei contenuti, nella struttura testuale e sintattica, nella scelta dei vocaboli e degli strumenti grammaticali. Nello scritto si cerca di evitare ogni ambiguità e incertezza interpretativa; inoltre si vuole conferire alla lingua quel carattere di stabilità che è richiesto dalla permanenza del testo. Infatti col passare del tempo un testo può assumere valori particolari: documentario, letterario, prescrittivo. Dal punto di vista semiotico possono risultare rilevanti vari fattori: il materiale scrittorio usato, il tipo di caratteri (tracciati a mano o a stampa), la disposizione spaziale (si pensi, per esempio, all'impaginazione degli articoli in un giornale), l'eventuale presenza di immagini. Inoltre la scrittura possiede la **punteggiatura**, che è una segnaletica interna usata soprattutto per evidenziare i caratteri sintattici, semantici e stilistici del testo.

La voce può essere interrotta da pause e da silenzi, entrambi portatori di significato; può variare qualitativamente in base a molteplici fattori: intonazione, enfasi, altezza, timbro, ritmo, tempo di elocuzione. L'uso di questi procedimenti paralinguistici e di vari tratti fonici (interiezioni, fonosimboli, onomatopee, segnali discorsivi (v. 1.2) come *beh, ecco, insomma, ma guarda un po'*), la possibilità di ricorrere alla mimica, ai gesti, a determinate posizioni del corpo fanno sì che il parlato possa essere continuamente "corretto", ripreso e quindi adeguato alla situazione presente. Chi parla controlla continuamente l'effetto che il suo discorso ha sull'ascoltatore e può a ogni momento modificare qualcosa. Rispetto a un testo scritto, un testo parlato ha in genere minore coesione e coerenza (v. 3.4); ridotta è anche la **pianificazione** complessiva del discorso. Il parlato è molto legato alla situazione: staccato da essa, risulta spesso ambiguo e incompleto.

Nel parlato si ha una **segmentazione** in frasi brevi, talvolta brevissime; vi sono esitazioni, pause, mutamenti di costruzione, tipiche ridondanze. Si consideri il seguente passo: «*io quasi prendo... sì prendo... mi piacerebbe di più un caffè, ecco... sì un caffè lo prendo volentieri, ehm, a quest'ora, proprio sì... cioè, se non disturbo... guarda... proprio un goccio... beeene, basta così... grazie*». Sono semplificate sia la sintassi (la paratassi prevale sull'ipotassi) sia la morfologia. Per quanto riguarda il verbo, notiamo due fenomeni: il presente sostituisce il futuro e spesso i tempi passati; il passivo è usato raramente. Appaiono spesso tutte le forme linguistiche relative alla soggettività di chi parla: l'uso del pronome *io* è più frequente nel parlato che nello scritto. La **coreferenza** (v. GLOSSARIO) è realizzata soprattutto con la **ripetizione** delle stesse parole a breve distanza. Nel lessico abbondano vocaboli generici: *cosa, coso, affare* ecc.

10·3 VARI TIPI DI PARLATO

Naturalmente dobbiamo tener conto di varie modalità del parlato e dello scritto. Non dobbiamo considerare in modo semplicistico l'opposizione tra oralità e scrittura. Tra i due canali possono esserci rapporti e interazioni che producono particolari configurazioni di testi. Osserviamo il grafico alla pagina seguente.

La **conversazione** è caratterizzata dal continuo scambio di ruoli tra emittente e destinatario. Vi sono interruzioni, rotture, sovrapposizioni dei turni conversazionali; questo tipo di interazione, che è stato definito "parlato-parlato", contiene la massima verbalità implicita: vale a dire gran parte del significato dipende dalla situazione. Privo di interruzioni, il **monologo** presenta invece una maggior coerenza tematica e conseguentemente una maggior coesione lessicale e sintattica. In certi casi (per esempio, nella lezione svolta da un docente) il monologo si fonda

PARLATO E SCRITTO

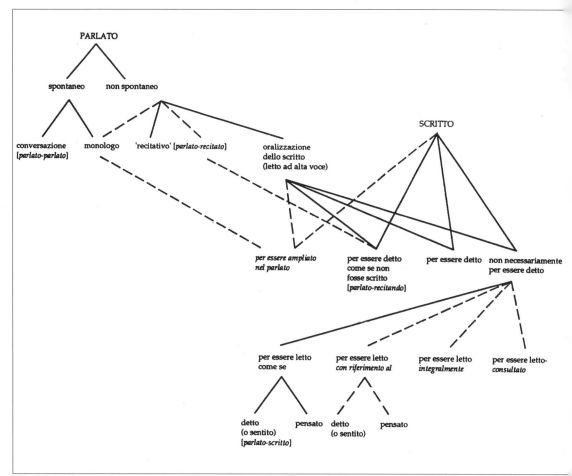

C. Lavinio, *Tipologia dei testi parlati e scritti*, in «Linguaggi» 3 (1986), pp. 14-22.
La studiosa ripropone uno schema del linguista M. Gregory, «ma con alcune integrazioni
evidenziate da corsivi e linee tratteggiate; tra parentesi quadre sono collocate le ripartizioni
di G. Nencioni».

su un testo scritto (appunti, scaletta, grafici) di cui riproduce alcuni caratteri. Si
tratterà allora di un "parlato non spontaneo", di un recitativo o di uno scritto oralizzato. Nell'oratoria e nella liturgia ritroviamo quella **oralità formalizzata** che
svolge una funzione sociale importante soprattutto presso le comunità prive di
una lingua scritta. Questo tipo di oralità infatti assicura la memoria storica, il rego-
lamento dei rapporti sociali, la trasmissione del sapere. Per assolvere questi com-
piti l'oralità formalizzata ricerca esecuzioni stabili e l'impiego di formule fisse. Lo
scritto per essere detto (conferenze, relazioni, comunicati) deve avere delle
qualità che ne assicurino una buona ricezione: periodi brevi e non troppo complessi sintatticamente, la frequente ripetizione del soggetto, la suddivisione degli
argomenti. In talune circostanze (notiziari radiofonici e televisivi) è necessario che

il messaggio trasmesso sia preceduto e seguìto da un breve sommario, che le parti importanti del messaggio stesso siano ben scandite ed evidenziate mediante una lettura più incisiva, mediante intonazioni e pause. Lo scritto per essere letto come se non fosse scritto è stato definito anche **parlato-recitando**. Nei testi teatrali, nei copioni cinematografici, negli sceneggiati televisivi gli attori riproducono esattamente un testo scritto, che tuttavia ha molti caratteri del parlato; al tempo stesso aggiungono a tale testo una serie di particolari paralinguistici, di gesti e di atteggiamenti che non sono presenti nel testo. Anche i testi scritti si suddividono in una varia tipologia. C'è il testo che deve essere consultato (una guida, l'elenco telefonico) e lo scritto composto per essere letto per intero (un saggio, una poesia, un romanzo). È noto che la "pluridiscorsività" del romanzo (descrizioni, dialoghi, monologo interiore, intervento dell'io narrante) comporta una pluralità di percorsi di lettura.

10·4   FENOMENI DEL PARLATO

Tra i fenomeni più frequenti del parlato troviamo **l'anacoluto** (dal gr. *anakólouthos* 'che non segue, inconseguente'). Consiste in un'alterazione della struttura sintattica normale, più precisamente nella successione di due costrutti posti nella stessa frase, il primo dei quali rimane sospeso, cosicché il senso complessivo della frase è svolto dal secondo costrutto lungo un diverso percorso: *lui, dopo quelle parole, gli venne da ridere*; *a Mario, quelle cose proprio le odia*.

> L'anacoluto è presente nella prosa antica e moderna, per varie ragioni (costruzioni tradizionali, ricerca di espressività, imitazione del parlato ecc.): *Calandrino, se la prima gli era paruta amara, questa gli parve amarissima* (Boccaccio); *Quelli che moiono, bisogna pregare Iddio per loro* (Manzoni).

Nella lingua parlata si ricorre di frequente a **frasi sintatticamente marcate**: vale a dire frasi che presentano un ordine dei loro costituenti diverso da quello normale. Le frasi 1) *non leggo quel romanzo*, 2) *quel romanzo, (io) non lo leggo*, 3) *non lo leggo, quel romanzo* hanno tutte lo stesso contenuto proposizionale, ma diversi valori pragmatici: in realtà intendono produrre diversi effetti sul destinatario, spostando la sua attenzione sul "romanzo" (2), che risulta così tematizzato (v. 3.7), oppure sul "leggere" 3)[1].

In (2) e ancora nelle frasi (4) *a Luisa, le voglio bene*, (5) *(di) scherzi, Maria ne fa molti*, (6) *a Roma, ci vivo bene*, (7) *Gino, a Laura, regalerà un disco*, si ha una **dislocazione a sinistra**: il costituente tematizzato (si tratta dunque di un tema/noto) e spostato a sinistra è connesso sintatticamente con il resto della frase mediante un pronome atono, e ancora mediante *ne* e *ci*; in (7) manca l'elemento di connessione.

Un'altra costruzione che provoca lo spostamento a sinistra del tema-dato è il cosiddetto **tema sospeso**. A differenza di quanto può avvenire nella dislocazione a sinistra, il tema sospeso non è preceduto da preposizioni (5), inoltre deve essere sempre ripreso, diversamente da quanto accade in (7). La ripresa può essere

---

[1] La frase 3) *non lo leggo, quel romanzo* è un esempio di "dislocazione a destra".

attuata con un pronome atono, con un dimostrativo o con un elemento anaforico: (8) *la parolaccia detta da Franco, tutti ne parlano,*[1] (9) *la parolaccia detta da Franco, nessuno può dimenticare questo,* (10) *la parolaccia detta da Franco, nessuno può dimenticare questo atto incivile.*

In altri casi viene spostato a sinistra, non il tema-dato, ma un elemento nuovo che contrasta con il contesto, vale a dire il rema-nuovo. Per esempio, se all'affermazione (11) *Carlo ha comprato una bicicletta* fa seguito una replica contrastiva (12) *un motorino, ha comprato Carlo,* è evidente che *un motorino* è l'elemento nuovo (il rema) non ricavabile dal contesto; la frase completa potrebbe essere: (13) *un motorino, ha comprato Carlo, non una bicicletta.* La costruzione ora descritta (12) si chiama **topicalizzazione**. L'elemento nuovo, di cui si è ora parlato, appare anche in altre tre costruzioni, denominate rispettivamente: frase scissa, frase pseudoscissa, *c'è* presentativo.

Nella **frase scissa** un costituente è focalizzato conseguentemente alla frattura della frase in due parti: la prima costituita dal verbo *essere* e dall'elemento focalizzato, la seconda introdotta di norma da un *che* subordinatore seguìto dal resto dell'informazione: (14) *È lui che ha bevuto il vino*; variante con l'infinito: (15) *È stato lui a bere il vino*; riformulando (13) abbiamo la frase scissa (16) *È un motorino, che Carlo ha comprato.* Si noti che anche in queste frasi è implicito un contrasto: (17) *È lui che ha bevuto il vino, non Francesca.* Con l'inversione dei costituenti si ottiene la **frase pseudoscissa** (18) *chi ha bevuto il vino è lui,* (19) *a bere il vino è stato lui.*

Il cosiddetto **c'è presentativo** introduce un sintagma nominale, che viene poi ampliato da una proposizione relativa: (20) *c'è una persona che vuole vederti,* rispetto alla frase di base (21) *una persona vuole vederti.* Come la frase scissa, il *c'è* presentativo distribuisce l'informazione in due parti, mettendo in rilievo, dopo *c'è,* un elemento della frase. Un altro modo di segmentare l'informazione in due parti è rappresentato da un tipo di frase come: (22) *Vediamo ora quelli che sono i problemi principali,* in luogo della frase di base (23) *Vediamo ora i problemi principali.*

Quanto abbiamo detto sulle **frasi sintatticamente marcate** ci mostra che una frase può essere analizzata da tre punti di vista:

1) **morfo-sintattico**: è la prospettiva tradizionale, nella quale si distingue il soggetto dal predicato; qui appare una precisa codificazione dei componenti della frase; vale a dire tali componenti corrispondono a mezzi formali fissi appartenenti alla lingua; in *Mario guarda Giulia,* si ha un soggetto *Mario* e un predicato *guarda Giulia*;

2) **semantico-referenziale**: secondo tale prospettiva si distingue tra "agente" e "paziente"; nella frase *Mario guarda Giulia* il soggetto coincide con l'agente *Mario,* il complemento oggetto, che fa parte del predicato, coincide con il paziente *Giulia*; ma nella frase passiva *Giulia è guardata da Mario* tale coincidenza scompare: il soggetto (*Giulia*) è questa volta il paziente, l'agente (*Mario*) è costituito invece da un complemento;

[1] Si noti che la frase con preposizione *della parolaccia detta da Franco tutti (ne) parlano* costituisce invece un esempio di dislocazione a sinistra. Invece la frase *la parolaccia detta da Franco, nessuno può dimenticarla* si può interpretare sia come una dislocazione a sinistra sia come un tema sospeso.

3) **enunciativo-gerarchico**: nelle frasi *Giulia, guarda Mario; Giulia, Mario la guarda; è Giulia, che Mario guarda* lo spostamento a sinistra (attuato con varie modalità) di *Giulia*, indica che è *Giulia* la persona sulla quale si vuol richiamare l'attenzione, è l'elemento-noto; invece *Mario guarda* è l'elemento-nuovo (v. 3.7).

Consideriamo ancora un tratto tipico del parlato: il cosiddetto **"che" polivalente**, usato per legare tra loro due proposizioni in casi in cui la lingua più accurata farebbe uso di una forma del pronome relativo o di una congiunzione subordinante esplicita. Leggiamo i seguenti esempi: *Giulio è uno che ci puoi contare* [*che* = su cui]; *Maria è la ragazza che ci esco spesso insieme* [*che* = con cui]; *Londra è una città che ci piove sempre* [*che* = in cui]; *quello è il ragazzo che gli hanno dato una spinta* [*che* = a cui]; *telefonami più tardi che ora devo scappare* [*che* = perché]; *è arrivato che il treno era già partito* [*che* = quando]. Dotate di un diverso grado di accettabilità, queste frasi sono consuete nel parlato e nella prosa che vuole imitare il parlato.

CAPITOLO 11

LA FORMAZIONE DELLE PAROLE

11·1 PREMESSA

La **formazione delle parole** è quel complesso di trasformazioni per il quale si può passare da parole di base a **suffissati** (*orologio* → *orologiaio*), **prefissati** (*campionato* → *precampionato*) e **composti** (*fermare* e *carte* → *fermacarte*). Diversamente dal **prestito linguistico** (v. 12.10), la formazione delle parole arricchisce dall'interno la lingua. Infatti produce nuovi vocaboli (come *orologiaio, precampionato, fermacarte*) partendo da vocaboli che già esistono: nel caso specifico, *orologio, campionato, fermare* e *carte*.

Nella formazione delle parole dobbiamo distinguere una parola di base o, per meglio dire, una **base** lessicale, dotata di una forma e di un significato e degli elementi che si aggiungono a destra e/o a sinistra della base. L'elemento che si aggiunge a destra è detto **suffisso** (per esempio, *-aio* di *orologiaio*); il procedimento di aggiungere un suffisso alla base è detto **suffissazione**. Nella suffissazione si ha la cancellazione del morfema flessivo: *orologi*[o] + *aio* → *orologiaio*[1]. L'elemento che si aggiunge a sinistra è detto **prefisso** (per esempio, *pre-* di *precampionato*); il procedimento è detto **prefissazione**. Più raramente si ha l'aggiunta simultanea di un prefisso e di un suffisso: *scatola* → *inscatolare* (verbo parasintetico: v. 11.2.1).

Accanto ai suffissi e ai prefissi consideriamo anche gli **infissi** (*infiggere* dal lat. INFIGĔRE 'ficcar dentro'), che sono elementi morfologici costituiti da uno o più fonemi inseriti all'interno di una parola: nel verbo lat. RELĪNQUO 'io lascio', rispetto al perfetto RELĪQUI, si nota la presenza di un infisso nasale. Il latino e il greco antico possedevano dei veri e propri infissi. Alcuni vorrebbero vedere la presenza di infissi anche in italiano: per esempio in *testuale* si avrebbe la sequenza "base + infisso + suffisso": *test* + *u* + *ale*; ma tale analisi è respinta da altri studiosi. Per indicare un elemento che non ha valore morfologico, ma che è utilizzato nella formazione di alcuni derivati, si usa il termine **interfisso**; in *libriccino* si ha la sequenza: "base + interfisso + suffisso": *libr* + *icc* + *ino*.

L'insieme dei suffissi, dei prefissi e degli infissi costituisce la classe degli **affissi**. Tutti gli affissi sono delle **forme legate**, vale a dire non possono comparire da

---

[1] Si ha qui un esempio di "regola di aggiustamento", di una regola cioè che "aggiusta" dei particolari fonologici che si sono creati dopo un'operazione morfologica e che non corrispondono alla forma fonetica di superficie; vediamo un altro esempio: *ovvio* + *ità* / *ovvi* + *ità*: [o] è cancellato / *ovvi* + *età*, si ricorre a un allomorfo di *-ità*.

sole. I suffissi devono essere distinti da altre forme legate che si aggiungono a destra, vale a dire dai morfemi flessivi: per esempio, *-o* e *-i* di *orologio, orologi*; e dai **clitici** (V. GLOSSARIO): *guardala, scriveteci*.

I **composti** si formano mediante l'unione in una sola parola di due basi: da *fermare* e *carte* si ha *fermacarte* (si noti la cancellazione della desinenza dell'infinito), da *cassa* e *forte* si ha *cassaforte*.

Tutti i parlanti possono costruire, partendo da determinate **basi** e attuando le necessarie trasformazioni, intere serie di nuove parole, che con termine tecnico si chiamano **neoformazioni**. *Orologiaio, precampionato, fermacarte* sono neoformazioni derivate da *orologio, campionato, fermare* e *carte*. Per passare dalla base al nuovo vocabolo si seguono alcune **regole di trasformazione**, sulle quali ci soffermeremo particolarmente.

La formazione delle parole non consiste in una pura e semplice addizione di elementi: base + suffisso = suffissato; prefisso + base = prefissato; parola + parola = parola composta. Questo, in realtà, è solo l'aspetto esteriore del fenomeno. La formazione delle parole presuppone invece che il parlante abbia piena coscienza del **rapporto di significato** che lega la nuova parola alla sua base. Tutti riconosceranno in parole come *scaffalatura* e *librone* un collegamento a *scaffale* e *libro*, ma nessuno penserà che *struttura* e *mattone* sono collegati a *strutto* e *matto*. Soltanto nel primo caso, infatti, possiamo formulare le equivalenze:

insieme di scaffali   ha significato uguale a   *scaffalatura*
grosso libro   ha significato uguale a   *librone*;

invece *insieme di strutto* e *grosso matto* non hanno alcun rapporto di significato con *struttura* e, rispettivamente, *mattone*.

Come si vede, non possiamo spiegare la formazione delle parole considerando solo il rapporto formale che unisce una base a un affisso. È necessario considerare anche il rapporto tra i significati.

La formazione delle parole si divide in tre settori: la **suffissazione**, la **prefissazione**, la **composizione**.

11·2 LA SUFFISSAZIONE

■   La **suffissazione** consiste nell'aggiungere un affisso dopo la base:

forma   →   *formale*[1]
formale   →   *formalizzare*
formalizzare   →   *formalizzazione*.

Fondamentale nella suffissazione è il passaggio da una categoria a un'altra di parole. Un verbo può dar luogo a un nome o a un aggettivo; un nome a un verbo o a un aggettivo; un aggettivo a un verbo o a un nome. La suffissazione si ha anche all'interno della stessa categoria di parole: da un nome a un altro nome, da aggettivo ad aggettivo, da verbo a verbo (le trasformazioni da aggettivo ad aggettivo e da verbo a verbo avvengono solo nel settore specifico dell'**alterazione**: v. 11.2.8).

---

[1] In una prospettiva grammaticale, si noti che alla base *forma* viene tolta la desinenza *-a*; alla radice così ottenuta *form-* si aggiunge il suffisso *-ale*.

I suffissati che hanno come base un nome si chiamano **denominali**, quelli che derivano da un aggettivo si chiamano **deaggettivali**, quelli che derivano da un verbo di chiamano **deverbali**. Inoltre i suffissati formati, secondo che siano nomi, aggettivi o verbi, si dicono **nominali**, **aggettivali** o **verbali**. Per esempio, *orologiaio* è un suffissato nominale denominale: si tratta infatti di un nome che deriva da un altro nome; *operabile* è invece un suffissato aggettivale deverbale: si tratta infatti di un aggettivo che deriva da un verbo; e così via.

Il suffissato può dunque essere:

riguardo alla BASE di origine			riguardo alla sua NATURA
DENOMINALE (base = nome)	*orologio*	→ *orologiaio*	NOMINALE
	idea	→ *ideale*	AGGETTIVALE
	idea	→ *ideare*	VERBALE
DEAGGETTIVALE (base = aggettivo)	*bello*	→ *bellezza*	NOMINALE
	verde	→ *verdastro*	AGGETTIVALE
	verde	→ *verdeggiare*	VERBALE
DEVERBALE (base = verbo)	*operare*	→ *operazione*	NOMINALE
	operare	→ *operabile*	AGGETTIVALE
	cantare	→ *canticchiare*	VERBALE

Nella tabella precedente sono indicati solo i nove tipi principali di derivati; bisogna aggiungere gli avverbi, che possono essere sia basi (*indietro* → *indietreggiare*) sia derivati (*veloce* → *velocemente, bocca* → *bocconi*).

Nessuna lingua sfrutta appieno le potenzialità offerte dai meccanismi di formazione delle parole; vale a dire che, data una base, non tutte le possibilità derivative sono realizzate. Da *lavare* possiamo ottenere i derivati *lavaggio, lavatura, lavata*, ma non **lavazione, *lavamento*.

In altri casi il derivato non conserva tutti i significati e gli usi della forma base; vediamo due esempi: l'aggettivo *pieno* ha come derivato nominale *pienezza*, forma che può essere usata soltanto in senso traslato:

il presidente ha i pieni poteri → *la pienezza dei poteri del presidente*, ma non *il bicchiere è pieno* → **la pienezza del bicchiere*.

L'aggettivo *popolare* ha come contrario la forma prefissata *impopolare*. Quest'ultima può essere usata soltanto come aggettivo qualificativo, ma non come aggettivo di relazione: possiamo cioè dire *un personaggio popolare* o *un personaggio impopolare* (dove l'aggettivo è qualificativo), ma all'espressione *l'ira popolare* non si può opporre **l'ira impopolare* (dove l'aggettivo è di relazione).

È importante tener conto di alcune variazioni formali che talvolta possono intercorrere tra la base e il suffissato. Ricordiamo:

- l'alternanza dittongo-vocale (il cosiddetto **dittongo mobile**: v. 13.7.1):
/jɛ/ - /e/ *lieto* → *letizia*; /wɔ/ - /o/ *nuovo* → *novità*;

• l'alternanza occlusiva-affricata, nelle sue tre varietà:

/t/ - /ts/ *potente* → *potenza*; /k/ - /tʃ/ *comico* → *comicità*;
/g/ - /dʒ/ *mago* → *magia*;

• le alternanze dovute alla conservazione nel suffissato di caratteri presenti nel latino:

figlio (lat. FĪLIUM) → *filiale*; *mese* (lat. MĒNSEM) → *mensile*;
chiaro (lat. CLĀRUM) → *acclarare*.

In tutti questi casi, come in altri (si ricordi in particolare l'importante settore dei prestiti dal greco: *crisi* → *critico*) si parla di **base modificata**.

Da quanto si è detto finora appare chiaro che esistono delle **regole della formazione delle parole**, le quali riguardano sia l'aspetto formale sia l'aspetto semantico del fenomeno. Tali regole: 1) impongono un determinato ordine (e solo quello) degli affissi rispetto alla base: *in + scatol + are*, non **scatol + are + in*; 2) specificano la categoria sintattica sia della base sia del derivato (per esempio, nome + suffisso → verbo: *idea + are* → *ideare*); 3) indicano le **proprietà semantiche** del derivato: il suffisso -*aio* si aggiunge a nomi con tratti [– umano], producendo per lo più nomi con tratto [+ umano]: *orologio* → *orologiaio*. Le regole della formazione delle parole illustrano il meccanismo per il quale si formano delle parole nuove; al tempo stesso spiegano la struttura delle parole esistenti (v. anche le "regole di aggiustamento" di cui si è già parlato).

Notiamo ancora che a una determinata base non si può aggiungere un qualsivoglia suffisso: alla base *abile* posso aggiungere il suffisso -*ità*, ma non i suffissi -*ezza* e -*ore*: *abilità*, ma non **abilezza*, **abilore*; da *rigido* posso ottenere: *rigidità*, *rigidezza*, ma non **rigidizia*, **rigidura*; a *orologio* posso aggiungere sia -*aio* sia -*eria*: *orologiaio*, *orologeria*, ma non -*ato*; alle basi *schivo* e *torrido* non posso aggiungere alcun suffisso. Si dirà allora che esiste un **blocco della suffissazione**: alcuni suffissi sono "bloccati", vale a dire non si possono aggiungere a certe basi; la possibilità di applicare uno o più suffissi muta da base a base.

Diamo ora un quadro delle linee principali della suffissazione nella nostra lingua; useremo per brevità le sigle **N** (= nome), **A** (= aggettivo), **V** (= verbo).

11.2.1 DAL NOME AL VERBO

La trasformazione **N** → **V** può essere ottenuta con i suffissi:

• **-are, -ire**: *arma* → *armare*, *canto* → *cantare*, *pittura* → *pitturare*, *sci* → *sciare*; *custode* → *custodire*, *veste* → *vestire*;
si possono considerare come varianti di -*are* sia **-iare** (*differenza* → *differenziare*) sia **-icare** (*neve* → *nevicare*);

• **-eggiare**: *alba* → *albeggiare*, *onda* → *ondeggiare*, *scena* → *sceneggiare*, *schiaffo* → *schiaffeggiare*;

• **-izzare**: *alco(o)l* → *alco(o)lizzare*, *canale* → *canalizzare*, *lotto* → *lottizzare*, *computer* → *computerizzare*;

- **-ificare**: *nido → nidificare, pane → panificare, persona → personificare, pietra → pietrificare.*

Un caso particolare di derivazione è rappresentato dai **verbi parasintetici** (dal greco *pará* 'presso' e *syntithénai* 'mettere insieme'), nei quali si ha l'intervento simultaneo di un prefisso e di un suffisso:

cappuccio → in-cappucci-are, bandiera → s-bandier-are.

Distinguiamo i parasintetici secondo i prefissi:

- **a-** + raddoppiamento della consonante:

bottone → abbottonare, casa → accasare, fetta → affettare, punta → appuntire;

davanti a base che inizia con vocale si ha la forma eufonica **ad-**: *esca → adescare, opera → adoperare;*

- **de-**:

caffeina → decaffeinare, cappotta → decappottare;

- **in-** (*inn-, im-, il-, ir-, i-*):

scatola → inscatolare, amore → innamorare, bottiglia → imbottigliare, lume → illuminare (base modificata secondo il latino LŪMEN, genitivo LŪMĬNIS 'lume, luce'), *ruggine → irrugginire, scheletro → ischeletrire;*

vi è anche il doppio prefisso *re + in* = **rin-** (*rim-*): *faccia → rinfacciare, patria → rimpatriare;*

- **s-** privativo:

buccia → sbucciare, gozzo → sgozzare, natura → snaturare, polpa → spolpare;

- **s-** intensivo:

bandiera → sbandierare, facchino → sfacchinare, forbice → sforbiciare;

- **di-**:

bosco → diboscare, ramo → diramare, vampa → divampare;

- **dis-**:

colpa → discolpare, sangue → dissanguare, sete → dissetare;

- **tra-, tras-, trans-**:

vaso → travasare, morte → tramortire (valore attenuativo); *bordo → trasbordare; sostanza → transustanziare* (base modificata secondo il latino SUBSTĂNTĬA 'sostanza').

Tra- è l'esito popolare del lat. TRĀNS-; *tras-* è una variante intermedia fra la forma latina e l'esito popolare: ad alcuni moderni prefissati con *tras-* corrispondevano nell'italiano antico verbi con *trans-*: *trasfigurare / transfigurare, trasportare / transportare;* i prefissati (verbali, nominali e aggettivali) con *trans-* presenti nell'italiano moderno sono latinismi diretti o mediati da lingue moderne (come l'inglese e il francese): *transcodificare, transfluire; transatlantico, transculturale, transnazionale.*

11.2.2 DALL'AGGETTIVO AL VERBO

La trasformazione **A** → **V** può essere ottenuta con i suffissi:

● **-are, -ire**:

attivo → *attivare, calmo* → *calmare, gonfio* → *gonfiare; chiaro* → *chiarire, marcio* → *marcire;*

● **-izzare**:

formale → *formalizzare, fraterno* → *fraternizzare, stabile* → *stabilizzare, vivace* → *vivacizzare;*

● **-eggiare**:

bianco → *biancheggiare, grande* → *grandeggiare, largo* → *largheggiare, scarso* → *scarseggiare;*

● **-ificare**:

beato → *beatificare, dolce* → *dolcificare, intenso* → *intensificare, solido* → *solidificare.*

Numerosi sono i **verbi parasintetici** che derivano da aggettivi: *aspro* → *in-aspr-ire, bizzarro* → *s-bizzarr-ire.* Anche qui distinguiamo i parasintetici secondo i prefissi.

● **a-**:

largo → *allargare, simile* → *assimilare, vici-no* → *avvicinare, profondo* → *approfondire;*

● **di-**:

rozzo → *dirozzare, magro* → *dimagrire;*

● **in-, -im**:

aspro → *inasprire, brutto* → *imbruttire, grande* → *ingrandire, pallido* → *impallidire;*

● **s-** privativo:

vecchio → *svecchiare; folto* → *sfoltire;*

● **s-** intensivo:

corto → *scorciare* (con base modificata), *bizzarro* → *sbizzarrir(si);*

● **dis-**:

acerbo → *disacerbare, acido* → *disacidare; bello* → *disabbellire;*

● **r(i)-**:

allegro → *rallegrare;* spesso è unito a un altro prefisso: *caro* → *rincarare, giovane* → *ringiovanire, sereno* → *rasserenare.*

Il parlante di oggi considera *rallegrare* e *ringiovanire* come tratti direttamente da *allegro* e *giovane*, cioè come dei parasintetici; per lo storico della lingua, invece, questi verbi derivano da *allegrare* e *ingiovanire* (oggi poco comuni) e sono perciò dei prefissati verbali non parasintetici.

11.2.3 DAL VERBO AL NOME

I nomi deverbali si distinguono in due specie:

1) nomi che indicano l'azione: *operare* → *operazione, insegnare* → *insegnamento*;
2) nomi che indicano l'"agente", cioè la persona che compie l'azione: *lavorare* → *lavoratore*; lo strumento che compie l'azione o per mezzo del quale si opera: *lavare* → *lavatrice, potare* → *potatoio*.

1) I nomi deverbali che indicano l'**azione** possono essere ottenuti con i suffissi:

● **-zione**:

circolare → *circolazione, esportare* → *esportazione, lavorare* → *lavorazione, operare* → *operazione*;

si può considerare una variante di *-zione* il suffisso **-sione**, che comporta un mutamento nella base (la base è costituita dal participio passato o da una forma colta): *accendere* → *accensione* (cfr. lat. ACCĒNSUS, part. pass. di ACCĒNDĔRE), *aggredire* → *aggressione* (cfr. lat. AGGRĔSSUS, part. pass. di AGGRĔDIOR), *dividere* → *divisione, invadere* → *invasione*; anche in questi casi si può parlare di una regola di aggiustamento (v. 11.1).

● **-aggio**:

atterrare → *atterraggio, lavare* → *lavaggio, montare* → *montaggio, riciclare* → *riciclaggio*;

● **-mento**:

cambiare → *cambiamento, censire* → *censimento, insegnare* → *insegnamento, nutrire* → *nutrimento*;

● **-ura** (la base è data dal participio passato):

chiudere → *chiusura, cuocere* → *cottura, fornire* → *fornitura, leggere* → *lettura*;

● **-anza, -enza**:

abbondare → *abbondanza, adunare* → *adunanza, somigliare* → *somiglianza; diffidare* → *diffidenza; compiacere* → *compiacenza, dipendere* → *dipendenza*;

● **-ìo** indica azione continuata:

calpestare → *calpestio, cigolare* → *cigolio, mormorare* → *mormorio, ronzare* → *ronzio*;
questi derivati indicano un'azione prolungata e hanno per lo più un valore espressivo; notiamo un mutamento di significato nel tempo: *lavorìo* significa oggi 'lavoro intenso e continuato' e 'maneggio, intrigo', mentre anticamente significava 'lavoro' in genere.

● **-ato, -ito, -ata, -uta, -ita** (altra forma del participio passato, tratta dal latino):

tracciare → *tracciato, ululare* → *ululato; ruggire* → *ruggito, udire* → *udito; nevicare* → *nevicata, telefonare* → *telefonata; cadere* → *caduta, spremere* → *spremuta; dormire* → *dormita, schiarire* → *schiarita; attendere* → *attesa, condurre* → *condotta, leggere* → *letta, sconfiggere* → *sconfitta;*

● **suffisso zero**, cioè senza suffisso:

abbandonare → *abbandono, comandare* → *comando, deliberare* → *delibera, rettificare* → *rettifica;*

talvolta accanto al deverbale con suffisso zero ce n'è un altro con suffisso pieno: *accumulo / accumulazione, delibera / deliberazione, prosieguo / proseguimento, rettifica / rettificazione.*

2) I nomi deverbali che indicano l'**agente** possono essere ottenuti con i suffissi:

● **-tore / -trice**:

giocare → *giocatore (giocatrice), investigare* → *investigatore (investigatrice), lavorare* → *lavoratore (lavoratrice);* spesso la base è data dal participio passato: *coreggere* → *correttore (correttrice), dirigere* → *direttore (direttrice), leggere* → *lettore (lettrice);*

il suffisso *-tore / -trice* è frequente in nomi del linguaggio tecnico-scientifico indicanti un apparecchio, uno strumento, una macchina ecc.: *amplificare* → *amplificatore, trasformare* → *trasformatore; calcolare* → *calcolatore (calcolatrice), mitragliare* → *mitragliatore (mitragliatrice); copiare* → *copiatrice, trebbiare* → *trebbiatrice;*

variante di *-tore* è il suffisso **-sore**, che comporta un mutamento nella base (la base è costituita dal participio passato o da una forma colta): *difendere* → *difensore, invadere* → *invasore, opprimere* → *oppressore, comprimere* → *compressore, percuotere* → *percussore;*

spesso i nomi in *-tore / -trice* e in *-sore* sono usati anche come aggettivi: *lo studente lavoratore, agenzia investigatrice, l'avvocato difensore, un apparecchio amplificatore, una macchina copiatrice;*

● **-ante, -ente**:

cantare → *cantante, commerciare* → *commerciante, insegnare* → *insegnante; supplire* → *supplente;*
tra i nomi con tratto [-umano]: *colorare* → *colorante, disinfettare* → *disinfettante; assorbire* → *assorbente;*

numerosi nomi in *-ante* e in *-ente* possono anche essere aggettivi: *corpo insegnante, carta assorbente;*

● **-ino**:

arrotare → *arrotino, imbiancare* → *imbianchino, spazzare* → *spazzino;*
tra i nomi di strumenti: *colare* → *colino, frullare* → *frullino, temperare* → *temperino;*

● **-one** ha valore accrescitivo-spregiativo:

accattare → accattone, brontolare → brontolone, chiacchierare → chiacchierone, mangiare → mangione;

● **-toio** forma nomi di strumenti e anche nomi di luogo:

appoggiare → appoggiatoio, essiccare → essiccatoio, galoppare → galoppatoio, potare → potatoio;

● **-torio** ha prevalentemente valore locativo:

consultare → consultorio, dormire → dormitorio;

● **-erìa** ha lo stesso valore del suffisso precedente:

distillare → distilleria, fondere → fonderia.

Consideriamo ora un aspetto importante della formazione delle parole: la **produttività**. Vi sono affissi produttivi, vale a dire che continuano a produrre derivati nella lingua di oggi, e vi sono affissi scarsamente produttivi. Nella prima categoria possiamo far rientrare tre suffissi molto vitali: *-zione, -aggio* e *-tore*, con i quali si formano di continuo parole nuove. Più precisamente parleremo di **neologismi combinatori** (v. 12.8); cfr.: *americanizzazione, attualizzazione, indicizzazione* 'il collegare il valore di un bene o di un servizio alle variazioni di un indice di riferimento'; *assemblaggio, sciacallaggio* 'azione, comportamento da sciacallo, specie in riferimento a ladri e saccheggiatori in occasione di calamità naturali'; *alfabetizzatore* 'persona che tenta di alfabetizzare altri', *programmatore, sintetizzatore* 'dispositivo o impianto in cui si opera una sintesi elettronica'[1]. Alla seconda categoria appartengono invece suffissi con i quali non si formano più derivati o se ne formano pochi e in circostanze molto particolari; cfr., per esempio, *-ìo, -itudine, -aceo*; sono pochi infatti i neologismi N-*ìo*, N-*itudine*, A-*aceo*. Come avremo modo di osservare, la produttività è un aspetto che riguarda tutti i settori della formazione delle parole. Quanto si è ora detto per la suffissazione vale anche per la prefissazione e per la composizione.

11.2.4 DAL VERBO ALL'AGGETTIVO

La trasformazione **V → A** può essere ottenuta con i suffissi:

● **-ante, -ente**:

abbondare → abbondante, incoraggiare → incoraggiante; compiacere → compiacente, diffidare → diffidente;

spesso gli aggettivi in *-ante* e in *-ente* sono soggetti a nominalizzazione: *calmante, dipendente, lavorante, militante, partecipante, scioperante;*

● **-tore, -trice**:

si rimanda ai nomi deverbali che indicano l'agente (v. 11.2.3);

---

[1] Le definizioni qui riportate sono tratte da M. Cortelazzo e U. Cardinale, *Dizionario di parole nuove, 1964-1987*, Loescher, Torino 1989.

● **-bile** forma aggettivi di senso passivo esprimenti possibilità:

giustificare → *giustificabile* 'che può essere giustificato', *ossidare* → *ossidabile, realizzare* → *realizzabile*;

● **-evole** forma aggettivi con valore passivo e con valore attivo:

ammirare → *ammirevole* 'che deve essere ammirato', *biasimare* → *biasimevole, lodare* → *lodevole, girare* → *girevole* 'che gira', *mutare* → *mutevole*;

● **-ivo** (la base è data dal participio passato o da una forma colta):

detergere → *detersivo, eludere* → *elusivo, fuggire* → *fuggitivo*.

11.2.5 DALL'AGGETTIVO AL NOME

La trasformazione **A** → **N** può essere ottenuta con i suffissi:

● **-ezza**:

alto → *altezza, bello* → *bellezza, brutto* → *bruttezza, grande* → *grandezza, lungo* → *lunghezza, triste* → *tristezza*;

● **-ìa**:

allegro → *allegria, cortese* → *cortesia, folle* → *follia, geloso* → *gelosia*;

● **-ia**:

concorde → *concordia, insonne* → *insonnia, misero* → *miseria, superbo* → *superbia*;

● **-izia**:

amico → *amicizia, avaro* → *avarizia, furbo* → *furbizia, giusto* → *giustizia*;

● **-ità, -età, -tà**:

breve → *brevità, capace* → *capacità; felice* → *felicità, bonario* → *bonarietà, caparbio* → *caparbietà; fedele* → *fedeltà*;

● **-itudine**:

alto → *altitudine, beato* → *beatitudine; grato* → *gratitudine, solo* → *solitudine*;

● **-ura**:

alto → *altura, bravo* → *bravura, fresco* → *frescura, lordo* → *lordura*;

● **-ore**:

chiaro → *chiarore; gonfio* → *gonfiore, grigio* → *grigiore, rosso* → *rossore*;

● **-aggine** si ritrova in derivati che hanno valore negativo-spregiativo:

balordo → *balordaggine, cocciuto* → *cocciutaggine, lungo* → *lungaggine, sfacciato* → *sfacciataggine*;

● **-erìa**:

fantastico → *fantasticheria, furbo* → *furberia, spilorcio* → *spilorceria*;

● **-ume** ha valore collettivo; si unisce per lo più ad aggettivi di senso spregiativo:

putrido → *putridume, sudicio* → *sudiciume, vecchio* → *vecchiume*;

● **-anza, -enza** formano nomi derivati dai corrispondenti aggettivi in *-ante, -ente*:

arrogante → *arroganza, elegante* → *eleganza, decente* → *decenza; paziente* → *pazienza*;
spesso gli aggettivi di base hanno alle spalle un verbo: (*abbondare*) *abbondante* → *abbondanza,* (*somigliare*) *somigliante* → *somiglianza;* (*compiacere*) *compiacente* → *compiacenza,* (*dipendere*) *dipendente* → *dipendenza.*

　　In questi casi il nome può essere considerato sia deaggettivale sia deverbale (v. 11.2.3);

● **-ismo, -esimo** formano nomi indicanti un movimento, un'ideologia, una disposizione dell'animo, un atteggiamento:

ateo → *ateismo, fatale* → *fatalismo, sociale* → *socialismo; cristiano* → *cristianesimo, urbano* → *urbanesimo*;

Tra questi due suffissi corrono tuttavia due differenze: 1) il primo è altamente produttivo, mentre il secondo è improduttivo; basta sfogliare i repertori moderni di neologismi, per incontrare quasi ad ogni pagina vocaboli come: *assistenzialismo, decisionismo, garantismo;* 2) il primo ha forma colta (viene dal greco *-ismós,* mediante il lat. -ISMUS), il secondo invece è popolare, come è provato sia dal passaggio della vocale latina -ĭ- ad *-e-,* sia dall'inserzione di una *-i-* per evitare l'incontro di due consonanti (anaptissi: V. GLOSSARIO). L'alternanza tra un affisso colto e uno popolare ricorre più volte nel campo della prefissazione (per esempio, *trans-/tra-, extra-/stra-:* v. 11.2.1 e 11.3.1).

　　Un tipo particolare di trasformazione **A > N** è rappresentata dalla nominalizzazione di un aggettivo o di un participio mediante l'articolo: *bello* → *il bello;* cfr. ancora: *il giusto, l'improbabile, il (la) finale, la tangenziale, l'amante, il fabbricante, il ricavato, il ricevente, la sopraelevata.*

11.2.6 DAL NOME ALL'AGGETTIVO

La trasformazione **N** → **A** può essere ottenuta con i suffissi:

● **-ato**:

accidente → *accidentato, dente* → *dentato, fortuna* → *fortunato, velluto* → *vellutato*;

● **-uto**:

baffi → *baffuto, occhiali* → *occhialuto, pancia* → *panciuto, punta* → *puntuto*;

● **-are**:

crepuscolo → *crepuscolare, popolo* → *popolare, saluto* → *salutare, secolo* → *secolare*;

● **-ario**:

ferrovia → *ferroviario, finanza* → *finanziario, testamento* → *testamentario, unità* → *unitario*;

● **-ale**:

commercio → *commerciale, industria* → *industriale, musica* → *musicale, virtù* → *virtuale*[1];

● **-ano**:

diocesi → *diocesano, isola* → *isolano, mondo* → *mondano, paese* → *paesano*;
si noti che molti aggettivi in *-ano*, come, per esempio, *isolano* e *paesano*, hanno subìto un processo di nominalizzazione;

● **-aceo**:

carta → *cartaceo, erba* → *erbaceo, perla* → *perlaceo, sebo* → *sebaceo*;

● **-aneo, -ineo**:

cute → *cutaneo, istante* → *istantaneo; femmina* → *femmineo, fulmine* → *fulmineo*;

● **-igno**:

ferro → *ferrigno, sangue* → *sanguigno*;

● **-ile**:

febbre → *febbrile, giovane* → *giovanile, primavera* → *primaverile, signore* → *signorile*;

● **-ino**:

bove → *bovino, capra* → *caprino, mare* → *marino, sale* → *salino*;

● **-izio**:

credito → *creditizio, impiegato* → *impiegatizio, reddito* → *redditizio*;

● **-iero**:

albergo → *alberghiero, battaglia* → *battagliero, costa* → *costiero, petrolio* → *petroliero*;

● **-esco** assume talvolta un valore spregiativo:

avvocato → *avvocatesco, bambino* → *bambinesco, carnevale* → *carnevalesco, polizia* → *poliziesco*;

---

[1] Usato nel linguaggio filosofico come sinonimo di *potenziale* e, nelle scienze, come contrapposto di *reale, effettivo*, il latinismo *virtuale* è stato poi rilanciato dall'informatica (*memoria virtuale, realtà virtuale*, calchi dall'inglese *virtual memory, virtual reality*). Si noti che da *virtù* deriva anche l'aggettivo *virtuoso*, che ha ovviamente altro significato.

● **-evole**:

amico → amichevole, amore → amorevole, colpa → colpevole, onore → onorevole;

● **-ivo**:

abuso → abusivo, furto → furtivo, oggetto → oggettivo, festa → festivo;

● **-ico**:

atomo → atomico, igiene → igienico, nord → nordico, panorama → panoramico;

in alcuni derivati *-ico* sostituisce il suffisso della base: *difterite → difterico, esotismo → esotico, prosodia → prosodico*;

in altri derivati si ha una modificazione della base; il caso più frequente è *-(at)ico*: *diploma → diplomatico, dramma → drammatico, problema → problematico*; altre variazioni della base si hanno in: *analisi → analitico, energia → energetico, farmacia → farmaceutico, architettura → architettonico*;

● **-istico, -astico**:

arte → artistico, calcio → calcistico, carattere → caratteristico; entusiasmo → entusiastico, orgia → orgiastico;

molti aggettivi in *-istico* derivano dai corrispondenti nomi in *-ismo*; in questo caso si ha la sostituzione del suffisso: *automobilismo → automobilistico, giornalismo → giornalistico, idealismo → idealistico, realismo → realistico, trasformismo → trasformistico*;

si noti che aggettivi come *artistico, automobilistico, giornalistico, idealistico* ecc. possono anche considerarsi formati con il suffisso *-ico* qualora si prendano come base i nomi *artista, automobilista, giornalista, idealista* ecc.;

● **-ifico**:

pace → pacifico, prole → prolifico, scienza → scientifico (con base modificata);

● **-torio (-sorio)**:

diffamazione → diffamatorio, infiammazione → infiammatorio, preparazione → preparatorio; divisione → divisorio;

essendo presente un verbo dietro ognuna di queste trasformazioni (*diffamare - diffamazione - diffamatorio*), si può considerare l'aggettivo sia come denominale sia come deverbale;

● **-oso**:

aria → arioso, muscolo → muscoloso, noia → noioso.

Un buon numero di derivati da nomi **geografici** si forma con i suffissi:

● **-ano, -ino, -ese**:

Africa → africano, America → americano, Roma → romano; Parigi → parigino, Perugia → perugino, Tunisia → tunisino; Bologna → bolognese, Francia → francese, Milano → milanese.

11.2.7 DAL NOME AL NOME

I nomi denominali si distinguono in cinque specie:

1) nomi che indicano un'attività considerata con riferimento all'agente: *benzina → benzinaio*;

2) nomi che indicano un'attività di produzione (fabbricazione, commercio, consumo ecc.) e il luogo dove si svolge tale attività: *acciaio → acciaieria*;

3) nomi che indicano uno strumento, un apparecchio, un utensile e simili: *dito → ditale*;

4) nomi che esprimono una quantità o hanno valore collettivo:

cucchiaio → cucchiaiata;

5) nomi scientifici: *polmone → polmonite*.

I denominali che indicano un'attività considerata con riferimento all'agente possono essere ottenuti con i suffissi:

- **-aio**:

benzina → benzinaio, bottega → bottegaio, giornale → giornalaio, orologio → orologiaio;

- **-aro**:

campana → campanaro, scuola → scolaro, zampogna → zampognaro, montagna → montanaro (con base modificata);

questo suffisso, tratto dall'italiano regionale di Roma, si applica anche a denominali di recente formazione e dotati di un certo grado di espressività, come *palazzina → palazzinaro* 'costruttore edile privo di scrupoli', *panchina → panchinaro* 'giocatore di riserva'.

- **-ario**:

biblioteca → bibliotecario, milione → milionario, proprietà → proprietario, visione → visionario;

alcuni nomi in *-ario*, come per esempio *milionario* e *visionario*, sono usati anche come aggettivi;

- **-aiolo**:

arma → armaiolo, barca → barcaiolo, bosco → boscaiolo, donna → donnaiolo;

- **-iere**:

banca → banchiere, giardino → giardiniere, infermo → infermiere, magazzino → magazziniere;

- **-ista**:

auto → autista, bar → barista, dente → dentista, piano → pianista.

Per quanto riguarda i nomi di mestiere, il suffisso *-aio* appare per lo più riservato ad attività tradizionali, mentre le nuove attività scelgono per lo più il tipo **N**-*ista* (*elicotterista, standista, vetrinista, visagista*); ma in corrispondenza di una base verbale si hanno derivati con *-tore* (*verniciatore, imbragatore*). Nei casi in cui i suffissi *-aio* / *-ista* sono aggiunti alla stessa base, possiamo avere una differenziazione semantica (come in *giornalaio* / *giornalista*) o due forme concorrenti, che indicano lo stesso mestiere, ma con una diversa sfumatura connotativa (come in *fioraio* / *fiorista*). In taluni casi il tipo **N**-*aio* assume una connotazione negativa: *guerrafondaio, parolaio*.

Molti nomi in *-ista* derivano dai corrispondenti nomi in *-ìa* e in *-ismo*; in questo caso si ha la sostituzione del suffisso: *economia* → *economista, fisionomia* → *fisionomista; altruismo* → *altruista, comunismo* → *comunista, culturismo* → *culturista, femminismo* → *femminista*.

Vi sono poi dei nomi in *-ista* che formalmente rinviano a un aggettivo, ma in realtà hanno per base un'espressione costituita da un nome e un aggettivo: (*diritto*) *civile* → *civilista*, (*conto*) *corrente* → *correntista*, (*medicina*) *interna* → *internista*, (*corsa*) *veloce* → *velocista*;

● **-ano**:

castello → *castellano, guardia* → *guardiano, sagrestia* → *sagrestano*;

● **suffisso zero**:

biografia → *biografo, lessicologia* → *lessicologo, pedagogia* → *pedagogo*; si noti che nomi come *biografo, lessicologo* ecc. possono considerarsi non solo derivati da *biografia, lessicologia* ecc., ma anche composti da *bio-* e *-grafo, lessico-* e *-logo* ecc. (v. 11.4.1).

I denominali che indicano un'attività di fabbricazione, di commercio ecc. e il luogo dove si svolge tale attività possono essere ottenuti con i suffissi:

● **-erìa**:

acciaio → *acciaieria, birra* → *birreria, falegname* → *falegnameria, orologio* → *orologeria*;

● **-ificio**:

calzature → *calzaturificio, maglia* → *maglificio, pasta* → *pastificio, zucchero* → *zuccherificio*;

● **-aio** indica un luogo destinato a contenere o custodire qualcosa:

bagaglio → *bagagliaio, grano* → *granaio, pollo* → *pollaio*;

● **-ile** ha lo stesso valore del suffisso precedente:

campana → *campanile, cane* → *canile, fieno* → *fienile*;

● **-ato** indica dignità, carica, ufficio, stato:

ammiraglio → *ammiragliato, commissario* → *commissariato, console* → *consolato, provveditore* → *provveditorato*; per estensione indica anche il luogo dove si esercita la carica, l'ufficio: il *commissariato* è la 'sede del commissario'.

I denominali che indicano uno strumento, un apparecchio, un utensile e simili possono essere ottenuti con i suffissi:

● **-ale**:

braccio → *bracciale, dito* → *ditale, gamba* → *gambale, schiena* → *schienale*;

● **-ario**:

formula → *formulario, lampada* → *lampadario, scheda* → *schedario, vocabolo* → *vocabolario*;

● **-iere**:

bilancia → *bilanciere, brace* → *braciere, candela* → *candeliere, pallottola* → *pallottoliere*;

● **-iera**:

antipasto → *antipastiera, cartuccia* → *cartucciera, insalata* → *insalatiera, tè* → *teiera*.

I denominali che esprimono quantità o hanno valore collettivo possono essere ottenuti con i suffissi:

● **-ata**[1] ha tre diversi valori, come appare dall'esemplificazione:

a) *cucchiaio* → *cucchiaiata* 'il contenuto di un cucchiaio', *pala* → *palata, secchio* → *secchiata*;

b) *fiaccola* → *fiaccolata* 'insieme di fiaccole', *figlio* → *figliata, scalino* → *scalinata*;

c) *bastone* → *bastonata* 'colpo inferto con un bastone', *coltello* → *coltellata, pugnale* → *pugnalata*;

sovente due di questi valori (il valore *a* e il valore *c*) si possono riscontrare in uno stesso nome: per esempio *borsata* significa sia 'ciò che può essere contenuto in una borsa' sia 'colpo inferto con la borsa' (cfr. *cucchiaiata, palata, secchiata* ecc.);

● **-ata**[2] esprime un atto che è proprio del nome di base:

buffone → *buffonata* 'atto proprio di un buffone', *canaglia* → *canagliata, pagliaccio* → *pagliacciata*;
talvolta ha valore intensivo: *fiamma* → *fiammata, onda* → *ondata*;
si noti la serie costituita con basi temporali: *anno* → *annata, giorno* → *giornata, mattina* → *mattinata, notte* → *nottata, sera* → *serata*;

● **-eto, -eta** indica un luogo dove si trovano determinate piante o colture oppure dove c'è abbondanza di qualcosa:

agrume → *agrumeto, canna* → *canneto, frutto* → *frutteto, sasso* → *sasseto, ulivo* → *uliveto; pino* → *pineta*;

● **-ame**:

bestia → *bestiame, foglia* → *fogliame, pelle* → *pellame, scatola* → *scatolame*;

● **-aglia**:

bosco → *boscaglia, muro* → *muraglia, sterpo* → *sterpaglia*;
talvolta al valore collettivo si aggiunge un senso spregiativo:
gente → *gentaglia, plebe* → *plebaglia*;

● **-iera**:

costa → *costiera*, *raggio* → *raggiera*, *scoglio* → *scogliera*;

● **-erìa**:

argento → *argenteria*, *fanale* → *fanaleria*, *fante* → *fanteria*;

alcuni nomi in *-erìa* hanno, oltre al valore collettivo, anche un valore locativo: per esempio, *cristalleria* può significare sia 'insieme di oggetti di cristallo' sia 'fabbrica o negozio di oggetti di cristallo'.

Per quanto riguarda i denominali del linguaggio scientifico, esaminiamo i suffissi più comuni in alcune discipline:

● nel vocabolario medico, il suffiso **-ite** significa 'infiammazione acuta', il suffisso **-osi** vale 'infiammazione cronica', il suffisso **-oma** sta per 'tumore'; la base (spesso costituita da un nome greco) indica la parte del corpo soggetta a un processo morboso:

polmone → *polmonite*, *tendine* → *tendinite*;
artro- (dal greco *árthron* 'giuntura, articolazione') → *artrosi*;
fibra → *fibroma*, *neuro-* (dal greco *néuron* 'nervo') → *neuroma*;

● nel vocabolario delle scienze naturali, il suffisso **-idi** indica una famiglia di animali, il suffisso **-ini** una sottofamiglia:

cane → *canidi*;
bove → *bovini*;

il suffisso **-acee** indica una famiglia di piante, il suffisso **-ali** un ordine, il suffisso **-ine** una classe:

rosa → *rosacee*;
mirto → *mirtali*;
felce → *filicine* (base modificata secondo il latino FĬLIX, FĬLĬCIS 'felce');

● nel vocabolario della mineralogia, il suffisso più diffuso per indicare un minerale è **-ite**; la base può essere costituita da un nome greco, dal nome del luogo dove è stato scoperto per la prima volta il minerale, dal nome dello scopritore ecc.:

antracite (dal greco *ánthrax* 'carbone'),
bauxite (dal nome della località di *Les Baux*, in Provenza),
dolomite (dal nome del geologo D. de Gratet de *Dolomieu*).

11.2.8 L'ALTERAZIONE

■ L'**alterazione** è un particolare tipo di suffissazione, con la quale il significato della parola di base non muta nella sua sostanza, ma soltanto per alcuni particolari aspetti, concernenti, tra l'altro, le dimensioni e le qualità del referente, e/o relativi al modo con cui esso è considerato dal parlante.

La parola *casa* ha gli alterati *casetta*, *casona*, *casaccia* ecc., i quali designano sempre una 'casa', ma ci dicono nel contempo che si tratta di una 'casa piccola', 'grande', 'brutta' ecc.

In nessun caso l'alterazione comporta il passaggio a una categoria di parole diversa rispetto a quella della base; si hanno infatti esclusivamente trasformazioni all'interno della stessa categoria di parole:

N → N (*libro* → *libretto*)
A → A (*bello* → *bellino*)
V → V (*cantare* → *canticchiare*)

Nel determinare l'uso degli alterati ha un ruolo fondamentale l'**affettività**, cioè la disposizione emotiva, il sentimento personale di chi parla. Tuttavia non bisogna confondere il significato **generale** e il significato **occasionale** di un alterato: il primo è valido in tutti i contesti e per tutti i parlanti, mentre il secondo dipende dalla carica affettiva che il singolo parlante può attribuire in particolari contesti a un certo alterato. Il significato generale di *casetta* è 'piccola casa'; i significati occasionali 'casa graziosa', 'casa a me cara' ecc. appartengono alla sfera dell'affettività.

> Alcuni linguisti parlano di **diminutivum sociale**: è quello che si usa per attenuare un ordine o per rendere più accetta una richiesta: *Per favore, mi porti subito quel fascicoletto che Lei ben conosce*; *Vorrei chiederti in prestito una sommetta di denaro: due o tre milioncini*. Il **diminutivum modestum** è quello che si usa con riferimento alla propria persona, alla propria attività, per non mettersi troppo in mostra, per cortesia nei riguardi dell'interlocutore: *Possiedi un appartamento in centro? Ma sì, un appartamentino*. Infine un esempio del cosiddetto **diminutivum ironicum**: *Mario fa tutto quello che gli dice Luisa: non sa dire di no alla sua mogliettina*.

Ha grande importanza la distinzione tra **alterati veri** e **alterati falsi**. I secondi, che derivano dai primi, sono parole con un significato proprio, specifico: per esempio, *fantino*, *rosone*, *cavalletto*, *manette* non sono un 'piccolo fante', una 'grande rosa', un 'piccolo cavallo', delle 'piccole mani'. Si definisce **lessicalizzazione** degli alterati il processo per il quale un alterato diviene un'unità lessicale autonoma, diviene cioè una parola fornita di un significato specifico. Proprio perché sono unità lessicali autonome, questi falsi alterati appaiono nei dizionari come lemmi a sé stanti: troveremo quindi *corpino* con la definizione 'parte superiore dell'abito femminile', *tinello* con la definizione 'saletta da soggiorno', *paglietta* con la definizione 'cappello di paglia', *fioretto* con le definizioni 'opera buona' e 'tipo di spada'.

> Per quale ragione si parla di alterati falsi? Il fatto è che in tutti questi casi non siamo di fronte ad alterati, ma a veri e propri derivati, cioè a parole di significato completamente diverso (nella sostanza, non soltanto in un aspetto particolare) rispetto alle parole di partenza. Rimane comunque la possibilità di usare *corpino*, *tinello*, *paglietta*, *fioretto* come alterati veri, di usare cioè *corpino* nel senso di 'piccolo corpo', *tinello* nel senso di 'piccolo tino', *paglietta* nel senso di 'piccola paglia', *fioretto* nel senso di 'piccolo fiore'; ma si tratta di una possibilità piuttosto remota, limitata fra l'altro dal rischio di fare confusione con i significati più comuni.

Nella produzione di alterati si ha qualche restrizione di carattere formale. In genere si evita la successione della stessa vocale nella base e nel suffisso: da *tetto* si può avere *tettino*, *tettuccio*, ma non **tettetto*; da *contadino* si può avere *contadinello*, *contadinetto*, ma non **contadinino*.

Tipi di alterati

La differenza di significato degli alterati rispetto alla base riguarda la quantità e la qualità: da una parte c'è un valore **diminutivo / accrescitivo**, dall'altra un valore **positivo / negativo**. Questi due valori non si escludono, anzi si richiamano a vicenda; alla piccolezza si riferisce la delicatezza e la gentilezza (*casuccia, rondinella*) oppure la debolezza e la meschinità (*donnetta, omiciattolo*); alla grandezza si riferisce la forza e il valore (*ragazzone, dottorone*) oppure la bruttezza e l'incapacità (*piedone, facilone*).

Distinguiamo gli alterati in due categorie principali, i **diminutivi** e gli **accrescitivi**, indicando i casi in cui si ha la prevalenza del valore di 'simpatia' (**vezzeggiativi**) o del valore di 'disprezzo' (**peggiorativi**). A parte consideriamo gli **alterati verbali**.

Alterati diminutivi

Da una base nominale o aggettivale si possono ottenere diminutivi mediante i suffissi:

● **-ino**:

mamma → *mammina*, *minestra* → *minestrina*, *pensiero* → *pensierino*, *ragazzo* → *ragazzino*, *bello* → *bellino*, *difficile* → *difficilino*;
possiede anche due varianti con interfisso (elemento inserito tra la base e il suffisso): **-(i)c(c)ino** e **-olino**; eccone alcuni esempi: *bastone* → *bastoncino*, *libro* → *libric(c)ino*; *sasso* → *sassolino*, *topo* → *topolino*, *freddo* → *freddolino*, *magro* → *magrolino*;
nella lingua parlata appaiono anche avverbi alterati: *presto* → *prestino*, *tanto* → *tantino*, *tardi* → *tardino*. Con il suffisso alterativo *-ino* si ha in vari casi il cumulo dei suffissi: *casa* → *casetta* → *casettina*, *gonna* → *gonnella* → *gonnellina*; ricordiamo alcuni casi di lessicalizzazione: *baracchino* (da *baracca*) 'apparecchio ricetrasmittente', *borsino* 'ufficio bancario', *ruolino* (nell'espressione *ruolino di marcia*), *testina* 'dispositivo elettromagnetico'.

● **-etto**:

bacio → *bacetto*, *camera* → *cameretta*, *casa* → *casetta*, *lupo* → *lupetto*; *basso* → *bassetto*, *piccolo* → *piccoletto*;
è frequente il cumulo dei suffissi: *scarpa* → *scarpetta* → *scarpettina*, *secco* → *secchetto* → *secchettino*; si noti che *scarpetta* è un diminutivo in parte lessicalizzato; si hanno pertanto due accezioni: 'scarpa da bambino o da donna', 'scarpa bassa e leggera'; di qui l'esigenza di ricorrere a un diminutivo del diminutivo.

● **-ello**:

albero → *alberello*, *asino* → *asinello*, *paese* → *paesello*, *rondine* → *rondinella*; *cattivo* → *cattivello*, *povero* → *poverello*;
vi sono le varianti con interfisso **-(i)cello** e **-erello**: *campo* → *campicel-*

lo, informazione → *informazioncella; fatto* → *fatterello, fuoco* → *f(u)o-cherello;*
si ha spesso il cumulo di suffissi: *storia* → *storiella* → *storiellina, buco* → *bucherello* → *bucherellino;*

● **-uccio** ha valore peggiorativo o, più comunemente, vezzeggiativo:
avvocato → *avvocatuccio, casa* → *casuccia, cavallo* → *cavalluccio, caldo* → *calduccio, freddo* → *fredduccio;*
variante di *-uccio* è **-uzzo**: *pietra* → *pietruzza;*

● **-icci(u)olo:**
asta → *asticci(u)ola, festa* → *festicciola, porto* → *porticciolo;*
talvolta ha anche senso peggiorativo: *donna* → *donnicci(u)ola;*

● **-ucolo** ha valore peggiorativo:
donna → *donnucola, maestro* → *maestrucolo, poeta* → *poetucolo;*

● **-(u)olo:**
faccenda → *faccenduola, merenda* → *merenduola, montagna* → *montagn(u)ola, poesia* → *poesiola;*
consideriamo qui anche l'alterazione con **-olo**, che si ha per lo più in combinazione con un altro suffisso: *nome* → *nomignolo, via* → *viottolo, medico* → *mediconzolo* (valore peggiorativo); per i suffissi *-iciattolo* e *-ognolo* vedi oltre;

● **-otto:**
contadino → *contadinotto, giovane* → *giovanotto, ragazzo* → *ragazzotto; basso* → *bassotto, pieno* → *pienotto;*
indica un animale giovane in: *aquila* → *aquilotto, lepre* → *leprotto, passero* → *passerotto;*

● **-acchiotto** ha valore diminutivo-vezzeggiativo:
lupo → *lupacchiotto, orso* → *orsacchiotto, volpe* → *volpacchiotto; furbo* → *furbacchiotto;*

● **-iciattolo** ha valore diminutivo-peggiorativo:
febbre → *febbriciattola, fiume* → *fiumiciattolo, libro* → *libriciattolo, mostro* → *mostriciattolo.*

Alterati accrescitivi

Possono essere ottenuti con i suffissi:

● **-one:**
febbre → *febbrona (febbrone), libro* → *librone, mano* → *manona (manone); ghiotto* → *ghiottone, pigro* → *pigrone;*
si ha spesso il cumulo di suffissi: *uomo* → *omaccio* → *omaccione, pazzo* → *pazzerello* → *pazzerellone;* talvolta il passaggio intermedio non è vivo nell'italiano di oggi: *buono* → *bonaccione;*

● **-acchione** ha una connotazione ironica:

frate → fratacchione, volpe → volpacchione; furbo → furbacchione, matto → mattacchione;

● **-accio** ha valore peggiorativo:

coltello → coltellaccio, libro → libraccio, voce → vociaccia; avaro → avaraccio;
sono lessicalizzazioni: *pagliaccio* (da *paglia*) nei significati di 'paglia trita' e 'buffone', *vinaccia* (da *vino*). Variante di *-accio* è **-azzo**, con cui si esprime un valore diminuito, svilito: *amore → amorazzo.*

● **-astro** ha valore peggiorativo quando la base è costituita da un nome, mentre ha valore attenuativo quando la base è costituita da un aggettivo:

medico → medicastro, poeta → poetastro, politico → politicastro; bianco → biancastro, dolce → dolciastro, rosso → rossastro;

● al pari degli aggettivi in *-astro*, esprimono una qualità attenuata (soprattutto riferita ai colori) anche altri alterati aggettivali, formati con i suffissi **-iccio, -igno, -ognolo, -occio**:

bianco → bianchiccio, rosso → rossiccio, sudato → sudaticcio; aspro → asprigno, giallo → gialligno; amaro → amarognolo, azzurro → azzurrognolo, giallo → giallognolo; bello → belloccio, grasso → grassoccio.

Alterati verbali

L'alterazione **V → V** produce verbi frequentativi, diminutivi e accrescitivi; il suffisso alterativo serve a indicare un **aspetto** (v. GLOSSARIO) del verbo di base: ripetizione, intermittenza, assenza di continuità, saltuarietà, attenuazione.

Gli alterati verbali possono essere ottenuti con i suffissi:

● **-(er/ar)ellare**:

bucare → bucherellare, giocare → giocherellare, trottare → trotterellare, saltare → saltellare (→ salterellare);

● **-ettare, -ottare**:

fischiare → fischiettare, piegare → pieghettare, scoppiare → scoppiettare; parlare → parlottare;

● **-icchiare, -acchiare, -ucchiare**:

cantare → canticchiare, lavorare → lavoricchiare; rubare → rubacchiare; mangiare → mangiucchiare.

11.2.9 PARADIGMI DI DERIVAZIONE

Il parlante ha coscienza del fatto che in famiglie di parole come: *operare - opera - operatore - operazione - operativo - operabile*, oppure come: *brutto - bruttezza - bruttura - bruttino - imbruttire*, ogni parola è associata con le altre sia dal punto di vista della forma sia dal punto di vista del significato.

Per la seconda di queste due famiglie non c'è alcun dubbio che la base sia costituita da **brutto**; mentre per la prima possiamo considerare come base sia **operare** sia **opera** (doppia derivazione).

I rapporti di derivazione che si stabiliscono tra le varie parole di una stessa famiglia sono di diverso tipo; si distinguono due schemi o **paradigmi** fondamentali, che hanno diverse strutture:

1) il **paradigma di derivazione a ventaglio**, nel quale ciascuna trasformazione comporta il ritorno alla stessa base:

$$
operare
\begin{cases}
\rightarrow opera \\
\rightarrow operatore \\
\rightarrow operazione \\
\rightarrow operativo \\
\rightarrow operabile \\
\rightarrow operoso
\end{cases}
$$

2) il **paradigma di derivazione a cumulo**, nel quale si ha una serie di trasformazioni successive:

idea → ideale → idealizzare → idealizzazione.

Accade spesso che in una stessa famiglia di parole questi due paradigmi siano entrambi presenti:

$$
idea \rightarrow ideale
\begin{cases}
\rightarrow idealizzare \begin{cases} \rightarrow idealizzazione \\ \rightarrow idealizzabile \end{cases} \\
\rightarrow idealista \rightarrow idealistico
\end{cases}
$$

I paradigmi di derivazione ci dicono quali sono le possibilità derivative di una parola, quale capacità essa ha di unirsi a determinati affissi per formare nuove parole. Inoltre, i paradigmi di derivazione ci permettono di ricostruire i vari passaggi attraverso i quali da una certa base si arriva a un derivato.

11·3 LA PREFISSAZIONE

■ La **prefissazione** consiste nell'aggiungere un affisso all'inizio della base.

Tale base può essere una parola semplice (*fare → rifare, fascismo → antifascismo*) oppure una parola già prefissata (*decifrabile → indecifrabile*).
A differenza della suffissazione, o almeno di gran parte di essa, la prefissazione non comporta il mutamento di categoria; dopo l'intervento del prefisso il nome rimane nome, l'aggettivo rimane aggettivo, il verbo rimane verbo:

campionato (N) →	*precampionato* (N)
fare (V) →	*rifare* (V)
capace (A) →	*incapace* (A)

Un'eccezione è rappresentata da un tipo particolare di prefissati aggettivali che hanno come base un nome: *nebbia* → *antinebbia, missile* → *antimissile, droga* → *antidroga, scippo* → *antiscippo*.

Un'altra differenza rispetto alla suffissazione consiste nel fatto che la prefissazione ha talvolta regole di aggiustamento (v. 11.1) in parte diverse: *avanti + elenco* → *avantielenco* (con vocale conservata), cfr. *orologi[o] + -aio* → *orologiaio* (con cancellazione del morfema flessivo).

Inoltre, mentre il suffisso non è mai autonomo, il prefisso può esserlo, fungendo in tal caso da preposizione o da avverbio: *avanti, contro, sopra, con* ecc.

Per la loro affinità consideriamo insieme i **prefissati nominali** e i **prefissati aggettivali**; successivamente esamineremo i **prefissati verbali** non parasintetici (per i parasintetici v. 11.2.1 e 11.2.2).

11.3.1 PREFISSATI NOMINALI E AGGETTIVALI

Nell'ambito dei prefissati nominali e aggettivali si distinguono tre generi di prefissi:

1. prefissi provenienti da preposizioni e avverbi;

2. prefissi intensivi;

3. prefissi negativi.

Prefissi provenienti da preposizioni e avverbi

In base al significato, distinguiamo i seguenti gruppi di prefissi:

- **avan(ti)-, ante-, anti-, pre-** esprimono l'anteriorità spazio-temporale:
avancorpo, avantielenco; anteguerra, anteprima; anticamera, antipasto; preallarme, preavviso, precampionato, preindustriale;

- **post-, retro-** esprimono la posteriorità spazio-temporale:
postindustriale, post-moderno, postoperatorio; retroattivo, retrobottega, retromarcia;

- **dis-** esprime allontanamento (questo significato rientra nel più generale valore negativo: v. PREFISSI NEGATIVI):
dismisura, disfunzione;

- **circum-, anfi-, peri-** significano 'intorno':
circumnavigazione, circumvesuviano; anfiteatro; periartrite, pericardio.
In alcuni termini tecnici i prefissi *anfi-* e *peri-* hanno anche un altro valore: *anfi-* significa 'da due parti' (*anfiprostilo*); *peri-* indica in astronomia il punto di maggiore vicinanza a un astro (*perielio*);

- **cis-** significa 'al di qua':
cisalpino, cispadano;

- **con-** (*co-, col-, com-, cor-*), **sin-** significano 'insieme':
connazionale, coabitazione, collaterale, compaesano, correo; sincrono, sintonia;

● **contro-, contra-, anti-** esprimono opposizione:

controcorrente, controffensiva, controsenso; contraccolpo, contrappeso; antifascismo, antifurto, antigelo;

● **trans-, dia-** significano 'attraverso':

transalpino, transoceanico; diacronia, diascopia;

● **sopra-, sovra-, super-** esprimono superiorità:

soprannaturale, soprannumero, soprintendente; sovrabbondante, sovrapproduzione, sovrastruttura; supersonico, superuomo, supervisione;

● **extra-, fuori-** indicano esteriorità:

extracomunitario, extrauterino; fuoribordo, fuoriprogramma;

● **intra-, entro-, endo-** significano 'all'interno':

intramuscolare, intrauterino; entrobordo, entroterra; endoscopio, endovenoso;

● **inter-** significa 'in mezzo':

intercostale, interlinea, interplanetario, interregno;

da questo significato fondamentale si è sviluppato quello di associazione, comunanza: *interaziendale, interdisciplinare, internazionale, interregionale, intersindacale;*

in molti casi si ha uno specifico valore di reciprocità: *interagente, interattivo, intercambiabile, intercomunicante, interdipendente;*

● **oltre-, ultra-, meta-, iper-** significano 'al di sopra, al di là':

oltralpe, oltrecortina, oltretomba; ultrarosso, ultrasuono, ultraterreno; metalinguaggio, metapsichica; iperspazio, iperuranio;

● **para-** indica affinità:

parapsicologia, parascolastico, parastatale;

● **sotto-, sub-, infra-, ipo-** significano 'sotto, al di sotto':

sottopassaggio, sottosuolo, sottotenente, sottoveste; subacqueo, subaffitto, subappalto; infrarosso, infrastruttura; ipocentro, ipoderma;

● **vice-, pro-** significano 'in luogo di':

vicedirettore, vicepresidente, vicesindaco; proconsole, prorettore;

il prefisso *pro-* indica anche gli ascendenti e i discendenti nei nomi di parentela: *progenitore, pronipote, prozio.*

Prefissi intensivi

Servono a esprimere il grado di comparazione di una base nominale o aggettivale; la loro funzione, entro certi limiti, può essere considerata analoga a quella del comparativo e del superlativo. In base al significato, distinguiamo i seguenti gruppi di prefissi:

● **archi-, arci-, extra-, super-, stra-, ultra-** esprimono il grado superiore di una gerarchia o il grado superlativo di una qualità:

archidiocesi; arciprete, arcistufo; extrafino, extralusso; supermercato, superrifinito; stracarico, straricco, stravizio; ultrarapido, ultrasinistra;

● **iper-, sur-** significano 'al più alto grado' o indicano eccesso:
ipercritica, ipersensibile, ipertensione; suralimentazione, surriscaldamento;

● **ipo-, sotto-, sub-** esprimono inferiorità:
ipocalorico, ipotensione; sottoccupazione, sottosviluppo; subnormale;

● **mezzo-, semi-, emi-** significano 'mezzo, a metà':
mezzaluna, mezzobusto si possono considerare anche composti; *semiautomatico, seminfermità, seminterrato; emisfero, emiparesi;*

● **ben(e)-, mal(e)-, eu-, caco-** esprimono valutazione:
beneamato, benpensante; maldicente, maldisposto; eufemismo, eufonia; cacofonia, cacografia;

● **bi(s)-** significa 'due, due volte':
bilinguismo, bimensile, biscotto;
indica anche, in nomi di parentela, un grado più remoto: *bisnonno;* in altri casi indica un grado successivo: *biscroma, bisdrucciola;* talvolta ha valore peggiorativo: *bislungo, bistorto.*

● **multi-** significa pluralità:
multimediale, multinazionale, multiproprietà, multilinguismo.

Prefissi negativi

È un settore della prefissazione che riguarda in primo luogo gli aggettivi. Hanno valore negativo i prefissi:

● **in-** (*il-, im-, ir-*):
incapace, infedele, illogico, immangiabile, impossibile, irresponsabile;
si noti che *in-* negativo seleziona per lo più aggettivi, dai quali, mediante la nominalizzazione, si ottengono sostantivi prefissati: *impossibile* → *impossibilità, irresponsabile* → *irresponsabilità;* sono più rari i nomi non deaggettivali: *successo* → *insuccesso;*

● **s-**:
scontento, scortese, sleale, smisurato;
il prefisso *s-* non si può aggiungere a una base che cominci con una vocale, con una sibilante, con un'affricata e con una fricativa: **s-onesto, *s-silenzioso, *s-zoppo, *s-scivoloso;* per quanto riguarda la semantica *s-* non si può premettere a basi di significato "negativo" (**s-perfido*) o a basi che hanno già un proprio contrario (**s-bello, *s-buono*);
frequenti i casi di nominalizzazione dell'aggettivo negativo: *scontento* → *scontentezza, scortese* → *scortesia;* sono più rari i nomi non deaggettivali: *proporzione* → *sproporzione;*

● **dis**-:

disamore, disonore; disabitato, disattento, discontinuo, disonesto;

si può avere la nominalizzazione di molti di questi aggettivi: *disattento → disattenzione, discontinuo → discontinuità;*

● **senza-, a-** (*an-*):

senzapatria, senzatetto; amorale, asociale, analfabeta, anabbagliante;

● **non**-: è produttivo nella lingua di oggi con nomi e con aggettivi; il prefissato può essere univerbato: *nonconformista, nonsenso;* ma più frequentemente si ha la separazione: *non aggressione, non intervento, non belligerante, non credente).*

11.3.2 PREFISSATI VERBALI

Nell'ambito dei prefissati verbali non parasintetici si distinguono due generi di prefissi:

1) prefissi intensivi;

2) prefissi con valore di aspetto e di modo, i quali segnalano la ripetizione, la negazione, l'opposizione ecc.).

Per i prefissati verbali parasintetici v. 11.2.1 e 11.2.2.

Prefissi verbali intensivi

Hanno valore intensivo i prefissi:

● **s**-:

battere → sbattere, beffeggiare → sbeffeggiare, cancellare → scancellare, trascinare → strascinare;

● **stra**-:

cuocere → stracuocere, fare → strafare, perdere → straperdere, vincere → stravincere;

● **r(i)**-:

addolcire → raddolcire, assettare → rassettare, assicurare → rassicurare; empire → riempire.

Prefissi verbali con valore di aspetto e di modo

In base al significato, distinguiamo i seguenti gruppi di prefissi:

● **r(i)-, r(e)**- significano 'di nuovo':

fare → rifare, organizzare → riorganizzare, scrivere → riscrivere;

inserire → reinserire, integrare → reintegrare, investire → reinvestire; vi sono varie estensioni di significato: movimento all'indietro (*rimandare, rispedire*), recupero di ciò che si è perduto (*riacquistare, ritrovare*), opposizione (*reagire*), reciprocità (*riamare*);

● **de-, di-, dis-, s-** hanno valore negativo:

colorare → decolorare, stabilizzare → destabilizzare, vitalizzare → devitalizzare; *sperare → disperare*; *armare → disarmare, fare → disfare, ubbidire → disubbidire*; *caricare → scaricare, congelare → scongelare, montare → smontare*;

● **contro-, contra-** esprimono opposizione:

battere → controbattere, bilanciare → controbilanciare; *dire → contraddire, porre → contrapporre*;

● **inter-, (in)fra-** significano 'in mezzo'; da tale significato derivano alcune estensioni semantiche (collegamento, comunanza, reciprocità):

agire → interagire, correre → intercorrere, porre → interporre, venire → intervenire; *mettere → (in)frammettere, mischiare → frammischiare, porre → (in)frapporre*.

assieme a **(in)fra-** consideriamo **(in)tra-** 'dentro' e **tra(s)-** 'attraverso, oltre': *mettere → intramettere, vedere → intravedere*; *forare → traforare, formare → trasformare, passare → trapassare, vestire → travestire*.

● Ci sono anche altri prefissi verbali che hanno valore di aspetto e di modo; tra questi ricordiamo **a-, in-, s-, co(n)-** (i primi tre servono soprattutto a formare i parasintetici: v. 11.2.1 e 11.2.2):

consentire → acconsentire, correre → accorrere, porre → apporre; *mettere → immettere, mischiare → immischiare, piantare → impiantare*; *correre → scorrere, lanciare → slanciare, parlare → sparlare*; *abitare → coabitare, piangere → compiangere, vivere → convivere*.

Con la prefissazione verbale si modifica la semantica del verbo di base. Un verbo transitivo diventa intransitivo: *dominare → predominare*; *Carlo domina la situazione / Carlo predomina su tutti*. Si modificano i tratti di sottocategorizzazione: *venire → provenire*; *Mario viene / *Mario proviene, Mario viene dal Brasile / Mario proviene dal Brasile, Mario viene a Parigi / *Mario proviene a Parigi*.

Molti prefissati sono nati nella lingua letteraria e nei linguaggi tecnici e scientifici, come è provato dal fatto che una gran parte dei prefissi ora esaminati hanno forme vicine o identiche a quelle del latino e del greco. Si noti che l'affinità tra le due lingue classiche ha favorito vari casi di confluenza.

Prefissi latineggianti: *antí-* (che, in italiano come in altre lingue moderne, è confluito con *antí*, avverbio e preposizione del greco), *circum-, cis-, contra-* (rispetto all'it. *contro*), *de-* (it. *di-*), *dis-* (negativo; lo stesso esito formale ha dato il gr. *dys-*, che significa 'mancanza'), *extra-* (rispetto a *stra-*), *infra-, inter-, intra-, pro-* (cfr. anche gr. *pró* con lo stesso sign.), *sub-, super-, trans-* (it. *tra-*), *ultra-* (cfr. it. *oltre-*), *vice-*.

Prefissi grecizzanti: *a-* (il cosiddetto 'alfa privativo'; stesso esito di *a-* dal lat. AD-)[1], *anfi-* (gr. *amphí*, avverbio e preposizione), *archi-* (gr. *árchi-*; it. *arci-*), *dia-* (gr. *diá*, preposizione), *endo-* (gr. *éndon*), *eso-* (gr. *éxō*), *iper-* (gr. *hypér*), *ipo-* (gr. *hypó*), *meta-* (gr. *méta*), *para-* (gr. *pará*), *sin-* (gr. *sýn*).

11·4 LA COMPOSIZIONE

■ La **composizione** consiste nell'unire almeno due parole in modo da formare una parola nuova.

Il nuovo vocabolo prende il nome di **composto** (o **parola composta**): *fermare* e *carte* → *fermacarte*, *pasta* e *asciutta* → *pastasciutta*, *cassa* e *panca* → *cassapanca*, *auto* e *strada* → *autostrada* ecc.

La creazione di parole composte è uno dei mezzi principali di cui l'italiano moderno si serve per accrescere dall'interno il proprio lessico. Nell'italiano antico, invece, tale fine era ottenuto con la suffissazione. La composizione delle parole si adatta particolarmente alle esigenze di sviluppo delle **terminologie tecnico-scientifiche**; si pensi ai numerosi composti con elementi greci del linguaggio medico: *elettrocardiogramma*, *gastroscopia*, *arteriosclerosi*, *cancerogeno*, *otorinolaringoiatra* ecc.

I costituenti di un composto non debbono necessariamente essere due (o più) **forme libere**, come *asciuga(re)* e *mano* in *asciugamano*; possono essere anche due (o più) **forme non libere**, come *antropo-* (dal greco *ánthrōpos* 'uomo') e *-fago* (dal greco *phaghêin* 'mangiare') in *antropofago* 'chi mangia carne umana'. Gli elementi greci *antropo* e *fago*, a differenza di *asciuga(re)* e *mano*, non compaiono mai da soli, si trovano esclusivamente in composti: *antropologia*, *fagocita*. Oltre a questa differenza, e al fatto che *antropo* e *fago* sono due **elementi colti** (greci), c'è da notare ancora un'altra diversità: nel tipo *asciugamano* si ha la successione "verbo (*asciugare*) + nome (*mano*)", mentre nel tipo *antropofago* si ha la successione inversa: "nome (*antropo-* 'uomo') + verbo (*-fago* 'mangiare'). Comunque una caratteristica fondamentale accomuna questi due composti: la frase che "sta sotto" a entrambi ha un predicato verbale:

> (*qualcosa*) *asciuga* (*la*) *mano* → *asciugamano*
> (*qualcuno*) *mangia* (*l'*) *uomo* → *antropofago*

In altri casi, invece, la frase che "sta sotto" al composto ha un predicato nominale; si tratta cioè di una frase con il verbo *essere* (copula):

> (*il*) *filo* (*è*) *spinato* → *filospinato*
> (*la*) *cassa* (*è*) *forte* → *cassaforte*

I composti del tipo di *asciugamano* e *antropofago* si chiamano **composti con base verbale**; quelli del tipo di *filospinato* e *cassaforte* si chiamano **composti con base nominale**.

---

[1] Nella prassi lessicografica i prefissi che hanno una stessa forma sono distinti con un diverso esponente numerico. Per esempio : *a-*[1] (il cosiddetto 'alfa privativo': *amorale*, *asociale*) e *a-*[2] (dal lat. AD-: *apporre*, *accorrere*).

11.4.1 I COMPOSTI CON BASE VERBALE

La frase che "sta sotto" al composto ha un predicato verbale: *qualcosa accende* (pred. verb.) *i sigari* → *accendisigari*. Distinguiamo tre tipi di composti con base verbale:

1) Entrambi i costituenti hanno forma italiana. Diamo alcune basi verbali, accompagnandole con un esempio:

accendi-	*accendisigari*	*gira-*	*girarrosto*
attacca-	*attaccapanni*	*lancia-*	*lanciafiamme*
apri-	*apriscatole*	*lava-*	*lavastoviglie*
asciuga-	*asciugamano*	*porta-*	*portacenere*
batti-	*battitappeto*	*scalda-*	*scaldavivande*
copri-	*copricapo*	*trita-*	*tritacarne*

Talvolta, soprattutto nella lingua della stampa, questi composti sono usati come aggettivi: *farmaco salvavita, decreto mangiaclassi.*

2) Entrambi i costituenti hanno forma colta (si tratta in genere di elementi di origine greca). Come si è detto, mentre nel tipo precedente troviamo la successione "base verbale + nome", in questo tipo troviamo la successione inversa: "nome + base verbale" (secondo il modello dei composti greci). Vediamo alcune basi verbali, con i rispettivi significati (generici) e gli esempi:

-fagia/-fago	'mangiare'	*antropofagia, antropofago*
-filia/-filo	'amare'	*bibliografia, bibliofilo*
-logia/-logo	'studiare'	*geologia, geologo*
-crazia/-crate	'comandare'	*burocrazia, burocrate*
-fonia/-fonico	'suonare'	*stereofonia, stereofonico*
-scopia/-scopio	'osservare'	*telescopia, telescopio*
-grafia/-grafo	'scrivere'	*telegrafia, telegrafo*
-patia/-patico	'soffrire'	*cardiopatia, cardiopatico*

Spesso in questo tipo di composti appaiono elementi derivati dalle lingue moderne: in *burocrazia*, per esempio, il primo elemento è un adattamento del francese *bureau* 'ufficio'. Inoltre il primo elemento è in vari casi un complemento di mezzo: la *dattilografia* è la 'scrittura' (*-grafia*) 'per mezzo delle dita' (*dattilo-*, dal greco *dáctylos* 'dito'); la *radioscopia* è l''osservazione' (*-scopia*) 'per mezzo dei raggi X' (*radio-*) ecc.;

3) La base verbale, che è il secondo elemento del composto, ha forma italiana, mentre il primo elemento ha forma colta:

auto-[1]	'se stesso'	*autoabbronzante, autocontrollo*
auto-[2]	'automobile'	*autoraduno, autoparcheggio*
tele-[1]	'a distanza'	*telecomando, telecomunicazione*
tele-[2]	'televisione'	*teleabbonato, telesceneggiato*

Si noti che *-controllo* (in *autocontrollo*), *-raduno* (in *autoraduno*), *-comunicazione* (in *telecomunicazione*) devono essere considerate basi verbali e non nominali, perché si tratta di nomi che derivano da verbi: *controllo* è un deverbale da *controllare*, *raduno* è un deverbale da *radunare*, *comunicazione* è un deverbale da *comunicare*.

Vediamo qualche altro composto di questo tipo: *radioamatore, termoregolazione, aerorimorchiatore, motozappatrice, fonoregistrazione, elettrocoagulazione, foto-riproduzione*.

Per comodità di esposizione, possiamo ricordare qui anche alcuni composti analoghi, ma con base nominale anziché verbale: *autocisterna, autoscuola, auto-strada; bioarchitettura, bioetica; ecocatastrofe, ecosistema; teleobiettivo, telescher-mo, telescuola; cinegiornale; fotoromanzo; turbonave* ecc.

11.4.2 I COMPOSTI CON BASE NOMINALE

La frase che "sta sotto" al composto ha un predicato nominale; si tratta cioè di una frase con il verbo *essere* (copula): *la terra è ferma* → *terraferma*. Distinguia-mo i seguenti quattro tipi di composti con base nominale:

1) **N + A**: *terraferma, filospinato, cassaforte, camposanto*; l'ordine inverso (**A + N**) si ha spesso in composti con elementi italiani: *altopiano, bianco-spino, malafede, mezzogiorno, bassorilievo*; si ha sempre in composti con elementi colti: *neocapitalismo, monocolore, equivalenza*;

2) **N + N**: *cartamoneta, calzamaglia*; è un tipo analogo al precedente, perché il secondo **N** funziona quasi come un aggettivo; infatti, nei com-posti di forma italiana (come i citati *cartamoneta* e *calzamaglia*), il se-condo **N** ha funzione di determinante rispetto al primo **N**: gli elementi *-moneta* e *-maglia* "determinano" gli elementi *carta-* e *calza-*, chiarisco-no cioè di che tipo di carta e di maglia si tratti; nei composti di forma col-ta, come *astronautica* o *cardiochirurgia*, si ha l'ordine inverso: è il primo **N** ad avere funzione di determinante rispetto al secondo **N**; gli elementi *astro-* e *cardio-* "determinano" gli elementi *-nautica* e *-chirurgia*, chiari-scono cioè di che tipo di nautica e di chirurgia si tratti;

3) **N + A**: *piedipiatti, pellerossa*; questo tipo è chiamato **esocentrico** per-ché presuppone un punto di riferimento esterno, diverso rispetto ai costi-tuenti del composto (indicheremo questo nucleo esterno con X): *X ha i pie-di che sono piatti* → *il piedipiatti*; *X ha la pelle che è rossa* → *il pellerossa*.

Il confronto tra i composti *pellerossa* e *filospinato* chiarisce la differenza tra i due tipi:

COMPOSTO	NUCLEO ESTERNO	PRIMO ELEMENTO	SECONDO ELEMENTO
pellerossa =	uno che ha	pelle	rossa
filospinato =	0	filo	spinato

Nei composti di forma italiana il determinante (*-piatti*, *-rossa*) segue il determinato (*piedi-*, *pelle-*); nei composti di forma colta si ha, anche in questo caso, l'ordine inverso (determinante + determinato): *filiforme* 'che ha forma di filo', *microcefalo* 'che ha la testa piccola';

4) **N** + **N**: *cassapanca*; **A** + **A**: *agrodolce*; il composto proviene non da uno, ma da due predicati nominali coordinati: *qualcosa è una cassa ed è una panca* → *cassapanca*; *qualcosa è agro ed è dolce* → *agrodolce*.

Che differenza c'è tra *calzamaglia* (tipo **2**) e *cassapanca* (tipo **4**)? In entrambi i casi abbiamo a che fare con un composto **N** + **N**, ma – lo abbiamo già notato – in *calzamaglia* il secondo **N** funziona quasi come aggettivo. La distinzione tra elemento determinante (*-maglia*) ed elemento determinato (*calza-*), che abbiamo fatto per il tipo **2**, non potremmo farla per il tipo **4**, in cui i due elementi del composto si trovano sullo stesso piano e si determinano a vicenda: la *cassapanca* è, per così dire, una cassa che è anche una panca e una panca che è anche una cassa.

Questo genere di composti serve a designare oggetti o persone che hanno due destinazioni o due funzioni: *casalbergo*, *cacciabombardiere*. Per quanto riguarda la coppia di aggettivi coordinati, ricordiamo il tipo *bianconero* 'della squadra di calcio della Juventus', *giallorosso* 'della squadra di calcio della Roma'; si tengano presenti inoltre le formazioni con elementi colti del linguaggio della medicina, come *cardiovascolare* e *gastrointestinale*.

11.4.3 I CONGLOMERATI

Le associazioni di parole del tipo di *saliscendi*, *toccasana*, *fuggifuggi*, *dormiveglia* formano i cosiddetti **conglomerati**. Si tratta di veri e propri spezzoni di frase i quali, per l'uso costante e ripetuto che se ne fa, si sono fissati fino a divenire unità a sé stanti. Alcuni conglomerati possono essere scritti alternativamente in grafia congiunta o in grafia staccata: *un nonsoché / un non so che*, *un tiremmolla / un tira e molla*.

11.4.4 TAMPONAMENTI DI PAROLE

Nell'italiano di oggi la formazione delle parole è caratterizzata da nuovi tipi e procedimenti, che riguardano soprattutto il settore della composizione.

Ha goduto di una particolare fortuna in questi ultimi decenni l'**acronimia**, che consiste nel "tagliare" e nel fondere tra loro le parole (dal gr. *ákron* 'estremità' e *ónoma* 'nome'): un acronimo è, per esempio, *eliporto* da *eli(cottero)* e *(aero)porto*. Altri casi del genere sono: *tinto(ria)* + *lavanderia* → *tintolavanderia*, *carto(leria)* + *libreria* → *cartolibreria*, *cant(ante)* + *autore* → *cantautore*.

Abbastanza frequenti anche le cosiddette "parole macedonia", che derivano da più unità: *auto(mobilistico)* + *ferro(viario)* + *tranviario* → *autoferrotranviario*; *post(ale)* + *telegra(fico)* + *(tele)fonico* → *postelegrafonico*[1].

Un'influenza notevole nella diffusione di questo tipo di composti viene esercitata da analoghe formazioni straniere, soprattutto angloamericane; ricordiamo *stagflation*, da *stag(nation)* 'stagnazione, stasi dell'attività economica' e *(in)flation* 'inflazione' (vedi anche *stagflazione* o *inflazione recessiva*).

Il linguaggio della pubblicità fa un grande uso di simili "tamponamenti di parole": si pensi a formazioni come *ultimoda* o *digestimola* dove gli elementi *ultima* e *moda*, *digestione* e *stimola* s'inseriscono uno nell'altro a incastro.

Bisogna considerare che alcune lingue ricorrono normalmente a parole composte, le quali possono essere formate da due componenti (come accadeva nel greco antico), da due o più componenti (come accade nel tedesco). Le lingue romanze (e quindi anche la nostra lingua) preferiscono ai composti i sintagmi formati da due sostantivi collegati tra loro mediante una preposizione: per esempio, in italiano abbiamo il *museo delle cere*; il tedesco ha invece il *Wachsfigurenkabinett*, letteralmente il 'gabinetto' (nel senso di museo) delle 'figure' di 'cera' (*Wachs*); al sintagma italiano *indicatore di direzione* corrisponde un'altra parola tedesca molto lunga *Fahrtrichtungsanzeiger*, composta di tre sostantivi: *Fahrt* 'percorso', *Richtung* 'direzione', *Anzeiger* 'indicatore'. Si noti che il tedesco dispone gli elementi che formano il composto nell'ordine contrario a quello che appare in italiano. Nelle lingue romanze si ha l'ordine «determinato + determinante»; nelle lingue germaniche (quindi nel tedesco come nell'inglese), l'ordine «determinante + determinato».

11.4.5 LE UNITÀ LESSICALI SUPERIORI

In genere si definisce il lessico come 'l'insieme delle parole di una lingua'; veramente più che alle parole sarebbe meglio riferirsi alle unità di significato, comprendendo in queste ultime anche unità composte di più elementi: *macchina per scrivere, ferro da stiro, ripresa in diretta, scala mobile, tavola rotonda, busta paga, libertà di parola*. A questo particolare tipo di composti si dà il nome di **unità lessicali superiori**[2]. Che si tratti proprio di unità lessicali superiori, e non di insiemi liberi di parole, è confermato dalla stabilità della loro sequenza: la successione dei vari elementi non può essere mutata o interrotta. Mettiamo a confronto un'unità lessicale superiore e un insieme libero di parole:

UNITÀ LESSICALE SUPERIORE: *sala da pranzo*
INSIEME LIBERO DI PAROLE: *sala per ricevere ospiti.*

---

[1] Si noti che in *postelegrafonico* si ha la caduta di una *-t-*: *post(t)elegrafonico*.
[2] Vi sono tuttavia varie denominazioni concorrenti; tra le quali ricordiamo: *lessema sintagmatico, lessia, paralessema, sintagma lessicale, sintema, unità semantica complessa*.

È possibile introdurre all'interno dell'insieme libero di parole un elemento, e dire quindi: *una sala grande per ricevere ospiti*. Non è invece possibile fare la stessa cosa con l'unità lessicale superiore e dire: **una sala grande da pranzo*; bisogna dire: *una grande sala da pranzo*. Allo stesso modo non posso dire: **un ferro costoso da stiro*, **una ripresa bella in diretta*, **una tavola interessante rotonda*; debbo dire: *un costoso ferro da stiro*, *una bella ripresa in diretta*, *un'interessante tavola rotonda*.

Le unità lessicali superiori sono molto frequenti nella lingua di oggi e interessano vari settori della composizione; vediamo alcuni esempi, distinguendo tra tipi formalmente diversi: "nome + preposizione + nome" (è particolarmente frequente la prep. *di*, semplice o articolata), "nome + nome", "nome + aggettivo" (anche con ordine inverso):

> **N** + *di* + **N**: *avviso di garanzia, costo della vita, datore di lavoro, offerta di lancio, ordine di cattura, qualità della vita, richiesta di congedo, scatto di stipendio, stile di vita, unità di crisi*;
> **N** + prep + **N**: *casa a riscatto, messa a terra, pentola a pressione, pezzo da museo, vestito su misura*;
> **N** + **N**: *buono benzina, carro attrezzi, conferenza stampa, nave cisterna, mostra mercato, uomo rana*;
> **N** + **A** (**A** + **N**): *carro armato, circolazione stradale, fibre ottiche, realtà virtuale, sciopero generale, sistema intelligente, sistema operativo, villaggio globale, equo canone, falsa testimonianza,*.

Alcune unità lessicali superiori del tipo **N** + **N** appaiono scritte anche con il trattino: *conferenza-stampa, idea-guida, mostra-mercato*.

Spesso un certo tipo di unità lessicale superiore diviene il modello per formazioni analoghe. I due esempi che seguono mostrano come possa essere ripreso sia il primo elemento:

> *stato di emergenza / stato di necessità, lista di attesa / lista di leva*;

sia il secondo elemento:

> *stato di emergenza / governo di emergenza, lista di attesa / sala di attesa*.

Talune unità lessicali superiori sono delle lessicalizzazioni, vale a dire hanno significati del tutto convenzionali. Nel linguaggio marinaresco, per esempio, si hanno le *manovre correnti* 'cavi che servono per lo più per sollevare o spostare pesi' e le *manovre dormienti* 'cavi che servono per sostenere in posizione fissa o per guidare qualche oggetto'.

11.4.6 UN SOSTITUTO DELL'AGGETTIVO

Possiamo accostare ai composti nominali del tipo *terraferma, cassaforte* (quindi **N** + **A**: v. 11.4.2) dei composti che hanno la stessa struttura di base, ma nei quali il determinante è costituito da un sintagma avente valore aggettivale. In *cavallo di razza* è evidente che *di razza* equivale a un aggettivo di relazione che manca nella nostra lingua: infatti *razziale* e *razzistico* hanno altri significati. Consideriamo altri esempi "**N** + *di* + **N**": *uomo di potere, cantante di grido, casa di campagna, entrata di servizio, quadro d'autore, sala di attesa, problema di base*. Con diversa preposizione abbiamo: "**N** + *a* + **N**": *motore a gas, aereo a reazione, casa a riscatto, pasta al sugo*; "**N** + *da* + **N**": *arma da fuoco, carta da disegno, camera da letto, festa da ballo, tazzina da caffè*. Si potrebbero aggiungere altri esempi; basta aver mostrato l'estensione di un fenomeno molto vivo nella lingua di oggi, con il quale si supplisce alla mancanza di derivati e si ottengono facilmente dei neologismi: da *attesa* non si ha un aggettivo di relazione; abbiamo tuttavia la *sala di attesa* e la *lista di attesa*. Talvolta l'aggettivo derivato coesiste con il sintagma aggettivale; i due determinanti hanno usi distinti: *calcio di punizione / azione punitiva*; oppure equivalenti: *vocabolario di base / vocabolario basico*.

Un'altra variante del composto nominale "**N** + **A**" si può vedere nel tipo *uccello mosca* (**N** + **N**), dove il secondo componente ha valore aggettivale: "un uccello (piccole come) una mosca". Altri esempi: *armadio guardaroba, cartamoneta, vagone letto, nave traghetto*. Quando si formano più composti con lo stesso determinante, quest'ultimo si comporta quasi come un elemento suffissale: *campo base, salario base; parola chiave, posizione chiave, punto chiave; appartamento modello, costruzione modello, scolaro modello, scuola modello*.

11.4.7 FORMATI VIVI E FORMATI FOSSILI

Nelle pagine precedenti abbiamo dato un quadro generale della formazione delle parole ponendoci dal punto di vista del parlante; ci siamo quindi occupati soltanto dei **formati vivi**, cioè immediatamente riconoscibili, analizzabili, scomponibili da parte del parlante. Questi formati possono dirsi "vivi" perché si fondano su un procedimento vivo di produzione, che tutti i parlanti sono in grado di applicare: tutti, per esempio, sanno attuare le trasformazioni *forma → formale → formalizzare → formalizzazione*.

C'è, oltre a quello del parlante, un altro possibile punto di vista: quello dello storico della lingua. L'intervento di quest'ultimo diventa necessario, in particolare, per spiegare i **formati fossili**. Si tratta di formati che il parlante non riconosce più come tali; solo lo storico della lingua riesce a riconoscerli e ad analizzarli. Per capire meglio la differenza tra i due tipi di formati, osserviamo attentamente la tabella che segue.

formati vivi (e loro basi)	**formati fossili**
fornaio (forno)	*febbraio*
circolazione (circolare)	*frazione*
montaggio (montare)	*lignaggio*
costiera (costa)	*ringhiera*

Le parole della prima colonna hanno tutte una base viva (segnalata tra parentesi); questa base manca invece alle parole della seconda colonna; infatti solo conoscendo la storia della nostra lingua, oppure consultando un dizionario etimologico, potremo sapere che *febbraio* e *lignaggio* derivano, rispettivamente, dal lat. FEBRUĀRIUS e dall'antico francese *lignage*; mentre *ringhiera* proviene dalla voce germanica *Hring* e *frazione* dal latino FRACTIŌNE(M).

CAPITOLO 12

IL LESSICO

12·1 PREMESSA

■ Il **lessico** è l'insieme delle parole per mezzo delle quali i membri di una comunità linguistica comunicano tra loro.

Abbiamo pertanto il lessico dell'italiano, dell'inglese, del francese ecc.

■ Il **vocabolario** è invece un settore determinato del lessico.

Tutte le parole che si trovano in un autore, in un parlante, in un testo, in un ambiente, in una scienza (o tecnica) sono rispettivamente il vocabolario di quell'autore, di quel parlante, di quel testo, di quell'ambiente, di quella scienza: per esempio, il vocabolario di Montale, di quel mio amico, dei *Malavoglia*, dei politici italiani, della medicina, dell'elettrotecnica ecc.

Tra il lessico e un vocabolario non c'è soltanto la differenza che corre tra il tutto e una parte del tutto. Distinguendo il lessico dal vocabolario si distinguono le unità fondamentali (e, in certo senso, ideali) della lingua dai vocaboli effettivamente usati in un determinato luogo e tempo; si distingue l'aspetto generale da quello particolare, l'aspetto sociale da quello individuale, l'aspetto essenziale da quello accessorio.

Tra il lessico e un vocabolario non vi sono barriere: possiamo risalire dal vocabolario di Montale al lessico dell'italiano confrontando le parole effettivamente usate dal poeta e quelle che si sarebbero potute usare al loro posto. Così facendo, si compie il passaggio dal particolare al generale; viceversa passiamo dal generale al particolare quando consideriamo che nell'ambito del lessico dell'italiano possiamo fare tante distinzioni, vedere tanti vocabolari.

> Alcune precisazioni terminologiche: contrariamente a quanto accade nel parlare comune, sarà bene distinguere tra i termini *dizionario* e *vocabolario*. Useremo il termine **dizionario** per indicare l'opera che raccoglie in modo ordinato i vocaboli di una lingua (cfr. anche il francese *dictionnaire* e l'inglese *dictionary*); useremo invece il termine **vocabolario** nel significato di 'settore determinato del lessico' (anche se nel parlare comune *vocabolario* equivale a *dizionario*).
> La **lessicologia** è lo studio scientifico del lessico (nel senso che abbiamo ora precisato); il **lessicologo** è colui che compie tale studio. La **lessicografia** è invece la tecnica di composizione dei dizionari (detti anche *lessici*); il **lessicografo** è colui che si dedica a tale lavoro.

Qual è l'estensione, quali sono i confini del lessico di una lingua, come l'italiano, l'inglese, il francese? Non è possibile rispondere con precisione a tale domanda. Il lessico è una quantità di parole soggetta a mutare in modo considerevole secondo la prospettiva e il punto di vista che assume chi si pone quella domanda. Anche i dizionari più "completi" (quelli che vogliono comprendere "tutto" il lessico di una lingua) si rivelano alla fine incompleti.

Ciò accade per due motivi fondamentali:

1) la **creatività lessicale** è pressoché infinita; la possibilità di arricchire ogni giorno di più il lessico di una lingua mediante neoformazioni ricavate da parole che già esistono nella lingua (v. capitolo 11) o mediante la ripresa e l'adattamento di parole straniere (il cosiddetto prestito linguistico: v. 12.10) sono fenomeni ben noti a chi conosce e usa una lingua;

2) d'altra parte **quali limiti** porre alla raccolta di parole che devono essere inserite in un dizionario? quel neologismo che ho letto ieri nel giornale deve essere registrato? quell'altro termine molto specialistico usato in biochimica deve essere ripreso? quale scelta bisogna fare delle parole antiquate, degli arcaismi presenti nei testi letterari? bisogna registrare tutte le varianti grafiche di una vecchia parola? tutte le varianti regionali e perfino individuali di un termine? e lasciamo da parte per ora il problema dei vari significati, delle varie accezioni, dei vari contesti che possono interessare una stessa parola.

I confini del lessico di una lingua sono incerti, fluttuanti; anche il dizionario più "completo" si approssima a una completezza che sfugge di continuo. Diversamente il vocabolario di un autore o di un testo è definibile con precisione: tante migliaia di parole esattamente numerate, classificate, distinte.

In ogni modo, volendo fare una stima approssimativa, si è calcolato che il lessico di una lingua come il francese o l'inglese, supererebbe la cifra di duecentomila unità (escludendo i nomi propri); si arriverebbe a quattrocentomila-cinquecentomila unità considerando anche i termini che fanno parte delle nomenclature tecniche. Probabilmente tali cifre valgono anche per l'italiano: con le riserve e i dubbi già espressi sulla possibilità di fare simili calcoli.

12·2 IL LESSICO E LA GRAMMATICA

Si dice che il lessico e la grammatica di una lingua sono due mondi diversi, opposti (con il termine *grammatica* s'intende qui l'insieme degli aspetti fonologici, morfologici e sintattici di una lingua). In effetti c'è un'opposizione tra **segni lessicali** e **segni grammaticali**. I primi sono di numero indefinito, si riproducono e si espandono continuamente; i secondi invece rientrano in un numero limitato e, salvo qualche rara eccezione, non aumentano: appartengono insomma a gruppi ben determinati e circoscritti, sono delle **forme legate**.

Se è difficile dire quante parole fanno parte del lessico dell'italiano, è invece facile fare l'inventario dei fonemi, degli articoli, delle preposizioni, delle congiunzioni, dei suffissi, dei prefissi, delle desinenze nominali e verbali, dei tempi e modi verbali, dei tipi di coordinazione e di subordinazione ecc. Insomma, le strutture fonologiche, morfologiche e sintattiche di una lingua sono, in un certo periodo storico, insiemi stabili, non modificabili né aumentabili, a differenza di quanto accade con il lessico. Mediante la formazione delle parole (v. capitolo 11), mediante il prestito da lingue straniere possiamo coniare nuove parole, ma non possiamo introdurre di punto in bianco nuove forme di articolo, nuove desinenze verbali, un nuovo fonema. Mutamenti nei settori della fonologia, morfologia e sintassi avvengono nel tempo molto lentamente, gradatamente, in numero incomparabilmente inferiore rispetto ai mutamenti che riguardano il lessico.

Concludiamo dicendo che le strutture fonologiche, morfologiche e sintattiche di una lingua sono dei **sistemi chiusi**, mentre il lessico è un **sistema aperto** (cioè suscettibile a ogni momento di variazione e di arricchimenti).

Un'altra parentesi terminologica:

• con **parole** (o **vocaboli**) s'intendono le parole quali appaiono nelle frasi: *ragazze, allegre, camminano, nelle, strade, dei, quartieri, centrali*;

• con il termine **lessema** (dal gr. *léxis* 'parola' + il suffisso *-ema*, di *fonema, morfema*) s'intende invece l'unità di base (e astratta) del lessico. Dal punto di vista del lessicografo, il lessema si identifica col **lemma**, vale a dire la voce di cui tratta ogni singolo articolo di un dizionario;

• con **termine** s'intende una parola che è propria di una determinata disciplina: una parola cioè che serve a definire esattamente un significato, a metterlo entro certi confini (dal lat. TERMĬNEM 'confine').

12·3   LESSICALIZZAZIONE E GRAMMATICALIZZAZIONE

Tra il lessico e la grammatica di una lingua non c'è tuttavia una barriera invalicabile. Riflettiamo innanzi tutto su questo punto: il lessico possiede un'organizzazione grammaticale dei suoi elementi, i quali infatti si distinguono in nomi, aggettivi, verbi, avverbi ecc.; inoltre all'interno del nome si fanno varie distinzioni (nomi propri, comuni, semplici, derivati, astratti, concreti ecc.) e altrettanto accade con le altre **parti del discorso**.

Seconda riflessione: si possono usare elementi del lessico per un fine grammaticale e, viceversa, si possono usare strumenti della grammatica per ottenere elementi del lessico. Osserviamo intanto che i rapporti tra le parole possono essere espressi con mezzi grammaticali o con insiemi di parole. Consideriamo le due frasi:

l'azienda è in crisi per le dimissioni del direttore;

l'azienda è in crisi a causa delle dimissioni del direttore.

Nella seconda frase, l'insieme *a causa di* composto di "preposizione + nome + preposizione" è del tutto equivalente alla preposizione *per* della prima frase; *a causa di* è una **locuzione preposizionale**, nella quale un elemento lessicale (cioè un nome) è usato per un fine grammaticale. Lo stesso fenomeno si verifica con altre locuzioni preposizionali: *ad opera di, da parte di* hanno un valore simile a quello della preposizione *da*; *a seguito di* può sostituire *per* o *dopo*; *in mezzo a* corrisponde a *tra*; *per mezzo di* può sostituire *con*. Dell'uso burocratico sono: *in relazione a, alla luce di, in armonia con*.

Può accadere ancora che un sintagma composto di "verbo + complemento oggetto" sia in grado di sostituire un verbo semplice: *far uso = usare, dare conge-*

do = *congedare*, *prendere la fuga* = *fuggire*. Qui abbiamo una costruzione grammaticale che sostituisce una parola.

Questi esempi dimostrano che esiste una sorta di interscambio tra il dominio del lessico e quello della grammatica. Tale fenomeno si vede chiaramente in una prospettiva diacronica, cioè osservando l'evoluzione della lingua.

■ Si chiama **lessicalizzazione** il processo per il quale un insieme di elementi retti da rapporti grammaticali diventa un'unità, un qualcosa che equivale a una sola parola.

Per esempio, *d'un tratto*, *ora come ora* sono sintagmi che equivalgono alle parole uniche *improvvisamente*, *momentaneamente*; allo stesso modo *senza capo né coda* equivale a *inconcludente*.

Un altro tipo di lessicalizzazione si ha quando una forma grammaticale diviene un'unità del lessico: per esempio, il participio presente *cantante*, il gerundio *reverendo*, l'infinito *piacere*.

■ Esiste poi il processo contrario: la **grammaticalizzazione**. Una parola diventa, nel corso dell'evoluzione linguistica, uno strumento grammaticale.

L'attuale preposizione *mediante* era un tempo il participio presente del verbo *mediare*; *l'amico mediante* (cioè 'essendo l'amico mediatore') è diventato *mediante l'amico*; *mediante* si è poi cristallizzato diventando una preposizione: *mediante le promesse*, *mediante gli aiuti*. Lo stesso fenomeno riguarda *durante* e *nonostante*, ex participi presenti di *durare*[1] e *ostare*; *eccetto* proviene dal lat. EXCEPTU(M), che è il participio passato di EXCIPĔRE; *tranne* è l'ex imperativo di *trarre*; il lat. MĔNTE, ablativo di MĒNS, MĔNTIS, è diventato il suffisso avverbiale -*mente*.

Il fenomeno della grammaticalizzazione è comune a tutte le lingue. È noto che varie preposizioni e suffissi provengono da antiche parole, fornite di un contenuto semantico pieno. Dal dominio del lessico si è passati a quello della grammatica.

12·4 LIVELLI E VARIETÀ DEL LESSICO

Nel lessico di una lingua si distinguono vari **livelli**, che possiamo rappresentare mediante alcune opposizioni:

● parole che si usano ogni giorno e in molte circostanze / parole che si usano in argomenti specialistici e in ambienti particolari;

● parole della lingua parlata / parole della lingua scritta (e soprattutto letteraria);

● parole di uso corrente / parole che appaiono invecchiate (**arcaismi**) o nuove (**neologismi**).

Sulle parole nuove o neologismi v. 12.8. Consideriamo ora la sopravvivenza di forme antiche nella lingua moderna. **L'arcaismo** è una parola o un'espressione,

---

[1] Il participio di *durare* sopravvive come forma fossile nell'espressione *vita natural durante*.

una forma grammaticale o grafica, una costruzione sintattica che non è più viva nella lingua di oggi, ma che si ritrova nei testi e in testimonianze del passato.

Arcaismi lessicali evidenti per la loro forma sono: *alma* 'anima', *augello* 'uccello', *brando* 'spada', *desio* 'desiderio', *membra* 'corpo umano', *sirocchia* 'sorella', *speme* 'speranza'; è *d'uopo* 'bisogna', *estollere* 'innalzare', *lice* 'è lecito', *molcere* 'blandire, dilettare', *non mi cale* 'non m'importa'; *orrevole* 'onorevole', *piuvico* 'pubblico'; *eziandio* 'anche', *indarno* 'invano', *lungi* 'lontano', *omai* 'ormai'. Più difficili da riconoscersi sono talvolta gli arcaismi semantici; si tratta di vocaboli che nella lingua antica possedevano significati che sono poi caduti nell'uso moderno: *noia* 'pena', *piuma* 'comodità', *polo* 'cielo', *sole* 'giorno'; *noioso* 'penoso', *vago* 'bello'; *leggermente* 'facilmente'; *cercare* 'andare attorno', *collare* 'torturare', *fornire* 'terminare', *rimanere* 'astenersi', *schifare* 'evitare', *togliere* 'prendere', *tornare*, anche 'venire a stare' *trarre* 'accorrere'.

Arcaismi morfologici sono forme verbali come *fia* 'sarà', *fora* 'sarebbe', *ponno* 'possono', *veggio* 'vedo'; pronomi come *eo* 'io', *eglino* 'essi'; insieme di pronomi come: *gliele* 'glielo, gliela, glieli, gliele', *lo mi* 'me lo'. Arcaismi sintattici sono l'uso dell'enclisi pronominale (*movesi* 'si muove', *ruppemi* 'mi ruppe') e il cosiddetto **accusativo con l'infinito** (v. 6.8). Si possono trovare arcaismi in varianti minime, come, per esempio: *core - cuore, pensero - pensiero, pentersi - pentirsi, priego - prego; medesmo - medesimo, nudrire - nutrire*. Vi sono poi arcaismi grafici: *honore, gratia, conductore, febbrajo*.

Talvolta gli arcaismi sono reintrodotti nella lingua moderna per vari fini e in diverse circostanze. Per evitare l'uso di forestierismi si sono riprese talvolta parole antiche attribuendo loro significati moderni: *allibratore* (ant. 'chi registra nel libro dei conti'; ora in luogo dell'ingl. *book-maker*), *panfilo* (antica nave simile alla galera; ora sinonimo dell'ingl. *yacht*), *ostello* (ant. 'alloggio'; ora si usa nell'espressione *ostello della gioventù*)[1]. Più spesso però gli arcaismi sono ripresi nella lingua letteraria (e soprattutto nella poesia) per rendere solenne e prezioso il discorso. In certi periodi l'uso degli arcaismi diventa una moda letteraria: ciò accade nelle *Canzoni di re Enzio* del Pascoli e in molte poesie di D'Annunzio. Esiste anche un uso comico degli arcaismi: sia nella lingua letteraria (in alcuni romanzi di C.E. Gadda), sia nella lingua comune nella quale ricorrono talvolta espressioni come: *lungi da me l'idea, essere in pompa magna, qual buon vento ti mena?* Si ricordi che il comico Totò faceva spesso un uso scherzoso di arcaismi: *è d'uopo, non mi tange*.

Le distinzioni che abbiamo fatto all'inizio di questo paragrafo si possono talvolta sovrapporre: una parola usata in ambienti specialistici può essere anche un neologismo; una parola letteraria può essere un arcaismo.

Il lessico non è un cumulo informe di parole; possiamo ordinarlo in settori distinti in base a determinati criteri. Uno di questi consiste nell'osservare quali rapporti intercorrono tra i parlanti italiani e il lessico della nostra lingua. Consideriamo innanzi tutto tre varietà d'uso:

1) **varietà funzionali-contestuali** sono i cosiddetti "linguaggi settoriali" che corrispondono ad ambiti particolari, specialistici; è la specificità degli argomenti che comporta una specificità nella scelta e nell'uso delle parole;

---

[1] Il fenomeno è presente anche in altre lingue moderne. In francese, soprattutto a partire dal 1962, si è reintrodotto l'arcaismo *nuisance* (usato per lo più al plurale) con il nuovo significato di 'insieme di fattori di disagio e di disturbo che rendono difficile la vita in città'.

2) **varietà geografiche** sono le differenze nell'uso di vocaboli, le quali si riscontrano, tra l'altro, nei vari tipi di italiano regionale presenti nel nostro Paese (v. 8.3);

3) **varietà sociali** sono le differenze nell'uso di vocaboli, le quali distinguono tra loro le varie classi sociali di parlanti.

12·5 I LINGUAGGI SETTORIALI

Linguaggi settoriali sono, tra gli altri, il linguaggio politico, il linguaggio della pubblicità, il linguaggio sportivo, l'ampio settore dei linguaggi tecnico-scientifici (linguaggio della medicina, della fisica, della chimica, dell'economia, della sociologia, della matematica ecc.). Corrispondentemente abbiamo: il vocabolario della medicina, della fisica, della chimica ecc. Notiamo subito che all'interno di molti di questi linguaggi si possono operare altre suddivisioni. Si pensi alle molteplici specializzazioni della medicina moderna e alle relative denominazioni. Ciò non deve stupire. Infatti lo sviluppo della ricerca comporta periodicamente una ridefinizione dei campi del sapere. Questi vengono suddivisi e riorganizzati corrispondentemente alle nuove scoperte e all'affermarsi di nuove teorie e metodi. Nascono così nuove discipline e nuovi linguaggi.

Ma in che cosa si differenzia un **linguaggio settoriale** dalla lingua comune? Dal punto di vista del lessico, il primo possiede dei vocaboli e delle espressioni che non sono possedute dalla lingua comune oppure possiede gli stessi vocaboli di quest'ultima, ma li usa, in particolari contesti, con un diverso e specifico significato. In quel settore particolare della meccanica che riguarda gli autoveicoli ci sono vocaboli specifici come *alternatore*, *spinterogeno* e *tachimetro,* ma c'è anche un vocabolo piuttosto comune come *cambio*, che viene usato con il significato specifico di 'dispositivo atto a cambiare i rapporti di trasmissione tra due organi rotanti'.

I diversi linguaggi settoriali possiedono gradi diversi di specificità e di coerenza. Si distingue tra tecnica e scienza. La seconda rispetto alla prima rende espliciti i criteri di definizione dei termini e la scelta del piano di riferimento. Si distingue inoltre tra scienze "dure" (ingl. *hard*), o "forti" e scienze "molli" o "deboli" (ingl. *soft*). Le prime, per esempio, la matematica e la fisica, si fondano su un insieme circoscritto di assiomi (princìpi generali evidenti e non dimostrabili) e in genere non ricorrono a vocaboli diversi da quelli presenti nella lingua comune; le seconde, per esempio, la giurisprudenza, l'economia e in particolare le discipline in fase di formazione (si pensi ai vari settori in cui si articola lo studio del linguaggio e delle lingue), hanno bisogno di termini specialistici ben differenziati dai vocaboli comuni. Esiste poi un altro fattore di differenziazione. L'ambiente e la tradizione che vedono nascere un linguaggio settoriale ne determinano in gran parte i caratteri formali: il vocabolario della medicina è costituito essenzialmente di elementi lessicali tratti dalle lingue greca e latina; il vocabolario della fisica, seguendo una tendenza manifestata soprattutto da G. Galilei, è costituito in gran parte di parole comuni; il vocabolario dell'informatica, scienza sviluppatasi soprattutto negli Stati Uniti, comprende un gran numero di anglicismi.

Vediamo ora quali sono le differenze che separano i vocaboli della scienza da quelli della lingua comune:

- innanzi tutto un vocabolo tecnico e/o scientifico deve determinare il suo significato nel modo più preciso possibile; si afferma l'esigenza di distinguere tra **termini** e **parole**; i termini hanno significati ben definiti (v. 12.2), mentre le parole sono dotate di significati che possono modificarsi mediante vari procedimenti, i più importanti dei quali sono l'estensione e la metafora;

- un vocabolo di un linguaggio settoriale ha, in tale ambito, un solo significato, mentre un vocabolo della lingua comune ha in genere più di un significato (polisemia: v. 4.7); i vocaboli *anello, asse, base, bottone, campo, centro,* da soli o provvisti di un elemento di determinazione (un aggettivo, il sintagma "*di* + nome": *campo magnetico, campo di forze*), possiedono valori propri in varie discipline; *complesso* e *rimuovere* assumono significati particolari nella psicoanalisi;

- per definire un vocabolo che appartiene a un linguaggio settoriale dobbiamo tener conto della sua integrazione con gli altri vocaboli che costituiscono il vocabolario di cui fa parte;

- un vocabolo del linguaggio settoriale ha un legame molto stretto con la cosa significata; i termini tecnici sono presi da un'altra lingua e cultura assieme alle nozioni cui si riferiscono.

Per formare il vocabolario tecnico-scientifico di una nuova disciplina, tecnica o specializzazione si possono seguire tre vie principali.

1) Si può ricorrere al prestito linguistico (v. 12.10); al giorno d'oggi le lingue a cui si ricorre più frequentemente sono l'inglese (vocabolario dell'informatica, della fisica nucleare), il latino e il greco (vocabolario della medicina).

La lingua greca ha il vantaggio di offrire una costruzione sintetica e di godere di una tradizione ben consolidata nelle culture e nelle lingue europee; la maggior parte dei **composti greci** usati nei vocabolari tecnico-scientifici sono creazioni moderne, nelle quali l'aspetto originario delle parole greche è modificato secondo convenzioni e adattamenti moderni, affermatisi soprattutto nella lingue francese e inglese; infatti, contrariamente alla norma del greco antico, ci sono composti di tre elementi: *anemodinamometro = anemo* 'vento' + *dinamo* 'forza' + *metro* 'misura'; ci sono inoltre composti ibridi: greco + latino (*aeronave, elettromotrice*), latino + greco (*altimetro, spettroscopio*), lingua moderna + greco (*burocrazia, filmoteca*: franc. *bureau*, ingl. *film*).

2) Si può ricorrere a vari procedimenti di formazione delle parole (v. capitolo 11); taluni suffissi e prefissi hanno avuto una particolare diffusione nei vocabolari tecnico-scientifici. Nel linguaggio medico la nomenclatura relativa alle malattie si serve spesso dei seguenti suffissi di origine greca:

SUFFISSO		NOME DELLA MALATTIA
-ite	= infiammazione acuta	*artrite, dermatite, nevrite*
-osi	= affezione cronica	*artrosi, dermatosi, cirrosi*
-oma	= tumore	*carcinoma, fibroma*

3) Si può dare un significato nuovo e specifico a parole che già esistono nel lessico della lingua comune o in un vocabolario tecnico già costituito.

Si è già accennato alla **rideterminazione** di vocaboli; nella lingua comune dalla base lessicale *campo* si hanno: *campo di aviazione, campo sportivo, campo trincerato*; a livello più specialistico abbiamo: *campo di forze, campo magnetico, campo gravitazionale, campo vettoriale, campo visivo*.

Al tempo stesso osserviamo che vocabolari tecnici già costituiti forniscono termini ed espressioni a vocabolari di nuova formazione. Una parte non indifferente della terminologia della navigazione marittima ritorna nel vocabolario dell'*aeronautica* e dell'*astronautica* (lat. NĀUTA 'marinaio'); in quest'ultima ritroviamo, tra l'altro: *navigare, navigazione, navigatore, nave spaziale* o *astronave, pilota, equipaggio, traversata, crociera, cabina, convoglio, giornale di bordo, sonda spaziale, abbordare*. Questo trasferimento dall'uno all'altro vocabolario è un aspetto dell'importanza e della funzionalità della polisemia; con gli stessi vocaboli si esprimono diversi significati realizzando quella **economia di segni** che è una delle leggi fondamentali del linguaggio umano (v.4.7).

> Un momento fondamentale nella formazione dei vocabolari scientifici è segnato dalla nascita delle **nomenclature**. Lo svedese Carlo Linneo (1707-1788) diede la classificazione dei tre regni della natura. Sempre nel XVIII secolo nacque la nomenclatura della chimica e della botanica. Alla fine dell'Ottocento nacque una nuova nomenclatura anatomica.
>
> In generale possiamo dire che un linguaggio settoriale si afferma e diventa stabile in seguito al verificarsi di tre fattori: la propria identificazione concettuale, l'organizzazione nozionale, il volume di comunicazione prodotta. Quest'ultimo fattore è in rapporto con il fatto che all'interno di ciascun linguaggio settoriale esistono vari livelli e registri. Il discorso scientifico è diversamente graduato secondo le circostanze e i destinatari. Possiamo così distinguere tra: 1) discorso scientifico specializzato; 2) discorso di semidivulgazione scientifica; 3) discorso di divulgazione scientifica; 4) discorso scientifico-pedagogico; 5) discorso del tipo "tesi universitaria"; 6) discorso scientifico ufficiale, rivolto dagli specialisti a politici, amministratori ecc.
>
> Nei linguaggi settoriali le particolarità lessicali (formali e/o semantiche) sono certamente prevalenti; tuttavia vi sono anche altre particolarità negli altri livelli di analisi: aspetti specifici nella morfologia, nella sintassi, nella semantica e nell'organizzazione testuale e pragmatica. Procedimenti di nominalizzazione, sintassi del verbo, aspetti della modalità, struttura della frase sono fenomeni che, soprattutto in taluni linguaggi settoriali, assumono caratteri specifici, che talvolta risultano più interessanti degli stessi aspetti lessicali.
>
> Spesso testi scientifici apparentemente semplici, costruiti con parole che appartengono al lessico di base di una lingua, sono in realtà "difficili", perché si fondano su una serie di presupposti e di riferimenti che sono noti soltanto agli specialisti.
>
> I linguaggi settoriali possono essere studiati da diversi punti di vista: con riferimento alle discipline cui si riferiscono, in rapporto alle classi sociali che ne fanno uso, in rapporto al codice lingua, rispetto al quale essi appaiono subordinati e pertanto sono detti anche **sottocodici** (v. 9.7).

12·6   I REGIONALISMI

Le varietà regionali di italiano (v. 8.3) differiscono tra loro anche nel lessico. L'*anguria* del Nord diventa *cocomero* nel Centro, *melone* o *mellone* nel Sud; in Toscana e nel Sud si ha *cacio*, nel Nord *formaggio*; alle *caldarroste* di Roma corrispondono altrove le *castagne arrostite*; il *prezzemolo* si chiama *erborino* in Lombardia e *petrosino* in Sicilia; i *lacci* delle scarpe sono denominati anche, secondo le regioni, *legacci, laccetti, stringhe, aghetti*. Questi regionalismi lessicali si chiamano **geosinonimi**, come dire 'sinonimi geografici': secondo le regioni si indica la stessa cosa con un nome diverso.

Lo studio dei **regionalismi** lessicali comporta vari problemi. Infatti ci sono vocaboli comuni a ciascuna delle quattro varietà di italiano regionale che abbiamo già distinto (settentrionale, toscana, romana, meridionale), ma poi vi sono vocaboli propri dell'italiano della Lombardia, dell'italiano dell'Emilia, dell'italiano della Sicilia ecc.

● Per la **varietà lombarda** ricordiamo: *brughiera, barbone* 'mendicante', *bigino* 'traduttore', *michetta* 'panino'; e ancora l'abitudine di rafforzare, con gli avverbi *su* e *giù* posposti, verbi come *prendere, togliere, portare*: *prender su, toglier giù, portar su*; si notino ancora il tipo di negazione posposta *crede mica* 'non crede' e l'espressione *ala una* 'all'una', cioè alle ore tredici.

Sono comuni a tutta la varietà settentrionale: *anguria, tiretto* 'cassetto', *sberla, balera, imbarcadero*.

● Qualche particolarità lessicale della **varietà toscana**: *acquaio* 'lavandino', *balocchi* 'giocattoli', *bizze* 'capricci', *cencio* 'straccio da spolvero', *figliola* 'giovane donna nubile', *sciocco* 'che sa poco di sale'.

● Per la **varietà romana** ricordiamo: *abbacchio* 'agnello di latte macellato', *burino* 'incivile'; *bustarella; caldarroste, fattaccio* 'fatto di cronaca nera'; *intrufolarsi* 'entrare di soppiatto', *pizzardone* 'vigile urbano', *pupo* 'bambino'.

● Per la **varietà meridionale** ricordiamo: *ciecato* 'cieco', *pittare* 'pitturare', *ritirarsi* 'rientrare in casa', *scostumato* 'maleducato', *scorno* 'vergogna', *sfizio* 'divertimento, piacere', *stagione* 'estate', *tabacchino* 'tabaccaio'.

Nella varietà meridionale è notevole l'uso del verbo *stare* (in luogo di *essere*) e di *tenere* (in luogo di *avere*) in vari contesti. Si noti che alcuni regionalismi meridionali tendono a penetrare nella varietà romana: *ciecato, scostumato, sfizio*.

Abbiamo ricordato soltanto alcuni dei numerosissimi regionalismi lessicali ancora vivi in Italia. Ora aggiungiamo qualche riflessione.

1) La grande circolazione culturale e linguistica promossa dai mezzi di comunicazione di massa e dal processo di industrializzazione del nostro Paese ha fatto sì che molti regionalismi abbiano superato le frontiere originarie, diffondendosi in altre regioni o addirittura entrando nella lingua comune. Attraverso il cinema, i giornali, la televisione, il teatro, parole come *barbone, bustarella, fregare, intrallazzo, pappagallo* 'corteggiatore da strada e molesto' hanno oggi libera circolazione in Italia; il regionalismo diventa in tal modo **variante colloquiale** e familiare: si può scegliere, per esempio, tra *schiaffo, sberla* (settentrionale), *sganassone* (Roma); tra *mendicante, barbone* (Milano) e *pezzente* (meridionale). D'altra parte il maggiore svilup-

po industriale del Nord d'Italia ha fatto sì che alcuni vocaboli settentrionali si siano diffusi attraverso il linguaggio pubblicitario diventando **termini tecnici** o quasi: è il caso di *scocca* e di *lavello*; il primo indicava in origine una parte della carrozza, ora indica 'l'insieme dell'ossatura e dei rivestimenti esterni dell'automobile'; *lavello* si è diffuso come termine specifico per indicare il lavandino delle cucine moderne; ciò è avvenuto a spese dei concorrenti regionali *acquaio, lavatoio, lavabo, versatoio, lavandino*.

2) I regionalismi lessicali sono in parte mutati nel corso del Novecento (per i motivi che si sono ora detti); il livellamento delle nomenclature e la **standardizzazione** degli usi linguistici procedono con l'evolversi della società; pertanto i regionalismi lessicali si prestano meno dei regionalismi fonologici al fine di individuare le varietà regionali di italiano.

3) Nonostante quanto si è detto ai punti **1** e **2**, bisogna riconoscere che la differenziazione fra una regione e l'altra riguarda anche parole del lessico fondamentale come: *essere / stare, avere / tenere, sapere / conoscere, ora / adesso*; nell'italiano regionale del Meridione prevalgono i tipi *Mario sta contento* e *Luigi tiene fame*, rispetto a *Mario è contento* e *Luigi ha fame* (*è affamato*).

4) Vi sono parole che hanno uguale forma ma diverso significato in una data varietà regionale e nella lingua comune; *stagione* vale 'estate' nel Sud, 'quarta parte dell'anno' nella lingua comune; *cannata* 'boccale di terracotta o di alluminio' nell'italiano di Sicilia, 'graticcio di canne' nella lingua comune. Rispetto a quest'ultima l'italiano regionale attua talvolta delle sovrapposizioni. Il toscano *sciocco* assomma in sé due significati che nella lingua comune si rendono con due distinte parole: *insipido* e *sciocco*; nel Sud *fatica* corrisponde sia a *lavoro* sia a *fatica* della lingua comune. **Regionalismi semantici** sono detti quei vocaboli italiani che, entrati in un dialetto e quindi nella corrispondente varietà regionale, hanno assunto un significato diverso da quello originario: in Sicilia *stolto* vale 'disonesto', *esperto* vale 'scaltro'.

12·7 LE VARIETÀ SOCIALI

La diversità tra gruppi e classi sociali si riflette nella lingua. Le varietà sociali riguardano anche il lessico e dipendono da cinque fattori: l'età, il sesso, la provenienza del parlante, la classe sociale ed economica, il livello di istruzione.

1) **L'età**: i giovani parlano in modo diverso rispetto agli anziani; accolgono più facilmente neologismi e mode linguistiche (per esempio, l'uso enfatico di aggettivi come *allucinante, assurdo, bestiale, forte, mitico, mostruoso*); inoltre in determinati ambienti e situazioni i giovani possono far uso di varietà linguistiche particolari che sono caratterizzate soprattutto dal punto di vista lessicale (il gergo studentesco, dei militari di leva, dei gruppi di emarginati).

2) **Il sesso**: nell'intonazione e nella velocità dell'eloquio si notano talvolta differenze tra donne e uomini; in particolare, attività svolte per lo più dalle donne (le faccende domestiche, la cura del bambino) possono comportare l'uso di certi vocaboli ed espressioni; ma oggi le differenze sono minori rispetto al passato.

3) **La provenienza del parlante**: abbiamo considerato questo fattore nel paragrafo precedente, dedicato ai regionalismi; è importante sottolineare che la situazione italiana è caratterizzata dall'interrelazione tra varianti regionali e varianti sociali.

> La differenziazione sociale è rappresentata prevalentemente mediante caratteristiche locali (regionali, semidialettali, dialettali). A differenza di altri Paesi, dove si ha, per esempio, un "francese popolare", un "inglese popolare" ben sviluppati, in Italia molte varianti lessicali possono essere considerate regionali oppure sociali secondo la situazione: a Roma l'uso del vocabolo *anguria* invece del locale *cocomero*, se è eseguito da un settentrionale (cioè con intonazione settentrionale) sarà interpretato come un regionalismo, se è eseguito da un romano (cioè con intonazione romana o comunque senza una particolare intonazione) sarà interpretato come una scelta del parlante che vuole in qualche modo distinguersi (variante sociale).

4) **La classe sociale ed economica**: di norma i ceti medio-alti posseggono un'acculturazione (e quindi una conoscenza della lingua) più approfondita; al tempo stesso va ricordato che i poveri tendono a imitare le abitudini (anche linguistiche) dei ricchi, i quali diventano agli occhi di molti dei modelli da imitare, se non si vogliono subire gli effetti dell'emarginazione sociale.

5) **Il livello di istruzione**: una persona istruita conosce più parole ed espressioni; le sa usare in modo appropriato secondo la situazione comunicativa.

> I dizionari ricorrono spesso a indicazioni di livello del lessico: pop. (= popolare), fam (= familiare), volg. (= volgare), region. (= regionale), dial. (= dialettale), non com. (= non comune), raro, ant. (= antiquato, antico), lett. (= letterario), poet. (= poetico) ecc. Si tratta di caratterizzazioni di comodo nelle quali si mescolano criteri diversi: il livello di lingua che si riferisce a una situazione comunicativa, il livello di lingua che è proprio di un gruppo o di una classe sociale, una dimensione storica del lessico. Tali aspetti e criteri diversi vanno invece distinti.

Alcuni linguisti ammettono l'esistenza del cosiddetto **italiano popolare**, varietà peraltro contestata da altri studiosi. Si attribuiscono a tale varietà vocaboli ed espressioni come: *arrangiarsi, balla* 'bugia, fandonia', *beccare* 'prendere', *casino* (o *casotto*) 'confusione', *far fesso, fila, filarsela, macello* 'disastro, grave disordine', *mollare* 'appioppare, desistere', *tribolare* 'patire, penare'.

Dell'italiano popolare sono state date due definizioni: secondo T. De Mauro è il «modo di esprimersi di un incolto che, sotto la spinta di comunicare e senza addestramento, maneggia quella che […] si chiama la lingua 'nazionale'»; secondo M. Cortelazzo invece è il «tipo di italiano imperfettamente acquisito da chi ha per madrelingua il dialetto».

12·8 I NEOLOGISMI

La linguistica moderna considera il **neologismo** (dal greco *néos* 'nuovo' e *lógos* 'parola') come il protagonista dell'evoluzione linguistica. La parola nuova è considerata come un arricchimento del lessico, che in tal modo può indicare con precisione ogni cosa, ogni concetto, ogni sfumatura del pensiero. L'insieme dei processi che servono per la formazione di parole nuove è chiamato **neologia**.

Ai giorni nostri i neologismi sono studiati senza preconcetti e con strumenti di analisi adeguati; molti vocaboli nuovi sono accolti senza difficoltà nella lingua comune. Un tempo, le cose andavano diversamente. I puristi, i difensori della purezza della lingua, si opponevano all'uso dei neologismi; alla fine dell'Ottocento qualcuno combatteva parole ora divenute di uso comune come *ambientarsi* e *percentuale*; ma anche in tempi più recenti qualcuno ha dichiarato guerra a verbi come *decollare* 'staccarsi dal suolo' e *azionare*.

Propriamente parlando, neologismo può essere sia una parola ripresa da una lingua straniera (*camping*, *week-end* oppure *bistecca*, adattamento italiano dell'inglese *beefsteak*) sia una parola derivata da una parola già esistente in italiano (*lottizzare* da *lotto*, *prepensionamento* da *pensionamento*, *portasci* da *portare* e *sci*).

■ Tuttavia è preferibile chiamare **prestito** un vocabolo ripreso da una lingua straniera (v. 12.10) e **neologismo** una parola ricavata da un'altra parola italiana di base, mediante l'aggiunta di un suffisso, un prefisso o mediante un altro procedimento della formazione delle parole. Tali operazioni devono avvenire in modo tale che il parlante si renda conto del rapporto che intercorre tra la parola di base e il derivato.

Di questi procedimenti di formazione delle parole abbiamo parlato ampiamente nel capitolo 11. Qui si vogliono dare soltanto alcuni princìpi generali sui caratteri e sulla classificazione dei neologismi.

I neologismi si possono distinguere in due categorie:

● **neologismi combinatori** sono quelli che provengono dalla combinazione di elementi della lingua: *lottizzare*, da *lotto* + il suffisso *-izzare*; *prepensionamento*, da *pensionamento* e il prefisso *pre-*;

● **neologismi semantici** sono quelli che comportano un mutamento di significato, anche se la forma rimane identica; *orchestrare* è un verbo del linguaggio musicale che significa 'scrivere le parti dei vari strumenti che compongono l'orchestra'; però successivamente si è detto *orchestrare una campagna elettorale*, *un'azione politica* ecc.; in questi nuovi contesti *orchestrare* vale 'organizzare' ed è appunto un neologismo semantico; sono neologismi di questo tipo anche i calchi semantici (v. 12.10.1) come: *memoria* (del computer), che riproduce un'espressione inglese, *dialogare* (con il computer), *navigare* (in rete).

Per quanto riguarda il neologismo combinatorio va detto che il parlante comune, disponendo di una parola di base e avendo la competenza dei meccanismi della lingua, può comprendere e creare un'intera serie di neologismi combinatori. S'intende che nell'uso effettivo esistono soltanto alcune forme, le altre sono delle possibilità. Vediamo un paradigma di formazione delle parole; prendiamo come base *lotto* 'parte di un terreno che è stato diviso'; i derivati più comuni sono:

$$lotto \rightarrow lottizzare \rightarrow \begin{cases} lottizzazione \\ lottizzatore \end{cases}$$

Partendo da ciascun termine di questo paradigma un parlante italiano può creare vari neologismi:

lotto: *neolotto, superlotto;*
lottizzare: *delottizzare, rilottizzare, superlottizzare;*
lottizzazione: *delottizzazione, rilottizzazione, antilottizzazione, pseudo-lottizzazione;*
lottizzatore: *superlottizzatore, antilottizzatore* ecc.

Certo alcuni di questi neologismi sono soltanto delle possibilità (perfino un po' buffe) del meccanismo della formazione delle parole. Il passaggio all'uso effettivo dipende da vari fattori: la funzionalità e la necessità del neologismo, il prestigio di cui gode l'individuo o il gruppo sociale che l'ha prodotto, il giudizio di gruppi qualificati di parlanti (o di strati più ampi della comunità di parlanti), la moda ecc. In ogni caso resta il fatto che tali neologismi sono analizzabili e comprensibili.

Un neologismo combinatorio consiste anche nel riunire insieme in un sintagma stabile due o più parole: *lotta* e *classe*, vecchie parole della nostra lingua, si sono riunite per formare il neologismo *lotta di classe*. Altrettanto è accaduto per altri insiemi come *offerta di lancio, area di parcheggio, aereo a reazione, ripresa in diretta, servizio pubblico, tempo pieno, cassa integrazione*.

Come esempi di neologismi semantici si ricordino i termini della navigazione marittima e dell'aviazione entrati nel vocabolario dell'astronautica; si ricordino anche le parole della lingua comune diventate termini tecnici della psicoanalisi: *navigatore spaziale, nave cosmica, pilota; rimuovere, complesso* (v. 12.5).

A ogni parlante capita di sentire vocaboli nuovi o vocaboli esistenti ma usati con un significato nuovo; al tempo stesso accade che il parlante proponga, per nuovi e particolari bisogni comunicativi, parole che non fanno parte del lessico stabile della lingua.

Bisogna ora chiedersi quali siano i meccanismi che permettono al parlante di comprendere e creare parole che non fanno parte del suo bagaglio di conoscenze acquisite. In altre parole: qual è il rapporto fra **lessico memorizzato** e **lessico possibile**? Vale a dire qual è il rapporto tra parole codificate e ammesse dalla comunità e parole "generabili" dal sistema della lingua mediante regole lessicali? tra il dominio dell'esistente e il dominio della potenzialità e della creatività lessicale? Si possono ipotizzare vari modelli che tentano di spiegare tale rapporto.

1) Un primo modello ipotizza una netta distinzione tra parole convenzionali e neologismi:

lessico memorizzato	unità lessicali producibili mediante regole lessicali

Il modello risulta però insufficiente in quanto non tiene conto del fatto che formazioni già accettate nell'uso e neoformazioni non ancora affermate sono riconducibili agli stessi meccanismi di produzione.

2) Un secondo modello cerca di risolvere questo problema includendo il sistema delle regole lessicali all'interno del lessico esistente:

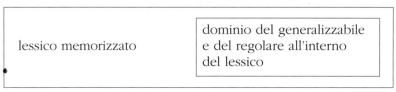

Questo modello ha però lo svantaggio di limitarsi alle sole forme attestate; si presuppone quindi un lessico più o meno chiuso.

3) Sono stati quindi proposti modelli che, viceversa, subordinano il lessico memorizzato alle regole:

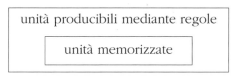

Anche tali modelli risultano però inadeguati perché non tengono conto del fatto che esistono unità memorizzate, ma opache (composti poco motivati come, per esempio, *portafoglio*), che si oppongono a unità memorizzate e trasparenti (*portapenne*, *portacassette*, *portacappelli*). Va detto che anche le unità trasparenti, per essere comprese, devono riferirsi a un sapere enciclopedico: *portaelicotteri* è una nave, non un treno; *portariviste* è un mobiletto, non una persona.

4) Il modello più interessante, infine, si basa sull'ipotesi di una parziale intersezione tra la memoria e il dominio di applicazione delle regole:

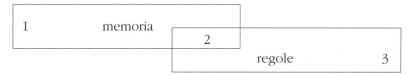

1) Alcune parti del lessico sfuggono alle regole nella misura in cui queste ultime non permettono di calcolare con precisione i significati (*portafoglio*).
2) Numerose unità lessicali memorizzate rimangono trasparenti, vale a dire calcolabili (*portapenne*).
3) Le regole permettono di produrre delle unità lessicali inedite in numero virtualmente illimitato (*porta-CD* o *portadischetti* accanto al già diffuso *portacassette*).

Il modello risulta valido in quanto distingue fra due dimensioni che sono state spesso confuse tra loro nella storia della teoria della creatività lessicale:
1) l'asse della memorizzazione, per il quale si ammette un *continuum* che comprende unità socialmente stabili, unità in via di approvazione e novità "assolute";

2) l'asse della calcolabilità, per il quale si ammette una gradualità, che va dalla trasparenza totale all'opacità totale.

In realtà, i processi di memorizzazione risultano notevolmente più complessi: spesso una parola nuova non è riconosciuta come tale. Va inoltre detto che la novità per un parlante/ascoltatore ideale non coincide necessariamente con la novità per un parlante/ascoltatore reale. Il neologismo va sempre definito secondo quest'ultima prospettiva.

12·9 COME È COMPOSTO IL LESSICO DELL'ITALIANO

Da un punto di vista storico possiamo dire che il lessico della nostra lingua è formato da tre componenti fondamentali:

1) **il fondo latino** ereditario, cioè tutte le parole di tradizione popolare e ininterrotta che ci provengono dal latino volgare; si tratta della componente più numerosa e più importante del nostro lessico; le parole più frequenti della nostra lingua, quelle che costituiscono il cosiddetto lessico fondamentale, rientrano per lo più in questa componente;

2) **i prestiti**, cioè le parole tratte da altre lingue (dalle lingue germaniche, dall'arabo, dal francese, dallo spagnolo, dall'inglese ecc.); un tipo particolare di prestito è quello ripreso per via colta dalle lingue classiche (latino e greco), cioè latinismi e grecismi;

3) **le neoformazioni** o neologismi veri e propri, cioè le parole formatesi nella nostra lingua da parole di base già esistenti mediante i meccanismi della formazione delle parole (suffissazione, prefissazione, composizione).

fondo latino ereditario (latino volgare)   →
prestito linguistico (da altre lingue)   →   LESSICO ITALIANO
neoformazioni (o neologismi veri e propri)   →

Oltre a queste tre componenti fondamentali possiamo considerare altri aspetti marginali del nostro lessico: l'onomatopea, che è la trasposizione in una forma linguistica arbitraria di rumori naturali e artificiali (dal vecchio *chicchirichì* al *bip-bip* del primo Sputnik); la creazione dal nulla, che ha una certa diffusione nel linguaggio pubblicitario (*Kodak* è forse l'esempio più famoso); infine le sigle, che sono pronunciate per lo più secondo il nome delle lettere, per esempio, *FMI = effeemmei* (Fondo Monetario Internazionale).

12·10 IL PRESTITO LINGUISTICO

■ Si ha prestito linguistico quando la nostra lingua utilizza e finisce per assumere un tratto linguistico che esisteva precedentemente in un'altra lingua e che non aveva riscontro nella nostra. Questo processo di "cattura" e il tratto linguistico così "catturato" in italiano si indicano con lo stesso termine: **prestito**.

In linguistica il termine «prestito» ha un significato particolare, diverso da quello che appare nella lingua comune. La lingua che "presta" un vocabolo non ne rimane priva; la lingua che riceve il vocabolo non ha alcun obbligo di restituirlo!

La stessa ambivalenza ha il francese *emprunt* (fenomeno + parola o elemento preso in prestito); mentre l'inglese distingue tra *borrowing* o *loan* (fenomeno), da una parte, e *borrowed word* o *loanword*, dall'altra; così come il tedesco, che ha *Entlehnung* (fenomeno) e *Lehnwort* (parola).

Protagonisti del prestito sono innanzi tutto i vocaboli. Questi possono essere presi nella loro forma originaria (*bar, computer, film, leader, équipe, lager*) oppure possono essere adattati alla fonologia e alla morfologia dell'italiano: *treno, bistecca* sono tratti dall'inglese *train* e *beefsteak*, ma i fonemi originari sono stati sostituiti con fonemi italiani, che sono foneticamente vicini ai primi; la finale consonantica è stata integrata con una vocale di appoggio, secondo la struttura della parola italiana; inoltre i due prestiti sono stati inseriti nella categoria morfologica del genere (ignota ai nomi inglesi); così anche *ingaggiare* e *mitraglia* sono adattamenti dal francese *engager* e *mitraille*; *lanzichenecco* è un adattamento dal tedesco *Landsknecht*.

Il parlante comune riconosce soltanto il **prestito non integrato**: *bar, film, leader, équipe, lager* si distinguono per il loro aspetto esteriore dalle parole italiane. Il parlante comune non riconosce invece il **prestito integrato**: quanti sanno che *treno* e *bistecca* sono prestiti dall'inglese? Vi sono poi dei doppioni, cioè dei prestiti presenti sia nella forma originaria sia in quella adattata:

francese: *bleu* e *blu, gilet* e *gilè, paletot* e *paltò*;
inglese: *punch* e *ponce, roastbeef* e *rosbif* (o *rosbiffe*).

12.10.1 TIPI E CARATTERI DEL PRESTITO LINGUISTICO

Un tipo particolare di prestito è il **calco**. Si distingue in due varietà principali:

● **calco semantico**: si ha quando una parola italiana assume un nuovo significato prendendolo da una parola straniera; il fenomeno si attua perché le due parole avevano in comune un significato e/o una somiglianza formale; per esempio, *conforti* 'agi, comodità' ha assunto questo significato dall'inglese *comforts*, anche se la parola italiana conserva i suoi significati tradizionali; invece *autorizzare*, che un tempo significava 'rendere autorevole', ha cambiato tale significato con quello di 'permettere'; ciò è accaduto per l'influsso del francese *autoriser*;

● **calco traduzione**: con materiali italiani si forma un nuovo composto traducendo alla lettera gli elementi di un composto di una lingua straniera; *grattacielo* riproduce l'inglese *skyscraper* (*sky* 'cielo', *scraper* 'che gratta'); storicamente *lotta di classe* riproduce il tedesco *Klassenkampf* (*Klassen* 'classi', *Kampf* 'lotta'), ma dal punto di vista del parlante italiano si può considerare un neologismo combinatorio (v. 12.8).

La classificazione dei calchi e la relativa terminologia differiscono da studioso a studioso. I. Klajn, nell'ambito dei **prestiti lessicali non integrati**, distingue tra **calchi**, che sono neologismi formati con materiale indigeno sul modello straniero (sono i "calchi traduzione" del nostro schema, chiamati da altri "calchi formali o strutturali"), e **prestiti semantici** (sono i "calchi semantici" del nostro schema). Secondo il Klajn nell'una e nell'altra categoria l'interferenza è promossa sia da un'omonimia sia da una sinonimia. Si hanno allora **calchi omonimici**, fondati cioè sulla somiglianza anche del significante (per esempio, *abolizionismo* che riproduce l'ingl. *abolitionism*) e **calchi sinonimici**, fondati sulla somiglianza del significato (*fuorilegge* / ingl. *outlaw*); corrispondentemente si hanno **prestiti semantici sinonimici** (*stella* 'diva del cinema' / ingl. *star*) e **prestiti semantici omonimici** (*classe* 'distinzione, eleganza' / ingl. *class*); si hanno anche **calchi sinonimici di locuzioni** (*alta fedeltà* / ingl. *high fidelity*).

Nei **prestiti lessicali non integrati** R. Gusmani distingue i **calchi strutturali**, nei quali si riproduce sia la motivazione formale sia quella semantica del modello, e i **calchi semantici**, dove è riprodotta soltanto la motivazione semantica. I calchi strutturali possono essere **di derivazione** (*comportamentismo* / ingl. *behaviourism*) e **di composizione** (*fuorilegge* / ingl. *outlaw*). Nell'ambito dei calchi sinonimici di locuzione il Gusmani distingue tra **calchi sintagmatici** (in cui avviene il calco di un sintagma) e i **calchi sintematici**, in cui il calco riguarda un **sintema** (o "unità lessicale superiore", v. 11.4.5): per esempio, *guerra fredda* / ingl. *cold war*.

Il prestito è certamente il fenomeno più importante che riguarda i contatti tra le lingue. Il prestito è in rapporto con il **bilinguismo**, che è la situazione in cui gli stessi parlanti sono portati a usare due lingue secondo l'ambiente e le circostanze. Il prestito dipende dal **prestigio** di una lingua e del popolo che la parla, ma può dipendere anche dal disprezzo con cui l'una e l'altro sono considerati. Che i Germani fossero guardati con disprezzo dai Romani si vede dal carattere di alcuni germanismi entrati nella nostra lingua: v. 12.10.2).

Possiamo distinguere tra **prestito di necessità** e **prestito di lusso**. Il primo si ha quando si prende la parola e insieme il referente (un oggetto, un'idea): *patata*, parola haitiana giunta in italiano attraverso lo spagnolo; *caffè*, dal turco; *zero*, dall'arabo (la numerazione romana non possedeva lo zero); *camper, tram, offset, toner, juke-box* dall'inglese. Il prestito di lusso ha un fine stilistico e mira alla promozione sociale: serve a evocare una civiltà, una cultura, un modo di vita considerati prestigiosi; sono prestiti di lusso: *leader, speaker, flirt, baby-sitter, weekend*, vocaboli che potremmo sostituire con *capo, annunciatore, amorazzo* (*relazione, filarino*), *bambinaia, fine settimana*. È indubbio però che vocaboli ed espressioni inglesi talvolta fanno comodo per la loro brevità: ciò spiega la fortuna che hanno incontrato nel linguaggio giornalistico i monosillabi *boom, sexy, show*. I possibili equivalenti italiani 'periodo di intenso sviluppo economico', 'sessualmente conturbante', 'spettacolo di varietà' appaiono meno spediti. Ci chiediamo quale potrebbe essere l'equivalente italiano di *sit-in*: 'raduno di dimostranti che, stando seduti per terra, occupano un luogo pubblico'?. In ogni modo la storia ci dimostra che anche il prestito di lusso può diventare elemento stabile della lingua che lo accoglie.

Un prestito può entrare attraverso la lingua scritta o attraverso il parlato. *Tunnel* è entrato attraverso la lingua scritta; si pronuncia infatti all'italiana, cioè "come è scritto": /ˈtunnel/; se fosse entrato attraverso la lingua parlata si pronuncerebbe /ˈtanel/, che è una pronuncia vicina a quella inglese /ˈtʌnl/. Invece *budget*, pronunciato /ˈbadʒet/, è entrato con la lingua parlata /ˈbʌdʒit/.

Ci sono parole inglesi che in Italia sono pronunciate in vario modo, per esempio:

flirt {
pronuncia inglese: /fləːt/
pronunce italiane che imitano l'inglese: /flert/ /flɛrt/
pronuncia all'italiana: /flirt/

Queste varianti di pronuncia dipendono da vari fattori; anche il grado di conoscenza della lingua straniera ha la sua importanza. Tuttavia bisogna considerare che una parola straniera, una volta entrata in italiano anche nella forma non assimilata (*leader, flirt* ecc.), è sentita per lo più come una parola italiana: pertanto è del tutto legittima una pronuncia all'italiana. Imporre ai parlanti italiani il pieno rispetto della fonetica inglese a proposito di anglicismi ben consolidati nella nostra lingua, come *bar, film, sport, flirt*, sarebbe ovviamente un'assurda pedanteria. Del resto è utile ricordare che in Francia i prestiti dall'inglese sono pronunciati "alla francese"; così come i prestiti dall'italiano sono pronunciati, in Francia e in Inghilterra, "alla francese" e "all'inglese"; per esempio, il nostro termine musicale *andante*, italianismo diffuso in tutto il mondo, è pronunciato in Francia /ãdãt/, in Inghilterra /æn'dænti/.

Bisogna distinguere tra il prestito vero e proprio e ciò che non è prestito, ma **citazione** di una parola straniera. Se in una corrispondenza dal Medio Oriente un giornalista ricorda con i loro nomi arabi persone, ambienti, istituzioni di quei Paesi, è evidente che non si potrà parlare di prestiti: si tratterà di semplici citazioni. Così come sono semplici citazioni varie parole straniere (ricavate dalle lingue più diverse) che si ritrovano nella nostra stampa o nella nostra narrativa e che si riferiscono alla realtà di altri Paesi.

> In una lingua si possono chiamare *prestiti* soltanto quegli elementi che sono entrati in essa dopo il suo atto di nascita. Per esempio, ci sono parole che dal gruppo linguistico osco-umbro sono entrate in latino: BŌS 'bue', BŪBĂLUS 'bufalo', LŬPUS 'lupo'; si tratta di prestiti dal punto di vista del latino; ma, dal punto di vista dell'italiano e delle lingue romanze, sono a tutti gli effetti parole latine.

Che cosa prendiamo in prestito? I nomi, in primo luogo; seguono poi, con percentuali inferiori, verbi e aggettivi (v. alcuni germanismi come *abbandonare, guadagnare, guardare, scherzare; bianco, guercio, ricco*: v. 12.10.2). Il prestito di verbi e di aggettivi testimonia in genere una convivenza più stretta tra le due comunità linguistiche (nel nostro caso i Romani e i Germani); indica cioè una vera e propria condizione di bilinguismo. Altrettanto si deve dire per il prestito di elementi morfologici.

Sono di origine germanica i suffissi: *-ingo* (*casalingo, ramingo*), *-ardo* (*bugiardo, codardo*), *-aldo* (*ribaldo, spavaldo*) e in parte anche *-esco*[1]; invece *-iere* (*cavaliere, giardiniere*) viene dal francese; dal greco vengono i suffissi nominali *-essa* (*badessa, ostessa*), *-ista, -ismo, -ico*, e il suffisso verbale *-izzare*.

Esaminiamo ora alcuni esempi di prestiti entrati in varie epoche in italiano, distinguendo secondo la lingua di origine.

12.10.2 GERMANISMI

Per la quantità e l'importanza dei vocaboli entrati in italiano, i germanismi rappresentano uno dei settori fondamentali del nostro prestito linguistico. I Germani hanno dato all'italiano prevalentemente vocaboli 'concreti'. Infatti, per quanto riguarda il mondo della cultura e dello spirito questo popolo ha appreso molto dai

---

[1] Nel suffisso *-esco* confluiscono tre suffissi diversi: il latino -ISCUS, il greco *-íscos* e il germanico *-isk*.

Romani. I germanismi si distribuiscono in quattro strati: 1) **antico** o *imperiale*: i germanismi più antichi penetrarono già nel latino volgare e si diffusero in tutta la Romània, a eccezione delle varietà balcano-romanze, che subirono influssi slavi; 2) **gotico**: il dominio dei Goti in Italia va dal 493 d.C., quando Ravenna cadde nelle mani di Teodorico, alla fine della sanguinosa guerra gotica (535-553 d.C.), con la quale i Bizantini riconquistarono la Penisola; 3) **longobardo**: l'invasione dei Longobardi condotti da Alboino comincia nel 568 d.C.; il loro dominio cessò nel 774 con la presa di Pavia da parte dei Franchi, guidati da Carlomagno; 4) **franco**: la fine dell'Impero carolingio si ebbe con la deposizione di Carlo il Grosso nell'887.

I primi germanismi cominciarono a entrare nel periodo imperiale, soprattutto nel corso del IV secolo d.C.. Tra i vocaboli più antichi ricordiamo: *alce, sapone* (prima 'tintura per i capelli', poi nel significato attuale), *vanga, guerra* (che sostituisce il lat. BĒLLUM), *brace, martora, stalla*, il verbo *smarrire*. Più tardi, ma sempre nel periodo imperiale, sono entrati altri nomi come: *uosa, lesina, banco, rocca, spola, elmo*; verbi come: *rubare, guardare, guarnire*; aggettivi come *fresco* e, probabilmente, *bianco*.

Non è sempre facile distinguere, in base a criteri linguistici, tra i tre strati gotico, longobardo e franco: i vocaboli *spia* e *buttare* potrebbero essere gotici o franchi; *anca* potrebbe risalire al periodo imperiale o potrebbe essere vocabolo longobardo o franco. Sono vocaboli gotici comuni ad altre regioni della Romània: i nomi *guardia, fiasco, albergo, tappo*; i verbi *corredare* e *arrancare*. Gotismi di area italiana sono: *nastro, rebbio, stecca, melma*; i verbi *recare* e *smaltire*; infine due vocaboli che sembrano alludere a una convivenza difficile: *astio* e *bega*.

Il dominio longobardo sull'Italia, prolungatosi per oltre due secoli, ebbe conseguenze notevoli sulla nostra storia linguistica. Fu una delle cause principali del frazionamento dialettale della Penisola, la quale rimase divisa in due zone: l'una longobarda, l'altra bizantina. Molti, e appartenenti a settori fondamentali del lessico, sono i longobardismi presenti nella nostra lingua. Si va da denominazioni di parti del corpo (*guancia, nocca, stinco, strozza, milza, zazzera* e, probabilmente, *schiena* e *anca*) a vocaboli riguardanti la casa (*stamberga*, letteralmente 'casa di pietra', *balcone, panca, scranna, federa, ranno, zaffo*), la lavorazione dei tessuti (*gualcare, biacca*), il lavoro dei campi (*bica, sterzo* dell'aratro, *zolla*).Vi sono verbi come: *arraffare, russare, schernire, scherzare, spaccare, tuffare*. Alcuni termini giuridici longobardi sono rimasti nel nostro lessico storico: *aldio, guidrigildo, castaldo*. Sopravvivono invece nella lingua viva *tregua* e *manigoldo* (peggioramento semantico di *manovaldo* 'tutore assegnato dalla legge a una donna'), *faida* (vocabolo reso noto da una poesia del Carducci e quindi ripreso con significato più generico).

L'occupazione dell'Italia da parte dei Franchi ebbe un carattere del tutto diverso rispetto a quella dei Goti e dei Longobardi. Fu l'insediamento non di un'intera popolazione, ma di una classe dirigente: per lo più nobili accompagnati dai loro servitori e da alcuni contingenti militari. Tutta questa gente era bilingue: parlava il franco e il galloromanzo. Con i nuovi conquistatori comincia quell'influsso galloromanzo che si eserciterà per secoli sui volgari della Penisola. Tra i vocaboli di origine franca ricordiamo: *bosco, dardo, gonfalone, guanto*; i verbi *guadagnare* e *galoppare* sono parole franche venuteci probabilmente attraverso il francese.

In base a quali criteri si distinguono tra loro i quattro strati germanici? A parte le testimonianze degli scrittori (per esempio, ALCĒS e ŪRUS si ritrovano in Cesare,

GANTA 'oca' e SĀPO in Plinio), per definire l'appartenenza di un vocabolo germanico a una delle quattro fasi occorre considerare la diffusione areale del vocabolo in questione e il suo aspetto fonetico. Vediamo un esempio. Confrontando l'italiano *uosa* con lo spagnolo ant. *huesa* e con il francese ant. *huese* ricostruiamo il germanico *hosa* 'ghette'. Il vocalismo di questa parola dimostra che essa proviene dal germanico settentrionale e occidentale, non da quello orientale (gotico), dove la parola avrebbe assunto la forma *husa*. Tutto lascia presupporre che questo germanismo sia stato portato nel latino volgare dai mercenari germanici in un'epoca anteriore all'influsso gotico. Se un vocabolo germanico si ritrova nella Penisola iberica, nella Francia meridionale e in Italia (territori invasi dai Goti), è giusto pensare che si tratti di un vocabolo gotico; è il caso dello spagn. e port. *aspa* 'arcolaio', guascone *aspo,* ital. *aspo.*

Un criterio per distinguere lo strato gotico da quello longobardo è l'aspetto del consonantismo. A differenza del gotico, nel longobardo è avvenuta una **mutazione consonantica**, per la quale le occlusive sorde del germanico sono diventate nel germanico meridionale (nel longobardo appunto) delle affricate; al fonema /t/ del gotico corrisponde nel longobardo il fonema /ts/: per esempio, *tolla - zolla*; il veneto *bioto* 'nudo', come il lombardo e il piemontese *biot*, vengono dal gotico **blauths,* mentre l'emiliano *bios* risale al longobardo **blauz.*

Risultati soddisfacenti si possono ottenere soltanto se l'analisi fonetica dei germanismi è confrontata con riflessioni geolinguistiche e con lo studio della situazione presente nelle lingue romanze.

Particolare interesse riveste l'osservazione dei germanismi nella **toponomastica**, che è lo studio linguistico dei nomi di luogo. L'estensione e l'intensità della dominazione longobarda in Italia si vede anche attraverso lo studio dei toponimi. La loro distribuzione areale ci aiuta a comprendere il carattere degli insediamenti e i rapporti che intercorrevano con altre popolazioni. *Fara* 'corpo di spedizione', il più importante e tipico toponimo longobardo, si addensa in Abruzzo e nel Veneto: Fara in Sabina (Rieti), Fara Filiorum Petri (Chieti), Valle Fara (Teramo), Farra d'Alpago (Belluno), Farra di Soligo (Treviso). Diamo alcuni esempi di toponimi da *sculca* 'posto di vedetta': Scùrcola Marsicana (L'Aquila), Sgùrgola (Frosinone); da *sala* 'casa per la residenza padronale': Sala (Ascoli Piceno), Podere Sala (Rieti), S. Pietro alla Sala (Benevento); da *wald 'insieme di beni fondiari': Gualdo (Forlì), Gualdo Tadino (Perugia), da *braida 'pianura': Brera di Piave (Treviso), Braida (Modena).

12.10.3 GRECISMI E ARABISMI

Oltre agli antichi prestiti passati in italiano tramite il latino (v. 6.9), si devono ricordare grecismi dovuti al contatto con il mondo bizantino. Sono termini marinareschi: *galea, gondola, argano, molo, sartie*; nomi di piante: *anguria, basilico, indivia*; vocaboli che riguardano i commerci e attività commerciali (*bambagia, paragone,* l'assaggio dell'oro era fatto mediante la *pietra di paragone*), la casa (*androne, lastrico*), la vita militare e l'amministrazione (*duca, catasto*).

Il greco *apothḗkē*, attraverso il latino APOTHĒKA, ha dato il fiorentino *bottega*; nel senese antico si ebbe *bottiga,* in alcuni dialetti mediani *pontica*, nel provenzale *botica* (da cui il fr. *boutique*), nello spagnolo *botica* 'farmacia'; da *apódeixis* 'dimostrazione' deriva *polizza*. Dal greco proviene un suffisso, presente già in epoca imperiale e destinato a diffondersi: *-ia* (da *symphònia*, con pronuncia popolare alla latina, si ebbe *zampogna*, invece da *symphonía*, con pronuncia alla greca, si ebbe il vocabolo colto *sinfonia*); la stessa origine hanno i suffissi *-itano* e *-otto*.

Gli Arabi hanno dominato per secoli il bacino del Mediterraneo: dall'827 al 1070 hanno occupato la Sicilia; tuttavia, a differenza dei Germani, non si fusero con le popolazioni vinte. Sono di origine araba nomi di piante e di prodotti: *arancia, limone, carciofo, melanzana, spinaci, zucchero, cotone*; vocaboli relativi al commercio (*dogana, fondaco, magazzino, tara, tariffa*) e alla navigazione (*arsenale, darsena, gomena, libeccio, scirocco*). Custodi del patrimonio culturale greco e al tempo stesso mediatori con l'Occidente della cultura iranica, gli Arabi coltivarono e svilupparono varie discipline e tecniche. Ciò è testimoniato dai vari arabismi riguardanti la matematica (*algebra, algoritmo, cifra, zero*), l'astronomia (*almanacco, auge* 'apogeo', *nadir, zenit*), l'industria e le tecniche (*alchimia, alambicco, elisir, canfora, talco, alcali, borace*), il gioco degli scacchi (*alfiere, scaccomatto*). Anche parole comuni come *azzurro, facchino, ragazzo* vengono dall'arabo, il cui influsso sulla nostra lingua delle origini è secondo soltanto a quello esercitato dalle lingue germaniche. Alcuni vocaboli hanno una lunga storia: *alchimia* e *alambicco* sono all'origine parole greche: *chyméya* 'mescolanza di liquidi', *ámbix* 'tazza'; poi sono entrate nell'arabo, che, dopo averle modificate nella forma (si veda in particolare l'agglutinazione dell'articolo arabo *al-*), le ha diffuse nelle lingue romanze. CĀSTRUM 'castello' e (FRŪCTUS) PRAECŎCUUS 'frutto precoce' sono vocaboli latini entrati come prestiti nell'arabo (il secondo con la mediazione del greco); l'arabo infine li ha esportati nelle forme *cassero* e *albicocco*. Come appare, in queste peregrinazioni le parole cambiano di significato.

Arabismi entrati più tardi sono: *tazza* e *cremisi*; e ancora: *giulebbe, moschea, tafferuglio*. Nel sedicesimo secolo voci arabe e persiane, passando attraverso il turco, entrano nella nostra lingua: *alcool* (in origine 'polvere impalpabile'), *chiosco, divano* (in origine 'luogo delle adunanze'), *serraglio, sofà, turbante, sorbetto, caffè*.

12.10.4 L'INFLUSSO DELLA FRANCIA, DELLA PROVENZA E DELLA SPAGNA

Con la conquista di Carlomagno (774) comincia l'influsso dell'antico francese sull'italiano. I Normanni, di lingua francese, occupano per due secoli l'Italia meridionale. I pellegrinaggi, le crociate, la fondazione di ordini monastici, ma soprattutto il prestigio delle letterature francese e provenzale spiegano il passaggio in Italia di molti vocaboli d'Oltralpe.

I **gallicismi** (termine che comprende francesismi e provenzalismi) riguardano vari settori. La vita cavalleresca: *cavaliere, scudiere, messere, dama* (e *madama*), *damigello, lignaggio, addobbare*; la guerra: *arnese* 'armatura', *foraggio, stendardo*; abbigliamento e arredi domestici: *cotta, fermaglio, gioiello, cuscino, doppiere*; la caccia: *astore, levriere, sparviere, veltro*; ricordiamo ancora: *derrata, dozzina, ostello, passaggio* e *viaggio*. Notevole è la presenza di vocaboli astratti come *pensiero* (che sostituisce *pensamento*), *foggia, preghiera, sorta*.

Per rendersi conto della notevole pressione esercitata dal francese antico (lingua d'oïl) sull'italiano, basterà pensare che d'Oltralpe ci vengono due suffissi destinati ad avere grande successo: *-iere* (tratto dal lat. –ARIUS, che in Italia aveva avuto tra l'altro gli esiti *-aio* e *-aro*) e *-aggio;* cfr. *cavaliere, giocoliere, destriere, forsiere, origliere; baronaggio, coraggio, omaggio, ostaggio, pedaggio.* Entrambi i suffissi si sono poi sviluppati autonomamente nella nostra lingua. Tramite il francese ci è pervenuto il suffisso franco *-ardo: beffardo, bugiardo.* Dalla Francia provengono ancora vocaboli del lessico di base: l'avverbio *troppo* (che ha origine germanica), i sostantivi *giorno* e *bisogno* che sostituiscono in gran parte *dì* (lat. DĬEM) e *uopo* (lat. ŎPUS), i verbi *mangiare* (da confrontare con l'it. ant. *manicare,* dal lat. MANDUCĀRE) e *svegliare* (fr. ant. *esveiller,* dal lat. EXVIGILĀRE). Dall'influsso francese e provenzale dipende la grande diffusione del suffisso nominale *-anza* nella nostra prima lirica: *amanza, amistanza, gravanza, erranza.*

I cento anni che vanno dalla pace di Cateau-Cambrésis (1559) alla pace dei Pirenei (1659) segnano il predominio della Spagna in Italia (Ducato di Milano, Stato dei Presidi, Regno di Napoli, Sicilia, Sardegna). È questo il periodo che vede affermarsi la maggior parte degli iberismi presenti nella nostra lingua. Ma anche nei secoli precedenti la presenza aragonese (lingua catalana) nell'Italia meridionale e altre circostanze storiche avevano favorito l'ingresso di alcuni iberismi (vocaboli spagnoli, catalani e portoghesi). *Baciamano, complimento, creanza, etichetta, sfarzo, sussiego, puntiglio* sono prestiti dallo spagnolo che riguardano la vita del bel mondo. E a tale proposito si ricorderanno anche due calchi semantici: *flemma* 'calma, lentezza' e *signore,* nel significato attuale (prima, in italiano era il titolo di colui che aveva la *signoria* di una città). Vi sono poi termini marinareschi (*baia, cala, flotta, tolda, babordo*) e relativi alla guerra (*guerriglia, parata, zaino, caracollare*). Da notare la presenza di alcuni appellativi "negativi": *marrano, fanfarone, vigliacco, lazzarone.*

Lo spagnolo ha portato in italiano vari esotismi (soprattutto dall'America centrale e meridionale) riguardanti animali, prodotti, oggetti propri di quelle regioni; l'esatta provenienza di tali esotismi non è sempre sicura: *amàca* (dal caraibico), *cacao* e *cioccolata* (dall'azteco), *caimano* (America centrale o meridionale), *mais* e *patata* (America centrale), *uragano* (Antille).

Di gran lunga meno numerose le parole portoghesi entrate in italiano; ricordiamo: *autodafé, casta, marmellata.* Anche il portoghese è servito da tramite per alcuni esotismi, l'origine dei quali non è sempre sicura: *bambù* (voce malese o indiana), *banana* (lingua della Guinea), *bonzo* (giapponese), *cavia* (tupi, lingua del Brasile), *mandarino* (malese), *pagoda* (lingua dravidica o pràcrito), *palanchino* (voce indostana), *samba* (dal Brasile).

12.10.5 LATINISMI

Come abbiamo già visto (v. 6.9), le parole popolari vengono dal latino volgare e hanno una tradizione ininterrotta. Il lungo uso ne ha più o meno modificato l'aspetto esteriore. Le parole dotte (o latinismi) ricompaiono nella nostra lingua dopo secoli di silenzio; i dotti le hanno recuperate direttamente dalle opere scritte in latino. I latinismi sono pertanto un tipo particolare di prestito: si producono all'interno di una cultura che per molti secoli ha proceduto parallelamente allo svolgersi della cultura italiana. A differenza delle parole popolari, i latinismi conservano più fedelmente l'originaria forma latina. Questo stacco si vede bene nei doppioni (o **allotropi**). Talvolta una stessa parola del latino ha avuto due esiti: uno popolare, l'altro colto. Vediamo qualche esempio:

parola popolare		latino		latinismo
vezzo	←	VĬTIU(M)	→	vizio
pieve	←	PLĒBE(M)	→	plebe
cerchio	←	CĬRCULU(M)	→	circolo
soldo	←	SŎLIDU(M)	→	solido

Come appare, parola popolare e latinismo differiscono per lo più anche nel significato. Ecco alcuni esempi di latinismi entrati in italiano in varie epoche:

Duecento: *scienza, coscienza, sapienza, specie, reale, formale, vivificare*;

Trecento: *repubblica, milite, esercito* (in luogo di *oste*, dal lat. HŎSTEM 'nemico'), *congiuntiva*;

Quattrocento: *arbusto, insetto, pagina, applaudire, esonerare*;

Cinquecento: *arguzia, canoro, collaudare, erogare*;

Seicento: *antenna, bulbo, cellula, condominio, società, condensare*;

Settecento: *corolla, centripeto* e *centrifugo*; franco-latinismi e franco-grecismi: *analisi, coalizione, emozione, epoca, industria, progetto, responsabile, subire, suscettibile*; anglo-latinismi: *colonia* 'gruppo di stranieri che abita in una città', *esibizione, costituzionale, legislatura, petizione, sessione.*

Questi esempi dimostrano la grande importanza dei latinismi nella formazione del lessico dell'italiano; così accade anche nelle altre lingue europee. Dapprima usati in ambienti di cultura, i latinismi sono poi entrati nella lingua comune, sostituendo vecchie parole (*facile, esercito* in luogo di *agevole, oste*), arricchendo i nuovi settori del lessico (i linguaggi tecnico-scientifici, il linguaggio politico), che avevano bisogno di nuovi termini.

Soprattutto a partire dal Settecento, molti latinismi (e grecismi) ci vengono dal francese e dall'inglese, lingue che hanno ripreso molti vocaboli dalle lingue classiche, diffondendoli poi in Europa. Si tratta in particolare di vocaboli che riguardano i settori della scienza e della tecnica, della filosofia, dell'economia, della politica. Per questi motivi si può parlare di un **lessico europeo** di carattere intellettuale.

12.10.6 LA LINGUA FRANCESE NEL SETTECENTO

Il lessico intellettuale europeo nasce soprattutto a partire dalla seconda metà del Settecento per il diffondersi della cultura illuministica. Il centro culturale d'Europa è la Francia. Il francese, lingua in cui sono espresse le nuove idee, è conosciuto dalle persone colte dell'intera Europa.

Vediamo alcune parole chiave di questo periodo. Nel secolo *dei lumi* predomina la *ragione*; si combattono il *fanatismo* e il *pregiudizio*; si confida nel *pro-*

gresso. Chi riflette è chiamato *filosofo*, un vocabolo che durante l'Illuminismo ha un significato più ampio di quello attuale. Coloro che professano le nuove idee sono *spregiudicati*, cioè nemici del *pregiudizio*, sono *spiriti forti* e *liberi pensatori*, sono anche *filantropi* e *cosmopoliti*. Accanto alla *ragione* si coltivano il *sentimento*, la *sensibilità*. Il pensiero tende all'*analisi*; il fine più importante è quello di *civilizzare* il mondo.

Numerosi vocaboli riguardano la politica (*patriota, patriottismo, democrazia, dispotismo, comitato, costituente, Corte di Cassazione, Consiglio di Stato*), l'economia (*aggiotaggio, conto corrente, monopolio, concorrenza, esportare* e *importare*, la moda (*ghette, flanella*), i cibi (*bignè, cotoletta, filetto*).

Ricordiamo alcuni calchi traduzione: *belle arti, colpo d'occhio, mettere sul tappeto, presenza di spirito, sangue freddo, saltare agli occhi*; e alcuni calchi semantici: *abbordare* 'accostarsi a qualcuno per parlargli', *abortire* 'fallire', *ascendente* 'autorità morale che si esercita su un'altra persona', *calibro* 'qualità', *conquista* (amorosa), *esaurire* 'trattare compiutamente un tema, un argomento', *intraprendente* 'audace', *misura* 'provvedimento'. Sono ripresi dal francese alcuni verbi come: *aggiornare, attivare, controllare, organizzare, risolvere*.

Molti termini del vocabolario politico sono latinismi che hanno assunto un significato moderno in Inghilterra e in Francia: *liberale*, in latino 'generoso', indica ora colui che professa una determinata fede politica; in Italia i *prefetti* furono istituiti nel 1802, riprendendo il nome latino con il nuovo significato francese. Altri latinismi di provenienza francese e inglese sono: *conservatore, maggioranza, opposizione, petizione, radicale*. Derivati moderni da basi latine sono: *costituzionale, comunismo, socialismo*.

12.10.7 LE PAROLE INGLESI

Durante il Settecento e l'Ottocento l'influsso dell'inglese sul nostro lessico è per lo più mediato dal francese. Può accadere che un vocabolo inglese sia pronunciato alla francese ancora all'inizio del Novecento. L'interesse per le istituzioni politiche dell'Inghilterra, prima, la fortuna del romanzo storico (si pensi alle traduzioni da Walter Scott: 1771-1832) e della stampa periodica inglese, nel primo Ottocento, sono tre importanti fattori di quell'**anglomania**, che si manifesta anche in altri settori: il commercio, le tecniche e la moda.

Degli anglo-latinismi entrati nel corso del Settecento, oltre a quelli già cit. in 12.10.5, ne ricorderemo altri appartenenti a vari ambiti: *adepto, immorale, imparziale, insignificante, inoculare*. Sono invece entrati alla fine dell'Ottocento: *acquario* 'vasca' e 'edificio che accoglie le vasche' (anche nella forma *acquarium*), *criterium, idrante, selezione*; intorno al 1920 è attestato il termine economico *inflazione*.

Tale influsso si accresce nel Novecento, soprattutto a partire dal secondo dopoguerra, quando l'Italia è invasa da prodotti, da tecniche e da mode provenienti dagli Stati Uniti. Si dovrebbe parlare più propriamente di **anglo-americano**, che è una varietà dell'inglese con proprie caratteristiche di pronuncia e con alcune particolarità lessicali. Gli anni del dopoguerra segnano una profonda trasformazione del nostro Paese: passaggio da un'economia agricola a un'economia prevalentemente industriale, rapida urbanizzazione, espansione economica, sviluppo

delle comunicazioni di massa. A tale rinnovamento economico e sociale si ade-
guano vari settori del lessico: i linguaggi tecnico-scientifici, il linguaggio pubblicitario, ma anche le parole d'ordine della società dei consumi. L'inglese ha un ruolo
di primo piano nel fornire vocaboli, espressioni, nomenclature, comportamenti
linguistici.

Per dimostrare l'ampiezza e la varietà di tale influsso vediamo una lista, meramente esemplificativa, di prestiti inglesi (e/o anglo-americani) non assimilati, presenti attualmente nella nostra lingua; si tratta di parole entrate in vari periodi:

autostop (anglicismo parziale), *baby-sitter, bar, best-seller, bitter, (blue-) jeans,
bluff, boom, budget, bulldozer, bus, camper, camping, check-up, club, cocktail,
commando, computer, container, dancing, derby, detective, fan, ferry-boat, film,
flash, flipper, flirt, folklore, gap, gin, golf, gymkhana* (o *gimcana*), *handicap, han-
gar, happening, hobby, hostess, jazz, jeep, jet, juke-box, killer, leader, manager,
marine, mass media, meeting, miss, motel, nurse, nylon, offset, okay, partner,
plaid, playboy, poker, pullman, pullover, quiz, racket, radar, raid, rally, record, re-
lax, reporter, round, sandwich, sexy, show, sit-in, sketch, slip, slogan, smog,
smoking, soft-ware, sponsor, sport, sprint, stop, surfing, suspense, test, thrilling,
toast, tram (way), transistor, trust, tunnel, week-end, western, whisky, yacht.*

A proposito di questi anglicismi si potrebbero fare alcune distinzioni relative:

1) alle categorie di parlanti che lo usano: per esempio, *bar, film, sport* sono
comuni a tutti i parlanti; *killer* e *partner* ricorrono soprattutto nel linguaggio giornalistico, *show* e *quiz* nel linguaggio della televisione;

2) alla motivazione che è alla base del prestito: *bulldozer* e *offset*, per esempio, sono vocaboli in certa misura necessari; *baby-sitter* e *week-end* sono invece
prestiti di lusso; *sit-in* e *sponsor* sono bene accetti per la brevità e il tono neutro;
a proposito di quest'ultimo aspetto, è utile un confronto tra sinonimi: *l'industriale
X. Y. è lo sponsor della squadra locale di calcio* con *l'industriale X. Y. è il padrino
(o il patrocinatore) della squadra...*

Molti degli anglicismi citati nel precedente elenco hanno, nell'uso comune, un sinonimo (o quasi sinonimo) italiano: *bar–caffè, computer–elaboratore, jeep–fuo-
ristrada, killer–sicario, sandwich–tramezzino*; sarebbe interessante osservare in
quali ambienti, in quali circostanze si preferisce, l'uno o l'altro termine di ciascuna
coppia. È il caso di ricordare che alcuni anglicismi sono stati sostituiti in tutto o in
parte con vocaboli italiani; nel linguaggio del calcio troviamo casi come: *fallo–
foul, gioco di testa–heading, centravanti* (sinonimo di *centrattacco*[1])–*centre-
forward, ripresa–round, rete–goal* (o *gol*).

La derivazione da basi inglesi con suffissi italiani indica che l'anglicismo è stato integrato nella nostra lingua: *handicap* → *(h)andicappato, manager* → *mana-
geriale, bar* → *barista, dribbling* → *dribblare, sponsor* → *sponsorizzare.*

Numerosi sono i calchi omonimici; l'affinità esistente tra le due lingue (cioè il
comune fondo latino e greco) facilita i trasferimenti: *acculturazione – accultura-*

---

[1] Negli ultimi anni, in seguito ad alcuni cambiamenti della tecnica calcistica, si vanno mutando alcune
denominazioni del ruolo dei calciatori: *centroavanti, mediano, terzino* sono chiamati talvolta, rispettivamente: *punta centrale, centrocampista centrale, difensore laterale.*

tion, agitazione (nel sign. politico) – *agitation, automazione* – *automation, cibernetica* – *cybernetics, contattare–to contact, decodificazione* (con suffisso mutato) – *decoding, fissione* – *fission, impatto* – *impact, multinazionale* – *multinational, non violenza* – *non violence, cartoni animati* – *animated cartoons, obiettore di coscienza* (calco imperfetto) – *conscientious objector*. Per un confronto si vedano alcuni esempi di calchi traduzione: *autocoscienza* – *self-consciousness, grattacielo* – *skyscraper, calcolatore* (o *elaboratore*) – *computer, inaffidabile* – *unreliable, pellerossa* – *redskin, piedi piatti* – *flat-foot, rompighiaccio* – *ice-breaker*.

12.10.8 IL PRESTITO INTERNO

Nella fonetica del fiorentino ricorrono le tracce di due fenomeni originari del Settentrione: la parziale sonorizzazione delle consonanti intervocaliche (v. 6.6.2) e l'evoluzione del nesso latino -TJ- del tipo *pregio*, rispetto al tipo *prezzo* (v. 6.6.4). Dal Settentrione proviene anche il pronome personale *loro*, con funzione di soggetto, in luogo degli indigeni *elli, elle* (*ellino, elleno*). Ancora il suffisso -*uzzo* ha origine estranea al toscano, che conobbe in un primo tempo derivati con -*uccio* (anche se la prima di queste due forme ricorre già nel *Decameron*). Riguardano la fonetica e la morfologia questi casi di **prestito interno**: vale a dire un prestito che avviene tra varietà esistenti in quei territori, che unendosi costituiranno poi la nostra nazione. Già nell'alto Medioevo, il prestito interno riguarda prevalentemente il lessico. Tra gli antichi settentrionalismi entrati nel fiorentino possiamo ricordare: *corazza* (Lombardia), *arsenale* e *lido* (Venezia); sempre nei primi secoli dal Settentrione vengono anche *badile* e *rugiada* (lat. *ROSĀTA); poi da Genova verranno *darsena* e *prua*. Il contributo del Meridione è rappresentato, tra l'altro, da *ammainare* (Napoli) e da *portolano* (Palermo). L'apporto dei dialetti prosegue nei secoli successivi: nel Seicento da Napoli vengono *lava* (lat. LĀBEM) e *mofeta* (lat. MEPHĪTEM); nel Settecento la Lombardia ci ha dato il *calmiere*.

Per entrare nel lessico italiano i **dialettismi** devono italianizzarsi nella forma: così *l'arzanà de' Viniziani*, ricordato da Dante (*Inferno*, XXI, 7), è diventato l'*arsenale*. Nell'ultimo dopoguerra il settentrionale *imbranà*, preso un suffisso italiano, ha generato l'ormai diffusissimo *imbranato*.

In quali settori si attinge al lessico dei dialetti? Due sono le categorie principali di dialettismi:

1) i termini tecnici (prodotti regionali tipici, agricoltura, allevamento, caratteri ambientali, nomenclature di vario tipo);

2) parole espressive, relative a situazioni, a costumi, ad atti che si prestano alla rappresentazione parodistica e allo scherzo.

Per quanto riguarda la prima di queste due categorie, ricordiamo che già nell'Ottocento la *filanda* lombarda s'impone sul *filatoio* fiorentino. Più tardi in luogo dei fiorentini *ammazzatoio, mezzaiolo, mezzeria, marcitoia* si preferiscono: *mattatoio* (Roma e Italia centrale), *mezzadro* e *mezzadria* (Emilia), *marcita* 'terreno irrigato anche d'inverno' (Lombardia). Abbiamo già parlato del successo dei settentrionali *lavello* e *scocca*.

Una rapida esemplificazione di tali prestiti, diversi tra loro per età e per ambito di appartenenza, dimostra l'ampiezza e la varietà del fenomeno:

Liguria: *abbaino, lavagna, mugugno, rivierasco, scoglio*;
Piemonte: *battere la fiacca, bocciare, cicchetto, fonduta, grissino*;
Lombardia: *balera, barbone, bigiare* 'marinare la scuola', *brughiera, essere in bolletta, gorgonzola, metronotte, ossobuco, panettone, risotto, scartoffia*;
Roma: *bagarino, burino, caciara, dritto* 'furbo', *fasullo, fusto* 'giovane aitante', *pennichella, pizzardone, pupazzo, ragazzo* 'moroso' e *ragazza* 'morosa';
Napoli: *ammanicato, mozzarella, pastetta* 'imbroglio, sotterfugio elettorale', *pizza, sfogliatella, sommozzatore*;
Sicilia: *cannolo, cassata, intrallazzo, omertà, rimpatriata, mafia, zàgara*.

12.10.9 LE PAROLE DEL COMPUTER

Il vocabolario dell'informatica, settore del lessico attualmente in pieno sviluppo, presenta numerosi prestiti e neologismi, compresi in una varia tipologia. Prendiamo in considerazione il seguente testo, tratto dal mensile di informatica "PC Professionale" (settembre 1995, p. 238). La rivista è rivolta a un pubblico piuttosto ampio, comprendente non solo gli operatori del settore ma anche gli utenti mediamente esperti:

Per quanto il vostro disco possa essere veloce, la memoria di sistema sarà migliaia di volte più rapida. La maggioranza dei dischi fissi e dei PC cercano di far leva su questa maggiore velocità sfruttando una certa quantità di RAM come memoria di transito (o cache), cioè uno spazio dedicato nel quale memorizzare i dati utilizzati più di frequente. La cache può essere hardware o software. Una cache hardware *è un'area di memoria appositamente implementata su alcuni controller dei dischi. La* cache software *è semplicemente una zona della RAM di sistema utilizzata come memoria di transito per il disco e controllata da utilità software come SmartDrive di Windows. Entrambe le soluzioni funzionano in modo quasi identico. Quando arriva il momento di effettuare una lettura sul disco, il sistema tiene in sospeso la richiesta per il tempo necessario a scoprire se il dato in questione è presente nella cache. Se l'esito del controllo è positivo si ottiene quello che in gergo è chiamato un hit, ossia un successo nella ricerca dell'informazione e la memoria di transito mette i dati a disposizione del programma senza chiamare in causa il disco rigido.*

Il testo abbonda di anglicismi: bisogna innanzitutto distinguere i prestiti dai calchi. **Prestiti non adattati** sono, per esempio, le abbreviazioni *PC* e *RAM*[1], i termini *software, hardware, controller* e *bit*; un **prestito adattato** è *implementare* 'rendere operante un sistema di elaborazione' (dall'inglese *to implement*). Le espressioni *disco fisso* (o *rigido*) e *memoria di sistema* sono **calchi strutturali**, rispettivamen-

---

[1] PC = Personal Computer, RAM = Random Access Memory.

te di *hard disk* e *system memory*. Più difficili da individuare sono i **calchi seman-tici**: una parola già esistente in italiano assume, sul modello inglese, una nuova variante di significato: il termine *memoria* 'funzione della mente umana' si è ormai ampiamente affermato anche nel senso di 'supporto capace di registrare informazioni'; non ancora entrati nell'uso comune sono invece *utilità* (nel senso di 'programma che aiuta a gestire meglio le risorse del computer'; ingl. *utilities*, usato per lo più al plurale) e *dedicato* (nel senso di 'riservato appositamente'; ingl. *dedicated*). Interessante anche l'uso dei sostantivi *hardware* e *software* in funzione aggettivale (*cache hardware*).

Possiamo notare che non tutti i termini informatici presentano uno stesso livello di "tecnicità": termini come *memoria*, *PC*, *hardware* o *software* sono ormai ampiamente diffuse, mentre *cache hardware*, *cache software* e *hit* difficilmente varcano il settore degli specialisti. Non a caso si tratta degli unici termini che sono differenziati graficamente e spiegati (mentre il significato di tutti gli altri è dato per scontato).

Molti termini tecnici presentano sinonimi autentici, vale a dire sostituibili in tutti i contesti: *disco fisso* ha come equivalente *disco rigido* o semplicemente *disco* (anche in inglese il solo *disk* può sostituire *hard disk*), *memoria di sistema* viene usato in alternativa a *RAM* (a volte con la specificazione *RAM di sistema*, per distinguerla da altri tipi di *RAM*, per esempio, quella della scheda grafica), *memoria di transito* equivale a *cache*. Sono presenti parafrasi esplicative, introdotte dalle congiunzioni *cioè* e *ossia*, da una formula che indica il livello linguistico «*quello che in gergo è chiamato un* hit», appare due volte la formula "X è Y".

Da notare infine la persistenza di altri linguaggi settoriali: *effettuare una lettura*, *il dato in questione* e *tenere in sospeso la richiesta* appartengono al linguaggio burocratico, *chiamare in causa* a quello giuridico.

CAPITOLO 13

FONOLOGIA

13·1 FONETICA E FONOLOGIA

Nell'ambito dello studio dei suoni del linguaggio umano la moderna scienza linguistica distingue tra **fonetica** e **fonologia.**

La **fonetica** studia i suoni del linguaggio umano nel loro aspetto fisico senza tenere conto della loro pertinenza, vale a dire della loro capacità di essere impiegati per distinguere parole di diverso significato. La fonetica, che provvede alla descrizione, classificazione e trascrizione di tali suoni, può essere suddivisa in quattro settori. La **fonetica articolatoria** descrive i processi che regolano la formazione dei suoni nell'apparato fonatorio; la **fonetica acustica** studia il modo in cui i suoni si propagano nell'aria passando dalla bocca del parlante all'orecchio dell'ascoltatore; la **fonetica uditiva** studia la percezione dei suoni linguistici da parte dell'ascoltatore; la **fonetica strumentale** considera un aspetto più propriamente tecnico: come applicare ai tre predetti settori della fonetica validi strumenti di misurazione (per esempio, dell'intensità della corrente d'aria emessa dai polmoni, della frequenza delle oscillazioni sonore).

La **fonologia** è quel settore della linguistica che considera i suoni presenti nelle lingue umane in rapporto alla loro funzione distintiva. Di tutti i suoni prodotti dall'apparato vocale umano la fonologia dunque considera soltanto quelli che hanno una funzione distintiva e che sono detti **fonemi.**

I fonemi vengono rappresentati nella scrittura per mezzo di segni grafici, o **grafemi** (le lettere dell'alfabeto: *a, b, c, d, e, f,* g ecc.). L'**ortografia**, dal greco *orthós* 'corretto' e *graphía* 'scrittura', è appunto 'il modo corretto di scrivere in una determinata lingua'. L'ortografia ci dice se dobbiamo usare una lettera dell'alfabeto piuttosto che un'altra, e ci dice anche se dobbiamo usare una maiuscola o una minuscola, un accento, un apostrofo, un certo segno d'interpunzione ecc.

L'unità di una determinata lingua esige l'unità della scrittura, che è più facilmente realizzabile di quella della pronuncia. Per questo motivo, le norme ortografiche delle moderne lingue standard sono in generale molto rigorose: salvo rarissime eccezioni, un qualunque enunciato della lingua italiana si scrive in una maniera e in quella sola. Le trasgressioni a tali norme non sono certo punite dal codice penale, ma non danno a chi le compie una buona fama, e possono venire anzi considerate un vero e proprio simbolo di inferiorità culturale e sociale. Chi scrivesse una frase come questa:

*o studiato per un'***h***anno nella migliore* **s***quola di* **r***oma* o anche un'altra frase con errori meno clamorosi, difficilmente supererebbe un esame o vincerebbe un concorso.

13·2   FONEMI E FONI

Consideriamo, per esempio, due diverse pronunce della parola *carta*: ['karta] e ['kartʰa]. Nella prima si ha una [t] apicodentale, nella seconda si ha invece una [tʰ] aspirata. Si tratta di due suoni fisicamente diversi; tuttavia se commutiamo questi due suoni (cioè li scambiamo l'un l'altro nella stessa posizione) non otteniamo un cambiamento di significato. Diremo allora che [t] e [tʰ], pur essendo foneticamente diversi, ricoprono in italiano la stessa funzione: nel caso specifico entrambi concorrono a manifestare il significato «carta». Pronunciamo ora la stessa parola *carta* ['karta] e ['kaRta]: la prima volta con la vibrante apicale, la seconda con la vibrante uvulare (o "erre alla francese" o "erre moscia"); anche in tal caso non avremo alcuna differenza di significato. Diremo allora che [t] e [tʰ] sono **foni** o realizzazioni dello stesso fonema /t/; allo stesso modo [r] e [R] sono foni dello stesso fonema /r/[1].

Proviamo ora a scambiare /t / di *carta* con /d/ e con /p/; otterremo *carda* e *carpa,* due nuove parole, ciascuna dotata di un proprio significato: la prima è una voce del verbo *cardare,* la seconda è il nome di un pesce. La commutazione ci fornisce la prova che i due nuovi suoni hanno una funzione distintiva: si tratta pertanto di **fonemi**. Si dirà allora che i fonemi si identificano mediante la **prova di commutazione.** Allo scambio di fonemi può corrispondere l'annullamento del significato (per esempio **carba* è un seguito di suoni che in italiano non significa niente) oppure un mutamento di significato; per esempio, nella serie *care, dare, fare, mare, pare, rare,* ritroviamo parole italiane, ciascuna dotata di un proprio significato. Dalla prova di commutazione risulta chiaramente che /k/, /d/, /f/, /m/, /p/, /r/ sono dei fonemi: hanno infatti valore distintivo; detto altrimenti sono le unità minime che contribuiscono a veicolare il significato.

Un **fonema** non è un suono, ma una classe di suoni: è un'entità astratta. Quando noi parliamo non pronunciamo dei fonemi, ma suoni (foni) che si ordinano in classi (fonemi). Ciascun parlante italiano realizza in modo diverso (a seconda della propria pronuncia, del contesto e della situazione) un determinato fonema: è necessario tuttavia che non siano superati i confini che separano distintivamente un fonema dall'altro.

13·3   VARIANTI COMBINATORIE E VARIANTI LIBERE

Come abbiamo visto, quando parliamo di foni per riferirci ai suoni normali del linguaggio, ci serviamo di una convenzione necessaria per rappresentare schematicamente una realtà molto più varia e complessa. La fonetica sperimentale e la stessa pratica della lingua insegnano che le possibili realizzazioni di uno stesso fono sono pressoché infinite, e variano con il variare del sesso, dell'età, della cultura, della re-

---

[1] Nota che i fonemi si pongono tra / /; mentre i foni si pongono tra [ ].

gione geografica e dell'ambiente sociale di provenienza del parlante, delle sue caratteristiche e condizioni fisiche, persino del suo umore. È noto, per esempio, che una persona psichicamente depressa articola i suoni in maniera diversa rispetto a un'altra in stato normale o euforico. Diverse realizzazioni fonetiche si registrano del resto anche in uno stesso individuo, secondo che sia calmo o arrabbiato, allegro o triste, stanco o riposato; oppure secondo che parli con un familiare o con uno sconosciuto o con una persona molto importante o in pubblico, e così via.

Non si può inoltre trascurare l'influenza esercitata su un suono del linguaggio dai suoni vicini, precedenti o seguenti; in alcuni casi questa influenza diviene particolarmente sensibile e produce variazioni di notevole rilievo. Se pronunciamo le parole *vento* e *vengo*, facendo attenzione specialmente alle diverse posizioni della lingua, ci accorgeremo che le due /n/ sono, dal punto di vista fonetico, molto differenti tra loro: quella di *vento* è infatti una *n* dentale, mentre quella di *vengo* è una *n* velare. Non abbiamo però a che fare, in questo caso, con dei fonemi, ma con dei semplici foni, perché nella lingua italiana non esiste alcuna coppia di parole che si distinguano solo per avere una *n* dentale [n] opposta a una *n* velare [ŋ], come invece accade in inglese. Sostituendo, per esempio, la *n* dentale dell'inglese *tin* /tin/ 'stagno' con una *n* velare si ottiene una parola di significato diverso: *ting* /tiŋ/ 'tintinnio'. In inglese dunque i foni [n] e [ŋ] hanno valore distintivo e corrispondono ai due fonemi /n/ e /ŋ/; nella nostra lingua, al contrario, quegli stessi foni [n] e [ŋ] non hanno valore distintivo, ma sono semplici varianti di un medesimo fonema /n/. Più precisamente, si tratta di **varianti combinatorie** o **di posizione** (o anche **allofoni**, dal greco *állos* 'altro' e *phōnḗ* 'suono'), determinate dal contesto in cui il suono si trova: abbiamo cioè una *n* dentale [n] davanti a dentale (la [t] della parola *vento*) e una *n* velare [ŋ] davanti a velare (la [g] della parola *vengo*), per un fenomeno meccanico di anticipazione della qualità del suono successivo[1].

Accanto alle varianti combinatorie si devono considerare le cosiddette **varianti libere**, che sono realizzazioni fonetiche individuali, dovute a difetti di pronuncia o a particolari abitudini dei singoli parlanti. è questo il caso (a cui abbiamo già accennato nel paragrafo precedente) della *r* uvulare [ʀ]. Anche le varianti libere, al pari delle varianti combinatorie, non costituiscono unità distintive (fonemi): infatti, sia che pronunciamo le parole *raro, errore, orario, irrorare* ecc. con tutte [r], sia che le pronunciamo invece con tutte [ʀ], realizzeremo sempre lo stesso significato.

13·4 I FONEMI DELL'ITALIANO

Nell'italiano, come in quasi tutte le lingue del mondo, i suoni utilizzano l'aria solo nella fase di espirazione; certe lingue africane (per esempio, lo zulù) utilizzano l'aria anche nella fase di inspirazione. L'aria, uscita dai polmoni, s'incanala nella trachea e passa quindi nella laringe, dove incontra un primo ostacolo: le **corde vocali** (v. figura alla pagina seguente). Si tratta di due spesse pieghe muscolo-

---

[1] Il termine *allofono* è usato per lo più come sinonimo di 'variante combinatoria di un fonema'; alcuni studiosi, invece, usano *allofono* in un'accezione più generica per indicare ogni variante di un fonema, sia combinatoria sia libera (stilistica, sociale, individuale).

membranose con margini liberi, che possono trovarsi in due diverse posizioni:

- **posizione aperta**: l'aria passa attraverso la glottide, che è la zona libera compresa tra le corde vocali, senza alcuna modificazione, dando luogo a una **consonante sorda**, come /p/, /t/, /k/ ecc.;

- **posizione accostata**: le corde vocali, per l'azione meccanica dell'aria in uscita, entrano in vibrazione producendo un'onda sonora; hanno origine in tal modo le **consonanti sonore** (/b/, /d/, /g/ ecc.) e le **vocali** (/a/, /e/, /i/ ecc.), caratterizzate dall'assenza di diaframma a livello orale.

Dopo aver superato le corde vocali, l'aria esce attraverso la cavità orale e nasale. Si determina a questo punto un'altra distinzione importante: quella tra articolazioni **orali** e articolazioni **nasali**. Nel primo caso il velo palatino (cioè la parte posteriore, mobile, del palato, che termina con l'ugola) si solleva e si appoggia alla parte posteriore della faringe, chiudendo così l'accesso alla cavità nasale, in modo che l'aria possa uscire solo attraverso la bocca. Nel secondo caso, il velo palatino è abbassato e l'aria penetra anche nella cavità nasale.

La differenza tra sorde e sonore, orali e nasali, è fondamentale perché permette l'opposizione tra fonemi altrimenti identici: /p/, /t/, /k/ si distinguono rispettivamente da /b/, /d/, /g/ solo perché i primi sono sordi, i secondi sonori; allo

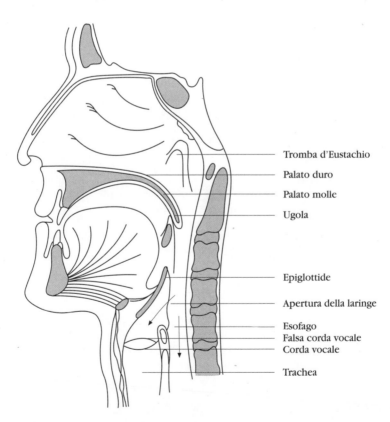

Tromba d'Eustachio
Palato duro
Palato molle
Ugola

Epiglottide

Apertura della laringe

Esofago
Falsa corda vocale
Corda vocale

Trachea

GLI ORGANI DELLA FONAZIONE
(Tratto da B. Malmberg, *Manuale di fonetica generale*, Il Mulino, Bologna 1977).

stesso modo /d/ e /b/ si distinguono rispettivamente da /n/ e /m/ solo perché i primi sono orali, i secondi nasali (infatti quando abbiamo il raffreddore, non essendo in grado di articolare perfettamente i suoni nasali, tendiamo a pronunciare [do] invece di [no], [babba] invece di [mamma] ecc.). Per questo si dice che **sordità** e **sonorità**, **oralità** e **nasalità** sono altrettanti **tratti distintivi** dei fonemi.

13·5 LE VOCALI

La divisione più comune dei suoni linguistici, secondo il modo d'articolazione, è quella tra **vocali** e **consonanti**.

■ Se l'aria può uscire dalla cavità orale, o dalla cavità orale e nasale insieme, senza che si frapponga al suo passaggio alcun ostacolo, abbiamo una **vocale**; se invece il canale orale è chiuso o semichiuso in un certo punto, che cambia di caso in caso, si ha una **consonante**.

I fonemi vocalici dell'italiano sono sette:

1) /a/ = la lingua si abbassa sul fondo della bocca, dando luogo al massimo grado di apertura del canale orale (è questa la vocale che il medico ci fa pronunciare quando vuole vederci la gola);

2) /ɛ/ = e aperta di *bene, leggo, testa, zero*: la lingua si solleva e si avvicina al palato duro, avanzando rispetto alla posizione della /a/;

3) /e/ = e chiusa di *metto, rete, sera, vela*: la lingua si accosta al palato in un punto ancora più avanzato;

4) /i/ = è l'ultima delle vocali anteriori, che si articola con un ulteriore sollevamento e avanzamento della lingua;

5) /ɔ/ = o aperta di *forte, nove, trovo, zona*: le labbra si restringono, mentre la lingua si solleva e si avvicina al velo palatino, retrocedendo rispetto alla posizione della /a/;

6) /o/ = o chiusa di *dove, molto, sono, volo*: aumentano l'arrotondamento e l'avanzamento delle labbra, mentre la lingua retrocede ulteriormente;

7) /u/ = si raggiunge il massimo grado di arrotondamento e di avanzamento delle labbra; la lingua giunge fino al limite posteriore del palato duro.

Sulla base di queste descrizioni, possiamo raggruppare le vocali nel cosiddetto **triangolo vocalico**, nel quale si distinguono tre vocali anteriori (o palatali): /i/, /e/, /ɛ/; una vocale centrale: /a/; tre vocali posteriori (o velari): /ɔ/, /o/, /u/.

Si distinguono inoltre tre vocali **aperte**: /ɛ/, /a/, /ɔ/; quattro vocali **chiuse**: /i/, /e/, /o/, /u/.

> Queste definizioni si riferiscono naturalmente al sistema fonologico italiano; in altre lingue si possono trovare tipi vocalici diversi: nel portoghese, per esempio, vi sono vocali sorde, il francese ha vocali orali e vocali nasali, mentre l'italiano possiede solo vocali sonore e orali.

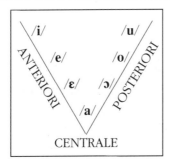

Dal triangolo vocalico ricaviamo le seguenti definizioni:

/a/ = vocale centrale di massima apertura;
/ɛ/ = vocale anteriore o palatale aperta (*e* di *zèro*);
/e/ = vocale anteriore o palatale chiusa (*e* di *réte*);
/i/ = vocale anteriore o palatale di massima chiusura;
/ɔ/ = vocale posteriore o velare aperta (*o* di *nòve*);
/o/ = vocale posteriore o velare chiusa (*o* di *sóno*);
/u/ = vocale posteriore o velare di massima chiusura.

Gli organi della fonazione si possono suddividere in tre sezioni: 1) sezione polmonare; 2) sezione laringea; 3) sezione superiore.

In 1), oltre ai polmoni e al diaframma, distinguiamo la **trachea**, un tubo cilindrico formato da anelli cartilaginei, alla cui sommità è posta la laringe.

In 2) la **laringe**, posta nella parte mediana anteriore del collo, ha la forma di una piramide triangolare con la base in alto. È costituita da varie cartilagini, connesse mediante legamenti e mosse da muscoli; è ricoperta da un rivestimento mucoso.

Nella sezione mediana la mucosa forma quattro pieghe, le due inferiori sono le corde vocali vere o **glottide**. Quest'ultima è dunque lo spazio della laringe delimitato dalle corde vocali vere e dalle cartilagini aritenoidi. Sotto l'azione di determinati muscoli la glottide varia la sua forma assumendo una serie di posizioni, che servono a creare differenti tipi di suoni: posizione di occlusione, di vibrazione (o sonorità), di bisbiglio medio ecc.

Nella sezione superiore 3), al di sopra della laringe, l'apparato di fonazione comprende tre cavità: faringale, nasale, orale.

La **faringe** è un canale verticale nel quale sboccano la trachea (mediante la laringe) e l'esofago. Nella parte anteriore la faringe presenta due aperture: una comunica con la cavità orale, l'altra con la cavità nasale. Quando il velo del palato si solleva e si appoggia alla parte della faringe, l'ultima parte di questa rimane isolata e si unisce alla cavità nasale.

La cavità nasale è rigida e suddivisa in un insieme di piccole cavità. Invece la cavità orale non è suddivisa ed è composta di parti rigide (il palato anteriore, le arcate dentarie) e di parti mobili (le labbra, le guance, la lingua, il palato posteriore). Si tenga presente che la lingua (con la sua grande plasticità) e i denti creano un gran numero di suddivisioni provvisorie, necessarie per la produzione dei suoni.

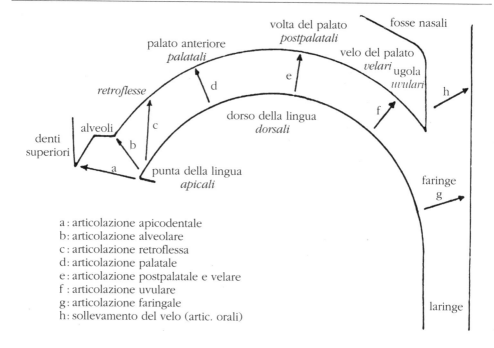

a: articolazione apicodentale
b: articolazione alveolare
c: articolazione retroflessa
d: articolazione palatale
e: articolazione postpalatale e velare
f: articolazione uvulare
g: articolazione faringale
h: sollevamento del velo (artic. orali)

SCHEMA DELLE ARTICOLAZIONI INTRABOCCALI

(A. Martinet, *Elementi di linguistica generale,* trad. ital., Laterza, Bari 1977, p. 56).

13·6 LE CONSONANTI

Si produce una consonante quando il canale orale viene chiuso o semichiuso, in un certo luogo e in un certo modo, da uno dei seguenti organi, o anche da più d'essi contemporaneamente: la lingua, le labbra, i denti, il palato, il velo palatino.

Secondo il **luogo d'articolazione**, cioè secondo il punto in cui uno di tali organi si frappone alla corrente d'aria che sale dai polmoni, le consonanti si distinguono in **bilabiali**, **labiodentali**, **dentali alveolari**, **prepalatali**, **palatali** e **velari**. Così, quando articoliamo una bilabiale (/p/ o /b/), accostiamo tra loro le labbra; quando articoliamo una labiodentale (/f/ o /v/), il labbro inferiore si accosta agli incisivi superiori ecc.

Secondo il **modo d'articolazione** le consonanti si distinguono in **occlusive**, **continue** e **affricate**.

- Le **occlusive** determinano un'occlusione, una chiusura del canale: pronunciando una /p/ o una /b/, chiuderemo per un attimo le labbra; nel caso di /t/ e /d/ la chiusura avviene a livello dei denti, e così via.

- Le **continue** comportano un flusso continuo dell'aria che viene dai polmoni; in questo caso non abbiamo una chiusura ma un restringimento del canale; ciò accade, per esempio, nell'articolazione di una /s/, quando l'apice della lingua si avvicina agli alveoli dell'arcata dentaria superiore. Esse a loro volta si dividono in:

- **costrittive** (come la /f/ o la /s/), chiamate anche **fricative** o **spiranti** per il fruscio che producono;

- **vibranti** (la /r/), in cui è l'apice della lingua a entrare in vibrazione;

- **laterali** (come la /l/), con l'aria che passa ai lati della lingua.

- Le **affricate**, infine, sono articolazioni intermedie tra le occlusive e le continue e, sebbene vengano percepite dall'orecchio umano come un

fonema	grafema	definizione fonetica	esempio	trascrizione fonologica
/p/	p	occlusiva bilabiale sorda	*palla*	/'palla/
/b/	b	occlusiva bilabiale sonora orale	*bello*	/'bɛllo/
/m/	m	occlusiva bilabiale sonora nasale	*mare*	/'mare/
/t/	t	occlusiva dentale sorda	*tela*	/'tela/
/d/	d	occlusiva dentale sonora orale	*donna*	/'dɔnna/
/n/	n	occlusiva dentale sonora nasale	*nero*	/'nero/
/ɲ/	gn	occlusiva palatale sonora nasale	*gnocchi*	/'ɲɔkki/
/k/	c (+ *a, o, u*) ch (+ *e, i*) q (+ *ua, ue, ui, uo*)	occlusiva velare sorda	*casa* *chilo* *quadro*	/'kasa/ /'kilo/ /'kwadro/
/g/	g (+ *a, o, u*) gh (+ *e, i*)	occlusiva velare sonora	*gatto* *ghiro*	/'gatto/ /'giro/
/ts/	z	affricata alveolare sorda	*zio*	/'tsio/
/dz/	z	affricata alveolare sonora	*zero*	/'dzɛro/
/tʃ/	c (+ *e, i*)	affricata prepalatale sorda	*cera*	/'tʃera/
/dʒ/	g (+ *e, i*)	affricata prepalatale sonora	*giro*	/'dʒiro/
/f/	f	continua costrittiva labiodentale sorda	*fare*	/'fare/
/v/	v	continua costrittiva labiodentale sonora	*vedo*	/'vedo/
/s/	s	continua costrittiva alveolare sorda	*sera*	/'sera/
/z/	s	continua costrittiva alveolare sonora	*smilzo*	/'zmilzo/
/ʃ/	sc (+ *e, i*) sci (+ *a, o, u*)	continua costrittiva prepalatale sorda	*scena* *sciame*	/'ʃena/ /'ʃame/
/r/	r	continua vibrante alveolare	*rana*	/'rana/
/l/	l	continua laterale alveolare	*luna*	/'luna/
/ʎ/	gl (+ *i*) gli (+ *a, e, o, u*)	continua laterale palatale	*gli* *taglio*	/ʎi/ /'taʎʎo/

unico suono, foneticamente possono dirsi costituite da un'occlusiva e da una continua, strettamente fuse tra loro: la *z* sorda di *zio*, per esempio, è il risultato di /t/ + /s/.

È possibile accorgersi di tale composizione doppia con un registratore, facendo scorrere in senso inverso il nastro inciso con la parola *zio*, o con altre parole in cui compaia una *z* sorda: si percepirà in questo modo il suono /st/.

Oltre che dal luogo e dal modo di articolazione, le consonanti vengono individuate da due ulteriori tratti distintivi, sui quali ci siamo già soffermati: ci riferiamo al carattere orale o nasale del fono e alla presenza o assenza di vibrazione delle corde vocali, che determina presenza o assenza di sonorità.

Uno schema riassuntivo di tutti i fonemi consonantici dell'italiano è nella tabella di pag. 277. In essa sono rappresentate singolarmente le consonanti dell'italiano con i loro rispettivi nomi. Vi si trovano, nell'ordine, questi elementi: 1) il fonema, secondo le norme di trascrizione dell'API (l'*Association Phonétique Internationale* 'Associazione Fonetica Internazionale'[1], un sodalizio di linguisti fondato nel 1886, con sede attuale in Londra, che ha elaborato un sistema di trascrizione in grado di rappresentare i suoni di tutte le più importanti lingue del mondo); 2) la lettera (grafema) o le lettere dell'alfabeto italiano usate nella scrittura corrente per indicare quel fonema; 3) la sua definizione fonetica; 4) almeno un esempio di parola italiana in cui il fonema compare; 5) la trascrizione fonologica di tale parola, sempre secondo le norme dell'API; il segno ' precede la sillaba su cui cade l'accento (*sillaba tonica*).

Come si vede, in molti casi le denominazioni delle varie consonanti sono piuttosto lunghe e complicate. Proprio per ovviare a queste difficoltà, alcune consonanti vengono solitamente definite in modo più semplice e rapido: la *s* sorda /s/ e la *s* sonora /z/, per esempio, si indicano come **sibilanti sorda** e **sonora**; la /ʃ/ prende il nome di **sibilante palatale**, la /ɲ/ di **nasale palatale**, la /ʎ/ di **laterale palatale**; la /r/ e la /l/ vengono chiamate nel loro insieme **liquide**, con un termine tradizionale usato già dai grammatici antichi; individualmente, esse sono invece designate coi nomi di **vibrante** e **laterale**.

Le consonanti /p/, /b/, /m/, /t/, /d/, /n/, /k/, /g/, /f/, /v/, /s/, /r/, /l/, /tʃ/, /dʒ/, quando si trovano in posizione intervocalica, possono realizzarsi come **tenui** (o **brevi** o **scempie**) oppure come **intense** (o **lunghe** o **doppie**);

fato	*fatto*	*camino*	*cammino*
eco	*ecco*	*copia*	*coppia*
tufo	*tuffo*	*caro*	*carro*

Alcune consonanti, invece, presentano una sola realizzazione: la sibilante sonora /z/ è sempre semplice; la sibilante palatale /ʃ/, la nasale palatale /ɲ/, la laterale palatale /ʎ/ e le affricate alveolari /ts/ e /dz/ sono sempre intense.

La scrittura alfabetica rende male queste diverse realtà: nelle parole *fato* e *fatto* non abbiamo rispettivamente una sola /t/ o due /t/ pronunciate di seguito, ma una /t/ pronunciata con minore o maggiore energia articolatoria, che determina una minore o maggiore durata del suono.

Nell'Italia settentrionale c'è una tendenza generale a ridurre le consonanti doppie a consonanti scempie: *tutto* diventa *tuto*, *cavallo* diventa *cavalo* (v. 8.5.1). Al contrario, nell'Italia centrale e meridionale alcune consonanti scempie vengono raddoppiate: si dice, per esempio, *subbito* e *viggile* in luogo di *subito* e *vigile* (v. 8.5.4).

---

[1] In inglese la sigla è IPA = International Phonetic Association.

13·7 LE SEMICONSONANTI E I DITTONGHI

■ Prendono il nome di **semiconsonanti** quei foni per produrre i quali il canale orale, attraverso cui passa l'aria espirata, si stringe più che per le vocali chiuse; ne risulta un suono intermedio tra quello delle vocali e quello delle consonanti.

L'italiano possiede la semiconsonante **palatale** /j/, detta *jod*, e la semiconsonante **velare** o labiovelare /w/, detta *uau*. Non tutti gli studiosi sono concordi nel considerare le semiconsonanti /j/, /w/ fonemi indipendenti dalle corrispondenti vocali: infatti in base alla prova di commutazione possiamo individuare ben poche coppie minime (v. 13.3) che si differenzino soltanto per questo tratto. Ricordiamo, per /j/, *alleviamo* /alle'vjamo/ da *allevare* e *alleviamo* /allevi'amo/ da *alleviare*; per /w/ *la quale* /la'kwale/ e *lacuale* /laku'ale/.

Le semiconsonanti compaiono nei **dittonghi**, che sono unità sillabiche formate da una vocale in funzione di centro della sillaba e da una *i* oppure una *u* con funzione consonantica, ossia di margine della sillaba.

■ I dittonghi sono unità sillabiche formate da una *i* o da una *u* senza accento e da una vocale con o senza accento.

semiconsonante	dittongo	esempio
/j/	ia	piano
	ie	ieri
	io	piove
	iu	chiudi
/w/	ua	guado
	ue	guerra
	uo	uomo
	ui	guida

I dittonghi *ia, ie, io, iu* e *ua, ue, uo, ui*, nei quali la semiconsonante precede la vocale, sono dittonghi **ascendenti** (si chiamano così perché in essi la sonorità aumenta passando dal primo al secondo elemento). Si parla invece di dittonghi **discendenti** quando è la vocale a precedere la *i* o la *u*, come nei gruppi *ai* (*fai*), *ei* (*sei*), *oi* (*poi*) e *au* (*Mauro*), *eu* (*pneumatico*), in cui la sonorità diminuisce passando dal primo al secondo elemento.

La *i* e la *u* dei dittonghi discendenti vengono chiamate **semivocali**, per distinguerle dalle semiconsonanti *i* /j/ e *u* /w/ dei dittonghi ascendenti. Le prime, infatti, sono più vicine delle seconde al suono vocalico, e possono anzi considerarsi delle semplici *varianti di posizione* (v. 13.3) dei fonemi /i/ e /u/.

L'unione della *i*, della *u* (sempre atone) e di una qualsiasi altra vocale, generalmente accentata, dà luogo al **trittongo**: *suoi, guai, aiuole*.

Quando due vocali, pur essendo contigue, non formano un dittongo, si parla di **iato** (dal lat. HĪĀTŬS 'apertura, distacco'). C'è iato, per esempio:

1) quando non ci sono né la *i* né la *u*: *pa-ese, corte-o*;

2) quando la *i* o la *u* sono accentate: *spi-a, pa-ura* (e *spi-are, pa-uroso*, perché derivati da parole che hanno l'accento sulla *i* e sulla *u*);

3) dopo il prefisso *ri-*: *ri-unione, ri-avere* (perché continua a sentirsi una certa separazione tra i due elementi della formazione, il prefisso *ri-* e le basi *unione* e *avere*; così pure in *bi-ennio* o *tri-angolo*).

13.7.1 I DITTONGHI MOBILI

I **dittonghi mobili** sono due, *uò* /wɔ/ e *iè* /jɛ/, e si chiamano in questo modo perché perdono le semiconsonanti *u* /w/ e *i* /j/ quando l'accento si sposta su un'altra sillaba, e si riducono quindi a *o* ed *e*. Vediamo per esempio le seguenti coppie di parole:

uò	o	iè	e
muovere	*movimento*	*piede*	*pedestre*
suono	*sonoro*	*lieve*	*levità*
scuola	*scolaro*	*pietra*	*petroso*
buono	*bontà*	*Siena*	*senese*
muore	*morivano*	*siede*	*sedevano*

Ma le cose non vanno sempre così. Anzi, c'è da moltissimo tempo nella nostra lingua la tendenza a rendere il dittongo mobile sempre meno mobile, e a conservare quindi *uò* e *iè* anche nelle forme in cui non erano previsti.

Ecco alcuni degli esempi più significativi di questa "riduzione di mobilità":

• le parole composte e gli stessi avverbi in *-mente* conservano spesso il dittongo: *buongiorno, buongustaio, fuoribordo, fuoriuscito; lievemente, lietamente, nuovamente*;

• i verbi *nuotare, vuotare, abbuonare* 'togliere un debito' hanno in tutta la coniugazione *uo* (*nuotiamo, vuotiamo, abbuoniamo; nuotava, vuotava, abbuonava; nuotò, vuotò, abbuonò* ecc.), per evitare ogni possibile ambiguità con le forme corrispondenti di *notare, votare, abbonare* 'contrarre un abbonamento' (*notiamo, votiamo, abboniamo* ecc.); con altri verbi si hanno oscillazioni tra forma con dittongo e forma senza dittongo: per esempio, *suona / soniamo* (o *suoniamo*), *muove / moveva* (o *muoveva*).

• l'influenza di alcuni vocaboli molto comuni ha fatto mantenere il dittongo anche nei derivati: *fieno → fienile, fiero → fierezza, pieno → pienezza, schietto → schiettezza, piede → piedistallo, fuori → fuorché*; i superlativi *novissimo, bonissimo* sono in netta minoranza d'uso rispetto ai concorrenti *nuovissimo, buonissimo*;

- anche per *allietare, chiedere, lievitare, mietere, risiedere* una radicata tradizione parla a favore del dittongo in tutte le forme (*allietava, chiedeva, lievitava, mieteva, risiedeva* ecc.).

13·8 VOCOIDI E CONTOIDI

I termini **vocali** e **consonanti** sono usati da alcuni studiosi soltanto nell'ambito della fonologia, con riferimento alla funzione che un determinato suono assume in rapporto ai suoni che gli sono vicini. In questa prospettiva la consonante è vista nella sua funzione di margine della sillaba, mentre la vocale è vista nella sua funzione di centro della sillaba. Ne consegue che hanno valore o funzione vocalica non soltanto le vocali, ma anche, per esempio, la /l/ dell'inglese *table* 'tavola' e la /n/ del tedesco *lieben* 'amare'; al contrario ha funzione di una consonante il secondo elemento dei dittonghi italiani presenti in *mai* e *causa*. Nell'ambito della fonetica, proprio al fine di evitare confusioni, alcuni fonetisti preferiscono usare i termini **vocoidi** (ingl. *vocoids*) e **contoidi** (ingl. *contoids*), coniati da K. L. Pike nel 1943.

Dal punto di vista articolatorio si chiamano vocoidi quei suoni (per lo più sonori), nella produzione dei quali l'aria emessa dai polmoni incontra soltanto le corde vocali: non vi è infatti alcuna ostruzione o restringimento degli organi fonatori. I vocoidi, che sono rappresentati innanzi tutto dalle vocali, costituiscono il centro della sillaba (v. 13.12). Si chiamano contoidi i suoni che hanno caratteristiche opposte a quelle dei vocoidi: si ha cioè un'ostruzione totale o parziale, un restringimento dell'apparato fonatorio. In conclusione, vocoidi e contoidi sono nozioni che riguardano la fonetica, mentre vocali e consonanti sono nozioni che riguardano la fonologia.

13·9 LA FONOLOGIA BINARISTA E ALTRE TEORIE

Si chiama **tratto distintivo** un tratto fonetico che distingue due fonemi che sono i termini di un'opposizione. Il fonema iniziale che appare nelle parole *pare* e *bare* è un'occlusiva bilabiale, ma la prima è sorda, la seconda è sonora; diremo allora che [sonoro / sordo] è un tratto distintivo (in effetti basta da solo a distinguere i significati delle due parole). Ancora il fonema iniziale presente in *bare* e *mare* è un'occlusiva bilabiale sonora, ma la prima è orale, la seconda è nasale; pertanto [nasale / orale] è un altro tratto distintivo. In una data lingua ciascun fonema è costituito da un fascio di tratti distintivi che lo definiscono in confronto a tutti gli altri fonemi della stessa lingua.

I tratti distintivi furono considerati di natura articolatoria dalla scuola di Praga e in particolare nei *Princìpi di fonologia* di N. Trubeckoj (1939), saggio in cui si sviluppò la teoria delle opposizioni distintive. In seguito R. Jakobson, coadiuvato dalla cosiddetta "scuola di Harvard", ha posto a fondamento dei tratti distintivi, non i caratteri articolatori, bensì i caratteri acustici. Individuati in base a un criterio binario, tali caratteri acustici sono atti ad analizzare opposizioni sia consonantiche sia vocaliche. Nei *Preliminari all'analisi del discorso*, un saggio scritto nel 1952 da Jakobson insieme con G. Fant e M. Halle, sono compresi i seguenti **tratti in-**

trinseci: vocalico/non vocalico, consonantico/non consonantico, compatto/non compatto, diffuso/non diffuso, sonoro/sordo, nasale/orale, continuo/discontinuo, stridulo/morbido, bloccato/non bloccato, teso/rilassato, grave/acuto, bemolizzato/non-bemolizzato, diesizzato/non-diesizzato.

> Per mostrare su quali basi si fonda tale metodo consideriamo soltanto la terza di queste coppie. I **suoni compatti** sono quelli che hanno uno spettro acustico in cui compare una concentrazione dell'energia in una regione relativamente stretta e centrale: ciò equivale a un avvicinamento delle due formanti (le frequenze di un suono complesso rafforzate da un filtro acustico) principali nello spettro acustico: la prima che va dalla laringe fino al punto diaframmatico orale, la seconda dal punto diaframmatico orale alle labbra. Si tratta delle vocali [a] [ɛ] [ɔ] e delle consonanti velari e palatali [k] [g] [λ] [ʃ] [ʒ] ecc. Caratteri opposti hanno i **suoni diffusi**: le due formanti principali si collocano all'estremità dello spettro. Sono suoni diffusi le consonanti labiali e dentali nonché le vocali chiuse.

Ai tratti intrinseci si aggiungono poi i **tratti prosodici** o **estrinseci** (lunghezza, intensità e altezza). Degli uni e degli altri si devono evidenziare quelli che servono a distinguere ciascun fonema da tutti gli altri: i **tratti distintivi**. Questi ultimi, come abbiamo via visto, hanno degli indici binari: ciascun fonema è definito mediante la presenza [+] o assenza [−] di tratti distintivi. Pertanto le differenze graduali si analizzano in serie di opposizioni binarie.

Di questa teoria sono stati criticati soprattutto due punti: 1) il numero dei tratti intrinseci è troppo circoscritto per dare all'analisi un carattere universale; 2) il fonema è definito prescindendo da considerazioni morfologiche e sintattiche. Reagendo a tale "autonomia" N. Chomsky (v. 2.5) e la sua scuola, dopo essere ritornati (in un saggio del 1968) a considerare i tratti distintivi su base articolatoria, sono pervenuti a un'altra posizione estrema, nella quale la componente fonologica di una lingua è vista come subordinata a quella sintattica. In seguito, alla **fonologia generativista** sono state rimproverate la rigidezza del modello teorico e l'innaturalità delle soluzioni adottate. In contrapposizione a tale indirizzo si è sviluppata, a partire dagli anni Settanta, una **fonologia naturale** (J.A. Hooper), la quale si basa sul seguente principio: poiché esiste un fondamento biologico del linguaggio, una teoria linguistica deve a sua volta fondarsi su condizioni di "naturalezza" e pertanto non può presupporre caratteristiche contrastanti con le conoscenze che noi abbiamo dei processi "naturali". Ai metodi del generativismo ha reagito anche la **scuola sociolinguistica** americana (W. Labov: v. 8.7), la quale ha sottolineato l'esigenza che la descrizione fonologica incorpori in sé quei fenomeni di variabilità linguistica presenti in ogni concreta situazione di scambio linguistico. Inoltre si tenga presente che i progressi recenti della fonetica sperimentale inducono a sostituire il concetto di tratto binario con quello di tratto scalare.

13·10   I GRAFEMI E L'ALFABETO

Nelle lingue che possiedono una tradizione scritta di tipo alfabetico i fonemi sono rappresentati nella scrittura per mezzo di segni grafici o grafemi. In un sistema alfabetico il **grafema** è la più piccola unità distintiva del sistema di scrittura di una lingua. Analogamente a un fonema, un grafema è una classe di realizzazioni.

> Ciascuno scrivente realizza sulla carta una *f* in vari modi, ma sempre in modo tale che nell'allografo siano mantenuti i caratteri oppositivi del grafema (la classe) rispetto agli

altri grafemi. Nella nostra lingua scritta non sempre c'è una corrispondenza precisa tra fonema e grafema (v. 13.11); talvolta per rappresentare un solo fonema occorre scrivere di seguito più di un grafema.

Gli **allografi** sono varianti contestuali di un grafema. Un caso evidente di allografia è presente nell'alfabeto latino arcaico, dove la lettera K- ricorre davanti ad -A-, la lettera C- dinanzi a -E- e -I-, la lettera Q- dinanzi a -O- e -U-, malgrado questi allografi possiedano la stessa funzione nell'indicare il fonema velare sordo /k/.

Lo studio scientifico dei grafemi (scritti a mano o realizzati tipograficamente, in una dimensione sincronica o diacronica) è compiuto dalla **grafematica**. Appartiene invece all'ambito della didattica, e quindi ha finalità prescrittive, l'**ortografia**, che, come abbiamo già detto (v. 13.1) è la resa grafica di una determinata lingua secondo un modello di riferimento.

L'insieme dei segni grafici o grafemi con i quali s'indicano i fonemi di una determinata lingua si chiama **alfabeto**, con una parola che deriva dalle prime due lettere dell'alfabeto greco: *alfa* (α) e *beta* (β), corrispondenti alle nostre *a* e *b*. Una formazione simile si ha nell'equivalente latino *abecedarium*, divenuto il nostro *abbecedario*, o nell'italiano *abbiccì*, che derivano rispettivamente dalle prime quattro lettere dell'alfabeto latino (i latini davano a *b* e *c* il nome di *be* e *ce*) e dalle prime tre di quello italiano.

La scrittura alfabetica deve essere distinta da quella **ideografica** e da quella **pittografica**, nelle quali ciascun segno (con un diverso livello di astrazione) è simbolo di una cosa, di un'azione, di un'idea. Il mondo antico ha conosciuto diversi sistemi di scrittura: molto in generale si può parlare di un'evoluzione dalla primitiva fase ideografica, attraverso sistemi misti, nei quali accanto agli ideogrammi si trovano segni con valore fonetico (come nella scrittura geroglifica degli antichi Egizi), fino a sistemi sillabici, dove ciascun segno rappresenta non un solo suono ma un'intera sillaba, come nella scrittura cuneiforme mesopotamica. Proprio a partire da un sistema sillabico (quello fenicio) si è quindi passati a un sistema alfabetico puro: quello greco arcaico, dal quale discende l'alfabeto latino.

13·11   GRAFEMI E FONEMI

In teoria ci dovrebbe essere una corrispondenza perfetta tra i segni del sistema ortografico e i suoni del sistema fonologico, tra **grafemi** e **fonemi**: ci dovrebbe essere cioè quel tipo di corrispondenza che i matematici chiamano biunivoca, nel senso che ogni segno dovrebbe rappresentare costantemente un solo suono, e ogni suono dovrebbe essere costantemente rappresentato da un solo segno.

Ma le cose non stanno proprio in questo modo, e anche in italiano, dove l'ortografia è abbastanza funzionale, soprattutto se confrontata con quella di altre lingue, come l'inglese o il francese, non esiste un'assoluta corrispondenza tra suoni e segni. Nell'uso scientifico, per ovviare a questo inconveniente, si è soliti trascrivere le pronunce servendosi di alfabeti fonetici appositamente concepiti per realizzare un rapporto di corrispondenza biunivoca tra segni grafici e foni. Come abbiamo già visto in 13.6, il più diffuso di tali sistemi è quello fissato dall'API.

Le frequenti incoerenze tra pronuncia e scrittura si spiegano, in generale, con la rapida evoluzione della lingua, e soprattutto della pronuncia, mentre la scrittura resiste in forme più o meno cristallizzate, per forza d'abitudine o per rispetto della tradizione.

Nel caso specifico delle lingue romanze, e quindi dello stesso italiano, si devono considerare le difficoltà che esse incontrarono nello sforzo compiuto per adattare l'alfabeto latino ai nuovi suoni affermatisi nel corso dell'evoluzione storica. Così, per esempio, nel latino classico il grafema *c* rappresentava la velare /k/; si pronunciava quindi Cicero /'kikero/ o centum /'kɛntum/; successivamente questo fonema /k/, rimasto intatto davanti ad *a, o, u*, si modificò davanti a *e, i*, diventando in tale posizione *c* palatale /tʃ/, come nelle parole italiane *Cicerone* /tʃitʃe'rone/ e *cento* /'tʃɛnto/. In italiano pertanto un solo grafema *c* serve a rappresentare due diversi fonemi /k/ e /tʃ/; mentre un solo fonema /k/ viene rappresentato da due diversi grafemi: *c* davanti ad *a, o, u* (*casa* /'kasa/, *cosa* /'kɔsa/, *scusa* /'skuza/), *ch* davanti a *e, i* (*cheto* /'keto/, *chino* /'kino/).

Le maggiori incertezze del nostro alfabeto riguardano appunto quei grafemi o insiemi di due grafemi, come *e, o, c, g, s, z, sc, gl*, che possono rappresentare ciascuno due suoni diversi e che comunque servono per rappresentare suoni originariamente estranei al latino.

Digramma (da greco *di-* 'due volte' e *grámma* 'lettera') è l'insieme di due grafemi indicante un unico fonema. In italiano esistono sette digrammi:
gl(+*i*)[λ], *gn*[ɲ], *sc*(+*e,i*)[ʃ], *ch*[k], *gh*[g], *c*(+*e,i*)[tʃ], *g*(+*e,i*)[dʒ].

> Nel nostro Paese convivono numerose varietà di lingua; di conseguenza, non c'è un unico modello corretto di pronuncia, ma ci sono tipi di pronuncia più o meno accettati dalla comunità dei parlanti. Nelle indicazioni fonetiche delle grammatiche e dei dizionari si fa generalmente riferimento alla pronuncia fiorentina, sia pure depurata di alcuni tratti marcatamente locali, che sono riprovati nelle altre parti d'Italia, come il tipo /la 'hasa/ in luogo di /la 'kasa/ o il tipo /re'ʒone/ in luogo di /re'dʒone/. La preferenza accordata al fiorentino si fonda su ragioni di carattere sia storico sia pratico. Il fiorentino è la varietà d'italiano tradizionalmente considerata «di norma»; al tempo stesso, è tutt'oggi il tipo di pronuncia più largamente conosciuto. Per questi motivi è giusto che la varietà fiorentina, emendata dei suoi aspetti vernacolari, si ponga alla base della pronuncia dell'italiano.

13·12 LA SILLABA

È un'unità di pronuncia, più estesa di un suono e più piccola di una parola. La nozione di sillaba è viva nella coscienza del parlante, il quale può pronunciare una parola sillabandola: *lin-gui-sti-ca*. La scansione, che è richiesta per rendere intelligibile una parola non compresa chiaramente, ha basi fonetiche, non sempre coincidenti con i postulati dell'analisi fonologica. Del resto le regole della sillabazione scritta, in parte diverse da quella orale, rientrano nello studio dell'ortografia.

Non è facile dare una definizione scientifica della **sillaba**, la quale può essere considerata una struttura elementare che in una determinata lingua regola ogni raggruppamento di fonemi: per esempio, V, CV, VC, CVC[1]. Dal punto di vista articolatorio a ogni sillaba corrisponde un incremento della pressione dell'aria (tale fenomeno può essere misurato con particolari strumenti). Dal punto di vista acustico si nota che in una sequenza di suoni alcuni sono più sonori e che ciascun culmine di sonorità corrisponde a un centro di sillaba, rappresentato da un vocoi-

---

[1] Con i simboli V e C si intende rispettivamente vocale e consonante.

de (v. 13.8). La sillaba è stata di volta in volta definita in base a criteri articolatori, acustici, ritmici, funzionali, psicologici, senza giungere a soluzioni pienamente soddisfacenti.

> In italiano per formare una sillaba è necessaria la presenza di una vocale. Ciò non accade in altre lingue, nelle quali il centro sillabico può essere rappresentato da una **sonante** (V. GLOSSARIO), come nel serbocroato *trg* 'mercato'. Le sillabe che terminano con una vocale sono dette **aperte** o **libere**: *te-le-fo-no*, quelle che terminano con una consonante sono dette **chiuse** o **implicate**: *im-por-tan-za*. Le parole composte di una sola sillaba sono dette **monosillabi**; le altre sono dette **polisillabi** (distinguibili in bisillabi, trisillabi, quadrisillabi).

13·13   L'ACCENTO

Un'analisi segmentale non è sufficiente a rendere evidenti tutti gli aspetti della catena parlata. Infatti se scomponiamo in fonemi due parole italiane come *àncora* e *ancóra* otteniamo in entrambi i casi la stessa sequenza: /a/ + /n/ + /k/ + /o/ + /r/ + /a/. Questa scomposizione non rende conto del fatto che le due parole hanno significati diversi in corrispondenza alla posizione dell'accento su due diverse sillabe. L'accento è considerato un **tratto soprasegmentale** (ingl. *suprasegmental*), come se si "sovrapponesse" al segmento fonico. In realtà nella catena fonica non è possibile pronunciare un suono staccato dal suo accento e, più in generale, separato dai suoi valori prosodici: l'accento viene prodotto nello stesso momento in cui è prodotta la vocale che è colpita dall'accento. L'immagine della sovrapposizione deriva dalla scrittura di tipo latino, dove rappresentiamo i fonemi segmentali ai quali aggiungiamo accenti e altri grafismi, che vengono in effetti sovrapposti alla striscia della scrittura.

I tratti soprasegmentali (o simultanei) più importanti sono l'**accento**, che riguarda la parola, e l'**intonazione**, che riguarda l'enunciato. L'accento, nelle lingue che lo hanno mobile (per esempio, le lingue romanze, ma non il francese), ha **funzione distintiva**: serve a distinguere alcune parole tra loro (*àncora - ancóra, càpito-capito-capitò*); ma nelle lingue che lo hanno in posizione fissa (per esempio, in polacco l'accento cade sulla penultima sillaba di ciascuna parola) ha **funzione demarcativa**: segnala cioè il confine delle parole. L'accento dinamico, che si esprime con un rafforzamento dell'intensità della voce, ha anche una **funzione culminativa**: vale a dire evidenzia un'unità fonetica.

L'**intonazione** serve a distinguere enunciati di diverso significato: *vieni con Paola! / vieni con Paola?* Esistono anche **tratti paralinguistici** (volume della voce, velocità dell'eloquio, esitazioni, pause, silenzio) che contribuiscono in vario modo e in diverse circostanze a fondare il significato degli enunciati.

Tornando all'accento, ricordiamo che si dicono accenti quei segmenti della catena fonica che emergono rispetto agli altri per qualche tratto: durata, intensità dell'articolazione, altezza melodica. Si distingue un **accento dinamico** o d'intensità, che consiste in un aumento della forza espiratoria, e un **accento musicale** o **tonale** fondato su una variazione melodica (aumento o diminuzione delle vibrazioni delle corde vocali). Anche l'accento tonale, presente in molte lingue africane, dell'Estremo Oriente e in alcune dell'Europa settentrionale, ha funzione distintiva, demarcativa e culminativa. In queste lingue una variazione di tono permette di distinguere due parole che sono costituite dalla stessa sequenza di fonemi. Nella maggior parte delle lingue europee il tono ha invece una funzione espressiva.

> La sillaba e la vocale accentata si chiamano **toniche**. Le altre sillabe e vocali sono dette **atone**; ma si distingue tra **pretonica** (o protonica), quella che precede la tonica; **postonica** quella che la segue; **intertonica** quella che si trova tra un accento secondario e uno principale (la sillaba *-ve-* di /belve'dere/). La maggior parte delle parole italiane sono **piane** o **parossitone**: *canto, passare, cavalleria*; vi sono poi le **tronche** o **ossitone** (dal greco *oxýtonos* 'dal tono acuto'): *virtù, comanderò*; le **sdrucciole** o **proparossitone**: *mobile, commisero*; rare sono le **trisdrucciole**: *recitamelo*.
>
> Si deve distinguere naturalmente tra l'**accento tonico**, che è proprio di ciascuna parola (fatta eccezione dei clitici), e l'**accento grafico**, usato di norma soltanto nelle parole tronche e in alcuni monosillabi: *già, può, ciò, dì* ('giorno' e imperativo di *dire*), *dà* verbo; senza accento sono *di* e *da* preposizioni. L'accento grafico è usato facoltativamente in particolari circostanze (e sempre in corrispondenza dell'accento tonico): per esempio, per distinguere coppie come *prìncipi-princìpi*, oppure per distinguere la vocale chiusa da quella aperta: *vénti-vènti, pórci-pòrci*. In tali circostanze si usa l'**accento acuto** / ´ /, che si mette sulla *e* e sulla *o* chiuse, e l'**accento grave** / ` /, che si mette sulla *e* e sulla *o* aperte e su tutte le altre vocali. L'**accento circonflesso**, oggi poco usato, si metteva, soprattutto con valore distintivo, sulla desinenza plurale dei nomi e aggettivi in *-io*: *principî*, pl. di *principio*, distinto da *principi*, pl. di *principe*.

13·14 LA FONETICA SINTATTICA

La fonetica sintattica o fonologia di giuntura si occupa di tutti quei fenomeni fonologici che si producono nel contatto tra due parole susseguentisi nella catena parlata. Una stessa parola può avere pronunce diverse a seconda che sia in posizione isolata (*in* [in], *casa* ['kasa]) o in posizione inclusa o di **sandhi** (*in prosa* [im'proza], *a casa* [a'kkasa])[1]. In [im'proza] il passaggio dalla dentale /n/ alla bilabiale /m/ è provocato dalla presenza della bilabiale /p/ seguente: abbiamo qui un'assimilazione regressiva (V. GLOSSARIO), che possiamo comprendere nell'ambito più generale dei fenomeni di **adattamento**. A tale categoria appartengono anche quei fenomeni che permettono di evitare l'incontro di due vocali: l'**elisione**, che è la perdita della vocale finale atona di una parola davanti alla vocale iniziale della parola seguente: **lo oste* → *l'oste, una amica* → *un'amica, di inverno* → *d'inverno*; l'**apocope** (o troncamento) del tipo **uno amico* → *un amico*; ma l'apocope riguarda in generale la caduta di un elemento (vocale, consonante o sillaba) in fine di parola anche davanti a consonante: **buon giorno* → *buono giorno, filo di ferro* → *fil di ferro, frate Cristoforo* → *fra Cristoforo*. Come appare, sia l'elisione sia l'apocope hanno una resa grafica; inoltre l'elisione è segnalata mediante l'apostrofo.

Il **raddoppiamento** o **rafforzamento (fono)sintattico** è causato da un'assimilazione fonetica. Quest'ultimo fenomeno si è avuto non soltanto all'interno della parola, per esempio, in ADMĪTTO → *ammetto*, RŪPTU(M) → *rotto*, LĀCTE(M) →

---

[1] *Sandhi* 'contatto', termine usato dagli antichi grammatici indiani per indicare il contatto di due parole nella sequenza fonica e le alterazioni che ne conseguono. Si distingue di solito un sandhi esterno, tra due parole (v. gli esempi qui cit.), e un sandhi interno: per esempio, la sibilante sonora del verbo tedesco *setzen* diventa sorda nel composto *Maßsetzen* 'stabilire la misura' per influsso della consonante sorda precedente.

Schema riassuntivo di tutti i fonemi consonantici dell'italiano

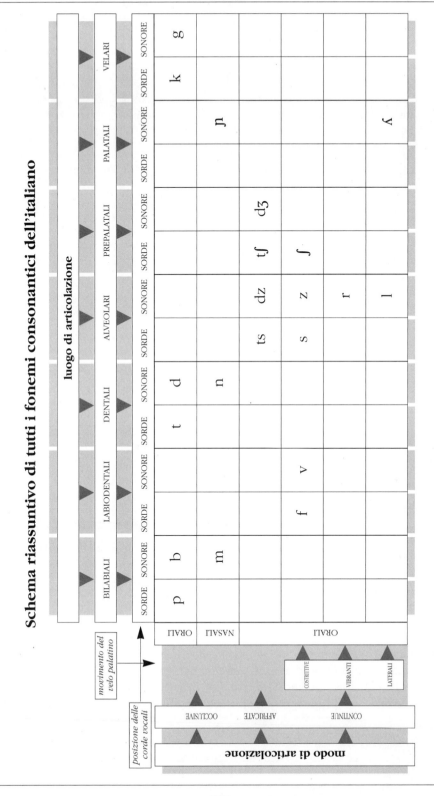

latte, ma anche nel contatto di due parole: AD CĂSAM → [a'kkasa], TRĒS CĂNES → [tre'kkani]. La grafia registra il fenomeno soltanto quando si è avuta l'**univerba-zione**, per esempio: *appena, giammai, tressette, cosiddetto, soprattutto, frattanto, davvero, lassù, neppure, sebbene, ovvero, ossia.* In italiano prevale la tendenza a presentare il vocabolo in una forma stabile, escludendo le varianti contestuali.

Il rafforzamento, che è caratteristico del toscano (quindi dello standard lettera-rio) e delle varietà centro-meridionali, si è esteso per analogia dai casi etimologici ad altri casi. Se non si verificano dei mutamenti prosodici (pause, allungamento della vocale finale, cambiamento di tono) è prodotto da:

1) tutte le parole polisillabiche con accento grafico o fonetico (per alcune pa-role straniere) sull'ultima vocale, per esempio: *perché, però, andò, farò, capì, caffè, ventitré, gilet: perché mai* [per'ke'mmai], *andò via* [an'dɔ'vvia], *caffè ne-ro* [ca'ffɛ 'nnero];

2) tutti i monosillabi con accento grafico: *dà, dì, là, lì, già, giù, sé, ciò, più, tè: dì pure* [di'ppure], *più su* [pju'ssu];

3) i monosillabi "forti": *a, da, su tra, fra; ho, ha, do, fa, fu, va, sto, sta; che, chi, qui, qua, se* (congiunzione), *ma, e, o; tu, gru, blu, tre; te, me* (accentati): *da noi* [da'nnoi], *sta bene* [sta'bbɛne], *qua sopra* [kwa'ssopra].

Nell'Italia settentrionale il rafforzamento non è praticato neppure da coloro che pronunciano le consonanti intense (v. 8.5.1). Nell'Italia centrale e meridionale si notano delle divergenze tra le varie zone e rispetto a Firenze. Nella varietà roma-na *da* e *dove* non sono mai rafforzativi; sono invece elementi rafforzativi, tra gli altri: *come* (ma soltanto nelle comparazioni), le esclamazioni *ah, eh* e il vocativo *o.* Sono sempre rafforzate – ma per motivi di ordine diverso – le iniziali di *chiesa, così, là, lì, più, qua, qui, sedia: la chiesa* [la'kkjeza], *la sedia* [la'ssɛdja], *vieni qua* ['vjɛni 'kkwa].

13·15 ENCLITICHE E PROCLITICHE

Si ha l'**enclisi** (dal greco *énklisis* 'inclinazione') quando un elemento, per lo più composto da una o due sillabe, si appoggia, per quanto riguarda l'accento, alla parola che lo precede: per esempio, *-lo, -la, -li, -le* in *lèggilo, lèggila, lèggili, lèggile.* Il fenomeno si ritrova anche nel latino (con la congiunzione *-que: mulieres puerique* 'le donne e i ragazzi') e in greco (con l'indefinito *tis* 'un certo': *án-thropós tis* 'un certo uomo'); in francese sono enclitici i pronomi *je* e *ce* in: *que sais-je?* 'che so?', *est-ce que Charles vient?* 'viene Carlo?'.

In italiano sono enclitici i pronomi atoni *mi, ti, si, ci, vi, lo, la, ne* ecc. e gli av-verbi *ci, vi.* Tali elementi si possono unire all'avverbio *ecco (eccolo, eccomi)* e ad alcune forme verbali: l'imperativo (*parlagli*), l'infinito (*parlarle*), il gerundio (*par-landone*), il participio passato (*superatolo*); in italiano antico l'uso di enclitici do-po il verbo era molto più esteso[1]. Dopo una parola tronca e dopo la prima perso-

---

[1] L'enclisi nell'italiano antico era regolata dalla cosiddetta legge Tobler-Mussafia, in forza della quale all'inizio della frase il pronome andava posto dopo il verbo secondo le formule di base: *dissemi* 'mi disse'; *e dissemi* 'e mi disse'; *ma dissemi* 'ma mi disse'.

na dell'imperativo dei verbi *andare, fare, dare, stare*, la consonante iniziale dell'enclitica si rafforza: *dimmi, fammi, facci*. Si possono avere anche accoppiamenti di pronomi: *daglielo, diccelo*. In italiano, diversamente da quanto accade in latino, gli enclitici non provocano lo spostamento dell'accento: *fàbbricansene, incàricatene*. Il pronome clitico che segue un infinito preceduto da un ausiliare può "risalire" in capo all'enunciato: *voglio bere un bicchiere* → *voglio berlo* → *lo voglio bere*.

Gli elementi atoni che si appoggiano alla parola seguente si chiamano **proclitici** (articoli, preposizioni, alcuni pronomi e avverbi); anche in tal caso si possono avere accoppiamenti di pronomi: *me lo disse, ce lo mandò*. Enclitici e proclitici costituiscono nel loro insieme la classe dei **clitici**; con il termine **clisi** si comprende sia l'**enclisi** sia la **proclisi**.

13·16   LA FONEMATICA CONTRASTIVA

Una delle maggiori difficoltà che s'incontrano nello studio di una lingua straniera consiste nell'apprendere la pronuncia dei suoni linguistici presenti in quella lingua. Per tale motivo ci sembra utile un confronto tra alcuni suoni linguistici dell'italiano e alcuni suoni linguistici dell'inglese.

Come abbiamo visto (v. 13.2), i suoni linguistici possono essere distinti in **foni** (i suoni nella loro realizzazione effettiva) e in **fonemi** (i suoni come unità distintive minime). Nel confrontare l'italiano con l'inglese si considereranno due aspetti.

1) Vi sono differenze che dipendono dalla presenza di fonemi diversi nelle due lingue.

> Il sistema vocalico dell'inglese è molto diverso da quello italiano. Diverso è il numero dei fonemi vocalici nelle due lingue; inoltre nessuno dei fonemi vocalici italiani ha gli stessi tratti distintivi di quelli inglesi. Consideriamo un solo fonema vocalico inglese /ʌ/: si definisce come vocale posteriore semiaperta, rilassata, non arrotondata (cfr. *cup* /kʌp/ 'tazza'); in alcune sue realizzazioni /ʌ/ assomiglia un po' alla nostra /a/, vocale di massima apertura e unica centrale; invece tutti gli altri caratteri, che sono importanti per il sistema vocalico inglese, non lo sono per il sistema vocalico italiano; quindi /a/ e /ʌ/ sono due fonemi diversi.

2) Vi sono differenze che riguardano la realizzazione fonetica dei fonemi che le due lingue hanno in comune; si hanno cioè diversi **allofoni**.

> Le dentali /t/ e /d/ in italiano sono realizzate come apico-dentali (l'apice della lingua poggia sui denti); in inglese invece sono realizzate come apico-alveolari (l'apice della lingua poggia sugli alveoli): cfr. la differenza tra l'it. *timo* /'timo/ e l'inglese *team* /ti:m/; abbiamo due allofoni (apico-dentale e apico-alveolare) dello stesso fonema /t/; nota infatti che nelle due trascrizioni si usa questo stesso segno.

La fonematica contrastiva pone a confronto i fonemi e gli allofoni di due lingue. Proprio ai fini di questo confronto i fonemi sono stati disposti con un criterio diverso rispetto a quello usato nelle tabelle di 13.5 e 13.6.

> Nota bene: i fonemi dell'inglese che non hanno corrispondenza in italiano appaiono inquadrati da una linea continua; i fonemi dell'inglese che hanno corrispondenza in

italiano ma sono realizzati (dal punto di vista fonetico-articolatorio) in modo notevolmente diverso (sono cioè degli allofoni) appaiono inquadrati da una linea tratteggiata. Le due tabelle sono tratte da A.M. Mioni, *Fonematica contrastiva*, Pàtron, Bologna 1973, pp. 43 e 155.

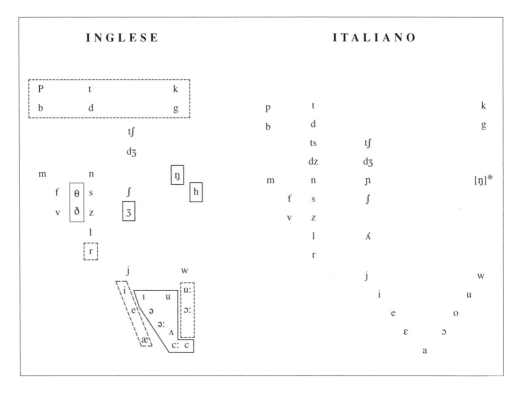

Come si può osservare, l'inglese possiede alcuni fonemi ignoti all'italiano. Nelle consonanti troviamo: la nasale velare /ŋ/, per esempio, *ting* /tiŋ/ 'tintinnio' (in it. la nasale velare esiste soltanto come variante combinatoria del fonema /n/); le fricative interdentali sorda /θ/ e sonora /ð/, per esempio, *thin* /θin/ 'sottile' e *this* /ðis/ 'questo'; l'aspirata glottidale /h/, per esempio, *house* /haus/ 'casa'. Quanto si è detto può dare un'idea della diversità e della complessità del sistema fonologico inglese.

La pronuncia di una lingua straniera si apprende ovviamente dalla viva voce di chi possiede tale lingua. Una prima indicazione, sia pure approssimativa, può venire dai moderni dizionari bilingui, nei quali dopo ciascun lemma della lingua straniera è posta la relativa trascrizione secondo le norme dell'Alfabeto Fonetico Internazionale (A.P.I.).

---

* In italiano la nasale velare (cfr., per esempio, *anca*) non è un fonema (come in inglese), ma un allofono; pertanto è stato messo tra parentesi quadrate.

Sono qui presentati oltre 200 termini della linguistica moderna e della retorica, considerati utili per una più proficua lettura del *Manualetto*. Alcuni di questi termini sono stati già spiegati nelle pagine che precedono; altri sono introdotti qui per la prima volta. All'interno di ciascuna definizione appaiono in maiuscoletto i termini che sono compresi in questo Glossario.

A

Accordo
È l'imposizione di uno o più caratteri morfemici propri di un componente di una frase a uno o più componenti della stessa frase. In *una lunga passeggiata mi farà bene* il nome (soggetto) *passeggiata* impone al verbo due MORFEMI [terza persona] + [singolare], ma non il morfema [femminile]. Infatti in italiano l'accordo del verbo, nelle forme finite, non riguarda il genere, diversamente da quanto accade in altre lingue.

Acrònimo
Nome formato dall'unione delle lettere o sillabe iniziali di più parole; per esempio, ingl. *radar = ra(dio) d(etection) a(nd) r(anging)* e cfr. i nomi di enti, società, organismi FIAT, ACI, RAI; acronimo (dal gr. *ákron* "estremità" e *ónoma* "nome") è sinonimo di *sigla*. Si dice *acronimo* anche un nome che è formato con la parte iniziale e la parte finale di due altri nomi, per esempio: *eliporto*, da *eli(cottero)* + *(aero)porto*; *burotica*, da *buro(crazia)* + *(informa)tica*.

Adstrato
Contatto laterale tra due lingue territorialmente vicine. Generalmente una lingua, prima di divenire di SOSTRATO, è, per un certo periodo, una lingua di adstrato. V. anche SUPERSTRATO.

Afasìa (comp. del gr. *a-* privativo e *phásis* 'voce')
Perdita parziale o totale della capacità di usare o di comprendere la lingua, dovuta per lo più a lesioni cerebrali. L'*afasia di similarità* compromette la scelta delle parole, mentre rimane salda la capacità di combinare le parole tra loro. Al contrario l'*afasia di contiguità* compromette la combinazione, mentre rimane intatta la selezione.

Afèresi (dal gr. *apháiresis* 'sottrazione')
Caduta di una vocale o di una sillaba all'inizio di una parola: *limosina* 'elemosina'; *verno* 'inverno'.

Affisso
Termine con cui vengono indicati nel loro insieme i PREFISSI, i SUFFISSI e gli INFISSI: per esempio, il prefisso *ri-* di *rifare*, il suffisso *-zione* di *operazione*, l'infisso *-n-* del lat. *tango* 'io tocco' (dalla radice *tag-*) sono affissi.

Agglutinazione
V. CONCREZIONE.

Aktionsart
V. ASPETTO.

Allegoria (dal gr. *allēgoría*, comp. di *állēi* 'in altro modo' e *agoréuein* 'parlare')
Espressione, discorso o racconto che, oltre al senso letterale, ha un significato più profondo e nascosto.
Esempi famosi di allegoria si hanno nelle favole, i cui protagonisti sono per lo più animali che parlano e agiscono come uomini e ne rappresentano qualità e difetti.

Allitterazione
Figura retorica consistente nella ripetizione

degli stessi suoni sia dall'inizio di due o più parole successive sia, meno comunemente, all'interno di esse: *Di me medesmo meco mi vergogno* (Petrarca).

Allo- (dal gr. *állos* 'altro')

Prefisso usato per indicare una variazione nella forma di un'unità linguistica, variazione che non intacca l'identità funzionale dell'unità stessa nell'ambito di una determinata lingua: ALLOFONO, *allografo, allomorfo.*

Allòfono

Gli allofoni sono varianti di uno stesso FONEMA. Ogni fonema può essere realizzato secondo un numero imprecisato di allofoni, che dipendono dalla posizione in cui il fonema si trova o da particolari abitudini dei parlanti. A differenza dei fonemi, gli allofoni non sono unità distintive, non servono a differenziare il significato delle parole. In italiano sono allofoni di /k/: [k] di *casa, cosa, cura* e [k'] di *chino*; il primo di questi due allofoni è articolato nel palato posteriore, il secondo è articolato in una zona più avanzata; in inglese /p/ ha due allofoni: [p] non aspirato, per esempio, in *sport*, [p] aspirato come in *pin*.

Allòtropo

1) Variante formale di una parola (gr. *trópos*): *pronuncia / pronunzia, diedi / detti.* 2) Vocabolo che ha la stessa ETIMOLOGIA di un altro, ma forma e SIGNIFICATO differenti: *plebe / pieve, vizio / vezzo.*

Ambiguità

È la proprietà delle parole e degli ENUNCIATI che presentano contemporaneamente più di un SIGNIFICATO. Una parola ambigua può essere chiarita mediante un sinonimo e/o una PARAFRASI. Il SINTAGMA *amore del figlio* può significare sia *il figlio ama* (la madre) sia *il figlio è amato* (dalla madre). L'enunciato *mi piace visitare nuovi cinema e teatri* può essere interpretato sia: *nuovi* (cinema e teatri), entrambi i locali sono nuovi, sia: *nuovi* (cinema) *e teatri*, solo i primi sono

nuovi. Un altro tipo di ambiguità è dato dalla coincidenza di parole che hanno lo stesso suono (*omofoni*, v. 4.8) e che eventualmente si scrivono nello stesso modo: nella lingua parlata *lei* può essere sia il pronome soggetto femminile singolare di terza persona sia il pronome di rispetto con cui ci rivolgiamo al nostro interlocutore. L'enunciato *una vecchia legge la regola* in un testo scritto vale sia 'una legge del passato regola qualcosa' sia 'una vecchia signora legge qualcosa' (v. 2.5). Formulando una parafrasi si riesce a rendere una parola o un enunciato non ambigui. La *disambiguazione* è connessa al METALINGUAGGIO.

Amplificazione

Tecnica di intensificazione espressiva consistente nel ricorso a diverse formulazioni linguistiche per indicare un unico concetto: *Tu solo il Santo, Tu solo il Signore, Tu solo l'Altissimo* (preghiera).

Anacolùto (dal gr. *anakólouthos* 'che non segue')

È il susseguirsi, in uno stesso enunciato, di due diverse costruzioni, di cui la prima non si lega sintatticamente alla seconda. L'anacoluto rappresenta quindi una frattura nell'ordine sintattico della frase: *Quelli che moiono, bisogna pregare Iddio per loro* (Manzoni); *un religioso che, senza farvi torto, val più un pelo della sua barba che tutta la vostra* (Manzoni).

Come procedimento stilistico, l'anacoluto è usato per riprodurre l'immediatezza della lingua parlata, o per dare maggiore forza espressiva al discorso.

Anadiplòsi (dal gr. *anadíplōsis* 'raddoppiamento')

Figura retorica consistente nella ripresa – all'inizio di un enunciato – di una o più parole che si trovano alla fine dell'enunciato precedente: *Ma passavam la selva tuttavia, / la selva, dico, di spiriti spessi* (*Inferno*, IV, 65-66).

Anàfora, anafòrico (dal gr. *anaphorá* 'ripetizione')

1) In linguistica, l'*anafora* è la ripresa di un elemento del discorso (detto *antecedente*), realizzata spesso mediante un pronome. L'anafora è un rinvio all'indietro: in «Maria non *la* conosco», *la* è un pronome *anaforico*. Quando si ha un rinvio in avanti, si parla invece di *catafora*: in «non *la* conosco, Maria», *la* è un pronome *cataforico*. V. anche DISLOCAZIONE. 2) Figura retorica consistente nella ripetizione di una o più parole all'inizio di enunciati successivi: *Per me si va nella città dolente, / Per me si va nell'etterno dolore, / Per me si va tra la perduta gente* (*Inferno*, III, 1-3).

Analisi componenziale

Metodo di analisi semantica delle parole, fondato sulla convinzione che il SIGNIFICATO di una parola "piena" (nome, verbo, aggettivo, avverbio) possa essere analizzato in elementi di significato più piccoli, detti SEMI o *tratti semantici*; quest'ultima denominazione mostra con chiarezza il rapporto di derivazione di tale metodo dall'analisi del fonema in *tratti distintivi*.

Analogia (dal gr. *analogía* 'proporzione')

È un processo che rende "regolare" una forma "irregolare" (vale a dire che si allontana dalla forma che ricorre con maggiore frequenza). Il congiuntivo *se io dessi* del verbo *dare* è irregolare; da un verbo della prima coniugazione ci aspetteremmo la forma *se io dassi*; tale è appunto l'errore commesso da una persona non colta, la quale mentalmente pone questo rapporto: *amare*: *amassi* = *dare*: **dassi*. Un bambino o uno straniero, che non conosce bene la nostra lingua, producono talvolta forme verbali errate: **veno* in luogo di *ven-go*, infatti entrambi intendono superare l'anomalia *vengo - vieni - viene* sul modello di un verbo regolare: *sento - senti - sente*. Spesso l'analogia influisce sull'evoluzione di una lingua; infatti le forme analogiche sostituiscono quelle regolari. Si pensi, per esem-

pio, all'estensione del dittongo a sillabe non accentate: sul modello di *mieto - mieti - miete - mietono*, le antiche forme senza dittongo *metiamo - metete* sono passate a *mietiamo - mietete*.

Anaptissi (dal gr. *anáptyxis* 'svolgimento')

Sviluppo di una vocale non etimologica tra due consonanti: lat. classico *sŏcrus* > lat. volgare *sŏcerus*; lat. *baptismu(m)* > *battesimo*. Talvolta quando due vocali s'incontrano si produce una consonante di transizione: *ruīna* > *rovina*, *mănuale* > *manovale*.

Anàstrofe (dal gr. *anastrophé* 'inversione')

Figura retorica che consiste nell'inversione dell'ordine normale di due parole o sintagmi: *questa / bella d'erbe famiglia e d'animali* (Foscolo). Può considerarsi una varietà dell'IPERBATO.

Anfibologia (comp. del gr. *amphíbolos* 'ambiguo' e un der. di *lógos* 'discorso')

Espressione interpretabile in due modi diversi. L'*anfibologia* può dipendere dal lessico, dato che molte parole hanno più significati (v. GIOCO DI PAROLE); ma generalmente si parla di *anfibologia* con riferimento alla struttura sintattica: v. l'esempio cit. in STRUTTURA PROFONDA / STRUTTURA SUPERFICIALE.

Antanàclasi (dal gr. *antanáclasís* 'ripetizione')

Figura retorica che consiste nel ripetere una parola con un significato diverso da quello precedente.

Antitesi (dal gr. *antíthesis* 'contrapposizione')

Figura retorica che consiste nel contrapporre due parole o espressioni di significato opposto: *mangiare per vivere, non vivere per mangiare* (questa frase è anche un esempio di *chiasmo*); *Pace non trovo, et non ò da far guerra; / e temo, et spero; et ardo, et son un ghiaccio*; / *et volo sopra 'l cielo, et giaccio in terra*; / *et nulla stringo, et tutto 'l mondo abbraccio* (Petrarca), dove vi è antitesi tra *pace* e *guerra, temo* e *spero, ardo* e *son un ghiaccio, volo* e *giaccio, cielo* e *terra, nulla* e *tutto il mondo*.

Antonimia (comp. del gr. *antí* 'contro' e un deriv. di *ónoma* 'nome')
La relazione in base alla quale il significato di una parola si oppone al significato di un'altra parola. *Buono* e *cattivo* sono *antonimi*. Spesso una gradazione s'introduce nella relazione di antonimia: *caldo / tiepido / freddo*.

Antonomàsia (dal gr. *antonomasía*, comp. di *antí* 'in luogo di' e *ónoma* 'nome')
Figura retorica che consiste nella sostituzione di un nome proprio con un nome comune o, inversamente, di un nome comune con un nome proprio. In particolare si ha antonomasia quando si indica una persona celebre non con il suo nome proprio, ma con il suo appellativo più noto: *l'Astigiano* per l'Alfieri, *il segretario fiorentino* per Machiavelli; o, viceversa, quando si indicano con il nome proprio di un personaggio o di un luogo famoso persone e cose che possiedono le stesse qualità: *essere un Adone* o *una Venere*, cioè un uomo o una donna di eccezionale bellezza; *una Caporetto* 'una sconfitta'.

Antroponimia (comp. del gr. *ánthropōs* 'uomo' e una deriv. di *ónoma* 'nome')
V. ONOMASTICA.

Apòcope (dal gr. *apokopé* 'taglio')
Caduta di uno o più fonemi alla fine di una parola: *a. vocalica* in *amor, andiam*; *a. sillabica* in *piè, gran*. Distinta dall'apocope è l'*elisione*, in cui la caduta della vocale finale di una parola si ha solo davanti a un'altra parola cominciante per vocale: *l'erba* (ma *la casa*).

Apofonia
Fenomeno proprio di molte lingue europee (detto anche *Ablaut*, termine tedesco) consistente nell'alternanza vocalica della sillaba radicale (o del suffisso) di parole aventi la stessa etimologia: latino *tĕgo* e *tŏga*; greco *patér, páter* e *patrós*.

Aposiopèsi
V. RETICENZA.

Arbitrarietà del segno linguistico
In un SEGNO linguistico, il rapporto che intercorre tra il SIGNIFICANTE e il SIGNIFICATO non ha una motivazione, ma è arbitrario: il concetto espresso dalla parola *cane* non ha alcun rapporto necessario con la sequenza di FONEMI /'kane/, com'è provato dalle diverse denominazioni nelle varie lingue (*cane, chien, dog, Hund* ecc.). Riconoscere l'arbitrarietà della lingua significa riconoscere il suo carattere convenzionale: le lingue sono convenzioni che i membri di una società utilizzano al fine di comunicare. Solo in pochi casi il segno linguistico non è del tutto arbitrario, ma è invece relativamente motivato: per esempio, nelle onomatopee (*tic-tac, chicchirichì*) o nei derivati (*benzinaio* da *benzina*).

Aspetto
Modo con cui è concepita l'azione indicata da un verbo; precisamente la maggiore o minore durata nel tempo di tale azione, la sua compiutezza o incompiutezza. Nelle lingue slave e nel greco antico la categoria dell'aspetto s'individua con chiarezza perché è rappresentata da indicazioni formali ben definite: vale a dire in tali lingue l'aspetto è grammaticalizzato. Nel serbo-croato l'aspetto momentaneo si distingue da quello durativo mediante una differenza del tema verbale: KUP-*iti* 'comprare' indica un'azione momentanea, mentre KUPAV-*iti* 'andar comprando' indica un'azione durativa. La presenza dell'aspetto è stata riconosciuta anche in quelle lingue (come l'italiano e le lingue romanze) nelle quali tale categoria non ha marche morfologiche: vale a dire non è grammaticalizzata.

Se l'aspetto riguarda differenze che sono tali da un punto di vista soggettivo, invece l'*Aktionsart* (ted.), in italiano *processo verbale*, riguarda differenze che sono tali oggettivamente: per esempio, in russo *idtí* e *xodít'* significano entrambi 'andare', ma il primo verbo contiene sia l'idea di una direzione sia quella del tempo; entrambe invece mancano nel secondo verbo. L'*Aktionsart* si esprime mediante forme lessicalmente diverse, mentre l'aspetto è rappresentato da forme corradicali o lessicalmente vicine tra loro.

Assimilazione

È il processo per il quale due FONEMI tendono ad acquistare, in modo completo o parziale, dei tratti comuni. L'assimilazione è *progressiva* quando prevale il primo fonema: per esempio, *nd > nn* nei dialetti italiani centro-meridionali: *quando > quanno*; è *regressiva* quando prevale il secondo fonema, come accade normalmente nel passaggio dal latino all'italiano: *fãctu(m) > fatto, rŭptu(m) > rotto*. Il processo fonetico contrario è detto DISSIMILAZIONE.

Nel prestito linguistico si chiama *assimilazione* il processo mediante il quale una forma straniera viene assimilata ai caratteri della lingua che la riceve: in italiano abbiamo due forme *bleu* /blø/ e *blu*, rispettivamente prestito non assimilato e assimilato dal francese.

Atlante linguistico

Opera che registra su un insieme di carte (regionali o nazionali) parole corrispondenti a determinati significati (*acqua, padre, ragazzo, falciare*) oppure determinati fenomeni morfologici e sintattici. Si tratta di uno strumento fondamentale della GEOGRAFIA LINGUISTICA, con il quale si offre una visione spaziale simultanea dei vari fenomeni presenti in un'area e dei loro reciproci rapporti (v. 1.1).

Atti linguistici

Sono l'oggetto di studio della LINGUISTICA PRAGMATICA. In particolare si distingue tra:

1) *atto locutorio*, che consiste semplicemente nel proferire un enunciato fornito di senso e di una struttura grammaticale; 2) *atto illocutorio*, che consiste nel fare un'azione dicendo qualcosa (se dico *giuro di dire la verità* faccio anche l'azione di giurare); 3) *atto perlocutorio*, che è tale da provocare un effetto sull'ascoltatore (una domanda determinerà una risposta, una minaccia può influire sul comportamento di chi la subisce, v. 5.2).

Attrazione

Fenomeno per il quale una parola subisce una modificazione morfologica per l'influenza di un'altra parola legata alla prima da un rapporto sintattico. Per esempio, in latino si ha attrazione del genere: la frase *hoc iustitia est* diventa *haec iustitia est* 'ciò è giustizia', dove *hoc* neutro diventa *haec* per l'attrazione esercitata da *iustitia*; si ha attrazione del caso nella frase *domum quam video Marci est* 'la casa che vedo è di Marco', dove invece del nominativo *domus* si ha l'accusativo *domum* per attrazione del pronome relativo che segue. Quando predomina il punto di vista psicologico, l'attrazione si chiama per lo più *constructio ad sensum*, la quale si ha, per esempio, con i cosiddetti nomi collettivi: *hostium agmen accurrunt* 'l'esercito nemico accorrono', in luogo di *accurrit* 'accorre'.

B

Banca dati

Un insieme di dati raccolti sulla base di alcune categorie e fissato su un supporto elettronico: per esempio, un LESSICO o una concordanza.

Betacismo

Passaggio da *v* latino e romanzo (pronunciato nel latino classico [w], poi dagli inizi dell'era volgare [β]) a *b* in posizione iniziale e postconsonantica: *vinco > binco, valeat > baliat*. L'oscillazione grafica tra *b* e *v* riguarda anche la posizione interna intervocalica: *vivus > bibus*; *tolerabilis > tolera-vilis*; qui tuttavia si ha il fenomeno opposto: infatti *b* originario passa a una fricativa.

Bilinguismo

Compresenza in un parlante o in un gruppo di parlanti di due CODICI linguistici diversi: *il bilinguismo italiano-tedesco nel Trentino-Alto Adige*. Quando una comunità di parlanti possiede due varietà linguistiche alle quali sono assegnati ruoli sociali differenziati (una varietà serve per parlare in pubblico di argomenti come la politica, la filosofia ecc. e l'altra serve per la conversazione tra amici o parenti), si parla più propriamente di *diglossia*. Un caso tipico di diglossia si ha quando coesistono nel parlante il dialetto nativo e la lingua comune, appresa a scuola.

Binarismo

Concezione secondo la quale ogni aspetto della struttura linguistica è rappresentabile in termini di scelte binarie. La teoria, introdotta da R. Jakobson nell'ambito della FONOLOGIA, si basa sul presupposto che la struttura cognitiva del *parlante / ascoltatore* sia simile al procedimento per scelte binarie degli elaboratori elettronici.

Bisticcio

V. PARONOMÀSIA.

Brachilogia (dal gr. *brachylogía*, comp. del gr. *brachýs* 'breve' e un der. di *lógos* 'discorso')

Espressione sintetica di un pensiero, in genere realizzata sopprimendo un elemento del discorso che risulta comune a due o più proposizioni: *non era Teresa, ma Marcella* (non viene ripetuto, dopo la congiunzione *ma*, il verbo *era*). V. ELLISSI.

c

Calembour (francese /kalà'buʀ/)

V. GIOCO DI PAROLE.

Campo semantico

Nello studio dei SIGNIFICATI si chiama campo semantico un insieme di unità lessicali che si considerano inserite in una rete di rapporti reciproci di significato: per esempio, il campo semantico del *bello*, della *forza*, dei *colori*. Tale nozione permette di costruire un insieme di parole e di espressioni, che hanno un significato di base in comune, e di dare a tale insieme una determinata struttura fondata sull'analisi semantica dei singoli costituenti. Un campo semantico è soggetto a variare nel tempo: col mutare delle concezioni e delle ideologie, con lo sviluppo delle conoscenze e dei rapporti sociali, talune parole scompariranno, altre parole si affermeranno. Ciò porterà inevitabilmente a una ristrutturazione del campo semantico.

Caso

Categoria fondamentale del nome con la quale si esprime una determinata funzione grammaticale: il nominativo è il caso del componente che funge da soggetto, l'accusativo è, tra l'altro, il caso del componente che funge da complemento oggetto ecc. Tradizionalmente il *nominativo* (detto *caso retto*) è stato ed è tuttora considerato come il caso fondamentale, quello in base al quale si definiscono gli altri casi. Il termine latino *cāsus* 'caduta' (calco del greco *ptôsis*, che ha lo stesso significato) allude all'immagine dei diversi casi (genitivo, dativo, accusativo ecc.), i quali "cadono" dal caso retto, cioè deviano da esso.

Con la *teoria dei casi profondi* la linguistica moderna si riferisce a particolari categorie di significato che accompagnano il verbo. Quest'ultimo può avere uno o più posti; a ciascun posto è assegnato un caso profondo. Il verbo *dormire* è un verbo con un solo posto, che ha come caso profondo l'"agentivo": *Mario dorme*; il verbo *amare* è un verbo con due posti, ai quali corrispondono due casi profondi: *Mario ama Luisa*, dove *Mario* è l'"agentivo" e *Luisa* è l'"oggettivo"; il verbo *dare* è un verbo con tre posti, ai quali corrispondono tre casi profondi: *Mario dà un bacio a Luisa*, dove *Mario* è l'"agentivo", *bacio* è l'"oggettivo" e *a Maria* il "dativo" o "benefattivo".

Catacrèsi (dal gr. *katáchrēsis* 'abuso')
V. METAFORA.

Catàfora, catafòrico (dal gr. *kataphorá* 'caduta')
V. ANÀFORA, ANAFÒRICO.

Causativo

Verbo che indica il far fare, il causare l'azione rappresentata: *irrobustire* 'rendere robusto', *indebolire* 'rendere debole', *addormentare* 'far dormire', ingl. *to fell* 'abbattere, far cadere' (rispetto a *to fall* 'cadere') sono *causativi sintetici*. Si chiama invece *causativo analitico* l'insieme composto da "fare + infinito": *far leggere, far venire, fare scrivere*.

Chiasmo (dal gr. *chiasmós*, che è dal nome della lettera gr. *chi* per la sua forma incrociata [χ])
Figura retorica che consiste nella disposizione inversa, incrociata di elementi concettualmente e sintatticamente paralleli (vedi *Inferno*, IV, 90):
  Ovidio   è 'l terzo, e l'ultimo   Lucano
soggetto + predicato / predicato + soggetto
  A   B   B   A

Circonlocuzione
V. PERIFRASI.

Climax (dal gr. *klímax* 'scala') o **gradazione**
Figura retorica consistente in una successione di parole che hanno significati progressivamente più intensi (*climax ascendente*, come in *vado, corro, volo*) o progressivamente meno intensi (*climax discendente* o *anticlimax*, come in *vorrei un letto, una sedia, un cantuccio dove riposare*).

Clitici
V. ENCLISI.

Codice
Qualsiasi SISTEMA di SEGNI destinato a rappresentare e a trasmettere informazioni da un emittente a un ricevente: *codice linguistico*, quello che è alla base della comunicazione verbale. Con i termini *codice elaborato* e *codice ristretto* si intendono varianti DIASTRATICHE nel comportamento linguistico. Il codice elaborato, proprio delle classi sociali medie, è caratterizzato, tra l'altro, da minore prevedibilità delle strutture, apertura dei contenuti, specificità di discorso e facilità al ragionamento astratto; tra le caratteristiche del codice ristretto (proprio del proletariato) troviamo: maggiore prevedibilità delle strutture, genericità di discorso e tendenza al ragionamento concreto.

Coesivi
Elementi che collegano, a livello superficiale, due parti del TESTO. Nella frase *incontro Maria e la saluto*; *mi fermo a parlare con la mia amica*, il pronome *la* e il sostituente *la mia amica* sono due coesivi che rinviano a *Maria*. La coesione è uno degli aspetti fondamentali del testo.

Cognitiva (Linguistica)
Al pari di altre discipline come la psicologia, l'antropologia sociale, la logica o l'epistemologia, anche la linguistica, in generale, è da considerarsi una scienza cognitiva in quanto analizza, secondo una propria prospettiva, l'insieme dei processi cognitivi che riguardano l'uomo. In particolare, sotto la denominazione *linguistica cognitiva*, si comprendono quegli indirizzi all'interno della linguistica che studiano i rapporti del linguaggio sia con le altre facoltà cognitive dell'uomo (principalmente con i processi di percezione sensoriale e di elaborazione della realtà) sia con l'intelligenza artificiale e il mondo informatico.

Commutatori
Sono parole il cui significato dipende dalla situazione; si riferiscono infatti a REFERENTI che devono di volta in volta essere resi espliciti: *io, qui* si chiariscono solo

se è noto il parlante; *oggi, domani* richiedono che siano note le coordinate temporali. (V. anche DEISSI, DEITTICI).

Commutazione di codice

In ingl. *code switching* o *code shift*: il passaggio da una lingua a un'altra in soggetti bilingui oppure il passaggio da un livello (stile, registro) all'altro in soggetti che usano la stessa lingua.

Competenza / esecuzione

Nella *grammatica generativo-trasformazionale*, la *competenza* è la capacità che ogni parlante possiede di comprendere e produrre potenzialmente tutte le frasi di una determinata lingua: *la competenza del parlante nativo*, 'la conoscenza della lingua di chi è nato e cresciuto in un certo paese'. Si dà il nome di *esecuzione* alle reali manifestazioni della competenza dei parlanti, cioè alle frasi prodotte. La coppia *competenza / esecuzione* corrisponde alla coppia *langue / parole* degli strutturalisti.

Composto

Si chiama *composto* o *parola composta* l'unità lessicale risultante dalla fusione di almeno due unità lessicali diverse: per esempio, *portamonete* da *porta(re)* e *moneta*, *cassapanca* da *cassa* e *panca*.

Concrezione o agglutinazione

Unione di un elemento ad un altro; per esempio, l'articolo si fonde con il nome in *lastrico* (dal lat. volg. *astracum*, che è dal greco), dove la *l-* iniziale è dovuta all'articolo considerato parte integrante del nome; cfr. anche il siciliano *li lapi* 'le api'. Il fenomeno opposto è la *discrezione*: per esempio, la *l-* iniziale di *lusciniŏlus* è interpretata come un articolo; di qui l'origine di *usignolo*.

Connettori o connettivi

Elementi che collegano tra loro parti del testo, senza avere necessariamente un *punto di attacco* (come accade invece con i COESIVI); sono connettori le congiunzioni, alcuni avverbi (per esempio, *allora, appunto, insomma*) e le espressioni di rinvio del tipo *come abbiamo già visto, come dirò tra poco.*

Connotazione

V. DENOTAZIONE / CONNOTAZIONE.

Contesto

È l'insieme del TESTO che precede, segue, accompagna un qualsiasi enunciato. Il SIGNIFICATO di quest'ultimo dipende in gran parte dal *contesto*, il quale può essere *esplicito*, vale a dire linguistico (gli enunciati che sono prima, dopo, intorno a quello considerato), oppure *implicito*, vale a dire *extralinguistico* o *situazionale* (una determinata situazione che chiarisce quello che io sto dicendo, alla presenza di determinate persone ecc.). Un contesto *implicito* può essere reso *esplicito* mediante l'aggiunta di uno o più enunciati, che servono a chiarire ciò che era sottinteso dalla situazione. Alcuni linguisti distinguono tra il *con-testo* e il *co-testo*: il primo è il contesto extralinguistico, la situazione comunicativa; il secondo è il contesto linguistico, ciò che precede o segue un certo enunciato. Così, per esempio, la DEISSI fa riferimento al con-testo, mentre l'ANAFORA e la CATAFORA fanno riferimento al co-testo.

Continuum o continuo

Insieme di varietà linguistiche che non sono separate da confini netti, ma hanno punti di contatto e di sovrapposizione che determinano il passaggio graduale dell'una nell'altra; perciò la differenza fra le varietà contigue è minima e aumenta man mano che si procede verso gli estremi opposti del *continuum*.

Coppia minima

Una coppia di forme che differiscono tra loro soltanto per un FONEMA nella stessa posizione relativa: *mele* e *male*, *tana* e *tara*, *callo* e *gallo*.

Coreferente, coreferenza

Si chiamano *coreferenti* quelle parole o espressioni che hanno lo stesso REFERENTE, che si riferiscono cioè alla stessa realtà. Nella frase *Emilio guarda se stesso nello specchio*, il soggetto *Emilio* e il complemento oggetto *se stesso* designano la stessa persona: sono quindi coreferenti. La coreferenza si attua soprattutto per mezzo dei pronomi.

Costituenti immediati

V. DISTRIBUZIONALISMO.

Co-testo

V. CONTESTO.

Deissi, deittici (dal gr. *déixis* 'indicazione')

Si chiamano *deittici* gli elementi della lingua che mettono in rapporto l'enunciato con la *situazione* in cui esso viene prodotto; in particolare, i deittici servono a situare l'*enunciato* nello spazio e nel tempo, e anche a precisare quali siano i soggetti che partecipano alla comunicazione: sono deittici, tra l'altro, i pronomi dimostrativi *questo*, *quello*, gli avverbi di luogo e di tempo *qui*, *lì*, *ieri*, *oggi*, i pronomi personali *io*, *tu*. La *deissi* equivale a un gesto di indicazione: alla domanda *quale vuoi?* posso rispondere con un deittico (il pronome dimostrativo *questo*) o con un semplice gesto (indice puntato, cenno del capo).

Denotazione / connotazione

La *denotazione* è il SIGNIFICATO fondamentale di una parola, quello che si trova descritto nei dizionari. La *connotazione* è invece il contenuto emotivo, l'alone di suggestioni che caratterizza in certi casi una parola. La parola *casetta* significa, sul piano denotativo, 'piccola casa'; sul piano connotativo può significare 'la mia casa', 'casa graziosa (e non necessariamente piccola)', 'la casa cui sono affezionato' e simili.

Derivazione

Settore della formazione delle parole, nell'ambito del quale si producono parole nuove mediante processi di *affissazione*, cioè l'unione di nuovi elementi lessicali (SUFFISSI, PREFISSI e INFISSI) a una base lessicale già dotata di una forma e di un significato propri.

Desinenza

In una parola è la parte terminale variabile, portatrice di informazioni di carattere semantico e grammaticale, come genere e numero nel caso del nome, tempo e persona nel caso del verbo.

Diacronia, diacronico (dal fr. *diachronie*, comp. del gr. *diá* 'attraverso' e *chrónos* 'tempo')

In linguistica, il termine *diacronia* è usato per indicare l'evoluzione nel tempo di una lingua. La *linguistica diacronica* studia i processi di sviluppo di una lingua, ne ricostruisce la storia, istituendo confronti fra le varie fasi. A essa si oppone la *linguistica sincronica*, che studia il funzionamento di una lingua in una determinata fase del suo sviluppo, senza considerare i rapporti tra questa fase e le fasi precedenti o successive.

Diafasico (comp. di *dia-* indicante differenza e un der. del gr. *phásis* 'voce')

Relativo a differenza linguistica che riguarda la situazione comunicativa (formale, informale, familiare).

Diamesico (comp. di *dia-* e del gr. *mésos* 'mezzo')

Relativo a differenza linguistica fondata sul mezzo (orale, scritto, trasmesso) impiegato nella comunicazione.

Diasistema (dall'ingl. *diasystem*)

Termine introdotto da U. Weinreich nel 1954 per indicare un "supersistema" in cui sono compresi due o più sistemi linguistici (confinanti o sovrapponentisti o reciprocamente influenzantisi), i quali presentano tratti comuni e anche delle differenze. Per esempio, la sovrapposizione dei sistemi fonologici di due dialetti vicini (o di più varietà della stessa lingua) forma un diasistema. La ricerca sui diasistemi si fonda su un'analisi indipendente delle singole varietà linguistiche, in modo da non appiattire le differenze fonologiche e lessicali. L'individuazione di un diasistema è per lo più il risultato di un'analisi scientifica, ma può nascere anche dall'analisi intuitiva compiuta da parlanti bilingui o multilingui.

Diastratico (comp. di *dia-* indicante differenza e *strato*)
Relativo a differenza linguistica fondata sulla differenza di strato sociale.

Diatopico (comp. di *dia-* indicante differenza e del gr. *tópos* 'luogo')
Relativo a differenza linguistica dipendente da una variazione geografica.

Dieresi (dal gr. *diaíresis* 'disgiunzione')
In fonetica è sinonimo di IATO. Nella metrica si ha la dieresi quando si pronunciano staccate due vocali che nella pronuncia normale formano un DITTONGO (è detto dieresi anche il segno diacritico – due punti sovrapposti alla vocale – con cui si indica il fenomeno in questione); per esempio, nei versi di Dante: *Quale ne' plenilunïi sereni / Trivïa ride tra le ninfe etterne* (*Paradiso*, XXIII, 25-26) si ha la dieresi nelle parole *plenilunï-i* e *Trivï-a*.

Diglossia (dal fr. *diglossie*, dal gr. *díglōssos* 'bilingue')
V. BILINGUISMO.

Discorso indiretto libero
V. INDIRETTO LIBERO (DISCORSO).

Dislocazione
Indica lo spostamento di un componente della frase a sinistra o a destra rispetto al suo posto normale (NON MARCATO). Si confronti, per esempio: *mangio le mele* (ordine normale, non marcato) con *le mele, le mangio* (dislocazione a sinistra) e *le mangio, le mele* (dislocazione a destra). L'una e l'altra dislocazione hanno il fine di evidenziare (focalizzare) un elemento della frase.

Dissimilazione
È la differenziazione di suoni non contigui; si dice *progressiva* se il primo elemento dissimila il secondo, *regressiva* nel caso contrario. Dal lat. *ărbor* si è avuto per d. regressiva *albor*, da cui ha avuto origine l'it. *albero*; invece una d. progressiva ha prodotto lo sp. *árbol*. Altri esempi: lat. *merĭdies* da *medidies*, it. *veleno* dal lat. *venēnum*.

Distribuzione
Posizione combinatoria, insieme dei CONTESTI nei quali un elemento linguistico può trovarsi. V. DISTRIBUZIONALISMO.

Distribuzionalismo
Corrente della linguistica moderna, fondata negli Stati Uniti da L. Bloomfield (1887-1949). Il distribuzionalismo, noto anche come *strutturalismo americano*, ha goduto di una notevole fortuna tra il 1930 e il 1950, prima che si affermasse l'indirizzo GENERATIVO-TRASFORMAZIONALE. Bloomfield e i suoi seguaci si propongono una descrizione puramente formale delle STRUTTURE linguistiche, senza considerare fattori quali il soggetto parlante, la situazione comunicativa, lo stesso significato degli enunciati. Il procedimento di analisi più tipico del distribuzionalismo consiste nella scomposizione della frase in *costituenti immediati* (v. 2.1). I costituenti della frase individuati dall'analisi vengono quindi classificati in base alla loro DISTRIBUZIONE, cioè alla loro capacità di combinarsi per formare insiemi più complessi. Gli aggettivi (A) sono le parole che si combinano con i nomi (N) nelle costruzioni N + A (*cielo sereno*), N + *essere* + A (*il cielo è sereno*) ecc. Il distribuzionalismo mira per questa via a rifondare su nuove

basi le categorie tradizionali della GRAMMATI-CA.

Dittologia sinonimica (*dittologia* è comp. del gr. *dittós* 'doppio' e un der. di *lógos* 'discorso')

V. ENDIADI.

Dittongo

Unità sillabica formata da una vocale con funzione di centro di sillaba e da una *semiconsonante* /j/ o /w/. Nei *dittonghi ascendenti* la semiconsonante precede la vocale, (/jɛ/ in *piede*, /wɔ/ in *buono*) in quelli *discendenti* è la vocale a precedere la semiconsonante (/aj/ in *fai*, /aw/ in *auto*).

E

Ellissi (dal gr. *élleipsis* 'mancamento, omissione')

Consiste nel sottintendere qualche elemento della frase che può essere ricavato dal *contesto*: *A che ora parte il treno? – Alle nove*, dove è sottinteso *il treno parte*.

-ema

Suffisso tratto dalla terminazione di FONEMA, usato per indicare un'unità linguistica minima: LESSEMA, MONEMA, MORFEMA.

Enclisi, enclitico (dal gr. *énclisis* 'inclinazione')

Fenomeno per il quale un elemento composto di una o due sillabe si appoggia all'elemento che precede assumendone l'accento e formando con esso un'unità fonologica. Ciò accade tra l'altro con i pronomi enclitici *mi, ti, lo, la, glielo* ecc. in: *riferiscimi, muòviti, làvalo, ìndicaglielo*. Si ha invece la *proclisi* quando un elemento breve (detto *proclitico*) si appoggia a un elemento lungo che segue: ciò avviene, per esempio, con il nostro articolo: *la casa* /la 'kasa/, con i pronomi: *tu dici* /tu'dditʃi/. Enclitici e proclitici formano la classe dei *clitici*.

Endìadi (dal gr. *hén dià dyóin* 'uno per mezzo di due')

Sostituzione di un gruppo formato da nome + aggettivo o da nome + complemento con una sequenza di due nomi uniti da una congiunzione: *colpire il nemico con la spada e il ferro* 'con la spada di ferro'. È simile alla *dittologia sinonimica*, che consiste nell'usare due sinonimi (o quasi sinonimi) per amplificare un concetto: *Movesi il vecchierel canuto e bianco* (Petrarca).

Endocentrico

Si dice del SINTAGMA che ha il centro in se stesso: in *corre velocemente* si può dire che *corre* è la testa (o centro) del sintagma, mentre *velocemente* è il modificatore; *corre velocemente* può essere sostituito da *corre*, ma non da *velocemente*; ciò non accade invece in un tipico sintagma *esocentrico* (che non ha il centro in se stesso) come *con il bastone*, il quale non può essere sostituito da *con il* né da *bastone*.

Ènfasi (dal gr. *émphasis* 'dimostrazione')

Figura retorica con cui si pone in rilievo una parola o un'espressione, per lo più mediante una particolare collocazione all'interno della frase: *sapeva tutto, lui!* (si noti il soggetto pronominale *lui* posto in fondo, che rende la frase più enfatica rispetto a *lui sapeva tutto*).

Enjambement (francese 'inarcatura')

Si ha quando, in una poesia, la frase non si conclude alla fine del verso, ma continua nel verso seguente: *Vagar mi fai co' miei pensier su l'orme / che vanno al nulla eterno; e intanto fugge / questo reo tempo, e van con lui le torme / delle cure onde meco egli si strugge* (Foscolo).

Enunciato

Qualsiasi combinazione di parole, sintatticamente e semanticamente compiuta, emessa da uno o più parlanti in rapporto a una determinata situazione comunicativa. Un *enunciato* può essere formato da una sola frase o dall'unione di più frasi; la fine dell'enunciato è segnalata da una pausa-silenzio, che generalmente si indica nella scrittura con il punto.

Enunciazione

Il processo che genera l'ENUNCIATO. In tale processo il parlante afferma la sua presenza, si pone in un certo rapporto con l'interlocutore, manifesta un determinato atteggiamento nei riguardi del MESSAGGIO che egli stesso produce. La *teoria dell'enunciazione* considera la lingua come un agire (v. ATTI LINGUISTICI).

Epèntesi (dal gr. *epénthesis* 'inserzione')

Aggiunta di un suono non etimologico all'interno di una parola per agevolarne la pronuncia: nella parola *vedovo* si è avuta l'epentesi della *v* rispetto al latino *vĭduu(m)*; in *lanzichenecco* si hanno due vocali epentetiche (*i* ed *e*) rispetto al tedesco *Landsknecht*.

Epìfora (dal gr. *epiphorá*, der. di *epiphérein* 'portare in aggiunta') o **epistrofe**

Figura retorica consistente nella ripetizione di una o più parole alla fine di enunciati successivi: *ché 'n quella croce lampeggiava Cristo, / sì ch'io non so trovare essemplo degno; / ma chi prende sua croce e segue Cristo, / ancor mi scuserà di quel ch'io lasso, / vedendo in quell'albor balenar Cristo* (*Paradiso*, XIV, 104-108).

Epìtesi (dal gr. *epíthesis* 'il porre sopra, sovrapposizione')

Aggiunta di un suono non etimologico alla fine di una parola, in genere per agevolarne la pronuncia. Il fenomeno, frequente nell'italiano antico, si ritrova oggi nella pronuncia popolare o dialettale di alcune parole terminanti in consonante: *autobusse* 'autobus', *icchese* 'ics' (dove si ha anche l'EPENTESI); forme epitetiche sono inoltre *sine* e *none* per 'sì' e 'no'. Si chiama anche *paragoge*.

Esecuzione

V. COMPETENZA / ESECUZIONE.

Esocentrico

V. ENDOCENTRICO.

Espansione

È la capacità del discorso di espandersi mediante la PARAFRASI o la RICORSIVITÀ di una struttura sintattica: *la signora rimprovera il marito* si può espandere in *la signora del piano di sopra rimprovera il marito, che è un fannullone*. Il fenomeno contrario è la *condensazione*.

Estensione

L'insieme di tutti gli oggetti che sono indicati da un SEGNO. L'estensione è in rapporto inverso all'*intensione* (l'insieme dei tratti semantici che sono propri di un segno): quanto maggiore sarà la prima, tanto minore sarà la seconda. Per esempio, il SIGNIFICATO /veicolo/ ha più *estensione* del significato /automobile/: infatti esistono molti veicoli che non sono un'automobile; ma poiché sono necessari più tratti semantici per individuare il significato /automobile/, si dirà che quest'ultimo segno possiede più intensione del significato /veicolo/.

Etimologia (dal gr. *etymología*, comp. di *étymon* 'vero significato di una parola' e un der. di *lógos* 'discorso, studio')

È lo studio dell'origine e della storia delle parole, considerate nella loro forma e nel loro significato. Gli antichi grammatici greci si proponevano di scoprire il significato fondamentale, vero (gr. *étymon*) delle parole. Gli studiosi moderni non si contentano di ritrovare la data di nascita di una parola (vale a dire la sua prima attestazione) e la sua origine (per esempio, la parola latina da cui deriva), ma studiano anche l'evoluzione del SIGNIFICATO, riferiscono la parola all'ambiente sociale che ne ha fatto uso, la pongono in un CAMPO SEMANTICO, cioè in rapporto con altre parole che hanno significati e ambiti d'uso simili. Lo studio dell'etimologia fa parte della linguistica storica.

Etnolinguistica

Branca della linguistica moderna che studia le interrelazioni tra la lingua e la cultura (in senso antropologico ed etnologico). Lo sviluppo, nei diversi SISTEMI linguistici, di particolari STRUTTURE, terminologie e organizzazioni semantiche viene messo in rapporto con la *visione del mondo* propria di ciascun popolo. Si è accertato, per esempio, che ogni lingua possiede una nomenclatura relativa ai colori diversa da quella di altre lingue.

Eufemismo (dal gr. *euphēmismós*, der. di *euphēmízesthai* 'usare buone parole')

È la sostituzione di un'espressione troppo cruda o realistica con un'altra equivalente ma attenuata: così, invece di *è morto*, si preferisce *è passato a miglior vita, non è più con noi, ha cessato di vivere, ha finito di tribolare, se n'è andato in cielo, si è spento, è scomparso.*

F

Focus (dall'ingl. *focus*, 'fuoco' in senso geometrico)

È la parte dell'enunciato che presenta il maggior interesse e che è messa in rilievo. Il *focus* coincide spesso con il RÈMA e il *nuovo*.

Fonema

V. FONO / FONEMA.

Fonetica / Fonologia

La *fonetica* studia i suoni del linguaggio, o FONI, nel loro aspetto fisico, utilizzando anche vari strumenti; la *fonologia* (detta anche *fonematica*) studia invece i suoni distintivi di una lingua, o FONEMI, quei suoni cioè al cui cambiamento corrisponde un cambiamento di SIGNIFICATO.

Fono (dal gr. *phōné* 'suono') / **fonema** (dal fr. *phonème*, dal gr. *phónēma*, der. di *phōné* 'suono')

I suoni linguistici possono essere considerati nel loro aspetto fisico o nel loro aspetto funzionale. Si ha l'individuazione del *fono* (che si pone per convenzione tra parentesi quadre: [m], [t] ecc.), quando si considera il piano fisico del linguaggio, e si definisce [m] una consonante occlusiva bilabiale sonora nasale. Si ha invece l'individuazione del *fonema* (che si pone per convenzione tra barre oblique: /m/, /t/ ecc.), quando si passa a considerare la funzione specifica, il valore distintivo di /m/, /t/ ecc. I fonemi sono le più piccole unità distintive della lingua, al cui cambiamento corrisponde un cambiamento di SIGNIFICATO (come nella serie *c-are, d-are, f-are, g-are, m-are, p-are, r-are* ecc.).

Fonologia

V. FONETICA / FONOLOGIA.

Frase idiomatica

V. IDIOMATICA (FRASE).

Frase nominale

V. NOMINALE (FRASE, STILE).

Frase scissa

In ingl. *cleft sentence*. Costruzione sintattica (formata dal verbo *essere* + proposizione relativa), la quale serve a evidenziare un elemento della frase. Cfr. *Giovanni ha scritto la lettera* (frase normale, non marcata) con *è stato Giovanni che ha scritto la lettera*, o anche *è stato Giovanni a scrivere la lettera*. Si chiama invece *pseudoscissa* (ing. *pseudo-cleft-sentence*) la frase: *chi ha scritto la lettera è stato Giovanni*.

G

Generativo-trasformazionale (grammatica)

Teoria linguistica elaborata da N. Chomsky tra il 1950 e il 1970 circa, che considera la

GRAMMATICA come un insieme di regole di TRASFORMAZIONE, le quali generano ogni possibile frase della lingua partendo da un numero limitato di frasi di base (v. anche STRUTTURA PROFONDA / STRUTTURA SUPERFICIA-LE). La teoria di Chomsky ha avuto una grande influenza sulla linguistica contemporanea.

Geografia linguistica
Corrente di studio della linguistica, chiamata anche *geolinguistica* e fondata dallo svizzero J.L. Gilliéron (1854-1926), la quale analizza la distribuzione areale di fenomeni (soprattutto fonetici e lessicali) propri di uno o più dialetti. Le carte geolinguistiche, in cui sono riportati i risultati delle inchieste dialettologiche, danno una rappresentazione dinamica del diffondersi di determinati fenomeni in un'area determinata. Un insieme organico di carte geolinguistiche relative a una determinata regione costituisce un ATLANTE LINGUISTICO.

Geosinonimo
Variante lessicale regionale che indica lo stesso referente e vive all'interno della stessa lingua; per esempio, in Italia: *formaggio / cacio*, *lacci / stringhe* (delle scarpe).

Gergo
Lingua convenzionale, parlata da un gruppo più o meno ristretto di persone con l'intento di non farsi intendere dagli estranei e di marcare l'appartenenza al gruppo stesso: *il gergo militare, studentesco, della malavita*; si possono inoltre ricordare i *gerghi di mestiere*, come quello dei pastori del Bergamasco o dei seggiolai di Gosaldo (Belluno), o anche il lombardesco dei muratori di Pescocostanzo (L'Aquila). Il gergo è usato spesso con finalità diverse da quelle originarie. Voci ed espressioni gergali servono per dare maggiore *espressività* e colore a quello che si dice e per questo ricorrono sia nel parlato sia nella lingua letteraria, dal teatro del Rinascimento ai romanzi di Carlo Emilio Gadda (1893-1979).

Gioco di parole o **calembour**
Figura retorica basata sull'equilibrio fonico (v. PARONOMASIA) o semantico (v. ANFIBOLOGIA); s'incontra spesso nel linguaggio pubblicitario: *firma la forma* (pubblicità di un formaggio); *cancellati tutti i voli* (pubblicità di un insetticida; non si tratta quindi di 'voli di aeroplani', ma di 'voli di zanzare').

Glossemàtica (dall'ingl. *glossematics*, der. di *glosseme* 'glossema', che è dal gr. *glôssa* 'lingua')
Concezione linguistica fondata dal danese L. Hjelmslev (1899-1965) in seno al circolo linguistico di Copenaghen. La glossematica, sulla scia dello STRUTTURALISMO di Saussure, considera il SEGNO linguistico come una realtà autonoma, da analizzare in base ai rapporti che stabilisce con gli altri segni linguistici all'interno del SISTEMA. Il *glossèma* è la più piccola entità linguistica portatrice di un significato.

Glottodidattica (comp. del gr. *glōtta* 'lingua' e *didattica*)
Disciplina che applica i princìpi della linguistica all'insegnamento sia della lingua materna sia di una lingua straniera.

Gradazione
V. CLIMAX.

Grafema (der. del gr. *gráphein* 'scrivere', sul modello di *fonema*)
La più piccola unità distintiva della scrittura; le lettere dell'alfabeto sono dei *grafemi*.

Grammatica
Sui vari significati del termine *grammatica* v. 1.13.

Grammatica generativo-trasformazionale
V. GENERATIVO-TRASFORMAZIONALE (GRAMMATICA).

Grammaticalizzazione
Il processo per il quale una costruzione,

perdendo il SUO SIGNIFICATO originario, si trasforma in un MORFEMA avente una sola funzione. Per esempio, il suffisso avverbiale -*mente* è il risultato della grammaticalizzazione della forma ablativa del sostantivo lat. *mens: laeta měnte > lietamente.*

H

Hýsteron próteron
Espressione greca che significa 'l'ultimo come primo'; si tratta infatti di un rovesciamento dell'ordine naturale (logico, cronologico) di due o più parole, SINTAGMI, proposizioni: *sogna, s'addormenta e va a letto.*

I

Iato
L'incontro di due vocali in successione, come accade, per esempio, in: *creare, spia, Trieste;* e ancora nei gruppi *a, e, o* + vocale tonica: *paura, beato, soave.* In questi casi le due vocali non formano un dittongo, ma appartengono a due sillabe diverse.

Icóna (dal gr. *eikṓn* 'immagine')
Secondo Ch. S. Peirce (1839-1913), è un SEGNO il cui rapporto con la cosa denotata non si fonda su una convenzione (come accade con il *simbolo*) o sulla contiguità (come accade con l'*indice*), ma su una certa somiglianza tra il segno e il denotato. Per esempio, l'alzare uno, due, tre dita della mano sono indici per indicare i numeri: 1, 2, 3. Nell'onomatopea il SIGNIFICANTE riproduce in maniera immediata e intuitiva certi aspetti del SIGNIFICATO.

Idiolètto (dall'ingl. *idiolect*, comp. del gr. *ídios* 'proprio, personale' e dell'ingl. (*dia*)*lect* 'dialetto')
L'insieme degli usi linguistici propri di un determinato parlante. La nozione di *idioletto* implica che la lingua varia non solo in rapporto alla regione geografica, alla classe sociale e alla situazione comunicativa, ma anche in rapporto all'uso individuale.

Idiomatica (frase o locuzione)
Espressione, costrutto tipici di una certa lingua, il cui SIGNIFICATO complessivo non può essere dedotto dall'analisi dei singoli componenti: *fare l'indiano, piantare in asso, di punto in bianco.* Ingl. *idiom,* franc. *expression figée,* ted. *Redensart.* In italiano si dice anche: *locuzione fraseologica, idiotismo, idiomatismo.*

Indessicale (dall'ingl. *indexical*)
Espressioni indessicali (dette anche *indici*) sono quelle che forniscono informazioni relative al parlante (caratteristiche biologiche, psicologiche, sociali). Con altro significato, *espressioni indessicali* sono quei tratti linguistici che rimandano alla situazione in cui si manifesta un messaggio. Nella frase *lui ora si trova laggiù* gli elementi *lui, ora, laggiù* sono espressioni indessicali (dette anche DEITTICHE), identificabili soltanto con riferimento a una determinata situazione. *Indessicalità* è la circostanza per la quale non si può interpretare un MESSAGGIO senza riportarlo alla situazione in cui è stato prodotto.

Indice
V. ICÓNA.

Indiretto libero (discorso)
Nozione utilizzata soprattutto nell'analisi dei TESTI narrativi moderni, per indicare che il discorso del personaggio è riportato dall'autore in forma indiretta, mantenendo però alcuni caratteri tipici della forma diretta. Si veda, per esempio, il seguente passo dell'*Esclusa* di Pirandello: – *Oh Dio, Paolo, che t'è successo? – Niente. In una stanza della conceria, al buio, qualcuno (e forse a bella posta!) s'era dimenticato di rinchiudere la... come si chiama...? sì... la caditoia, ecco, sull'assito, ed egli, passando patapumfete! giù.* La risposta del personaggio è riportata in forma indiretta, ma con-

servando esitazioni e moduli propri del parlato: *Niente*; *la... come si chiama?*; *ecco*; *patapumfete! giù* ecc. Il *discorso indiretto libero* costituisce una struttura alternativa rispetto al discorso diretto o indiretto e ha essenzialmente lo scopo di vivacizzare lo stile.

Infisso

V. AFFISSO.

Innatismo

Teoria secondo la quale il linguaggio è una facoltà innata, vale a dire determinata geneticamente.

Intensione

V. ESTENSIONE.

Interferenza

Termine della sociolinguistica e della didattica delle lingue straniere con il quale ci si riferisce agli errori che un parlante commette nell'uso di una lingua per l'influsso di un'altra lingua. L'interferenza che nasce da una situazione di contatto tra due lingue dà luogo a fenomeni di ipo- e iperdifferenziazione, di reinterpretazione e sostituzione dei fonemi. In un'accezione più ampia l'*interferenza* indica tutti i tratti che una lingua riprende da un'altra, per esempio, a causa del prestigio culturale esercitata da quest'ultima: come accade nel PRESTITO.

Interfisso

Nei derivati, elemento inserito tra la parola-base e il SUFFISSO: per esempio, *libriccino* (o *libricino*) si compone di una base *libr(o)*, di un interfisso *-i(c)c-* e di un suffisso *-ino*.

IPA

Abbreviazione di *International Phonetic Association*, associazione di linguisti che ha elaborato un sistema di segni in grado di rappresentare graficamente i FONEMI delle più importanti lingue del mondo. Per estensione è anche la sigla di tale sistema di segni (*International Phonetic Alphabet*).

Ipàllage (dal gr. *hypallagé* 'scambio')

Figura retorica consistente nell'attribuire a una parola ciò che si riferisce a un'altra parola della stessa frase: *il divino del pian silenzio verde* (Carducci), dove *verde* si lega sintatticamente a *silenzio*, ma idealmente a *pian* (*silenzio verde* è inoltre un esempio di SINESTESIA).

Ipèrbato (dal gr. *hypérbaton* 'trasposizione')

Figura retorica che consiste nell'invertire la disposizione ordinaria degli elementi di una frase: *O belle a gli occhi miei tende latine!* (Tasso).

Ipèrbole (dal gr. *hyperbolé* 'esagerazione')

È un'espressione esagerata, per eccesso o per difetto: *è un secolo che ti aspetto; muoio di fame.*

Ipercorrettismo

È il fenomeno per il quale l'utente di una lingua nel tentativo di adeguarsi a una NORMA che possiede solo in modo imperfetto, eccede nel correggere i propri presunti errori. Nelle zone dell'Italia in cui si ha l'ASSIMILAZIONE del tipo -ND- > -NN- (*quanno* in luogo di *quando*) il parlante può ricostruire una forma errata come **canda* in luogo della forma corretta *canna*.

Iperònimo (comp. del gr. *hypér* 'sopra' e *ónoma* 'nome')

Vocabolo il cui SIGNIFICATO include il significato di altri vocaboli, detti *ipònimi*. *Albero* è iperonimo di *quercia* o *pino*, ha un significato più esteso, si riferisce a un numero maggiore di enti rispetto a *quercia* o *pino*. Analogamente *italiano* è iperonimo (cioè più generale) rispetto a *lombardo*; è invece iponimo (cioè più specifico) rispetto a *europeo*.

Ipònimo (comp. del gr. *hypó* 'al di sotto' e *ónoma* 'nome')

V. IPERÒNIMO.

Ipotassi (comp. del gr. *hypó* 'sotto' e *táxis* 'ordinamento')

Procedimento sintattico nel quale le proposizioni sono poste in un rapporto di subordinazione, espresso da congiunzioni subordinanti e da un particolare uso dei modi e dei tempi verbali. L'ipotassi appare nelle due frasi: *quando Mario fuma, Luigi si arrabbia*; *credo che Paola abbia ragione*. Se invece le proposizioni sono disposte nel periodo l'una accanto all'altra, si ha la PARATASSI: *Mario fuma e Luigi si arrabbia*; *ha ragione Paola, credo*. Nell'ipotassi si ha un rapporto di subordinazione; nella paratassi si ha invece la coordinazione delle proposizioni che compongono il periodo. Sono dette *proposizioni ipotattiche* le proposizioni subordinative; *periodo ipotattico* è quello costruito secondo l'ipotassi.

Ironia

È il parlare in modo che si intenda il contrario di quello che si dice: *hai lavorato molto oggi!*, detto a chi non ha fatto nulla tutto il giorno.

Isoglossa (comp. del gr. *ísos* 'uguale' e *glôssa* 'lingua')

In una carta geolinguistica, la linea ideale che circoscrive l'ambito spaziale di un determinato fenomeno linguistico.

Koiné o **coiné** (dal gr. *koiné diálektos* 'dialetto comune')

Indica una varietà linguistica nata dal confluire di varietà diverse che hanno abbandonato le loro particolarità locali più marcate. La *koiné*, proprio perché si presenta come punto d'incontro tra varietà diverse, ha la possibilità di diffondersi su spazi geografici più estesi, ponendosi come mezzo di comunicazione su larga scala e acquistando conseguentemente un maggior prestigio sociale rispetto alle varietà più particolari e territorialmente più circoscritte.

Langue / parole (francese /lãg/ /pa'ʀɔl/)

Coppia di termini contrapposti, che solitamente non si traducono, perché gli equivalenti italiani (*lingua* e *parola*) non ne rendono con precisione il significato. Questa la definizione di F. De Saussure, che introdusse la coppia: «La *langue* è un insieme di convenzioni necessarie adottate dalla società per permettere l'uso della facoltà del linguaggio da parte degli individui. Con *parole* si indica l'atto dell'individuo che realizza la sua facoltà per mezzo di quella convenzione sociale che è la *langue*». La *langue* è una convenzione sociale, la *parole* è la realizzazione individuale di questa convenzione. Si può dire che la *langue* corrisponde al CODICE di una lingua, mentre la *parole* corrisponde al concreto MESSAGGIO dei singoli parlanti, i quali utilizzano quel codice con un certo margine di libertà individuale.

Legamento

Il *legamento* o *sandhi*, termine usato dagli antichi grammatici indiani, è un mutamento fonetico determinato da un fonema vicino; per esempio, in it. /n/ nasale dentale si trasforma in /m/ davanti a una labiale: *in bocca* [im'bokka]; un tipo particolare di legamento è la *liaison* del francese, la quale consiste nell'eliminare lo IATO mediante l'articolazione di una consonante finale (che in altro contesto è muta) davanti a una vocale: *allez-y* /ale'zi/, ma *allez* /a'le/.

Legge fonetica

Espressione usata dai *Neogrammatici* (gruppo di linguisti tedeschi attivi a Lipsia nella seconda metà del XIX secolo) per indicare il principio della regolarità di un dato mutamento fonetico nel tempo. La legge fonetica è l'equivalente diacronico di ciò che è una regola nella prospettiva sincronica. Secondo i Neogrammatici le leggi fonetiche sono immutabili e non ammettono eccezioni (ineccepibilità delle leggi fonetiche). Vale a dire, nella stessa lingua e in un periodo storico determinato, lo stesso suono, situato in un dato contesto fonetico, è soggetto allo stesso mutamento in tutte le parole della lingua in cui compare. In genere una legge fonetica prende il nome del linguista che per primo l'ha formulata: per esempio, le leggi di Grimm, di Verner, di Lachmann.

Lessema (comp. del gr. *léxis* 'parola' ed -*ema*)

MONEMA lessicale, unità del LESSICO; con il termine *lessema* s'intende spesso la parola quale appare nel dizionario: *automobile, giovane, camminare, per, anche, sicuro* sono lessemi.

Lessicalizzazione

Processo attraverso il quale un insieme di elementi retti da rapporti grammaticali diventa un'unità lessicale: per esempio, *d'un tratto* è un SINTAGMA che equivale alla parola *improvvisamente*.
Si chiama *lessicalizzazione* anche il processo attraverso il quale una forma grammaticale diventa un'unità del lessico: per esempio, il participio presente *cantante* è usato come sostantivo.

Lessico

Sul significato del termine LESSICO v. 12.1.

Lessicografia

Tecnica per la compilazione dei dizionari.

Lessicologia

Studio scientifico del LESSICO di una lingua.

Liaison

V. LEGAMENTO.

Linguistica pragmatica

V. PRAGMATICA (LINGUISTICA).

Linguistica testuale

V. TESTUALE (LINGUISTICA).

Litòte (dal gr. *litótēs* 'semplicità')

Figura retorica che consiste nell'esprimere un concetto negando il suo contrario, con un'attenuazione del pensiero che tende a far capire più di quanto non si dica: *un uomo non intelligente*, cioè stupido; *una spesa non indifferente*, cioè notevole.

Livelli di analisi

Data la STRUTTURA complessa delle lingue per affrontarne lo studio occorre scomporle in diversi *livelli di analisi*; tradizionalmente questi sono: FONOLOGIA, MORFOLOGIA, SINTASSI, LESSICO. Essi sono retti da una relazione gerarchica: vale a dire, ciascun livello, che può essere analizzato separatamente, è costituito dagli elementi del livello sottostante e costituisce con i propri elementi il livello superiore.

Marcato / non marcato

In senso stretto si dice *marcato* il termine di una coppia di FONEMI che possiede una certa marca di correlazione: in una coppia come /p/ e /b/ il secondo termine è marcato perché possiede la marca di sonorità. In un senso meno specifico, *non marcato* vuol dire meno informativo, più facilmente prevedibile. In italiano il genere maschile è meno marcato rispetto al femminile: espressioni come *i miei figli, i miei fratelli,* dal momento che ciascuna di esse può comprendere individui dei due sessi, sono meno specifiche rispetto a *le mie figlie, le mie sorelle.*

Messaggio

Atto di comunicazione, che avviene tra un emittente e un ricevente i quali utilizzano un CODICE comune.

Metafora (dal gr. *metaphorá* 'trasporto')

Figura retorica consistente nel trasferire il significato di una parola o di un'espressione dal senso proprio a un altro figurato, che abbia col primo un rapporto di somiglianza. Tradizionalmente è considerata una similitudine abbreviata in cui manca qualsiasi elemento che introduca il paragone: *Mario è una volpe* (rispetto a *Mario è furbo come una volpe*, che è invece una SIMILITUDINE); *piovevano proteste da tutte le parti; avere le mani bucate*.

Metafore molto comuni, non più avvertite come tali, sono: *collo della bottiglia, piede del tavolo, denti della sega, dorso di una montagna, lingua di fuoco* ecc.; in questi casi l'uso metaforico dei termini *collo, piede, dente, dorso, lingua* serve a colmare una lacuna della lingua, cioè la mancanza di una parola specifica. Questa particolare forma di metafora prende il nome di *catacrèsi*. Proprio le metafore convenzionalizzate sono state, in anni recenti, oggetto di ricerca della linguistica cognitiva, che considera la metafora come uno strumento di conoscenza la cui rilevanza va ben al di là di una mera funzione retorica.

Metalinguaggio (comp. del gr. *méta* 'oltre' e *linguaggio*)

Linguaggio usato per descrivere il linguaggio: frasi come «che cosa intendi per *anziano*?», «la parola *topo* ha due vocali» sono esempi di espressioni metalinguistiche (infatti hanno lo scopo di chiarire il significato o la forma di un elemento linguistico). Il *metalinguaggio di un dizionario* è l'insieme dei termini e delle formule usati in un dizionario per descrivere e definire i vocaboli.

Metaplasmo (dal gr. *metaplasmós* 'modellamento diverso')

1) Il passaggio di una parola da una categoria morfologica all'altra: *la frutta* (femminile sing.) viene da *le frutta* (in origine neutro pl.).
2) Mutamento fonetico che consiste nell'alterazione di una parola mediante la soppressione, l'aggiunta o la permutazione di suoni. Per esempio, Boccaccio nel *Decameron* fa dire a un personaggio *ploposto* invece di *proposto*, cioè 'prevosto'.

Metàtesi (dal gr. *metáthesis* 'trasposizione')

L'inversione di due FONEMI contigui, quale si verifica talvolta in presenza di /r/ e di /l/; cfr.: le forme, vive in vari dialetti mediani, *preta* (lat. *pĕtra*) e *crapa* (lat. *căpra*); it. *formaggio*, dal francese *fromage*; lat. *cŏm(u)la* > **cloma* > *chioma*. Si ha la metatesi reciproca in lat. *palude* > *padule*, lat. *quercea* > *cerqua* (in luogo di *quercia*); la metatesi riguarda anche le vocali: lat. *măgida(m)* > *maida* > *madia*, lat. *āera* > *aira* > aria.

Metonìmia (dal gr. *metōnymía* 'scambio di nome')

Figura retorica consistente nella sostituzione di un vocabolo con un altro che abbia col primo un rapporto di contiguità. Anche la metonimia, come la METAFORA e la SINEDDOCHE, opera uno spostamento di significato. Tipi comuni di metonimia sono, per esempio, quelli in cui si indica il contenente per il contenuto (*bere un bicchiere*) oppure la causa per l'effetto: per esempio, l'autore per l'opera (*mettere all'asta un Picasso*), il proprietario per la cosa posseduta (*Mario corre a duecento all'ora*).

Modalità

Il modo in cui il parlante può esprimere il suo atteggiamento rispetto al MESSAGGIO che sta comunicando. La modalità può essere espressa con i verbi modali, con avverbi (*possibilmente, probabilmente, forse* ecc.) e con espressioni del tipo *è certo che..., è possibile che...*

Monema (comp. del gr. *mónos* 'solo' ed *-ema*)

La più piccola unità linguistica dotata di SIGNIFICATO: nella voce verbale *prendono*, abbiamo un monema lessicale o LESSEMA *prend-* e un monema grammaticale o MORFEMA *-ono*.

Morfema (comp. del gr. *morphḗ* 'forma' ed *-ema*)

MONEMA grammaticale, unità morfologica: in *cant-eremo* il morfema *-eremo* sta a indicare il modo (indicativo), il tempo (futuro), la persona (prima plurale) del LESSEMA *cant-*.

Morfologia (dal ted. *Morphologie*, comp. del gr. *morphḗ* 'forma' e un der. di *lógos* 'discorso, studio')

È lo studio delle forme che le parole – distinte in categorie o parti del discorso: verbo, nome, aggettivo ecc. – assumono nella flessione (coniugazione per il verbo, declinazione per il nome, l'aggettivo). Poiché lo studio delle forme è collegato allo studio delle funzioni che le parole hanno nella frase, spesso la morfologia non si può separare dalla SINTASSI: per tale motivo si parla di MORFOSINTASSI.

Morfosintassi

Studio unitario delle varie forme e delle varie funzioni che le parole assumono nella frase.

N

Nominale (frase, stile)

La *frase nominale* è la frase priva di verbo: per esempio, *niente di nuovo* oppure *tasse, altri aumenti* (titolo di giornale). Per *stile nominale* s'intende una serie di fenomeni che vanno dalla mancanza del verbo (frase nominale) alla sua trasformazione in sostantivo (v. NOMINALIZZAZIONE).

Nominalizzazione

Trasformazione di un SINTAGMA verbale in sintagma nominale: *è necessario che tutti*

collaborino – *è necessaria la collaborazione di tutti*.

Non marcato

V. MARCATO / NON MARCATO.

Norma

L'insieme degli usi di una lingua che devono essere privilegiati se ci si vuole adeguare a un determinato modello di espressione (orale e scritta) considerato più elegante, e più prestigioso dal punto di vista estetico e/o sociale. Con un'accezione più specifica E. Coseriu definisce la norma come un terzo polo atto a mediare la rigida dicotomia LANGUE / PAROLE posta da Saussure: la norma è intesa allora come la media delle realizzazioni accettate da una determinata comunità linguistica.

O

Occorrenza

V. TIPO.

Olofrastico (dal gr. *hólos* 'tutto, intero' e *phrastikós* 'dichiarativo')

Si dice di un segno che equivale al SIGNIFICATO di un'intera frase. Per esempio, *alt, basta, sì, no* sono *segni olofrastici*.

Omonimi (dal gr. *homṓnymos* 'che ha lo stesso nome')

Sono parole che hanno lo stesso significante ma diverso significato (v. 4.8).

Omotelèuto o **omeoteleuto** (dal gr. *homoiotéleutos* 'che ha la stessa fine')

Identità di suono nella terminazione di due o più parole: *andarono, a stento arrivarono, ma non ritornarono*. La rima è un tipo particolare di omoteleuto.

Onomasiologia (dal gr. *onomasía* 'denominazione' e *-logía*)

È il settore della semantica che considera

con quali mezzi linguistici vengono designati, in una o più varietà linguistiche, un determinato referente o un insieme di referenti.

Onomastica (dal gr. *onomastikḗ* (*téchne*) 'arte del denominare')
Ramo della linguistica storica che studia i nomi propri. A seconda che abbia per oggetto specifico i nomi propri di persona (*antroponimi*) o di località (*toponimi*), si distingue in *antroponimia* e *toponomastica*, anche se tradizionalmente il termine viene riferito alla sola antroponimia. Nata verso la metà del XIX secolo, l'*onomastica* fornisce talvolta indicazioni importanti su aspetti della storia linguistica, culturale, sociale di un popolo. Infatti i nomi propri, non subendo in genere le trasformazioni del normale materiale lessicale, presentano caratteri di conservatività e di arcaicità molto accentuati e sono quindi di grande aiuto al linguista, quando mancano documentazioni storiche dirette: per esempio, le nostre conoscenze sul ligure, sull'iberico e sull'etrusco si fondano principalmente sui nomi propri di persona e di luogo.

Onomatop.ea (dal gr. *onomatopoiía*, comp. di *ónoma, onómatos* 'nome' e *poiêin* 'fare')
Parola o espressione il cui suono imita (in modo convenzionale in ciascuna lingua) certe caratteristiche del referente: per esempio, *tic tac, bau bau, chicchirichì, patapùm*. Talvolta la parola onomatopeica presenta un completo adattamento alle strutture morfologiche della lingua, con l'aggiunta di elementi grammaticali al nucleo sonoro imitativo: *tintin* + [*n*] -*are* → *tintinnare*.

Ordine dei costituenti
È l'ordine con il quale si succedono, all'interno di una frase, i suoi componenti (soggetto, oggetto, verbo, complementi).
Si distingue tra *ordine dei costituenti non marcato*, nel quale ciascun costituente occupa la sua posizione canonica all'interno

della frase (*ho visto Paolo alla stazione*), e *ordine marcato* in cui un costituente occupa una posizione esterna rispetto alla frase vera e propria, verso destra o verso sinistra (*Paolo l'ho visto ieri alla stazione*).

Ossìmoro o **ossimòro** (dal gr. *oxýmōron*, neutro sostantivo dell'agg. *oxýmōros* 'acutamente pazzo')
Figura retorica che consiste nell'accostare parole di significato contrario; è quindi una particolare forma di ANTITESI, in cui i due termini contraddittori sono associati in un'unica espressione: *silenzio eloquente, oscuro chiarore, amaro piacere*.

Ostruenti
V. SONANTI.

Paradigma (dal gr. *paradéigma* 'esempio')
Con questo termine si indicano tradizionalmente gli schemi di flessione delle parole (i paradigmi verbali, le declinazioni dei nomi). Nella linguistica moderna *paradigma* indica, non soltanto le classi grammaticali, ma anche quelle fonologiche e semantiche.
Con una diversa accezione, il *paradigma* è una classe di elementi che possono occupare la stessa posizione nella catena sintagmatica: vale a dire elementi che possono essere sostituiti tra loro in uno stesso contesto (v. 1.12).

Paràfrasi (dal gr. *paráphrasis* 'frase posta vicino')
Operazione del METALINGUAGGIO che consiste nel produrre un ENUNCIATO che abbia lo stesso SIGNIFICATO di un vocabolo, di un'espressione o di un altro enunciato prodotti anteriormente nel medesimo testo.

Paragòge (dal gr. *paragōgḗ* 'l'aggiungere')
V. EPITESI.

Paratassi (comp. del gr. *pará* 'accanto' e *táxis* 'ordinamento')

Paratassi equivale a *coordinazione*, vale a dire allineamento di più elementi aventi la stessa funzione (nomi, verbi, frasi) mediante congiunzioni (*polisindeto*) oppure senza congiunzioni (*asindeto*). La frase *Mario venne in città e visitò molti negozi* è un polisindeto; mentre la frase *Mario venne in città, visitò molti negozi* è un asindeto. Opposta alla paratassi è l'IPOTASSI o *subordinazione*: *quando Mario venne in città visitò molti negozi*. Alcuni linguisti usano il termine paratassi soltanto con il valore di asindeto.

La *paraipotassi* è un costrutto intermedio tra *paratassi* e *ipotassi*. Si ha quando una frase indipendente viene coordinata a una subordinata a essa precedente: *S'io dissi falso, e tu falsasti il conio* (*Inferno*, XXX, 115).

Parole (francese /pa'ʀɔl/)

V. LANGUE / PAROLE.

Paronomàsia (dal gr. *paronomasía* 'denominazione')

È l'accostamento di due parole simili per suono: *non c'è pane senza pena; un onore che è un onere; tra gli scogli parlotta la maretta* (Montale).

Se le parole accostante presentano uguale significante ma diverso significato, si ha un'altra figura retorica chiamata *bisticcio* e usata spesso per fare sfoggio d'ingegno: *perché fuor negletti / li nostri voti, e vóti in alcun canto* (*Paradiso*, III, 56-57). Il bisticcio si confonde talvolta con il GIOCO DI PAROLE.

Pastiche (francese)

Letteralmente 'pasticcio'; mescolanza di materiali linguistici diversi per origine e livello espressivo, generalmente a fini di parodia. Un tipico esempio di *pastiche* è il latino maccheronico di Teofilo Folengo.

Performativo

Nella LINGUISTICA PRAGMATICA si dicono *performativi* (cioè 'esecutivi') gli ENUNCIATI e, in particolare, i verbi che sono il compimento, non la semplice descrizione di un fatto. Frasi come *lo prometto* o *ti battezzo* differiscono da frasi come *leggo il giornale* o *parto domani*: queste ultime «descrivono» l'atto di leggere o di partire, mentre le precedenti «realizzano» l'atto di promettere o di battezzare, cioè danno vita a un *atto illocutorio* (v. ATTI LINGUISTICI).

Perìfrasi (dal gr. *períphrasis* 'il parlare con circonlocuzioni')

Consiste nel sostituire un termine con una sequenza di parole che abbiano lo stesso SIGNIFICATO. La perifrasi è usata per chiarire un concetto, per evitare un termine troppo tecnico, per attenuare eufemisticamente la crudezza di una parola, per rendere più solenne l'espressione ecc.: *verso di sei piedi*, invece del più tecnico 'esapodia'; *è mancato all'affetto dei suoi cari*, invece del più crudo 'è morto'; *Colui che tutto move* è una perifrasi usata da Dante per indicare Dio.

Pertinente

Si dice di un tratto fonico la cui presenza o assenza provoca un mutamento di SIGNIFICATO. Per esempio, il tratto che oppone le consonanti sorde alle sonore è un tratto pertinente in italiano e in molte altre lingue: *pasta - basta, dato - dado*. L'opposizione sorda/sonora è pertinente (si dice anche *distintiva*) in italiano, ma non, per esempio, in arabo.

Pleonàsmo (dal gr. *pleonasmós* 'eccesso')

Espressione ridondante, non necessaria: *aveva un orologio al suo polso; a me quel discorso non mi è piaciuto*.

Poliptòto (dal gr. *polýptōton* 'di molti casi')

Figura retorica che consiste nella ripetizione della stessa parola in diverse forme e funzioni: *era, è e sarà sempre così; Cred'io ch'ei credette ch'io credesse* (*Inferno*, XIII, 25).

Polisemia (dal gr. *polýs* 'molto' e *sēmeîon* 'segno')

La proprietà di un SEGNO linguistico di avere più SIGNIFICATI.

Pragmatica (linguistica) (dall'ingl. *pragmatics*, che è dal gr. *prâgma*, *prágmatos* 'fatto')

La linguistica pragmatica o *pragmalinguistica*, nata in Germania negli anni Settanta, considera il parlare come un modo di agire e si propone l'analisi degli ATTI LINGUISTICI compiuti dai parlanti. Nella descrizione di tali atti linguistici è necessario tener conto delle intenzioni espresse o recondite, delle credenze e delle aspettative del parlante, delle convenzioni proprie di una certa comunità, della situazione comunicativa ecc.

Prefisso

MORFEMA che compare all'inizio di parole derivate da altre parole: *ri-* in *rifare*, *dis-* in *disabitato*, *anti-* in *antigelo* sono prefissi.

Prefissoidi / suffissoidi

Formativi ripresi dalle lingue classiche (soprattutto dal greco) e usati per lo più nelle terminologie tecniche e scientifiche. In origine vocaboli autonomi, sia i prefissoidi (*auto* 'da sé': *autonomia*, *autocontrollo*; *tele* 'da lontano': *televisione*, *telecomandato*) sia i suffissoidi (*-logia* 'discorso, studio': *analogia*, *archeologia*; *-fago* 'che mangia': *antropofago*) sono diventati elementi non autonomi della composizione.

Prestigio

Valore che una lingua o una varietà linguistica assumono agli occhi di un individuo, un gruppo di individui o una classe sociale, ai fini di un avanzamento sociale. Il *prestigio* può avere motivazioni politiche, sociali, culturali ed economiche. Tali motivazioni sono spesso compresenti.

Prestito

Processo mediante il quale una lingua utilizza e finisce per assumere un tratto linguistico (per lo più un elemento lessicale) che esisteva in precedenza in un'altra lingua, ma non nella lingua che lo riceve. I *prestiti* possono essere *integrati*, cioè possono trovarsi nella loro forma originaria (come *bar* o *film* in italiano) o *non integrati*, cioè adattati alla fonologia e alla morfologia della lingua che li riceve (come *treno* e *bistecca*, sempre in italiano, che sono calchi dell'inglese *train* e *beefsteak*); v. 12.10.

Preterizione

Figura retorica consistente nel dichiarare di non voler dire qualcosa che intanto viene detta, o per lo meno accennata: *Risparmio al lettore i lamenti, le condoglianze, le accuse, le difese, i "voi sola potete aver parlato", e i "non ho parlato", tutti i pasticci in somma di quel colloquio* (Manzoni).

Proclisi, proclitico

V. ENCLISI.

Prolèssi (dal gr. *prólēpsis* 'il prendere prima')

Anticipazione di un elemento della frase: *su questo non ho dubbi, che c'era anche Franco* rispetto all'ordine non marcato: *non ho dubbi sul fatto che c'era (ci fosse) anche Franco*.

Pronominalizzazione

Sostituzione di un nome con un pronome. La *pronominalizzazione* è il procedimento più importante per attuare la connessione delle frasi in un TESTO. Due frasi come: 1) *il centravanti tira la palla verso il portiere*, 2) *il portiere blocca la palla*, possono essere collegate per mezzo di pronomi: *il centravanti tira la palla verso il portiere, che la blocca*, dove il pronome relativo *che* sostituisce *il portiere* e il pronome personale *la* sostituisce *la palla*.

Prosodìa (dal gr. *prosōdía* 'accento, modulazione della voce')

Insieme delle caratteristiche di una lingua riguardanti l'accento, l'intonazione e la durata dei FONEMI. Accento, intonazione e durata sono detti anche *tratti soprasegmentali* perché "si sovrappongono" ai fonemi, che costituiscono i *segmenti* minimi dell'ENUNCIATO. Per esempio, la differenza di SIGNIFICATO tra l'affermazione *dorme* e l'interrogazione *dorme?* è realizzata esclusivamente mediante una diversa intonazione: cioè mediante un tratto prosodico o soprasegmentale.

Pròstesi (dal gr. *prósthesis* 'l'apporre') Aggiunta di una vocale non etimologica all'inizio di una parola, per rendere la pronuncia più facile: *in ispecie, per iscritto*; in questi casi si ha prostesi di *i*.

R

Raddoppiamento
Nella morfologia si chiama raddoppiamento il fenomeno presente, per esempio, nel lat. *cĕcĭni*, perfetto di *căno*, nel lat. *cŭcŭrri*, perfetto di *cŭrro*: l'indicazione del passato è fornita dalla ripetizione della prima consonante del tema seguita da una vocale di legamento. Per il *raddoppiamento fonosintattico* v. 13.14.

Radice
Nella linguistica storica tradizionale, è l'elemento ultimo e irriducibile di una parola, vale a dire quanto rimane di essa dopo che si sono tolti gli AFFISSI, le desinenze, le vocali tematiche ecc. La radice è portatrice di quel SIGNIFICATO fondamentale che si conserva per lo più nei suoi derivati.

Referente, referenza
Il *referente* è la realtà, concreta o astratta, cui una parola si riferisce: le parole *tavolo*, *bambino*, *virtù*, *intelligenza* designano i referenti 'tavolo', 'bambino', 'virtù', 'intelligenza'. La *referenza* è l'operazione con la quale il parlante collega le varie parole ai rispettivi referenti; tale operazione è alla base del linguaggio.

Reggenza
È il fenomeno per il quale un elemento della frase (nome, verbo, aggettivo) attiva, in un altro elemento con il quale è in rapporto sintagmatico, un determinato MORFEMA. Nel latino *gratulor tibi* 'mi congratulo con te', *gratulor* regge il dativo, mentre il corrispondente verbo italiano ha diversa reggenza.

Rèma
V. TEMA.

Reticenza (o **aposiopèsi**, dal gr. *aposiópēsis* 'il cessare di parlare')
Figura retorica che consiste nell'interrompere una frase, lasciando però intendere ciò che non si dice. La reticenza si rappresenta graficamente con i puntini di sospensione: *se lo fai un'altra volta... beh, mi hai capito!*

Ricorsività
Proprietà per la quale una regola può essere applicata un numero di volte teoricamente infinito: data la successione "nome + aggettivo" *una ragazza simpatica*, possiamo avere: *una ragazza simpatica, intelligente, attraente, disinvolta* ecc.

Ridondanza
È la ripetizione di una determinata quantità di informazione al fine di rendere comprensibile un MESSAGGIO anche in situazioni di disturbo.

S

Sandhi
V. LEGAMENTO.

Sarcasmo
V. IRONIA.

Segmentazione
L'insieme dei procedimenti di divisione di un TESTO, al fine di ottenere delle unità di-

stinte, separate, chiamate con espressione tecnica *unità discrete*, nei diversi livelli di analisi: ENUNCIATI, SINTAGMI, parole, sillabe, FONEMI.

Segno

Segnale, simbolo, elemento che serve a rappresentare ed esprimere qualcosa. Il segno linguistico è costituito dall'unione arbitraria (v. ARBITRARIETÀ DEL SEGNO LINGUISTICO) di un SIGNIFICANTE e di un SIGNIFICATO.

Sèma

La più piccola unità di SIGNIFICATO. I *sèmi* sono tratti (o componenti) semantici, i quali combinandosi tra loro formano il SIGNIFICATO di una parola; le differenze di significato tra le parole sono dovute alla loro diversa *composizione sèmica*, cioè alla presenza o all'assenza di determinati sèmi. La differenza di significato della parola *bambino* rispetto alla parola *bambina* è data dal sèma /maschio/ opposto al sèma /femmina/; rispetto alla parola *uomo* è data dal sèma /infantile/ opposto al sèma /adulto/; rispetto alla parola *cucciolo* è data dal sèma /umano/ opposto al sèma /animale/. Pertanto /maschio/, /infantile/, /umano/ sono sèmi o tratti semantici propri della parola *bambino*. Un insieme di *semi* è detto *semema*.

Semantica (dal fr. *sémantique*, dal gr. *sēmantikós* 'significativo')

Parte della linguistica che studia il SIGNIFICATO delle parole (v. capitolo 4).

Semiologia / semiotica (dal fr. *sémiologie* e, rispettivamente, dall'ingl. *semiotics*, che sono dal gr. *sēmêion* 'segno')

La *semiologia* è lo studio scientifico dei SEGNI linguistici e non linguistici (la segnaletica stradale, le forme di cortesia, la disposizione degli oggetti in un'abitazione, le fogge del vestire, i simboli religiosi, i segnali militari). La moderna *semiologia* nasce dall'incontro di diversi metodi e discipline: lin-

guistica, filosofia, psicologia, sociologia. I due termini *semiologia* e *semiotica* potevano essere considerati sinonimi fino ad anni recenti: il primo è stato usato dai francesi, il secondo da americani, tedeschi e russi. Oggi con il termine *semiologia* si tende a indicare la teoria generale che guida l'analisi dei fenomeni della comunicazione; mentre *semiotiche* sono detti piuttosto i singoli sistemi di segni.

Significante / significato

Nell'analisi di F. De Saussure, il SEGNO linguistico è costituito dall'unione di un concetto (significato) e di un'immagine acustica (significante): per esempio, il segno *albero* è costituito dal concetto di 'albero' e dall'insieme dei suoni che formano la parola *albero*. Il rapporto tra significante e significato non è motivato, ma è frutto di una convenzione (v. ARBITRARIETÀ DEL SEGNO LINGUISTICO). Non si confonda il REFERENTE (la cosa 'albero') con il significato (il concetto di 'albero').

Simbolo

V. ICÓNA.

Similitudine

Figura retorica che consiste in un confronto, in un paragone esplicito: *L'Isonzo scorrendo / mi levigava / come un suo sasso* (Ungaretti).

Sincope (dal gr. *synkopḗ* 'rottura')

Caduta di uno o più fonemi all'interno di una parola: *spirto* 'spirito', *opre* 'opere', *tòrre* 'togliere'.

Sincronia, sincronico (dal franc. *synchronie*, dal gr. *sýnchronos* 'dello stesso tempo')

In linguistica, il termine *sincronia* è usato per indicare uno stato di lingua considerato nel suo funzionamento in un certo tempo. Un'indagine sincronica sulla lingua contemporanea, per esempio, analizzerà il funzionamento della lingua di oggi, escludendo la prospettiva storica (non viene considerato, cioè, il rapporto tra la lingua di oggi e quella del passato). V. anche i termini opposti DIACRONIA, DIACRONICO.

Sinèddoche (dal gr. *synekdochē̆*, der. di *synekdéchesthai* 'ricevere insieme')
Al pari della METAFORA e della METONIMIA, è una figura di trasferimento semantico. Consiste nell'estendere o nel restringere il significato di una parola; ciò si ottiene indicando:
• la parte per il tutto: *il mare è pieno di vele*, cioè di barche a vela;
• il tutto per la parte: *ha gli occhi celesti* (in realtà è celeste solo l'iride);
• il genere per la specie: *i mortali* = gli uomini; *il felino* = il gatto;
• la specie per il genere: *in questa casa il pane non è mai mancato* (*il pane* = il cibo, quanto è necessario per vivere);
• il singolare per il plurale: *il cane* (= i cani) *è un animale fedele*;
• il plurale per il singolare: *non guastarti con gli amici* (*con gli amici* = con un particolare amico);
• la materia di cui è fatto un oggetto per l'oggetto stesso: *nella destra ha il ferro ancora* (Metastasio), dove *ferro* sta per 'spada'.

Sinestesia (dal gr. *synáisthēsis* 'percezione simultanea')
Figura retorica consistente nell'associare in un'unica espressione parole che si riferiscono a sfere sensoriali diverse: *Là, voci di tenebra azzurra* (Pascoli), dove *voci* appartiene al campo delle sensazioni uditive, *tenebra azzurra* a quello delle sensazioni visive. Ecco un esempio di sinestesia complessa, ottenuta accostando tre parole che riguardano altrettanti campi sensoriali: *fredde luci / parlano* (Montale).

Sinonimia
È il fenomeno per il quale due o più SEGNI linguistici hanno uguale SIGNIFICATO. In realtà la *sinonimia* assoluta è molto rara; la

scelta di un sinonimo è infatti determinata dal contesto e dalla situazione comunicativa: *la faccia / il volto / il viso di una donna*, ma *la faccia di un dado* (*il volto, **il viso di un dado*).

Sintagma (dal gr. *sýntagma* 'composizione')
Unità sintattica di livello inferiore alla frase, risultante dalla combinazione di due o più unità lessicali e grammaticali. La frase *il treno sta partendo* è costituita dal sintagma nominale *il treno* (articolo + nome) e dal sintagma verbale *sta partendo* (verbo + verbo).

Sintassi (dal gr. *sýntaxis* 'ordinamento')
Parte della GRAMMATICA che studia le funzioni delle parole nella frase e le regole in base alle quali le parole si combinano in frasi (v. capitolo 2).

Sistema
La lingua costituisce un *sistema*, i cui elementi si trovano in rapporto gli uni con gli altri. In particolare, per gli strutturalisti la lingua è un *sistema di sistemi*, poiché in essa interagiscono più sistemi: un *sistema fonologico*, uno *morfologico*, uno *sintattico*, uno *lessicale*. *Sistema di segni* è un'espressione equivalente a CODICE (v. anche STRUTTURA, STRUTTURALISMO LINGUISTICO).

Sociolètto
È una varietà sociale di lingua usata dai membri di una stessa classe sociale. L'appartenenza a una determinata classe influenza la formazione linguistica di un individuo in vari modi: in particolare, attraverso la maggiore o minore possibilità di accesso all'istruzione.

Sociolinguistica
Settore della linguistica che studia i rapporti tra la lingua e la società. In particolare, la *sociolinguistica* studia «chi parla, quale lingua, a chi, quando, come, perché e dove».

Sonanti o sonoranti

Suoni simili alle vocali, i quali dal punto di vista articolatorio sono prodotti da una corrente d'aria quasi priva di costrizioni; la posizione delle corde vocali è come quella che si ha nell'articolare i suoni sonori. Sono sonanti le laterali, le vibranti e le nasali. Si oppongono alle sonanti le *ostruenti*, che comportano un'interruzione della corrente d'aria: sono ostruenti le occlusive, le fricative e le affricate.

Soprasegmentali (tratti)

V. PROSODÌA.

Sostrato

Influsso di una lingua precedente, anche scomparsa, su una lingua successiva che a essa si sovrappone. V. anche SUPERSTRATO, ADSTRATO.

Sottocategorizzazione

È una classificazione delle categorie lessicali (nome, verbo, aggettivo) in sottoclassi nelle quali si tiene conto di caratteri di compatibilità e di accordo. Il soggetto di un verbo che possiede il tratto [+animato] come *bere* deve essere scelto nell'ambito della sottoclasse che possiede tale tratto: v. 2.5.

Sottocodice

CODICE particolare interno al codice generale della lingua; è in pratica sinonimo di *linguaggio settoriale* (v. 12.5): *il sottocodice politico*, *il sottocodice burocratico* 'il linguaggio della politica, della burocrazia'.

Standard

Lingua standard è detta una varietà linguistica che è particolarmente apprezzata nella scala dei valori sociali. Si fonda spesso sul parlato delle persone colte provenienti da un centro culturalmente e/o politicamente rilevante. In una comunità linguistica tale varietà di prestigio è presa di solito a modello per il parlato formale e per la lingua scritta.

Stilèma

Elemento caratteristico, tratto distintivo dello stile di uno scrittore o di un TESTO.

Stile nominale

V. NOMINALE (FRASE, STILE).

Struttura

L'organizzazione degli elementi di un SISTEMA linguistico, l'insieme delle relazioni tra tali elementi (v. STRUTTURALISMO LINGUISTICO).

Struttura profonda / struttura superficiale

Nella GRAMMATICA GENERATIVO-TRASFORMAZIONALE la *struttura superficiale* di una frase è la frase così come appare; la *struttura profonda* è la matrice della frase. Le strutture profonde generano le strutture superficiali, attraverso alcune regole di TRASFORMAZIONE. La distinzione tra strutture superficiali e strutture profonde consente di spiegare frasi ambigue come *ho visto mangiare un coniglio*, alla cui base può esserci sia *ho visto (qualcuno) mangiare un coniglio* sia *ho visto un coniglio mangiare (qualcosa)*. L'AMBIGUITÀ è dovuta al fatto che la stessa struttura superficiale deriva da due strutture profonde diverse.

Strutturalismo linguistico

Teoria linguistica che ha il suo punto di partenza nel *Corso di linguistica generale* di F. De Saussure, pubblicato nel 1916. Alla base dello *strutturalismo linguistico* ci sono i concetti di STRUTTURA e di SISTEMA: la lingua costituisce un sistema in cui tutte le parti sono legate da un rapporto di solidarietà e di dipendenza reciproca; la struttura del sistema è la sua organizzazione interna. «La dottrina strutturalistica insegna la predominanza del sistema sugli elementi, mira a cogliere la struttura del sistema attraverso i rapporti degli elementi e mostra il carattere organico dei cambiamenti cui la lingua è soggetta» (E. Benveniste).

Suffisso

MORFEMA che compare alla fine di parole derivate da altre parole: *-aio* in *giornalaio*, *-zione* in *operazione*, *-izzare* in *lottizzare*.

Suffissoide

V. PREFISSOIDE / SUFFISSOIDE.

Superstrato

L'influsso che una lingua ricava dal fatto che a essa si sovrappone temporaneamente un'altra lingua. V. anche SOSTRATO, ADSTRATO.

T

Tema (dal gr. *théma* 'argomento') / **rèma** (dal gr. *rhêma* 'verbo')

Questo termine usato nell'analisi linguistica delle strutture delle frasi si riferisce non al contenuto o SIGNIFICATO fondamentale di una frase, ma al modo in cui il parlante evidenzia un determinato aspetto del contenuto della frase stessa. Il *tema* spesso coincide con il soggetto della frase: *il treno è arrivato al binario otto*. Ma in altri casi il tema si distingue dal soggetto: *al binario otto è arrivato il treno*; *domani partirà Carla*; *i suoi modi, proprio non li sopporto!* (si noti la ripresa mediante il pronome, del tema posto all'inizio della frase). Il procedimento che consiste nello spostare all'inizio della frase l'elemento della frase che si vuole porre come tema è detto *tematizzazione* o anche *topicalizzazione* (dall'inglese *topic* 'argomento'). Per la distinzione tra *tema* e *rèma* (l'informazione nuova nella frase) v. 3.7.

Testo

Unità linguistica che generalmente si compone di più frasi, le quali hanno in comune lo stesso tema generale e la stessa situazione comunicativa. In un testo le frasi sono spesso collegate tra loro anche dal punto di vista formale, per esempio, mediante i pronomi (v. PRONOMINALIZZAZIONE). La nozione di *testo* è stata introdotta nella linguistica al fine di spiegare alcuni fenomeni che si realizzano oltre l'estensione della frase.

Testuale (linguistica)

Indirizzo della linguistica moderna sviluppatosi negli ultimi decenni. L'attività linguistica consiste non di frasi isolate, ma di insiemi di frasi, le quali sono connesse tra loro sul piano semantico e/o sintattico; di qui l'esigenza di prendere in considerazione un'unità superiore alla frase: il TESTO. La *linguistica testuale* studia appunto l'organizzazione interna dei testi, la loro coerenza semantica e coesione sintattica. Inoltre rivolge l'attenzione a quei presupposti comunicativi che sono esterni al testo, ma che appaiono indispensabili per interpretarlo correttamente.

Tipo / occorrenza

Questi termini della statistica (che corrispondono all'ingl. *type* e, rispettivamente, *token*) sono usati dai linguisti in varie circostanze. L'*occorrenza* di un qualsiasi fenomeno linguistico è posta dall'analisi linguistica in una classe generale o *tipo*: per esempio, un suono linguistico e un ENUNCIATO (ingl. *utterance*) sono occorrenze cui corrispondono un FONEMA e, rispettivamente, una frase (ingl. *sentence*).

Tipologia linguistica

La classificazione delle lingue naturali in base alla loro appartenenza a un TIPO linguistico (tratti relativi all'ordine delle parole nella frase, alla formazione delle parole, ai procedimenti sintattici ecc.), non considerando cioè la loro origine (parentela genetica) e la loro distribuzione geografica.

Toponomastica (comp. del gr. *tópos* 'luogo' e *ónoma* 'nome')

V. ONOMASTICA.

Tópos (plurale **tópoi**)

Vocabolo greco, che vuol dire 'luogo comune, tema ricorrente'. I *tópoi* sono argomenti, immagini o espressioni che vengono ripresi frequentemente dagli scrittori, e che possono caratterizzare certi movimenti o generi letterari, per esempio, i *tópoi* arcadici della vita pastorale, i *tópoi* romantici dei paesaggi notturni e desolati.

Transfràstico

Che oltrepassa i limiti della singola frase, che riguarda le relazioni sintattiche e semantiche intercorrenti tra le varie frasi di un TESTO: *analisi transfrastica*; *rapporto, collegamento transfrastico.*

Trascrizione

Procedimento con il quale si riproduce un enunciato verbale mediante un sistema di segni grafici; la TRASLITTERAZIONE riguarda invece il passaggio da un sistema grafico all'altro. La *trascrizione fonetica*, che è data tra parentesi quadrate [ ], vuole fornire una resa grafica del maggior numero possibile dei tratti fonetici dell'enunciato, a prescindere dal fatto che siano o no fonemi. Invece la *trascrizione fonologica*, che è data tra sbarrette / /, rende soltanto i fonemi e pertanto presuppone un'analisi fonologica.

Trasformazione

Nella GRAMMATICA GENERATIVO-TRASFORMAZIONALE, il processo che "trasforma" la STRUTTURA PROFONDA (la matrice della frase) in STRUTTURA SUPERFICIALE (la frase come appare).

Traslato o tropo (dal gr. *trópos* 'volgimento')

Figura semantica che consiste nell'attribuire un significato estensivo o metaforico a una parola: V. METAFORA, METONIMIA, SINEDDOCHE.

Traslitterazione

È la sostituzione dei GRAFEMI di un TESTO scritto secondo un determinato SISTEMA grafico con i grafemi di un altro sistema secondo un principio di corrispondenza biunivoca: per esempio, la traslitterazione della scrittura cirillica e greca nella scrittura latina.

Tratto semantico

V. SÈMA.

Z

Zèugma (dal gr. *zêugma* 'aggiogamento, legame')

Figura retorica che si ha quando una stessa parola è riferita a due o più parole, mentre potrebbe connettersi con una sola di esse: *Parlare e lagrimar vedrai insieme* (*Inferno*, XXXIII, 9), dove *vedrai* si adatta più a *lagrimar* che a *parlare.*

BIBLIOGRAFIA

Per alcune opere fondamentali (manuali, opere di consultazione, raccolte di saggi) si usano le seguenti abbreviazioni:

GGIC   = *Grande grammatica italiana di consultazione.* Vol. I: *La frase. I sintagmi nominale e proposizionale*, a cura di L. Renzi, Il Mulino, Bologna 1988. Vol. II: *I sintagmi verbale, aggettivale, avverbiale. La subordinazione*, a cura di L.R. e G. Salvi, ibidem, 1991. Vol. III: *Tipi di frase, deissi, formazione delle parole*, a cura di L.R., G.S. e A. Cardinaletti, ibidem 1995.

IntrItaS   = *Introduzione all'italiano contemporaneo. Le strutture*, a cura di A.A. Sobrero, Laterza, Bari 1993.

IntrItaVa = *Introduzione all'italiano contemporaneo. Le variazioni e gli usi*, a cura di A.A. Sobrero, Laterza, Bari 1993.

ItRegLi   = *L'italiano nelle regioni. Lingua nazionale e identità regionali*, a cura di F. Bruni, Utet, Torino 1992.

ItRegTe   = *L'italiano nelle regioni. Testi e documenti*, a cura di F. Bruni, Utet, Torino 1994.

LRL   = *Lexikon der romanistischen Linguistik*, a cura di G. Holtus, M. Metzeltin e Chr. Schmitt, Niemeyer, Tübingen. (Dei sette volumi finora pubblicati sono qui utilizzati il IV, 1988 e il II, 2, 1995).

StoLit   = *Storia della lingua italiana*, a cura di L. Serianni e P. Trifone, Einaudi, Torino. Vol. I: *I luoghi della codificazione*, 1993. Vol. II: *Scritto e parlato*, 1994. Vol. III: *Le altre lingue*, 1994.

Le sigle di alcune riviste sono citate alla p. 324.

Capitolo 1: Principi generali e indirizzi di studio

Indichiamo innanzi tutto alcuni manuali di linguistica generale:

AKMAJIAN, ADRIAN / DEMERS, RICHARD A. / HARNISH, ROBERT M., *Linguistica. Introduzione al linguaggio e alla comunicazione*, Il Mulino, Bologna 1982.

AITCHISON, JEAN, *Linguistics*, Hodder and Stoughton, London 1987[3].

LYONS, JOHN, *Introduzione alla linguistica teorica*, trad. ital., Laterza, Bari 1971. Ed. orig.: London, 1968.

YULE, GEORGE, *Introduzione alla linguistica*, Il Mulino, Bologna 1987. Ed. orig.: Cambridge 1985.

Per le nozioni fondamentali della disciplina si terranno presenti anche:

COSERIU, EUGENIO, *Lezioni di linguistica generale*, Boringhieri, Torino 1973.

HAGÈGE, CLAUDE, *L'uomo di parole*, trad. ital., Einaudi, Torino 1989. Ed. orig.: Paris 1985.

LEPSCHY, GIULIO C., *Sulla linguistica moderna*, Il Mulino, Bologna 1989.

La storia della riflessione sul linguaggio è stata negli ultimi anni oggetto di numerose ricerche. Per quanto riguarda il mondo classico ricordiamo:

BARATIN, MARC / DESBORDES, FRANÇOISE, *L'analyse linguistique dans l'antiquité classique*. I: *Les théories*, Klincksieck, Paris 1981.

BELARDI, WALTER, *Filosofia, grammatica e retorica nel pensiero antico*, Ateneo, Roma 1985.

MATTHEWS, PETER, *La linguistica greco-latina*, in G. Lepschy (a cura di), *Storia della linguistica*, vol. I, Il Mulino, Bologna 1990, pp. 187-310.

Per le epoche successive (con particolare riguardo per l'Italia):

FORMIGARI, LIA (a cura di), *Teorie e pratiche linguistiche nell'Italia del Settecento*, Il Mulino, Bologna 1984.

MARAZZINI, CLAUDIO, *Storia e coscienza della lingua in Italia dall'Umanesimo al Romanticismo*, Rosenberg & Sellier, Torino 1989.

VITALE, MAURIZIO, *La questione della lingua*, Palumbo, Palermo 1978[2].

Per l'opera di De Saussure e di Jakobson:

SAUSSURE, FERDINAND (DE), *Corso di linguistica generale*. Introduzione, traduzione e commento di T. De Mauro, Laterza, Bari 1967. Ed. orig.: Paris 1916.

JAKOBSON, ROMAN, *Saggi di linguistica generale*, trad. ital., Feltrinelli, Milano 1966. Ed. orig.: Paris 1963.

Sulle problematiche della linguistica storica è ancora attuale il volume:

TERRACINI, BENVENUTO, *Guida allo studio della linguistica storica*, Ateneo, Roma 1949.

Per gli sviluppi successivi della ricerca:

AGOSTINIANI, LUCIANO / BELLUCCI MAFFEI, PATRIZIA / PAOLI, MATILDE (a cura di), *Linguistica storica e cambiamento linguistico. Atti del XVI Congresso internazionale della Società di linguistica italiana* [=*SLI*] (*Firenze, 7-9/5/1982*), Bulzoni, Roma 1985.

BYNON, THEODORA, *Linguistica storica*, trad. ital., Il Mulino, Bologna 1980. Ed. orig.: Cambridge 1977.

LEHMANN, WINFRED P. / MALKIEL, YAKOV (a cura di), *Nuove tendenze della linguistica storica*, trad. ital., Il Mulino, Bologna 1977. Ed. orig.: Austin 1968.

LAZZERONI, ROMANO (a cura di), *Linguistica storica*, La Nuova Italia Scientifica, Roma 1986.

MAZZUOLI PORRU, GIULIA (a cura di), *Nuovi metodi e problemi della linguistica storica. Atti del Convegno della Società Italiana di Glottologia (Firenze, 25 e 26/10/1979)*, Giardini, Pisa 1980.

STUSSI, ALFREDO, *Storia della lingua italiana: nascita di una disciplina*, in StoLit, I, 1993, pp. 5-27.

Sullo strutturalismo:

MARTINET, ANDRÉ, *Elementi di linguistica generale*, trad. ital., Laterza, Bari 1977[2]. Ed. orig.: Paris 1961.

LEPSCHY, GIULIO C., *La linguistica strutturale*, Einaudi, Torino 1990[2].

Sul cognitivismo:

RUDZKA-OSTYN, B. (a cura di), *Topics in Cognitive Linguistics*, Benjamins, Amsterdam 1988.

Capitolo 2: La sintassi

BENINCÀ, PAOLA, *Sintassi*, in IntrItaS, 1993, pp. 247-290.

COOK, VIVIAN J., *La grammatica universale. Introduzione a Chomsky*, trad. ital., Il Mulino, Bologna 1990. Ed. orig.: Oxford 1988.

GGIC, I, 1988; GGIC, II, 1991; GGIC, III, 1995.

GRAFFI, GIORGIO, *Sintassi*, Il Mulino, Bologna 1994.

JACOBS, JOACHIM / STECHOW, ARNIM VON / STERNEFELD, WOLFGANG / VENNEMANN, THEO (a cura di), *Syntax. Ein internationales Handbuch zeitgenössischer Forschung - An International Handbook of Contemporary Research*, vol. 1, De Gruyter, Berlin/New York 1993.

MARTINET, ANDRÉ, *Sintassi generale*, trad. ital., Laterza, Bari 1988. Ed. orig.: Paris 1985.

MATTHEWS, PETER H., *Sintassi*, trad. ital., Il Mulino, Bologna 1982. Ed. orig.: Cambridge 1981.

SALVI, GIAMPAOLO, *Sintassi*, in LRL, IV, 1988, pp. 112-32.

STATI, SORIN (a cura di), *Le teorie sintattiche del Novecento*, Il Mulino, Bologna 1977.

Capitolo 3: La linguistica del testo

BEAUGRANDE, ROBERT-ALAIN (DE) / DRESSLER, WOLFGANG U., *Introduzione alla linguistica te-stuale*, trad. ital., Il Mulino, Bologna 1984. Ed. orig.: Tübingen 1981.

CONTE, MARIA-ELISABETH, *Condizioni di coerenza. Ricerche di linguistica testuale*, La Nuova Italia, Firenze 1988.

CONTE, MARIA-ELISABETH, *Linguistica testuale*, in LRL, IV, 1988, pp. 132-43.

COVERI, LORENZO et Al. (a cura di), *Linguistica testuale. Atti del XV Congresso SLI (Genova - Santa Margherita Ligure, 8-10/5/1981)*, Bulzoni, Roma 1984.

DARDANO, MAURIZIO / GIOVANARDI, CLAUDIO / PELO, ADRIANA / TRIFONE, MAURIZIO, *Testi misti*, in Moretti, B. / Petrini, D. / Bianconi, S. (a cura di), *Linee di tendenza dell'italiano contemporaneo. Atti del XXV Congresso SLI (Lugano, 19-21/9/1991)*, Bulzoni, Roma 1993, pp. 323-52.

MORTARA GARAVELLI, BICE, *Tipologia dei testi*, in LRL, IV, 1988, pp. 157-68.

MORTARA GARAVELLI, BICE, *Strutture testuali e retoriche*, in IntrItaS, 1993, pp. 371-402.

SEGRE, CESARE, *Avviamento all'analisi del testo letterario*, Einaudi, Torino 1985.

WEINRICH, HARALD, *Lingua e linguaggio nei testi*, Feltrinelli, Milano 1988 [con due articoli aggiunti rispetto all'ed. orig.: Stuttgart 1976].

Capitolo 4: La semantica

ALBANO LEONI, FEDERICO / DE BLASI, NICOLA (a cura di), *Lessico e semantica. Atti del XII Congresso SLI (Sorrento, 19-21/5/1978)*, 2 voll., Bulzoni, Roma 1981.

BERRUTO, GAETANO, *La semantica*, Zanichelli, Bologna 1976.

CHIERCHIA, GENNARO / MC CONNELL-GINET, SALLY, *Significato e grammatica*, trad. ital., F. Muzzio, Padova 1993. Ed. orig.: 1990.

DARDANO, MAURIZIO, *Lessico e semantica*, in IntrItaS, pp. 291-370.

DE MAURO, TULLIO, *Introduzione alla semantica*, Laterza, Bari 1965.

GECKELER, HORST, *La semantica strutturale*, trad. ital., Boringhieri, Torino 1979. Ed. orig.: München 1971.

HÜLLEN, W. / SCHULZE, R. (a cura di), *Understanding the Lexicon. Meaning, Sense and World Knowledge in Lexical Semantics*, Niemeyer, Tübingen 1988.

JACKENDOFF, RAY, *Semantica e cognizione*, trad. ital., Il Mulino, Bologna 1989. Ed. orig.: Cambridge Mass. 1983.

KEMPSON, RUTH M., *La semantica*, trad. ital., Il Mulino, Bologna 1981. Ed. orig.: Cambridge 1977.

LAKOFF, GEORGE / JOHNSON, MARK, *Metaphors We Live By*, University of Chicago Press, Chicago 1980.

LYONS, JOHN, *Semantics*, 2 voll., Cambridge University Press, Cambridge 1977.

TAMBA-MECZ, IRÈNE, *La sémantique*, Les Presses Universitaires de France, Paris 1988.

ULLMANN, STEPHEN, *La semantica. Introduzione alla scienza del significato*, trad. ital., Il Mulino, Bologna 1970[2]. Ed. orig.: Oxford 1962.

Per lo studio dell'etimologia ricordiamo le seguenti opere:

BATTISTI, CARLO / ALESSIO, GIOVANNI, *Dizionario etimologico italiano*, 5 voll., Barbera, Firenze 1950-57.

CORTELAZZO, MANLIO / ZOLLI, PAOLO, *Dizionario etimologico della lingua italiana*, 5 voll., Zanichelli, Bologna 1979-1988.

L.E.I. Lessico etimologico italiano diretto da Max Pfister, Reichert, Wiesbaden, giunto nel luglio del 1996, al fascicolo 51 (vol. V).

MALKIEL, YAKOV, *Prospettive della ricerca etimologica*, trad. ital., Liguori, Milano 1988.

MEYER-LÜBKE, WILHELM, *Romanisches Etymologisches Wörterbuch*, Winter, Heidelberg 1935[2].

ZAMBONI, ALBERTO, *L'etimologia*, Zanichelli, Bologna 1976.

Capitolo 5: La pragmatica

GOBBER, G. (a cura di), *La linguistica pragmatica. Atti del XXIV Congresso SLI (Milano, 4-6/9/1990)*, Bulzoni, Roma 1992.

LEVINSON, STEPHEN C., *La pragmatica*, trad. ital., Il Mulino, Bologna 1993². Ed. orig.: Cambridge 1983.

SBISÀ, MARINA (a cura di), *Gli atti linguistici*, Feltrinelli, Milano 1978.

SCHLIEBEN-LANGE, BRIGITTE, *Linguistica pragmatica*, trad. ital., Il Mulino, Bologna 1980. Ed. orig.: Stuttgart 1975.

SOBRERO, ALBERTO A., *Pragmatica*, in IntrItaS, 1993, pp. 403-450.

SORNICOLA, ROSANNA, *Pragmalinguistica*, in LRL, IV, 1988, pp. 169-88.

Capitolo 6: Dal latino all'italiano

Per entrare nel tema è utile la consultazione di due manuali:
RENZI, LORENZO (con la collaborazione di GIAMPAOLO SALVI), *Nuova introduzione alla filologia romanza*, Il Mulino, Bologna 1995².

TAGLIAVINI, CARLO, *Le origini delle lingue neolatine*, Pàtron, Bologna 1972⁶.

Alcune recenti prospettive della ricerca nei saggi del volume:
FORESTI, FABIO / RIZZI, ELENA / BENEDINI, PAOLA (a cura di), *L'italiano tra le lingue romanze. Atti del XX Congresso SLI (Bologna, 25-27/9/1986)*, Bulzoni, Roma 1989.

La storia della linguistica romanza è delineata da:
VARVARO, ALBERTO, *Storia, problemi e metodi della linguistica romanza*, Liguori, Napoli 1968.

Per lo studio del latino volgare:
CASTELLANI, ARRIGO, *Capitoli d'un'introduzione alla grammatica storica italiana*, I: *latino volgare e latino classico*, in «SLI», 10, 1984, pp. 3-28.

VÄÄNÄNEN, VEIKKO, *Introduzione al latino volgare*, trad. ital., Pàtron, Bologna 1971. Ed. orig.: Paris 1963.

Lineamenti di morfologia delle lingue romanze sono esposti in:
IORDAN, IORGU / MANOLIU MANEA, MARIA, *Linguistica romanza*, trad. ital., Liviana, Padova 1974 [Traduzione e adattamento di due manuali: l'uno di I.I. e M.M.M., Bucureşti 1965; l'altro di M.M.M., Bucureşti 1971].

LAUSBERG, HEINRICH, *Linguistica romanza*, II. *Morfologia*, trad. ital., Feltrinelli, Milano 1971. Ed. orig.: Berlin 1969.

Fondamentale per lo studio della nostra lingua e dei nostri dialetti:
ROHLFS, GERHARD, *Grammatica storica della lingua italiana e dei suoi dialetti*, 3 voll.: *Fonetica / Morfologia / Sintassi e formazione delle parole*, trad. ital., Einaudi, Torino 1970². Ed. orig.: Bern 1949-54.

Un altro manuale importante, soprattutto per il volume dedicato alla morfosintassi:
TEKAVČIĆ, PAVAO, *Grammatica storica dell'italiano*, 3 voll.: *Fonematica / Morfosintassi / Lessico*, Il Mulino, Bologna 1980².

Riguarda soprattutto problemi di grammatica storica il commento linguistico presente in:
CASTELLANI, ARRIGO, *I più antichi testi italiani.* Edizione e commento, Pàtron, Bologna 1986².

Per la storia della lingua italiana, accanto a un manuale fondamentale:

MIGLIORINI, BRUNO, *Storia della lingua italiana*, Introduzione di G. Ghinassi, 2 voll., Sansoni, Firenze 1988. Prima ed.: Firenze 1960,

si vedano:

BRUNI, FRANCESCO, *L'italiano. Elementi di storia della lingua e della cultura*, Utet, Torino 1984.

BRUNI, FRANCESCO (a cura di), *Storia della lingua italiana*, Il Mulino, Bologna (sono usciti finora otto volumi, riguardanti diversi secoli e scritti da vari studiosi).

DURANTE, MARCELLO, *Dal latino all'italiano moderno*, Zanichelli, Bologna 1981.

MARAZZINI, CLAUDIO, *La lingua italiana. Profilo storico*, Il Mulino, Bologna 1994.

Alcune raccolte di studi che interessano vari aspetti e momenti della storia linguistica italiana:

ALTIERI BIAGI, MARIA LUISA, *L'avventura della mente. Studi sulla lingua scientifica*, Morano, Napoli 1990.

BALDELLI, IGNAZIO, *Medioevo volgare. Da Montecassino all'Umbria*, Adriatica, Bari 1983[2].

DARDANO, MAURIZIO, *Studi sulla prosa antica*, Morano, Napoli 1992.

FOLENA, GIANFRANCO, *L'italiano in Europa*, Einaudi, Torino 1983.

MENGALDO, PIER VINCENZO, *La tradizione del Novecento. Da D'Annunzio a Montale*, Feltrinelli, Milano 1975.

NENCIONI, GIOVANNI, *Saggi di lingua antica e moderna*, Rosenberg & Sellier, Torino 1989.

SCHIAFFINI, ALFREDO, *Italiano antico e moderno*, Ricciardi, Milano-Napoli 1975.

SERIANNI, LUCA, *Saggi di storia linguistica italiana*, Morano, Napoli 1989.

VITALE, MAURIZIO, *La veneranda favella. Studi di storia della lingua italiana*, Morano, Napoli 1988.

Tra le riviste dedicate allo studio della nostra lingua:

«Lingua nostra» [«LN»]. Edita dapprima da Sansoni, Firenze; dal 1988, da Le Lettere, Firenze.

«Rivista di Linguistica» [= «RL»]. Ed. Rosenberg & Sellier, Torino.

«Studi di grammatica italiana» [= «SGI»]. A cura dell'Accademia della Crusca, Firenze.

«Studi di filologia italiana». A cura dell'Accademia della Crusca, Firenze.

«Studi di lessicografia italiana». A cura dell'Accademia della Crusca, Firenze.

«Studi linguistici italiani» [= «SLI»]. Ed. Salerno, Roma.

Capitolo 7: Analisi linguistica di quattro testi antichi

Per i quattro testi (Dante, Arezzo, Verona e Napoli), oltre alle indicazioni fornite nei commenti, si tengano presenti i seguenti saggi d'insieme (ciascuno fornito di bibliografia):

COLUCCIA, ROSARIO, *Il volgare nel Mezzogiorno*, in StoLit, III, 1994, pp. 373-405.

DE BLASI, NICOLA, *Campania*, in LRL, II, 2, 1995, pp. 175-189.

MANNI, PAOLA, *Toscana*, in StoLit, III, 1994, pp. 294-329.

SERIANNI, LUCA, *Toscana, Corsica*, in LRL, II, 2, 1995, pp. 135-150.

STUSSI, ALFREDO, *Veneto*, in LRL, II, 2, 1995, pp. 124-134.

TOMASONI, PIERA, *Veneto*, in StoLit, III, 1994, pp. 212-240.

In particolare sulla lingua di Dante si vedano i saggi di vari autori compresi nel vol. *Enciclopedia dantesca*. Appendice: *Biografia. Lingua e stile. Opere*, Istituto della Enciclopedia Italiana, Roma 1978, pp. 115-500.

I problemi riguardanti l'edizione dei testi antichi sono presentati e discussi da:

STUSSI, ALFREDO, *Introduzione agli studi di filologia italiana*, Il Mulino, Bologna 1994[3].

Capitolo 8: La situazione linguistica italiana

Da segnalare innanzi tutto due collane edite da Pacini, Pisa, per conto del Consiglio Nazionale delle Ricerche - Centro di Studio per la Dialettologia Italiana:

CORTELAZZO, MANLIO (a cura di). «Profilo dei dialetti italiani».
Si tratta di una serie di monografie dedicate alle regioni italiane [dal 1974 a oggi ne sono uscite 15].
Nella stessa collana è stata pubblicata inoltre la:
Carta dei dialetti italiani di Giovan Battista Pellegrini (1977).

La seconda collana del "Centro" è costituita da atti di convegni relativi a singoli aspetti della ricerca dialettologica italiana (*Bilinguismo e diglossia, Oralità e scrittura* ecc.).

Per i confini linguistici esistenti nella Penisola:

JABERG, KARL / JUD, JAKOB, *AIS. Atlante linguistico ed etnografico dell'Italia e della Svizzera italiana,* 2 voll. [il secondo contiene una «Scelta di carte commentate»], a cura di G. SANGA, Unicopli, Milano 1987.
LRL, IV, 1988 e LRL, III, 1989, riguardante tra l'altro l'istroromanzo e il friulano, comprendono una serie di articoli dedicati a diverse varietà dialettali italiane.
Un periodico annuale da consultare anche per il suo ricco schedario bibliografico, suddiviso per regioni:
«Rivista italiana di dialettologia. Scuola, società, territorio» [= «RID»], Clueb, Bologna [nel 1995 è uscito il 19° volume].

Sempre nel campo della dialettologia italiana sono da ricordare due pubblicazioni periodiche: "L'Italia dialettale", fondata nel 1924 da Clemente Merlo, e i "Contributi di Filologia dell'Italia mediana" (nel 1995 è apparso il 9° volume).

Alcuni manuali:

AVOLIO, FRANCESCO, *Bommèsprə. Profilo linguistico dell'Italia centro-meridionale,* Gerni, San Severo 1995.
CORTELAZZO, MANLIO, *Avviamento allo studio della dialettologia italiana,* vol. I: *Problemi e metodi,* Pacini, Pisa 1969.
CORTELAZZO, MANLIO, *Avviamento allo studio della dialettologia italiana,* vol. III: *Lineamenti di italiano popolare,* Pacini, Pisa 1972.
GRASSI, CORRADO, *Elementi di dialettologia italiana*. Dispense universitarie, Giappichelli, Torino 1982².

Ricordiamo due classiche raccolte di studi:

MERLO, CLEMENTE, *Saggi linguistici,* Pacini, Pisa 1959.
ROHLFS, GERHARD, *Studi e ricerche su lingua e dialetti d'Italia,* trad. ital. di vari articoli, Sansoni, Firenze 1972.

Per le nuove prospettive di studio della nostra dialettologia:

HOLTUS, GÜNTER / METZELTIN, MICHELE / PFISTER, MAX (a cura di), *La dialettologia italiana oggi. Studi offerti a M. Cortelazzo,* Narr, Tübingen 1989.
KLEIN, GABRIELLA (a cura di), *Parlare in città. Studio di sociolinguistica urbana,* Congedo, Galatina 1989.
MOCCIARO, ANTONIA G., *Due inchieste a confronto a Mandanici (punto 819 dell'AIS): considerazioni sull'innovazione linguistica,* in «RID» 13 (1989), pp. 161-78.
Nuove frontiere della dialettologia (con contributi di Stussi, A., Cardona, G.R. et Al.) in «RID» 11 (1987), pp. 95-263.

ROMANELLO, MARIA TERESA / TEMPESTA, IMMACOLATA (a cura di), *Dialetti e lingue nazionali. Atti del XXVII Congresso SLI (Lecce, 28-30/10/1993),* Bulzoni, Roma 1995.

VIGNUZZI, UGO, *Sociolinguistica e storia,* in «Fondamenti» 7 (1987), pp. 161-76.

Per lo studio degli italiani regionali:

CANEPARI, LUCIANO, *Lingua italiana nel Veneto,* Clesp, Padova 1986².

CORTELAZZO, MANLIO / MIONI, ALBERTO M. (a cura di), *L'italiano regionale. Atti del XVIII Congresso SLI (Padova-Vicenza, 14-16/9/1984),* Bulzoni, Roma 1990.

LOI CORVETTO, INES, *L'italiano regionale in Sardegna,* Zanichelli, Bologna 1983.

SANGA, GLAUCO, *Dialettologia lombarda. Lingue e culture popolari,* Aurora, Pavia 1984.

TELMON, TULLIO, *Gli italiani regionali contemporanei,* in StoLit, II, 1994, pp. 597-626.

TRONCON, ANTONELLA / CANEPARI, LUCIANO, *Lingua italiana nel Lazio,* Jouvence, Roma 1989.

TROPEA, GIOVANNI, *Italiano di Sicilia,* Aracne, Palermo 1976.

Sulla penetrazione del fiorentino nei volgari della Penisola, sulla formazione di varietà miste lungo una prospettiva storica, che dalle origini giunge fino ai nostri giorni, si rinvia ai saggi contenuti in ItRegLi e alle analisi di ItRegTe.

Capitolo 9: Note di sociolinguistica

Esistono varie introduzioni alla disciplina:

BERRUTO, GAETANO, *Fondamenti di sociolinguistica,* Laterza, Bari 1995.

CARDONA, GIORGIO R., *Introduzione alla sociolinguistica,* Loescher, Torino 1987.

GIGLIOLI, PIER PAOLO (a cura di), *Linguaggio e società,* Il Mulino, Bologna 1973. Ed. orig.: Harmondsworth 1972 [si tratta di un'antologia dedicata particolarmente ad alcuni dei più significativi studiosi anglosassoni].

VARVARO, ALBERTO, *La lingua e la società. Le ricerche sociolinguistiche,* Guida, Napoli 1978.

Due opere fondamentali, dal punto di vista dei metodi:

FISHMAN, JOSHUA A., *La sociologia del linguaggio,* (con un saggio introduttivo di A.M. MIONI), trad. ital., Officina, Roma 1975. Ed. orig.: Rowley Mass. 1972.

LABOV, WILLIAM, *Il continuo e il discreto nel linguaggio,* trad. ital., Il Mulino, Bologna 1977. Ed. orig.: 1975.

Per quanto riguarda il panorama di studi italiani, è da citare innanzi tutto un'opera che, fin dal suo primo apparire nel 1963, suscitò un grande interesse per la situazione sociolinguistica del nostro Paese:

DE MAURO, TULLIO, *Storia linguistica dell'Italia unita,* Laterza, Roma-Bari 1976³.

Tra i vari contributi successivi si possono ricordare:

BERRUTO, GAETANO, *Sociolinguistica dell'italiano contemporaneo,* La Nuova Italia Scientifica, Roma 1987.

BERRUTO, GAETANO, *Le varietà del repertorio,* in IntrItaVa, 1993, pp. 3-36.

BERRUTO, GAETANO, *Varietà diamesiche, diastratiche, diafasiche,* IntrItaVa, 1993, pp. 37-92.

BERRUTO, GAETANO / BERRETTA, MONICA, *Lezioni di sociolinguistica e linguistica applicata,* Liguori, Napoli 1977.

Il tentativo di applicare i metodi della sociolinguistica allo studio dei testi antichi è compiuto da:

VARTARO, ALBERTO, *La parola nel tempo. Lingua, società e storia,* Il Mulino, Bologna 1984.

Capitolo 10: Lingua scritta e lingua parlata

Ricordiamo innanzi tutto tre volumi di atti pubblicati dall'Accademia della Crusca:

Atti del seminario sull'italiano parlato. Accademia della Crusca (18-20/10/1976), presso l'Accademia, Firenze 1977 [è il numero 6 degli «SGI»].

La lingua italiana in movimento (Firenze, 26/2-4/6/1982), presso l'Accademia, Firenze 1982.

Gli italiani parlati. Sondaggi sopra la lingua di oggi (Firenze, 29-31/5/1985), presso l'Accademia, Firenze 1987.

Ecco una scelta di saggi recenti:

BAZZANELLA, CARLA, *Le facce del parlare. Un'approccio pragmatico all'italiano parlato*, La Nuova Italia, Firenze 1994.

BERRETTA, MONICA, *Il parlato italiano contemporaneo*, in StoLit, II, 1993, pp. 239-270.

DE MAURO, TULLIO (a cura di), *Come parlano gli italiani*, La Nuova Italia, Firenze 1994.

HOLTUS, GÜNTER / RADTKE, EDGAR (a cura di), *Gesprochenes Italienisch in Geschichte und Gegenwart*, Narr, Tübingen 1985 [oltre la metà degli articoli sono scritti in italiano].

NENCIONI, GIOVANNI, *Di scritto e di parlato. Discorsi linguistici*, Zanichelli, Bologna 1983.

SORNICOLA, ROSANNA, *Sul parlato*, Il Mulino, Bologna 1981.

TRIFONE, MAURIZIO, *Aspetti linguistici della marginalità nella periferia romana*, "Annali dell'Università per stranieri di Perugia", Supplemento al n. 18, 1993.

VOGHERA, MIRIAM, *Sintassi e intonazione nell'italiano parlato*, Il Mulino, Bologna 1992.

Caratteri del parlato nelle lingue romanze:

KOCH, PETER / OESTERREICHER, WULF, *Gesprochene Sprache in der Romania: Französisch, Italienisch, Spanisch*, Narr, Tübingen 1990.

Capitolo 11: La formazione delle parole

BERRETTA, MONICA, *Morfologia*, in IntrItaS, 1993, pp. 193-245.

BERRUTO, GAETANO, *Sulla nozione di morfema*, in «Quaderni del Dipartimento di Linguistica e Letterature Comparate», n. 5, Istituto Universitario, Bergamo 1989, pp. 209-31.

DARDANO, MAURIZIO, *La formazione delle parole nell'italiano di oggi. Primi materiali e proposte*, Bulzoni, Roma 1978.

DARDANO, MAURIZIO, *Formazione delle parole*, in LRL, IV, 1988, pp. 51-63.

DARDANO, MAURIZIO / DRESSLER, WOLFGANG U. / HELD, GUDRUN (a cura di), *Parallela. Atti del II convegno italo-austriaco della SLI*, Narr, Tübingen 1983 [contiene saggi sulla formazione delle parole in italiano e in tedesco].

MATTHEWS, PETER H., *Morfologia*, Il Mulino, Bologna 1979. Ed. orig.: Cambridge 1974.

MIGLIORINI, BRUNO, *La lingua italiana del Novecento*, Le Lettere, Firenze 1990 [vari saggi, scritti dagli anni Trenta in poi, sono dedicati alla formazione delle parole].

SCALISE, SERGIO, *Morfologia*, Il Mulino, Bologna 1994.

SCALISE, SERGIO, *La formazione delle parole*, in GGIC, III, 1995, pp. 471-514.

TEKAVČIĆ, PAVAO, *Grammatica storica dell'italiano*, cit., III: *Lessico*, 1980.

Capitolo 12: Il lessico

Sui problemi e le prospettive dello studio del lessico, manca una moderna sintesi che si riferisca in particolare alla situazione italiana.

Utile la lettura di due opere, la prima dedicata in particolare alla nostra lingua, la seconda al francese:

ALINEI, MARIO, *La struttura del lessico*, Il Mulino, Bologna 1974.

REY, ALAIN, *Le lexique: images et modèles. Du dictionnaire à la lexicologie*, Colin, Paris 1977.

Si veda anche l'antologia di saggi:

REY, ALAIN (a cura di), *Le lexique,* Klincksieck, Paris 1970.

Per i metodi, gli obiettivi e i fini della lessicologia e della lessicografia moderne si vedano le riviste:
«Cahiers de lexicologie», Revue internationale de lexicologie et lexicographie, Didier, Paris [fino al 1995 pubblicati 67 volumi].
«Lexicographica», International Annual for Lexicography, Niemeyer, Tübingen [il primo volume è uscito nel 1985].
«Studi di lessicografia italiana», a cura dell'Accademia della Crusca, Firenze [dal 1979 a oggi sono usciti 10 volumi].

Per le tecniche della moderna lessicografia:
HARTMANN, R.R.K. (a cura di), *Lexicography: Principles and Practice,* Academic Press, London 1983.
LANDAU, SIDNEY I., *Dictionaries,* Cambridge University Press, Cambridge 1984.
ZGUSTA, LADISLAV, *Manual of Lexicography,* Mouton, The Hague-Paris 1971.

Per la storia della tradizione lessicografica italiana:
AA.VV., *La Crusca nella tradizione letteraria e linguistica italiana. Atti del Congresso internazionale per il IV Centenario dell'Accademia della Crusca (Firenze, 29-9/2-10-1983),* Firenze 1985.
DELLA VALLE, VALERIA, *La lessicografia,* in StoLit, I, 1993, pp. 29-91.
TANCKE, GUNNAR, *Die italienischen Wörterbücher von den Anfängen bis zum Erscheinen des «Vocabolario degli Accademici della Crusca» (1612),* Niemeyer, Tübingen 1984.
VITALE, MAURIZIO, *L'oro nella lingua,* Ricciardi, Milano-Napoli 1986.

Per lo studio quantitativo del nostro lessico:
BORTOLINI, UMBERTA / TAGLIAVINI, CARLO / ZAMPOLLI, ANTONIO, *Lessico di frequenza della lingua italiana contemporanea,* IBM Italia, Milano 1971.
DE MAURO, TULLIO et Al., *Lessico di frequenza dell'italiano parlato,* Etas, Milano 1993.

Sui linguaggi settoriali di oggi:
CORTELAZZO, MICHELE A., *Lingue speciali,* in LRL, IV, 1988, pp. 246-55.
BECCARIA, GIAN LUIGI (a cura di), *I linguaggi settoriali,* Bompiani, Milano 1973.
CHIANTERA, ANGELA (a cura di), *Una lingua in vendita. L'italiano della pubblicità,* La Nuova Italia Scientifica, Roma 1989.
DARDANO MAURIZIO, *Il linguaggio dei giornali italiani,* Laterza, Roma-Bari 1986[3].
SOBRERO, ALBERTO A., *Lingue speciali,* in IntrItaVa, 1993, pp. 237-77.

Momenti e linee evolutive del passato:
ALTIERI BIAGI, MARIA LUISA, *Lingua della scienza fra Sei e Settecento,* in AA.VV., *Letteratura e scienza nella storia della cultura italiana. Atti del IX Congresso dell'Associazione per gli studi di lingua e letteratura italiana (Palermo, Messina, Catania, 21-25/4/1976),* Manfredi, Palermo 1978, pp. 103-62.
DARDANO, MAURIZIO, *I linguaggi scientifici,* in StoLit, II, 1994, pp. 497-553.
GIOVANARDI, CLAUDIO, *Linguaggi scientifici e lingua comune nel Settecento,* Bulzoni, Roma 1987.
LESO, E., *Lingua e rivoluzione. Ricerche sul vocabolario politico italiano del triennio rivoluzionario 1796-1798,* Istituto veneto di scienze, lettere e arti, Venezia 1991.

Sulla presenza di grecismi nei linguaggi settoriali e nella lingua comune:

JANNI, PIETRO, *Il nostro greco quotidiano*, Laterza, Roma-Bari 1986

Sui dialetti e i regionalismi, oltre agli studi cit. per il cap. 8, cfr.:
DE MAURO, TULLIO, *Storia linguistica dell'Italia unita*, cit.
ZOLLI, PAOLO, *Le parole dialettali*, Rizzoli, Milano 1986.

Sull'italiano contemporaneo:
DARDANO, MAURIZIO, *Profilo dell'italiano contemporaneo*, in StoLit, II, 1994, pp. 343-430.

Su alcune varietà sociali:
ACCADEMIA DEGLI SCRAUSI, *Versi rock. La lingua della canzone italiana negli anni '80 e '90*, Rizzoli, Milano 1996.
CÒVERI, LORENZO, *Lingua ed età*, in LRL, IV, 1988, pp. 231-36.
D'ACHILLE, PAOLO, *L'italiano dei semicolti*, in StoLit, II, 1994, pp. 41-79.
MANZONI, GIAN RUGGERO / DALMONTE, EMILIO, *Pesta duro e vai trànquilo. Dizionario del linguaggio giovanile*, Feltrinelli, Milano 1980.
MARCATO, GIANNA, *Lingua e sesso*, in LRL, IV, 1988, pp. 237-46.
RADTKE, EDGAR, *Varietà giovanili*, in IntrItaVa, 1993, pp. 191-235.
SANGA, GLAUCO, *Gerghi*, in IntrItaVa, 1993, pp. 151-89.

Per alcuni aspetti della neologia nell'italiano di oggi:
BECCARIA, GIAN LUIGI, *Italiano antico e nuovo*, Garzanti, Milano 1988.
SCOTTI MORGANA, SILVIA, *Le parole nuove*, Zanichelli, Bologna 1981.
SGROI, SALVATORE CLAUDIO, *Bada come parli. Cronachette e storie di parole*, SEI, Torino 1995.

Tra i vari repertori di neologismi si vedano:
CORTELAZZO, MANLIO / CARDINALE, UGO, *Dizionario di parole nuove (1964-1987)*, Loescher, Torino 1989[2].
QUARANTOTTO, CLAUDIO, *Dizionario del nuovo italiano*, Newton Compton, Roma 1987.

Per gli aspetti generali del prestito linguistico (metodi, classificazioni, tipologie):
GUSMANI, ROBERTO, *Saggi sull'interferenza linguistica*, 2 voll., Le Lettere, Firenze 1981-83.
GREY THOMASON, SARA / KAUFMAN, TERRENCE, *Language Contact. Creolization and Genetic Linguistics*, University of California Press, Berkeley 1988.
WEINREICH, URIEL, *Lingue in contatto* (trad. ital.). Con saggi di G. Francescato, C. Grassi e L. Heilmann, Boringhieri, Torino 1974.

Sul prestito linguistico riguardante la nostra lingua si vedano dapprima:
MIGLIORINI, BRUNO, *Storia della lingua italiana*, cit. (i paragrafi dedicati al prestito).
ZOLLI, PAOLO, *Le parole straniere*, Zanichelli, Bologna 1976.
CASTELLANI, ARRIGO, *Capitoli d'un'introduzione alla grammatica storica italiana*, in «SLI» XI (1985), pp. 1-26 e 51-81; XIII (1987), pp. 3-39; XIV (1988), pp. 145-90; XV (1989), pp. 3-64.

Sugli arabismi:
MANCINI, MARCO, *Voci orientali ed esotiche nella lingua italiana*, in StoLit, III, 1994, pp. 825-79.
PELLEGRINI, GIAN BATTISTA, *Gli arabismi nelle lingue neolatine con speciali riguardo all'Italia*, 2 voll., Paideia, Brescia 1972.

Sul fenomeno del prestito da alcune lingue europee:
BECCARIA, GIAN LUIGI, *Spagnolo e Spagnoli in Italia. Riflessi ispanici sulla lingua del Cinque*

e del Seicento, Giappichelli, Torino 1968.

DARDANO, MAURIZIO, *The Influence of English on Italian,* in W. Viereck / W.-D. Bald (a cura di), *English in Contact with Other Languages. Studies in honour of Broder Carstensen,* Akadémiai Kiadò, Budapest 1986, pp. 231-52.

DARDI, ANDREA, *Dalla provincia all'Europa. L'influsso del francese sull'italiano tra il 1650 e il 1715,* Le Lettere, Firenze 1992.

GUTIA, I. et Al., *Contatti interlinguistici e mass media,* La Goliardica, Roma 1981.

KLAJN, IVAN, *Influssi inglesi nella lingua italiana,* Olschki, Firenze 1972.

MORGANA, SILVIA, *L'influsso francese,* in StoLit, II, 1994, pp. 671-719.

Sui latinismi:
MIGLIORINI, BRUNO, *Storia della lingua italiana,* cit.

MIGLIORINI, BRUNO, *Lingua d'oggi e di ieri,* Sciascia, Caltanissetta-Roma 1973.

SCAVUZZO, CARMELO, *I latinismi del lessico italiano,* in StoLit, II, 1994, pp. 469-494.

La situazione di ibridismo latino-volgare nel Medioevo è analizzato nel saggio:
LAZZERINI, LUCIA, *"Per latinos grossos". Studio sui sermoni mescidati,* in «Studi di filologia italiana», XXIX (1972), pp. 219-339.

Capitolo 13: Fonologia

BERTINETTO, PIER MARCO / LOPORCARO, MICHELE (a cura di), *Certamen Phonologicum. Papers from the Cortona Phonological Meeting 1987,* Rosenberg & Sellier, Torino 1988.

HYMAN, LARRY M., *Fonologia,* trad. ital., Il Mulino, Bologna 1981. Ed. orig.: New York 1975.

MALMBERG, BERTIL, *Manuale di fonetica generale,* trad. ital. Il Mulino, Bologna 1977. Ed. orig.: Paris 1974.

NESPOR, MARINA, *Fonologia,* Il Mulino, Bologna 1993.

Riguardo l'analisi della nostra lingua:
BERTINETTO, PIER MARCO / MAGNO CALDOGNETTO, EMANUELA, *Ritmo e intonazione,* in IntrItaS, 1993, pp. 141-92.

CAMILLI, AMERINDO, *Pronuncia e grafia dell'italiano,* Sansoni, Firenze 1965[3].

CANEPARI, LUCIANO, *Italiano standard e pronunce regionali,* Cleup, Padova 1980.

CANEPARI, LUCIANO, *Introduzione alla fonetica,* Einaudi, Torino 1990[4].

MIONI, ALBERTO M., *Fonetica e fonologia,* in IntrItaS, 1993, pp. 101-39.

MULJAČIĆ, ŽARKO, *Fonologia della lingua italiana,* Il Mulino, Bologna 1972.

TAGLIAVINI, CARLO / MIONI, ALBERTO M., *Cenni di trascrizione fonetica dell'italiano,* Pàtron, Bologna 1972.

A

accento: 13.13
accettabilità: 3.4, 4.11
accordo: Gloss.
accrescitivi: 11.2.8
accusativo con l'infinito: 6.8
acronimo: 11.4.4, Gloss.
adstrato: 6.3.1, Gloss.
afasia: Gloss.
aferesi: Gloss.
affissi: 11.1, Gloss.
affricate, consonanti: 13.6
agglutinazione: Gloss.
Aktionsart: Gloss.
albero, diagramma ad: 2.5
alfabeto: 13.10
allegoria: Gloss.
allitterazione: Gloss.
allo-: Gloss.
allofono: 13.3, 13.16, Gloss.
allografo: 13.10
allotropo: 6.9, 12.10.5, Gloss.
alterati: 11.2.8
alterazione: 11.2.8
anglicismi: 12.10.7
alveolari, consonanti: 13.6
ambiguità: Gloss.
amplificazione: Gloss.
anacoluto: 10.4, Gloss.
anadiplosi: Gloss.
anafonesi: 6.4.4
anafora: 3.3, Gloss.
analisi componenziale: Gloss.
analogia: Gloss.
anaptissi: Gloss.
anastrofe: Gloss.
anfibologia: Gloss.
antanaclasi: Gloss.
anteriori, vocali: v. *palatali*
antitesi: Gloss.
antonimia: Gloss.
antonimo: v. *contrari*
antonomasia: Gloss.
antroponimia: Gloss.
A.P.I. (Associazione Fonetica Internazionale): 13.6

apocope: 13.14, Gloss.
apofonia: Gloss.
aposiopesi: Gloss.
arabismi: 12.10.3
arbitrarietà del segno linguistico: 1.8, Gloss.
arcaismi: 12.4
Aristotele: 1.1
Arnauld, A.: 1.1
arrivare (etimologia): 6.9
articolazione, luogo e modo di: 13.6
articolo (origine e usi): 6.7.2
Ascoli, G.I.: 1.1, 6.3.1
aspetto (del verbo): Gloss.
assimilazione: 6.6.3, 8.5.3, Gloss.
atlante linguistico: 1.1, Gloss.
atti linguistici: 5.2, Gloss.
attrazione: Gloss.
Austin, J.L.: 5.2

B

Bally, Ch.: 4.2
banca dati: Gloss.
base (nella formazione delle parole): 11.2; – modificata: 11.2
Bembo, P.: 10.1
betacismo: 8.5.4, Gloss.
bilabiali, consonanti: 13.6
bilinguismo: 8.3, 12.10.1, Gloss.
binarismo: Gloss.
bisticcio: Gloss.
boom (ingl.): 12.10.1
Bopp, F.: 1.1
brachilogia: Gloss.
Bréal, M.: 4.1

C

calco: 12.10.1
calembour (franc.): Gloss.
campo: – associativo: 4.2; – semantico: 4.3; Gloss.

caso: Gloss.
catacresi: Gloss.
catafora: 3.3, Gloss.
cattivo (etimologia): 4.5
causativo (verbo): Gloss.
c'è presentativo: 10.4
che polivalente: 10.4
chiasmo: Gloss.
Chomsky, N.: 2.5
circonlocuzione: Gloss.
climax: Gloss.
clitici: 13.15, Gloss.
codice: 1.4, 9.4, Gloss.
codificazione: 1.6; – della lingua: 8.2
coerenza: 3.4
coesione: 3.4
coesivi: Gloss.
cognitiva (linguistica): Gloss.
commutatori: Gloss.
commutazione, prova di: 13.2; – di codice: Gloss.
comparativo (nel latino classico e nel latino volgare): 6.7.3
competenza: 2.4, 2.5, Gloss.; – testuale: 3.1
componenziale, analisi: 4.3, Gloss.
composizione: 11.4
composti: 11.4, Gloss.; – con base nominale: 11.4.2; – con base verbale: 11.4.1
comunicazione: 1.6, 9.4
conativa, funzione: 9.4
concrezione: Gloss.
congiunzioni (origine): 6.8
conglomerati: 11.4.3
connettivi: 3.4, Gloss.
connotazione: Gloss.
consonanti: 13.6
consonantismo del latino volgare: 6.6
contatto: 9.4
contesto: 3.5, 9.4, Gloss.
continue, consonanti: 13.6
continuum: Gloss.

contoidi: 13.8
contraddittorio: 4.9
contrari: 4.9
coppia minima: Gloss.
coreferente, coreferenza: 3.3, Gloss.
costituenti immediati: 2.1, Gloss.
costrittive, consonanti: 13.6
co-testo: Gloss.
creatività linguistica: 2.5; – lessicale: 12.1

D

decodificazione: 1.6
degeminazione: v. *semplificazione*
deissi, deittici: Gloss.
denotazione: Gloss.
dentali, consonanti: 13.6
derivazione: Gloss.
desinenza: Gloss.
destinatario: 9.4
diacronia: 1.11, Gloss.
diafasico: Gloss.
dialettismi: 12.10.8
dialetto: 8.2; – regionale: 8.3, 8.5; caratteri dei dialetti italiani: 8.5; classificazione dei dialetti italiani: 8.4; dialetti centro-meridionali: 8.5.4; dialetti settentrionali: 8.5.2; dialetti urbani: 8.7; italianizzazione dei dialetti: 8.6.
dialettologia: 1.1; – ultimi sviluppi della: 8.7; v. anche *dialetto*
diamesico: Gloss.
diasistema: Gloss.
diastratico: Gloss.
diatopico: Gloss.
dieresi: Gloss.
diglossia: Gloss.
digramma: 13.11
diminutivi: 11.2.8
discorso indiretto libero: Gloss.
dislocazione: 10.4, Gloss.
dissimilazione: 6.6.3, Gloss.
distribuzione: 2.5, Gloss.
distribuzionalismo: 2.5, Gloss.
dittologia sinonimica: Gloss.
dittongamento: 6.4.2
dittonghi: 13.7, Gloss.; – mobili: 13.7.1
doppioni: v. *allotropi*

E

elisione: 13.14
ellissi: 4.5 Gloss.
-*ema*: Gloss.

emittente: v. *mittente*
emotiva, funzione: 9.4
enclisi, enclitici: 13.15, Gloss.
endiadi: Gloss.
endocentrico, sintagma: 2.2, Gloss.
enfasi: Gloss.
enjambement (franc.): Gloss.
enunciato: 2.4, Gloss.
enunciazione: Gloss.
epentesi: Gloss.
epifora o epistrofe: Gloss.
epitesi: Gloss.
esecuzione: 2.4, Gloss.
esocentrico, sintagma: 2.2, Gloss.
espansione: 2.3, Gloss.
estensione: Gloss.
etimologia: 4.6, Gloss.
etnolinguistica: Gloss.
eufemismo: Gloss.

F

fàtica, funzione: 9.4
fiorentino, dialetto: 8.2, 8.5.1, 8.5.3, 8.5.5
focus: Gloss.
fonematica contrastiva: 13.16
fonemi: 13.2, Gloss.; – dell'italiano: 13.4, rapporto con i grafemi: 13.11
fonetica: 13.1, Gloss.; – sintattica: 13.14
foni: 13.2, Gloss.
fonologia: 13.1, Gloss.; – binarista: 13.9; – naturale: 13.9
formati vivi e fossili: 11.4.7
formazione delle parole: 11; v. anche *composizione, prefissazione, suffissazione*
francesismi: 12.10.4, 12.10.6
frase: 2.4; – nominale: v. *nominale*; – scissa: 10.4, Gloss.; frasi idiomatiche: 4.11, Gloss.; frasi sintatticamente marcate: 10.4
fricative, consonanti: 13.6
funzioni del linguaggio: v. *linguaggio*

G

gallicismi: 12.10.4
generativo-trasformazionale, grammatica: v. *grammatica*
genere (nel latino e nelle lingue romanze): 6.7.1
geografia linguistica: 1.1, Gloss.
geosinonimi: 12.6, Gloss.
gergo: 8.7, Gloss.

germanismi: 12.10.2
Gilliéron, J.: 1.1
gioco di parole: Gloss.
glossematica: Gloss.
glottide: 13.5
glottodidattica: 1.1, Gloss.
gorgia toscana: 8.5.1
gradazione: Gloss.
grafemi: 13.10, Gloss.; rapporto con i fonemi: 13.11
grammatica: 1.13, Gloss.; – del testo: 3.2; – di Port Royal: 1.1; – generativo-trasformazionale: 2.5, Gloss.
grammaticalità: 4.11
grammaticalizzazione: 12.3, Gloss.
Grassmann, legge di: 4.6
grattacielo: 12.10.1
grecismi: 6.9, 12.10.3
Grimm, leggi di: 4.6
Gröber, legge di: 4.6

H

Halliday, M.A.K.: 9.4
Hjelmslev, L.: 4.3
hýsteron próteron: Gloss.

I

iato: 13.7, Gloss.
iberismi: 12.10.4
icona: Gloss.
ideogramma: 13.10
idioletto: Gloss.
idiomatica, frase: v. *frase*
illocutorio, atto: 5.2
incassamento: 2.3
indessicale: Gloss.
indice: Gloss.
indoeuropeo: 6.1
infissi: 11.1, Gloss.
innatismo: Gloss.
insegnamento (rete di associazioni): 4.2
intensione: Gloss.
interferenza: 12.10, Gloss.
interfisso: 11.1, Gloss.
intertestualità: 3.4
intonazione: 13.13
IPA: Gloss.
ipallage: Gloss.
iperbato: Gloss.
iperbole: Gloss.
ipercorrettismo: Gloss.
iperonimo: 3.2, 4.10, Gloss.
iponimo: 3.2, 4.10, Gloss.
ipotassi: Gloss.
ironia: Gloss.
isoglossa: 1.1, Gloss.
italianizzazione dei dialetti: v. *dialetto*

italiano: – comune: 8.3; – popolare: 12.7; – regionale: 8.3; – standard: 10.1

J

Jakobson, R.: 9.4, 13.9

K

koiné: Gloss.

L

labializzazione della vocale pretonica: 6.5.2
labiodentali, consonanti: 13.6
labiovelare: 6.6.6
Labov, W.: 8.7
ladino: 8.5.6
Lancelot, C.: 1.1
langue (franc.): 1.10, Gloss.
legamento: Gloss.
laterali, consonanti: 13.6
latinismi: 12.10.5, 6.9
latino: 6; – classico e volgare: 6.2; v. anche *consonantismo, lessico, morfologia, sintassi, vocalismo*
leggi fonetiche: 4.6, Gloss.
lemma: 12.2
lessema: 1.9, 12.2, Gloss.
lessicalizzazione: 12.3, Gloss.; – degli alterati: 11.2.8
lessico: 12; – del latino volgare: 6.9; – intellettuale europeo: 12.10.5, 12.10.6; – livelli e varietà del: 12.4; com'è composto il – dell'italiano: 12.9
lessicografia: 12.2, Gloss.
lessicologia: 12.2, Gloss.
liaison (franc.): Gloss.
lingua: 1.3; la – non è una nomenclatura: 1.7; la – è un sistema: 1.9; – e dialetto: 8.2; – nazionale: 8.2; – scritta e parlata: 10.2; – standard: 10.1
linguaggio: 1.3; la "potenza" del – umano: 1.5; –, funzioni del –: 9.4
linguaggi settoriali: 12.5
linguistica: 1.1; – pragmatica: v. *pragmatica*; – testuale: v. *testuale*
Linneo, C.: 12.5
liquide (consonanti): 13.6
litote: Gloss.
livelli di analisi: Gloss.
lotta di classe: 12.8, 12.10.1

M

marcato / non marcato: Gloss.
Merlo, C.: 6.3.1
meronimo: 4.10
messaggio: 9.4, Gloss.
metafonesi: 6.4.5, 8.5.3
metafora: 4.4, 4.5, Gloss.
metalinguaggio: 9.4, Gloss.
metaplasmo: Gloss.
metatesi: Gloss.
metonimia: 4.4, 4.5, Gloss.
mittente: 9.4
modalità: Gloss.
monema: 1.9, Gloss.
monottongamento: 6.4.3
morfema: 1.9, Gloss.
morfologia: 1.1, Gloss.; – del latino volgare: 6.7
morfosintassi: Gloss.

N

nasali, fonemi: 13.4, 13.6
neoformazioni: 11.2, 12.9
neologismi: 12.8
neutro: 6.7.1, 8.5.4; – di materia: 6.7.2
nomenclatura: 12.5
nomi generali: 3.2
nominale, frase o stile: Gloss.
nominalizzazione: Gloss.
norma: Gloss.

O

occasionalismo: 12.10.1
occlusive, consonanti: 13.6
occorrenza: Gloss.
olofrastico (segno): Gloss.
omofoni: 4.8
omografi: 4.8
omonimi: 4.8, Gloss.
omoteleuto: Gloss.
onomasiologia: Gloss.
onomastica: Gloss.
onomatopea: Gloss.
orali, fonemi: 13.4, 13.6
ordine dei costituenti: Gloss.
ortografia: 13.1, 13.10
ossimoro: Gloss.
ostruenti: Gloss.

P

palatalizzazione di /k/ e /g/: 6.6.1
palatali, vocali: 13.5; – consonanti: 13.7
paradigma: Gloss.; – di derivazione: 11.2.9

paradigmatici, rapporti: 1.1
parafrasi: Gloss.
paragoge: Gloss.
paralinguaggio: 1.3
parasintetici, verbi: 11.2.1
paratassi: Gloss.
paratesto: 3.5.2
parlato (confronto con lo scritto): 10.2; –, fenomeni del –: 10.4; – tipi di –: 10.3
parola (etimologia): 6.9
parole: 12.2, 12.5; – macedonia: 11.4.4
parole (franc.): 1.10, Gloss.
paronomasia: Gloss.
pastiche (franc.): Gloss.
peggiorativi: 11.2.8
performativo: Gloss.
perifrasi: Gloss.
pertinente: Gloss.; v. anche *tratti*
pittogramma: 13.10
pleonasmo: Gloss.
plurale, formazione del: 6.7.6
poetica, funzione: 9.4
poliptoto: Gloss.
polisemia: 4.7, Gloss.
posteriori, vocali: v. *velari*
pragmatica, linguistica: 5.2, Gloss.
prefissati: 11.3; – nominali e aggettivali: 11.3.1; – verbali: 11.3.2
prefissazione: 11.3
prefisso: 11.3, Gloss.; tipi di prefissi: 11.3.1, 11.3.2
prefissoide: Gloss.
prepalatali, consonanti: 13.6
preposizioni (origine e sviluppo): 6.7
prestigio: Gloss.
prestito linguistico: 12.10, Gloss.; – interno: 12.10.8
preterizione: Gloss.
proclisi, proclitici: 13.15, Gloss.
produttività: 11.2.3
progressione tematica: 3.7
prolessi: Gloss.
pronomi (nel latino classico e nel latino volgare): 6.7.5
pronominalizzazione: 3.3, Gloss.
proposizione: 2.4
prosodia: Gloss.
prostesi: Gloss.
provenzalismi: 12.10.4

R

raddoppiamento: Gloss.; – fonosintattico: 13.14

I·J·K
L·M
N·O
P·R

R·S·T
U·V
W·Z

radice: Gloss.
referente: 3.3, 4.3, Gloss.
referenza: 3.3, Gloss.; – semantica della –: 4.1
referenziale, funzione: 9.4
reggenza: 2.3, Gloss.; teoria della – e del legamento: 2.5
regionalismi: 12.6
registri del discorso: 9.8
relazioni di ruolo: 9.9
rèma: 3.7, Gloss.
repertorio linguistico: 9.6
reticenza: Gloss.
ricomposizione: 6.9
ricorsività: 2.3, Gloss.
ridondanza: Gloss.
romanze, lingue: 6.3

S

sandhi: 13.14, Gloss.
sarcasmo: Gloss.
sardo: 8.5.6
Saussure (de), F.: 1.7
Schleicher, A.: 1.1
segmentazione: 10.2, Gloss.
segno: 1.4, Gloss.; – linguistico: 1.8; segni lessicali e grammaticali: 12.2
semantica: 4, Gloss.; – della frase: 4.11; – diacronica e sincronica: 4.1; – generativa: 2.5
sèmi: 4.3, Gloss.
semiconsonanti: 13.7
semiologia: 1.4, Gloss.
semiotica: Gloss.
semivocali: 13.7
semplificazione: 10.1; – delle consonanti doppie: 8.5.1
sexy (ingl.): 12.10.1
show (ingl.): 12.10.1
sibilanti: 13.6
significante: 1.8, 4.3, Gloss.
significato: 1.8, 4.3, Gloss.; –, cambiamento di –: 4.5, 6.9
sillaba: 13.12
simbolo: Gloss.
similitudine: Gloss.
sincope: Gloss.
sincronia: 1.11, Gloss.
sineddoche: 4.5, Gloss.
sinestesia: Gloss.
sinonimi: 4.10, Gloss.
sintagma: 2.2, Gloss.
sintagmatici, rapporti: 1.12
sintassi: 2, Gloss.; – del latino volgare: 6.8
sistema: 1.9, Gloss.; – chiuso e aperto: 12.2
sit-in (ingl.): 12.10.1

socioletto: Gloss.
sociolinguistica: 9, Gloss.
sonanti (o sonoranti): Gloss.
sonori, fonemi: 13.4, 13.6
sonorizzazione delle consonanti sorde intervocaliche: 6.6.2, 8.5.1
soprasegmentale, tratto: 13.13, Gloss.
sordi, fonemi: 13.4, 13.6
sostrato: 6.3.1, Gloss.
sottocategorizzazione: Gloss.
sottocodici: 9.7, Gloss.; v. anche *linguaggi settoriali*
spiranti, consonanti: 13.6
spirantizzazione: 6.6.8
standard, lingua: 10.1, Gloss.; –, teoria (nel generativismo): 2.5
stilema: Gloss.
stile nominale: v. *nominale*
struttura: Gloss.; – profonda e superficiale: 2.5, Gloss.
strutturalismo: 1.7, 1.12, Gloss.
suffissati: 11.1
suffissazione: 11.1, 11.2
suffisso: 11.1, Gloss.; tipi di suffissi: 11.1
suffissoide: Gloss.
superstrato: 6.3.1, Gloss.

T

tema: 3.7, Gloss.; – sospeso: 10.4
termine: 12.2, 12.5
testo: 3, Gloss.; i sette requisiti del –: 3.4
testuale, linguistica: 3, Gloss.
tipo: Gloss.
tipologia linguistica: Gloss.
topicalizzazione: 3.7, 10.4
toponomastica: 12.10.2, Gloss.
topos: Gloss.
transfrastico: Gloss.
trascrizione: Gloss.
trasformazioni (nella grammatica generativo-trasformazionale): 2.5, Gloss.
traslato: Gloss.
traslitterazione: Gloss.
tratti: – distintivi: 13.9; – intrinseci: 13.9; – pertinenti: 1.4; – non pertinenti: 1.4; – prosodici: 13.9; – semantici: v. *sèmi*; – soprasegmentali: 13.13
tratto semantico: Gloss.
triangolo vocalico: 13.5; – di Ogden e Richards: 4.3
Trier, J.: 4.3
trittongo: 13.7

troncamento: v. *apocope*
tropo: Gloss.
Trubeckoj, N.: 13.9

U

unità lessicali superiori: 11.4.5
univerbazione: 13.14
universali linguistici: 2.5

V

varianti combinatorie e libere: 13.3
varietà sociali della lingua: 12.7
velari, vocali: 13.5; –, consonanti: 13.6
verbo (nel latino classico e nel latino volgare): 6.7.4
vezzeggiativi: 11.2.8
vibranti, consonanti: 13.6
vocabolario: 12.1
vocali: 13.5
vocalismo: – tonico del latino volgare: 6.4; – tonico balcanico, sardo, siciliano: 6.4.1; – atono del latino volgare: 6.5; – atono balcanico, sardo, siciliano; 6.5.4
vocoidi: 13.8

W

Wittgenstein, L.: 4.1

Z

zeugma: Gloss.